现代会计学精品系列教材

旅游餐饮服务企业会计
（第 2 版修订本）

丁元霖　主编

清华大学出版社
北京交通大学出版社
·北京·

内 容 简 介

本书根据财政部颁发的《企业会计准则》编写而成，内容联系旅游餐饮服务企业的实际业务。全书共十四章，主要阐述了旅游餐饮服务企业会计的意义、特点、职能和任务；货币资金、结算业务和外币业务的核算；存货、固定资产、无形资产和长期待摊费用的核算；旅游经营业务、餐饮经营业务以及客房、美容、广告、沐浴、洗染、照相、修理、娱乐和商场等经营业务的核算；对外投资、负债、所有者权益的核算；期间费用和政府补助、税金和利润的核算，最后阐述了财务报表的编制、分析和前期差错及其更正。

本书是在调查研究的基础上编写而成的，内容新颖，重点突出，详略得当，能理论联系实际，深入浅出，通俗易懂。

本书可作为高等院校财经类专业的教材，也可供旅游餐饮服务企业领导和财会人员自学参考。

图书在版编目（CIP）数据

旅游餐饮服务企业会计/丁元霖主编．—2 版．—北京：北京交通大学出版社：清华大学出版社，2013.12（2020.8修订）

（现代会计学精品系列教材）

ISBN 978－7－5121－1737－2

Ⅰ．①旅…　Ⅱ．①丁…　Ⅲ．①旅游业－会计－高等学校－教材　②服务业－会计－高等学校－教材　Ⅳ．①F590.66　②F719

中国版本图书馆 CIP 数据核字（2013）第 308518 号

责任编辑：郭东青　　特邀编辑：张诗铭

出版发行：清 华 大 学 出 版 社　　邮编：100084　　电话：010－62776969　　http://www.tup.com.cn
　　　　　北京交通大学出版社　　邮编：100044　　电话：010－51686414　　http://www.bjtup.com.cn
印 刷 者：北京时代华都印刷有限公司
经　　销：全国新华书店
开　　本：185×260　　印张：18.75　　字数：468千字
版　　次：2014 年 4 月第 2 版　　2019 年 7 月第 1 次修订　　2020 年 8 月第 4 次印刷
书　　号：ISBN 978－7－5121－1737－2/F·1286
印　　数：6 001－8 500 册　　定价：49.90 元

本书如有质量问题，请向北京交通大学出版社质监组反映。对您的意见和批评，我们表示欢迎和感谢。

投诉电话：010－51686043，51686008；传真：010－62225406；E-mail：press@bjtu.edu.cn。

第 2 版前言

本书初版以来，深受广大读者的厚爱，已印刷了 2 次，印数已达 7000 册，为了体现教材的先进性，现进行了修订。

本书全面系统地阐述了旅游餐饮服务企业的意义、特点、职能和任务，会计基本假设和会计信息质量要求，旅游餐饮服务企业的会计要素和会计科目，货币资金、结算业务和外币业务的概述和结算，存货、固定资产、无形资产和长期待摊费用的概述和核算，旅游经营业务、餐饮经营业务，以及客房、美容、广告、沐浴、洗染、照相、修理、娱乐和商场等经营业务的概述和核算，对外投资、负债和所有者权益的概述和核算，期间费用、政府补助、税金、利润的概述和核算，财务报告的概述、编制和分析，以及前期差错及其更正等内容。

这次修订后，本书除了保持原有的特点外，结构更趋合理，内容也更趋完善，但因编者水平有限，疏漏之处在所难免，恳请广大读者通过电子信箱与作者联系，以利于今后改进。

本书正文部分全部由丁元霖修订，练习题由刘芳源、潘桂群、杨炜之、刘骥、应红梅、丁辰、傅秋菊和吴峥修订，最后由丁元霖定稿。

本书配套的教学课件，可访问出版社电子信箱 guodongqing 2009@ 126. com 获得。

编　者
2013 年 9 月

前　言

　　旅游业、餐饮业和服务业均属第三产业，是国民经济的重要组成部分。近年来随着我国经济的快速发展和人民生活水平的不断提高，旅游业、餐饮业和服务业均得到很大的发展，并且在国民经济中发挥越来越重要的作用。会计作为这一行业管理工作的重要组成部分，也越来越显示出它的重要性。

　　为了满足会计教学工作和旅游餐饮服务企业会计人员培训、学习的需要，按照财政部颁发的《企业会计准则——基本准则》、《企业会计准则第 1 号——存货》等 38 个具体准则和《企业会计准则——应用指南》的规定，并在做了大量调查研究的基础上，联系单位的实际情况，编写了这本《旅游餐饮服务企业会计》。

　　本书的特点是内容新颖、重点突出、详略得当、理论联系实际，做到了深入浅出、通俗易懂。

　　《旅游餐饮服务企业会计》适用于在我国境内从事旅游、餐饮、服务业务活动的各种经济性质和组织形式的企业。包括旅行社、宾馆、酒店、饭店、餐厅、旅店及美容、广告、沐浴、洗染、照相、修理、娱乐等各类服务企业。

　　本书共十四章，第一章至第十四章正文部分全部由丁元霖编写，第一章至第十四章的练习题由刘芳源、潘桂群、杨炜之、刘骥、傅秋菊和吴峥编写。全书由丁元霖主编并定稿。

　　本书在编写过程中，得到了符伟明、唐美和叶茹的大力支持和帮助，特在此一并表示感谢。由于编者水平有限，疏漏之处在所难免，恳请广大读者通过电子信箱 ding yuanlin@ hot-mail. com 与作者联系，以利于今后的改正。

编　者

2010 年 4 月 15 日

目　　录

第一章　总　　论

第一节　旅游餐饮服务企业会计概述

一、旅游餐饮服务企业会计的意义和特点

旅游餐饮服务企业会计是指以货币作为主要计量单位，对旅游餐饮服务企业的经济活动，通过收集、加工，提供以会计信息为主的经济信息，并为取得最佳经济效益，对经济活动进行控制、分析、预测和决策的一种经济管理活动。

旅游业、餐饮业和服务业均属第三产业，它们是国民经济的重要组成部分。近年来随着我国经济的发展和人民生活水平的提高，它们已得到很大的发展，并且在国民经济中发挥越来越重要的作用。旅游业、餐饮业和服务业均是以服务设施为条件，以向消费者提供劳动服务为特征的服务性行业。

首先，旅游餐饮服务业一般均有系统配套的经营业务展开的特点，如旅游业，除了经营旅游业务外，还可展开客房、餐饮、销售商品、娱乐及其他经营业务；餐饮业除了经营餐饮业务外，还可展开娱乐、销售商品及其他经营业务；服务业也能展开客房、餐饮、娱乐、美容、销售商品、洗染、照相等多种经营业务。为了分别考核各项经营业务的经营成果，就要求分别核算和监督各项经营业务的收入、成本和费用。

其次，旅游餐饮服务业除了为消费者提供服务外，还生产加工商品和销售商品，这样，旅游餐饮服务业就具有生产、销售和服务三种职能，因此，在会计核算时就需要根据经营业务的特点，采用不同的核算方法。例如，餐饮业务，根据消费者的需要，加工烹制菜肴和食品，这具有工业企业的性质；然后将菜肴和食品直接供应给消费者，这又具有商品流通企业的性质；同时又为消费者提供消费设施、场所和服务，这又具有服务企业的性质。然而餐饮业务的生产、销售和服务在很短的时间内完成，并且菜肴和食品的品种繁多、数量零星，因此不可能像工业企业那样区分产品计算其总成本和单位成本，而是计算菜肴和食品的总成本。销售商品业务则采用商品流通企业的核算方法，而纯服务性质的经营业务，如客房、娱乐、美容等业务只发生服务费用，不发生服务成本，因此采用服务企业的核算方法。

再次，有的旅游餐饮服务企业既经营自制商品，又经营外购商品。为了分别考核自制商品与外购商品的经营成果，加强对自制商品的管理与核算，需要对自制商品和外购商品分别进行核算。

最后，涉外的旅游公司、宾馆和饭店等企业发生的外币业务，在进行会计核算时，应当按照《企业会计准则第 19 号——外币折算》的规定，将外币金额折算为记账本位币，采用复币记账，并将发生的汇兑差额，计入当期损益。

二、旅游餐饮服务企业会计的职能

旅游餐饮服务企业会计具有会计核算和会计监督两大基本职能。

会计的核算职能即反映职能，是指将旅游餐饮服务企业已经发生的个别的、大量的经济业务，通过确认、计量、记录、汇总和报告，转化为全面、连续和系统的会计信息，以反映旅游餐饮服务企业经济活动的全过程及其结果。

会计的监督职能即控制职能，是指控制和规范旅游餐饮服务企业经济活动的运行，使其达到预定的目标的职能。会计机构、会计人员要监督旅游餐饮服务企业的经济活动是否符合国家的财经政策和财经纪律；监督会计核算反映的会计信息是否真实完整；监督经济活动是否按照事先确定的财务目标和编制的各项预算运行；及时反馈脱离预算的偏差，并及时采取措施，予以调整。

会计核算和会计监督这两大基本职能是相辅相成的。会计核算是会计监督的基础，只有正确地进行会计核算，会计监督才有真实可靠的依据。而会计监督则是会计核算的继续，只有严格地进行会计监督，才能使经济活动按预期的目的运行，会计核算才能在企业的经济管理中充分地发挥作用。

三、旅游餐饮服务企业的会计对象

会计对象是会计的客体，也就是会计所反映和监督的内容。旅游餐饮服务企业为了开展经济活动，必须拥有与其规模相当的资金。资金是指企业所有的各种财产物资的货币表现，包括货币本身。而会计的对象是指社会再生产过程中的资金及其运动。

旅游餐饮服务企业可以通过投资者投资及向债权人借款取得货币形态的资金，这种资金称为货币资金。货币资金的一部分用于购置房屋、机器设备、交通运输工具等固定资产，形成固定资金；一部分用于购买原材料和库存商品，形成存货资金；然后根据客户的需要将原材料加工成餐饮食品或其他商品，为消费者提供服务，或将商品销售给消费者，收回了货币。在经营过程中，房屋、机器设备要发生损耗，并要支付职工工资和相关的费用，这些耗费也将从收回的货币中得到补偿。这样存货资金和部分固定资金又转变为货币资金，实现了资金的循环。企业资金的不断循环形成了资金周转。通常，提供劳务和销售商品收入的货币资金要大于其经营活动所发生的成本和费用，两者之间的差额即为企业的利润。企业的利润一部分以所得税的形式上交国家，一部分以股利的形式分配给投资者作为其对企业投资的回报，这两部分资金便退出企业。其余利润作为企业的盈余公积和未分配利润，用于企业的自我积累。企业资金的取得、资金的循环周转和资金的退出构成了旅游餐饮服务企业的资金运动。

四、旅游餐饮服务企业会计的任务

旅游餐饮服务企业会计的任务是由会计的两大基本职能所确定的，其任务主要有以下四点。

（一）维护国家的政策法令和财务制度

旅游餐饮服务企业会计在对经济活动进行核算的同时，必须要监督企业对国家政策、法令和财务制度的执行情况，促使企业严格按照国家的政策办事，及时制止不法行为，遵守财经纪律，从而为国家宏观经济调控提供真实可靠的会计信息。

（二）加强经济核算，扩大经营业务，提高经济效益

旅游餐饮服务企业是自主经营、自负盈亏的经济实体，面对剧烈的市场竞争，旅游餐饮服务企业必须加强经济核算，扩大经营业务，节约期间费用。通过旅游餐饮服务企

业会计的全面核算，监督企业在经营过程中经营成本和期间费用的支出，严格审查费用的发生是否合理，防止损公肥私、贪污和浪费行为的发生，并通过分析和比较，发现经营管理中存在的问题，寻求增加经营业务收入、降低经营成本和期间费用的途径，以提高企业的经济效益。

（三）及时正确地向各有关方面提供会计信息

旅游餐饮服务企业应通过会计核算和分析，将取得的会计信息，及时正确地提供给企业领导层，以便其掌握企业的财务状况、经营成果和现金流量，作为经营决策的依据。同时将会计信息及时、正确地传递给财政、税务、银行和投资者，以利于财政、税务和银行对企业的经济活动进行监督及投资者进行投资决策。

（四）保护企业各项财产物资的安全和完整

旅游餐饮服务企业的原材料、商品和其他各项财产物资是投资者拥有的资产，因此旅游餐饮服务企业通过会计工作对原材料、商品和各项财产物资的收入、发出和结存进行全面核算和监督，建立和健全原材料、商品收入和发出的手续，以及其他各项财产物资的收入、领用和报废手续，并定期进行盘点，发生损耗、损坏或短缺应查明原因，及时处理，以保护企业原材料、商品和其他各项财产物资的安全和完整，维护投资者的利益。

第二节 会计基本假设和会计信息质量要求

一、会计基本假设

会计基本假设是指对会计核算所处的时间、空间环境和计量单位等所作的合理设定。会计基本假设是企业会计确认、计量和报告的前提，它包括会计主体、持续经营、会计分期和货币计量。

在商品经济的条件下，会计工作所处的社会经济环境极为复杂，面对变化不定的社会经济环境，人们从长期的会计实践中逐渐地认识和掌握了经济活动的规律，对各种变幻不定的经济现象作出了合乎客观规律的科学判断和假设，以保证会计核算正确地进行。我国会计基本假设包括会计主体、持续经营、会计分期和货币计量四项。

（一）会计主体

会计主体是指企业会计确认、计量和报告的空间范围。在会计主体假设下，企业应当对其本身发生的交易或事项进行会计确认、计量和报告，反映企业本身所从事的各项生产经营活动。明确界定会计主体是开展会计确认、计量和报告工作的重要前提。

首先，明确会计主体才能规定会计所要处理的各项交易或事项的范围。在会计工作中，只有那些影响企业本身经济利益的各项交易或事项才能加以确认、计量和报告。会计核算中涉及的资产、负债的确认，收入的实现，费用的发生等，都是针对特定会计主体的。

其次，明确会计主体才能将会计主体的交易或事项与会计主体所有者的交易或事项及其他会计主体的交易或事项区分开来。例如，企业所有者的经济交易或事项是属于企业所有者主体所发生的，不应纳入企业会计核算的范围，但是企业所有者投入到企业的资本或企业向所有者分配的利润，则属于企业主体，所发生的交易或事项，应当纳入企业会计核算的范围。

（二）持续经营

持续经营，是指在可以预见的将来，企业将会按当前的规模和状态继续经营下去，不会停业，也不会大规模削减业务。在持续经营假设下，企业进行会计确认、计量和报告应当以持续经营为前提。明确这一基本假设，就意味着会计主体将按照既定的用途使用资产，按照既定的合约条件清偿债务，会计人员就可以在此基础上选择会计政策和估计方法。

然而，在市场经济环境下，任何企业都存在破产、清算的风险，因此企业不能持续经营的可能性总是存在的。如果可以判断企业不能持续经营，就应当改变会计核算的原则和方法，并在企业财务报告中作相应披露。

（三）会计分期

会计分期是指将一个企业持续经营的生产经营活动期间划分为若干连续的、长短相同的期间。根据持续经营假设，一个企业将按当前的规模和状态持续经营下去。要想最终确定企业的生产经营成果，只能等到企业在若干年后歇业时核算一次盈亏。但是，无论是企业的生产经营决策还是投资者、债权人等的决策都需要及时的信息，不能等到歇业时。因此，通过会计分期，将持续经营的生产经营活动期间划分成连续、相同的期间，据以结算盈亏，按期编报财务报告，从而及时向财务报告使用者提供有关企业财务状况、经营成果和现金流量的信息。

在会计分期假设下，企业应当划分会计期间，分期结算账目和编制财务报告。会计期间分为年度和中期。年度和中期均按公历起讫日期确定。会计中期是指短于一个完整的会计年度的报告期间。它又可分为半年度、季度和月度。

（四）货币计量

货币计量是指会计主体在进行会计核算时以货币作为计量单位，反映会计主体的财务状况、经营成果和现金流量。在会计的确认、计量和报告过程中选择货币作为基础进行计量，是由货币本身的属性决定的。货币是商品的一般等价物，是衡量一般商品价值的共同尺度。因此，只有货币计量单位才能为会计核算提供一个普遍适用的手段，以全面地反映企业的财务状况和经营成果。

在我国，由于人民币是国家法定的货币，因此规定以人民币为记账本位币。外商投资企业等业务收支以外币为主的企业，也可以选定以某种外币为记账本位币，但在编制和提供财务报告时应当将其折算为人民币反映。

二、会计信息质量要求

会计信息质量要求是指在会计假设制约下，会计主体在会计核算中对会计对象进行确认、计量的科学规范。会计信息质量要求是人们从会计实践中总结出来的经验，这些经验在得到会计界公认后，就成为各个会计主体进行会计核算的共同依据，以保证会计信息的质量和可比性，更好地为投资者、债权人作出正确的决策服务，并能为国家进行宏观调控服务。会计信息质量要求包括可靠性、相关性、可理解性、可比性、实质重于形式、重要性、谨慎性和及时性等。

（一）可靠性

可靠性是指企业应当以实际发生的交易或事项为依据进行会计确认、计量和报告，如实反映符合确认和计量要求的各项会计要素及其他相关信息，保证会计信息真实可靠、内容完整。

会计作为一个信息系统，其提供的会计信息是投资者、债权人、企业内部管理当局和国家宏观经济管理部门进行决策的重要依据。如果会计信息不能真实客观地反映企业经济活动的实际情况，将无法满足有关各方进行决策的需要，甚至导致决策失误。

因此可靠性要求会计核算必须以实际发生交易或事项时所取得的合法的书面凭证为依据，不得弄虚作假，伪造、篡改凭证，以保证所提供的会计信息与会计反映对象的客观事实相一致。

（二）相关性

相关性是指企业提供的会计信息应当与财务报告使用者的经济决策需要相关，有助于财务报告使用者对企业过去、现在或者未来的情况作出评价或者预测。

会计信息的价值在于其与决策相关，有助于决策。如果提供的会计信息没有满足会计信息使用者的需要，对其经济决策没有什么作用，就不具有相关性。因此相关性要求企业应当在确认、计量和报告会计信息的过程中，充分考虑财务报告使用者的决策模式和对信息的需要。

（三）可理解性

可理解性是指企业提供的会计信息应当清晰明了、便于财务报告使用者理解和使用。

企业编制财务报告、提供会计信息的目的在于使用，而要使财务报告使用者有效地使用会计信息，应当能让其了解会计信息的内涵，弄懂会计信息的内容，这就要求财务报告所提供的会计信息应当清晰明了，易于理解。只有这样，才能提高会计信息的有用性，实现财务报告的目标，满足向财务报告使用者提供决策有用信息的要求。

（四）可比性

可比性是指企业提供的会计信息应当具有可比性。它具体包括下列两个要求。一是同一企业不同时期发生的相同或者相似的交易或事项，应当采用一致的会计政策，不得随意变更。确实需要变更的，应当在附注中说明；二是不同企业发生的相同或者相似的交易或事项，应当采用规定的会计政策，确保会计信息口径一致、相互可比。

可比性要求各企业都采用一致的、规定的会计政策进行核算，使企业不同时期和各企业之间的会计信息建立在相互可比的基础上，使其提供的会计信息便于比较、分析、汇总，这样既能使投资者和债权人对企业的财务状况、经营成果和现金流量及发展趋势作出准确的判断，又能满足国民经济宏观调控的需要。

（五）实质重于形式

实质重于形式是指企业应当按照交易或事项的经济实质进行会计确认、计量和报告；不应仅以交易或事项的法律形式为依据。

在实际工作中，交易或事项的外在法律形式并不总能完全真实地反映其实质内容。所以，会计信息要想反映其拟反映的交易或事项，就必须根据交易或事项的实质和经济现实来进行判断，而不能仅仅根据它们的法律形式。例如，融资租入的固定资产，在租赁期未满之前，从法律形式上来看，企业并不拥有其所有权，但是由于融资租赁合同中规定的租赁期长，该资产的租赁期限通常超过了该资产使用寿命的75%，而且租赁期满时，承租人能以很低的价格购置该项资产。因此，从经济实质上来看，承租人能够控制融资租入固定资产所创造的未来经济利益，所以应将其视为企业自有的固定资产。

（六）重要性

重要性是指企业提供的会计信息应当反映企业财务状况、经营成果和现金流量等有关的所有重要交易和事项。

重要性与会计信息的成本效益直接相关。因此，对于那些对企业资产、负债、损益等有较大影响的，并进而影响财务报告据以作出合理判断的重要的交易或事项，必须按照规定的会计方法和程序进行处理，并在财务报告中予以充分、准确的披露；而对于次要的交易或事项，在不影响会计信息真实性和不至于误导财务报告使用者作出正确判断的前提下，则可适当简化处理。这样，有利于抓住那些对企业经济发展和制定经营决策有重大影响作用的关键性内容，达到事半功倍的效果，有助于企业简化核算工作和提高工作效率。

（七）谨慎性

谨慎性是指企业对交易或事项进行会计确认、计量和报告应当保持应有的谨慎，不应高估资产或者收益、低估负债或者费用。

在市场经济环境下，企业的生产经营活动面临着许多风险和不确定性，如应收账款的可收回性，固定资产的使用寿命，无形资产的使用寿命等。谨慎性要求企业对存在的风险和不确定性作出合理的预计，既不高估资产或者收益，也不低估负债或者费用。

（八）及时性

及时性是指企业对于已经发生的交易或事项，应当及时进行会计确认、计量和报告，不得提前或者延后。

在市场经济环境下，市场瞬息万变，企业之间的竞争日趋激烈，这就要求企业及时收集、整理、提供会计信息，以利于企业加强经营管理和经营决策，满足国家宏观经济管理的要求。企业在不影响会计信息真实性和不至于误导财务报告使用者作出正确判断的前提下，则可适当简化处理。

第三节　旅游餐饮服务企业的会计要素和会计科目

一、旅游餐饮服务企业的会计要素

（一）会计要素的意义

会计要素是指根据交易或事项的经济特征所确定的会计对象的基本分类，它是用于反映企业财务状况，确定经营成果和现金流量的基本单位。通过对会计要素的分类，有利于依据各个要素的性质和特点，分别制定对其进行确认、计量、记录、报告的标准和方法，并为合理建立会计科目体系和设计财务报告提供依据和基本框架。

（二）会计要素的分类

我国将会计要素划分为资产、负债、所有者权益、收入、费用和利润六类。

1. 资产

资产是指过去的交易或事项形成的、由企业拥有或者控制的、预期会给企业带来经济利益的资源。它包括各种财产、债权和其他权利。资产可以是货币的，也可以是非货币的；可以是有形的，也可以是无形的，它是旅游餐饮服务企业从事旅游、餐饮、服务业务必须具备的物质基础。

2. 负债

负债是指过去的交易或事项形成的、履行该义务预期会导致经济利益流出企业的现时义务。它是企业筹措资金的重要渠道，但不能归企业永久支配使用，必须按期归还或偿付，它实质上反映了企业与债权人之间的一种债权债务关系。

3. 所有者权益

所有者权益是指企业资产扣除负债后，由所有者享有的剩余权益。所有者权益反映了所有者对企业资产的剩余索取权，是企业资产中扣除债权人权益后应由所有者享有的部分。所有者权益主要有实收资本、资本公积、盈余公积和未分配利润等。

4. 收入

收入是指企业在日常活动中形成的、会导致所有者权益增加的、与所有者投入资本无关的经济利益的总流入。收入主要有主营业务收入和其他业务收入。企业应当合理确认收入的实现，并将实现的收入按时入账。

5. 费用

费用是指企业在日常活动中发生的、会导致所有者权益减少的、与向所有者分配利润无关的经济利益的总流出。费用主要有主营业务成本、其他业务成本、销售费用、管理费用和财务费用等。企业应当以权责发生制为基础，合理地确认本期的费用。

6. 利润

利润是指企业在一定会计期间的经营成果。反映利润的指标有营业利润、利润总额和净利润。它是评价企业经营效益最主要的依据，也是投资者、债权人等作出投资决策、信贷决策等的重要参考指标。

二、旅游餐饮服务企业的会计科目

（一）设置会计科目的意义

会计科目是指为记录各项经济业务而对会计要素按其经济内容所进行分类的项目。

旅游餐饮服务企业在为消费者提供旅游餐饮服务过程中，各项资产、负债和所有者权益必然会发生增减变动，并会发生收入和费用，这些业务都是会计核算和监督的具体内容。然而资产包括不少内容，它们分布在不同的形态上，发挥着各自的作用；负债和所有者权益也包括了不少内容，它们又来自不同的渠道；收入的来源和费用的用途又是多种多样。为了全面、系统、分类地核算和监督旅游餐饮服务企业的各项经济活动，以及由此而引起资金的增减变动情况，就必须结合经营管理的需要，通过设置会计科目，对会计要素的具体内容进行科学的分类。

（二）会计科目的分类

1. 按照会计科目反映的经济内容分类

旅游餐饮服务企业的会计科目，按照其反映的经济内容不同，可以划分为资产类科目、负债类科目、所有者权益类科目、成本类科目和损益类科目五个大类，损益类科目又可分为费用类科目和收入类科目两个小类。旅游餐饮服务企业会计科目的具体项目如图表1-1所示。

图表1-1

会计科目表

顺序号	编 号	名 称	顺序号	编 号	名 称
		一、资产类	6	1121	应收票据
1	1001	库存现金	7	1122	应收账款
2	1002	银行存款	8	1123	预付账款
3	1003	备用金	9	1131	应收股利
4	1015	其他货币资金	10	1132	应收利息
5	1101	交易性金融资产	11	1221	其他应收款

续表

顺序号	编号	名　称	顺序号	编号	名　称
12	1231	坏账准备	51	2231	应付利息
13	1321	受托代销商品	52	2232	应付股利
14	1402	在途物资	53	2241	其他应付款
15	1403	原材料	54	2314	受托代销商品款
16	1405	库存商品	55	2401	递延收益
17	1408	商品进销差价	56	2501	长期借款
18	1409	委托加工物资	57	2502	应付债券
19	1412	低值易耗品	58	2701	长期应付款
20	1471	存货跌价准备	59	2702	未确认融资费用
21	1481	待摊费用	60	2711	专项应付款
22	1501	持有至到期投资	61	2801	预计负债
23	1502	持有至到期投资减值准备	62	2901	递延所得税负债
24	1503	可供出售金融资产			三、所有者权益类
25	1511	长期股权投资	63	4001	实收资本（股本）
26	1512	长期股权投资减值准备	64	4002	资本公积
27	1521	投资性房地产	65	4101	盈余公积
28	1522	投资性房地产累计折旧	66	4103	本年利润
29	1523	投资性房地产减值准备	67	4104	利润分配
30	1531	长期应收款	68	4201	库存股
31	1601	固定资产			四、成本类
32	1602	累计折旧	69	5201	劳务成本
33	1603	固定资产减值准备	70	5301	研发支出
34	1604	在建工程			五、损益类
35	1605	工程物资			（一）收入类
36	1606	固定资产清理	71	6001	主营业务收入
37	1701	无形资产	72	6051	其他业务收入
38	1702	累计摊销	73	6101	公允价值变动损益
39	1703	无形资产减值准备	74	6111	投资收益
40	1711	商誉	75	6301	营业外收入
41	1801	长期待摊费用			（二）费用类
42	1811	递延所得税资产	76	6401	主营业务成本
43	1901	待处理财产损溢	77	6402	其他业务成本
		二、负债类	78	6403	营业税金及附加
44	2001	短期借款	79	6601	销售费用
45	2101	交易性金融负债	80	6602	管理费用
46	2201	应付票据	81	6603	财务费用
47	2202	应付账款	82	6701	资产减值损失
48	2205	预收账款	83	6711	营业外支出
49	2211	应付职工薪酬	84	6801	所得税费用
50	2221	应交税费	85	6901	以前年度损益调整

2. 按照会计科目提供核算指标的详细程度分类

会计科目可以划分为总分类科目和明细分类科目。总分类科目是指对会计要素的具体内容进行总括分类的项目，它又称一级科目。明细分类科目是指根据核算与管理的需要对某些会计科目所作的进一步分类的项目，按照其分类的详细程度不同，又可以分为子目和细目；子目又称二级科目，细目又称三级科目。例如，经营餐饮业务的企业可设置"原材料"会计科目，它能反映企业原材料的总括情况，根据管理与核算的需要，又可将原材料划分为"粮食类"、"干菜类"、"调味品类"等有关子目，以反映各类原材料的具体情况，还可以将粮食类再划分为"大米"、"面粉"等细目，以反映各种原材料的详细情况。

会计科目是由财政部制定的《企业会计准则——应用指南》中规定的，企业在不影响会计核算要求和财务报表汇总及对外提供统一的财务报表的前提下，可以根据实际情况自行增设、减少或合并某些会计科目，子、细目除少数财政部有规定者外，一般由企业根据核算与管理的需要自行确定。

练 习 题

一、简答题

1. 什么是旅游餐饮服务企业会计？它有哪些特点？

2. 试述旅游餐饮服务企业会计的职能。

3. 试述旅游餐饮服务企业会计的对象。

4. 旅游餐饮服务企业会计有哪些任务？

5. 什么是会计基本假设和会计信息质量要求？它们包括哪些内容？

6. 什么是会计科目？旅游餐饮服务企业的会计科目按照其反映的经济内容可以划分为哪几类？

二、名词解释题

会计主体 持续经营 会计分期 可靠性 实质重于形式 会计要素 负债 费用

三、是非题

1. 旅游餐饮服务企业会计具有核算和监督两大职能。 （ ）

2. 会计监督是会计核算的基础，而会计核算则是会计监督的继续。 （ ）

3. 谨慎性是指企业对交易或事项进行会计确认、计量和报告应当保持应有的谨慎，不应高估负债或者费用，低估资产或者收益。 （ ）

4. 会计要素由资产、负债、所有者权益、收入和费用组成。 （ ）

5. 负债是企业筹措资金的重要渠道，它实质上反映了企业与债务人之间的一种债权债务关系。 （ ）

6. 所有者权益包括企业投资者对企业的投入资本、资本公积和留存收益等。 （ ）

四、单项选择题

1. 可理解性会计信息质量要求是指企业提供的_____，应当清晰明了。

    A. 会计记录   B. 财务报告   C. 会计信息   D. 会计资料

2. 资产是指企业过去的交易或者事项形成的、由企业拥有或者控制的、预期会给企业带来经济利益的资源。它包括_____。

    A. 各种财产   B. 各种财产和债权

    C. 各种财产和其他权利   D. 各种财产、债权和其他权利

3. 所有者权益是指企业的资产扣除负债后，由_____享有的剩余利益。

    A. 国家   B. 所有者   C. 企业职工   D. 国家和企业投资人

五、多项选择题

1. 会计的核算职能是指将旅游餐饮服务企业已经发生的个别的、大量的经济业务，通过确认、计量、记录、_____，转化为全面、连续、系统的会计信息，以反映旅游餐饮服务企业经济活动的全过程及其结果。

    A. 报告   B. 分析   C. 比较   D. 汇总

2. 会计的基本假设包括会计主体、_____等内容。

    A. 会计分期   B. 自主经营   C. 货币计量   D. 持续经营

3. 会计信息质量要求包括相关性、可理解性、重要性、谨慎性、_____和及时性。

    A. 实质重于形式   B. 可靠性   C. 持续性   D. 可比性

4. 旅游餐饮服务企业的会计科目按照其反映的经济内容不同，可划分为资产类、负债类和_____。

    A. 所有者权益类   B. 损益类   C. 成本类   D. 费用类

第二章　货币资金和结算业务

第一节　货币资金概述

一、货币资金的意义

货币资金是指企业以货币形态存在的资产。货币资金是企业流动性最强的资产，它是流动资产的重要组成部分。旅游餐饮服务企业在开展经济活动中发生的资金筹集、购置固定资产和无形资产、采购存货、旅游餐饮服务收入的结算、债权债务清偿、工资发放、费用开支、税金交纳、股利支付和对外投资等交易或事项，都是通过货币资金的收付而实现的。

旅游餐饮服务企业必须保持一定的货币资金持有量，确保企业具有直接支付的能力，使其经济活动得以顺利进行。旅游餐饮服务企业还必须注意对货币资金加强核算和管理，以防止货币资金被丢失、挪用、侵吞和盗窃。

旅游餐饮服务企业在业务经营中发生的各种结算，既有人民币资金的收付业务，又有外币资金的收付业务。根据我国外汇管理的有关规定，旅游餐饮服务企业取得的外汇收入，可以根据业务的需要保留现汇，也可以在国家指定的专业银行结汇。旅游餐饮服务企业在业务经营中所需要的外汇，有现汇的企业，可以直接用现汇支付；没有现汇或现汇不足的企业，可以按照有关规定在国家的外汇指定银行购汇支付。

二、货币资金的分类

货币资金按其存放地点和用途不同，可分为库存现金、备用金、银行存款和其他货币资金四类。

（一）库存现金

库存现金是指企业财会部门为了备付日常零星开支而保管的现金。

（二）备用金

备用金是指企业拨付给有关职能部门或工作人员在一定限额内周转使用的现金。

（三）银行存款

银行存款是指企业存放在银行或其他金融机构的各种款项。

（四）其他货币资金

其他货币资金是指企业除库存现金、备用金和银行存款以外的各种存款。它包括银行本票存款、银行汇票存款、信用卡存款和外埠存款等。

第二节 库存现金

一、库存现金的管理

(一) 库存现金限额的管理

我国颁布的《现金管理暂行条例》规定，各企业都要核定库存现金限额。库存现金限额原则上根据该企业 3~5 天的日常零星现金开支的需要确定。边远地区和交通不发达地区的库存现金限额可以适当放宽，但最多不得超过 15 天。由企业根据现金日常零星的支用情况提出所需的库存现金限额，报经开户银行核准。经核定的库存现金限额，企业必须严格遵守。企业的库存现金若超过了限额，超过限额的部分必须在当天解存银行。企业若需要补充库存现金时，必须签发现金支票，向银行提取现金。

(二) 库存现金收入的管理

企业收入的现金在一般情况下必须于当天解存银行，如当天不能及时解存银行的，应于次日解存银行，不得予以"坐支"。"坐支"是指企业从业务收入的现金中直接支付。

企业因特殊情况需要坐支现金的，应当事先报经开户银行审查批准，由开户银行核定坐支范围和限额。企业应定期向银行报送坐支金额和使用情况。

(三) 库存现金支出的管理

企业必须严格按照财务制度规定的下列八个使用范围支用库存现金。

(1) 职工的工资和各种工资性津贴。

(2) 个人劳动报酬。

(3) 支付给个人的各种奖金，包括根据国家规定颁发给个人的各种科学技术、文化艺术、体育等各种奖金。

(4) 各种劳保、福利费用及国家规定的对个人的其他现金支出。

(5) 收购单位向个人收购农副产品和其他物资支付的价款。

(6) 出差人员必须随身携带的差旅费。

(7) 结算金额较小的零星开支。

(8) 中国人民银行确定需要支付现金的其他支出。这是指因采购地点不确定、交通不便、抢险救灾及特殊情况等，办理转账结算不便，必须使用现金的单位，经开户银行核准后支用的现金。

凡不符合上述支付范围的，应通过银行办理转账结算。企业应按照规定的用途使用库存现金，不准用不符合财务制度的凭证顶替现金；不准单位之间相互借用现金；不准谎报用途套取现金；不准利用银行账户代其他单位和个人存入或支取现金；不准将单位收入的现金以个人名义存入储蓄账户；不准保留账外公款；禁止发行变相货币；不准以任何票券代替人民币在市场上流通。

(四) 库存现金的内部控制制度

为了加强对现金的管理，应坚持"钱账分管"的内部控制制度。企业现金的收付保管，应由专职或兼职的出纳人员负责。出纳人员除了登记现金日记账和银行存款日记账外，不得兼任费用、收入、债务、债权账簿的登记工作，以及稽核和会计档案的保管工作，以杜绝弊端。

二、库存现金的核算

企业应设置"库存现金"账户对库存现金进行总分类核算。"库存现金"是资产类账户，用以核算库存现金的收入、付出和结存。收入库存现金时，记入借方；付出库存现金时，记入贷方；期末余额在借方，表示库存现金的结存数额。

为了加强对库存现金的核算与管理，详细地掌握企业库存现金收付的动态和结存情况，企业还必须设置"库存现金日记账"，按照库存现金收支业务发生的时间先后顺序，逐日逐笔进行登记，并逐日结出余额，以便与实存库存现金相核对，做到日清日结、账款相符。

企业如发生库存现金短缺时，应借记"待处理财产损溢"账户，贷记"库存现金"账户；反之，如发生库存现金溢余时，则借记"库存现金"账户，贷记"待处理财产损溢"账户，以保持账款相符。待查明原因，确定处理意见时，再予以转账。对于短缺的库存现金如决定由企业列支时，应借记"营业外支出"账户；如决定由责任人赔偿时，则借记"其他应收款"账户，贷记"待处理财产损溢"账户。对于溢余的库存现金，经批准转账时，应借记"待处理财产损溢"账户，贷记"营业外收入"账户。

第三节 备 用 金

一、备用金的管理

企业对备用金实行定额管理。备用金的定额应由有关职能部门或工作人员根据工作上的需要提出申请，经财会部门审核同意，报经开户银行审批后才能确定。一经确定，不得任意变更。使用备用金的部门和工作人员应根据用款情况，定期或不定期地凭付出现金时取得的原始凭证向财会部门报账，财会部门收到报账的付款凭证时，应审核其是否符合财务制度规定的现金支用范围，审核无误后，根据付款凭证的金额拨付现金，以补足其备用金定额。此外，备用金还包括营业找零备用的现金。

二、备用金的核算

企业拨付有关职能部门或工作人员备用金定额时，应设置"备用金"账户进行核算。

【例 2-1】 环球旅游公司经银行核准业务部门的备用金定额为 1 000 元。

（1）2 月 1 日，签发现金支票 1 000 元，拨付业务部门备用金定额，作分录如下：

借：备用金	1 000.00
贷：银行存款	1 000.00

（2）2 月 5 日，业务部门送来报账发票，其中：市内交通费 110 元，招待客户用餐费580 元，账页 120 元，清扫费 100 元。经审核无误，当即以现金 910 元补足其备用金定额，作分录如下：

借：销售费用——差旅费	110.00
借：管理费用——业务招待费	580.00
借：管理费用——其他费用	220.00
贷：库存现金	910.00

当存有备用金的部门或工作人员不再需要备用金时，企业应及时予以收回，届时借记

"库存现金"账户；贷记"备用金"账户。

为了加强备用金的管理和核算，应按使用备用金的部门和人员设置二级明细分类账。并对备用金进行必要的抽查，以做到账款相符，防止被挪用。

"备用金"是资产类账户，用以核算企业内部各职能部门或个人周转使用的现金。企业拨付内部职能部门或个人备用金时，记入借方；收回备用金时，记入贷方；期末余额在借方，表示企业备用金的结存数额。

第四节　银行存款

一、银行存款的管理

企业应根据业务的需要在当地银行或其他金融机构开立银行存款账户，进行存款、取款和各种收支转账业务的结算。企业的银行存款账户分为基本存款账户、一般存款账户、临时存款账户和专用存款账户四类。

企业只能选择一家银行的一个营业机构开立一个基本存款账户，主要用于办理日常的转账结算和现金收付。企业的工资、奖金等现金的支取，只能通过该账户办理。企业可在其他银行的一个营业机构开立一个一般存款账户，该账户可办理转账结算和存入现金，但不能支取现金。临时存款账户是存款人因临时经营活动需要开立的账户，如企业在异地设立临时性机构，开展临时性经营活动等。届时企业可以通过临时存款账户办理转账结算，并根据国家现金管理的规定办理现金的收付。专用存款账户是企业因特定用途需要开立的账户，如基本建设项目专项资金、农副产品资金等。企业的经营业务收入不得转入专用存款账户。

为了加强对基本存款账户的管理，企业开立基本存款账户，要实行开户许可证制度，必须凭中国人民银行当地分支机构核发的开户许可证办理，企业不得为还贷、还债和套取现金而多头开立基本存款账户；不得出租、出借账户；不得违反规定为在异地存款和贷款而开立账户。

旅游餐饮服务企业银行存款收入的来源主要有：政府、其他企业和个人投资者投入企业的现款、销售收入和提供劳务的收入、其他业务收入及营业外收入；企业从银行或其他金融机构取得的短期借款和长期借款；企业发行债券、股票取得的现款等。

旅游餐饮服务企业银行存款的支付范围主要有支付采购各种存货的款项，购置各种固定资产、无形资产的款项，支付各项费用、缴纳税费、支付股利、其他业务成本、罚金、滞纳金等营业外支出及对外短期投资和长期投资的款项等。

二、银行存款的核算

旅游餐饮服务企业应设置"银行存款"账户，对银行存款进行总分类核算。"银行存款"账户是资产类账户，用以企业存入核算银行或其他金融机构的款项。企业存入款项时，记入借方；企业付出款项时，记入贷方；期末余额在借方，表示企业存放在银行或其他金融机构的款项。

为了加强对银行存款的核算与管理，及时地、详细地掌握银行存款的收付动态和结存情况，以便与银行核对账目，旅游餐饮服务企业还必须设置银行存款日记账，按照银行存款收支发生的时间先后顺序，逐笔进行登记，逐日结出余额，并与银行存款总分类账户核对，做到账账相符。银行存款日记账采用三栏式账页，其格式如图表2-1所示。

图表 2-1

银行存款（人民币）日记账

单位：元

2013 年		凭证号数	摘 要	对方科目	银行结算凭证		收 入	付 出	结 存
月	日				种类	号数			
1	1		上年结转						69 250.00
	2	1	借入款项	短期借款			100 000.00		
	2	3	支付上海钢琴厂账款	在途物资	转支	34527		18 960.00	
	2	5	提取现金	库存现金	现支	21898		1 200.00	
	2	7	客房收入	主营业务收入	转支	67321	12 500.00		
	2	9	餐饮收入款解行	库存现金			7 200.00		
	2	11	汇付前欠珠海养殖场账款	应付账款	电汇			19 880.00	148 910.00

第五节　结 算 业 务

　　旅游餐饮服务企业开展经济活动，必然与其他企业发生经济往来，因此需要通过结算来拨付清偿款项。款项的结算方式有现金结算和转账结算两类。

　　现金结算是指单位和个人在社会经济活动中使用现金进行货币给付的行为。而转账结算又称非现金结算，是指单位和个人在社会经济活动中，使用票据、信用卡及托收承付、委托收款和汇兑等结算方式进行货币给付及其资金清算的行为。

　　由于转账结算具有方便、通用、迅速和安全的特点，因此，企业的各项结算业务，除了按照国家现金管理的规定可以采用现金结算外，都必须采用转账结算。没有在银行开立账户的个人，在向银行或其他金融机构交付款项后，也可以办理转账结算。

　　银行和企业办理转账结算，都必须遵守"恪守信用，履约付款；谁的钱进谁的账，由谁支配；银行不予垫款"的原则。票据和结算凭证是办理转账结算的工具。

　　企业使用票据和结算凭证，必须符合下列规定。

　　（1）必须使用按中国人民银行统一规定印制的票据凭证和统一规定的结算凭证。

　　（2）签发票据、填写结算凭证要标准化、规范化，要素要齐全、数字要正确、字迹要清晰、不错漏、不潦草、防止涂改，票据的出票日期要使用中文大写，单位和银行的名称要记全称或规范化简称。

　　（3）票据和结算凭证的金额、出票或签发日期、收款人名称不得更改。而票据和结算凭证上的其他记载事项，原记载人可以更改，但应由原记载人在更改处签章证明。

　　（4）票据和结算凭证金额以中文大写和阿拉伯数字同时记载，二者必须一致。

　　（5）票据和结算凭证上的签章和其他记载事项要真实，不得伪造、变造。

　　目前旅游餐饮服务企业国内采用的转账结算方式有支票、银行本票、银行汇票、商业汇票、信用卡、汇兑结算、托收承付结算和委托收款结算等八种。

一、支票

（一）支票概述

　　支票是指出票人签发的、委托办理支票存款业务的银行在见票时无条件支付确定的金额给收款人或者持票人的票据。

开立支票存款账户，申请人必须使用其本名，并提交证明其身份的合法证件，还应当预留其本名的签名式样或印鉴，以便付款银行在支付票款时进行核查。开立支票存款账户和领用支票，应当有可靠的资信，并存入一定的资金。

根据支票支付票款的方式不同，可分为普通支票、现金支票和转账支票三种。普通支票是指既可以转账也可以支取现金的支票。由于普通支票未限定支付方式，采用画线来区分用于转账或用于支取现金。如用于转账，应在支票左上角画两条平行线，称为画线支票，未画线的则可用于支取现金。现金支票是指专门用于支取现金的支票。转账支票是指专门用于转账的支票。后两种支票在支票上端分别印明"现金"、"转账"字样。

支票结算作为流通手段和支付手段，具有清算及时、使用方便及收付双方都有法律保障和结算灵活的特点。它适用于单位和个人在同一票据交换区域的商品交易、劳务供应、资金交拨和其他款项的结算等。

（二）支票结算的主要规定

1. 支票的填写要求

签发支票应使用蓝黑墨水、墨汁或碳素墨水笔填写，未按规定填写，被涂改冒领的，由出票人负责。

2. 支票必须记载的六个事项

（1）表明支票字样。目前我国使用的支票是按中国人民银行规定的格式印制的，在印制时，已印有"支票"字样。

（2）无条件支付的委托。出票人应记载无条件的委托事项。支票上通常印有"上列款项请从我账户内支付"的字样。

（3）确定的金额。出票人在出票时，应在支票上以中文大写和阿拉伯数字同时记载固定的支票金额。

（4）付款人名称。出票人签发支票时，填写的付款人名称必须是银行和金融机构的名称。

（5）出票日期。支票的出票日期必须是实际出票日期。

（6）出票人签章。出票人是创设票据的出票行为人，通过其签章以确认其债务人的地位。

3. 支票的金额和收款人名称可以由出票人授权补记

由于支票在使用中，往往会发生难以确定支票金额的情况，况且在活跃的市场经济活动中，使用支票采购材料时，出票人往往不能事先确定收款人。为了方便支票使用人，因此对支票的金额和收款人名称，出票人可以授权他人补记，未补记前的支票不得背书转让和提示付款。

4. 禁止签发空头支票和签章与预留银行签章不符的支票

空头支票是指出票人所签发支票的金额超过其付款时在付款人处实有的存款金额。银行对签发空头支票和签章与预留银行签章不符的支票，除予以退票外，并按票面金额处以5%但不低于1000元的罚款；同时持票人有权要求出票人支付支票金额2%的赔偿金。对屡次签发空头支票的单位，银行应停止其签发支票。

5. 支票的提示付款期限

提示付款期限为10天，自出票日起算。超过提示付款期限提示付款的，持票人开户行不予受理，付款人不予付款。

6. 收款人、被背书人受理支票时应审查的事项

审查支票的收款人是否确为本单位或本人；是否在提示付款期限内；必须记载的事项是否齐全；出票人签章是否符合规定；大小写金额是否一致；出票日期是否使用中文大写；出票金额、出票日期、收款人名称是否更改，更改的其他记载事项是否由原记载人签章；支票正面是否记载"不得转让"的字样。此外，被背书人还应审查背书是否连续，背书栏是否记载"不得转让"的字样；背书人签章是否符合规定，背书使用粘单是否按规定签章等。

7. 支票权利的转让

持票人可以通过背书将支票权利转让给他人。背书是指在票据背面或者粘单上记载有关事项并签章的票据行为。背书由背书人签章，并记载被背书人名称和背书日期，背书未记载日期的，视为在支票到期日前背书。已背书转让的支票，背书应当连续，即转让支票的背书人与受让支票的被背书人在支票上的签章依次前后衔接。但出票人在支票上记载"不得转让"字样的支票和用于支取现金的支票不得转让。

8. 支票持票人委托开户银行收款的手续

持票人应在支票背面背书人签章栏签章、记载"委托收款"字样、背书日期，在被背书人栏内记载开户银行名称，并将支票和填制的进账单送交开户银行。收款人持用于支取现金的支票向付款人提示付款时，应在支票背面"收款人签章"处签章，持票人为个人的，还需交验本人身份证件，并在支票背面注明证件名称、号码及发证机关等。

9. 支票的追索权

支票被拒绝付款的，持票人可以对背书人、出票人行使追索权。持票人行使追索权时，应当向其前手提供被拒绝付款的有关证明。持票人自收到被拒绝付款的有关证明之日起，在3日内将被拒绝事由书面通知其前手，其前手应当自收到通知之日起，3日内书面通知其再前手。

10. 支票丧失的处理

丧失了记载内容完整的支票，失票人应填写挂失止付通知书，列明票据丧失的时间、地点和原因，票据的种类、号码、金额、出票日期、付款日期、付款人名称和收款人名称，挂失止付人的姓名、营业场所或者住所及联系方法。然后递交出票人开户银行申请挂失止付，如在挂失止付前支票已经支付，则银行不予受理。银行受理挂失，要按票面金额收取1%但不低于5元的手续费。

（三）支票结算的核算

企业签发现金支票提取现金时，必须在支票联背面背书后才能据以向开户银行提取现金，留下存根联，据以借记"库存现金"账户，贷记"银行存款"账户。

企业购置设备或采购存货签发转账支票后，以支票联支付设备或存货的价款，留下存根联作为付款的入账凭证，据以借记"固定资产"或"在途物资"账户，贷记"银行存款"账户。

企业对外提供旅游、餐饮、服务收到转账支票时，应填制"进账单"，一式两联，连同支票一并解存银行，取回"进账单（收账通知联）"作为收款的入账凭证，据以借记"银行存款"账户，贷记"主营业务收入"账户。

二、银行本票

（一）银行本票概述

银行本票是指由银行签发的、承诺自己在见票时无条件支付确定的金额给收款人或者持票人的票据。

银行本票可以用于转账，注明"现金"字样的银行本票只能向出票银行支取现金。银行本票分为不定额本票和定额本票两种。定额银行本票面额为1 000元、5 000元、10 000元和50 000元。

银行本票结算作为流通和支付手段，具有信誉度高、支付能力强、并有代替现金使用功能的特点。它适用于单位和个人在同一票据交换区域内的商品交易、劳务供应及其他款项的结算。

（二）银行本票结算的主要规定

1. 银行本票必须记载的六个事项

具体有：①表明"银行本票"的字样；②无条件支付的承诺；③确定的金额；④收款人名称；⑤出票日期；⑥出票人签章。

2. 出票人的责任

银行本票的出票人在持票人提示见票时，必须承担付款的责任。

3. 申请人办理银行本票的手续

申请人应向出票银行填写"银行本票申请书"，填明收款人名称、申请人名称、支付金额和申请日期等事项并签章。申请人和收款人均为个人的，若需要支取现金的，应在"支付金额"栏先填写"现金"字样，后填写支付金额。申请人或收款人为单位的，不得申请签发现金银行本票。

4. 银行本票的提示付款期限

银行本票自出票日起，提示付款期限为1个月，最长不得超过2个月。持票人在付款期限内提示付款的，付款人必须在当日足额付款。持票人在超过提示付款期限不获付款的，在票据权利时效（2年）内向出票银行作出说明，可持银行本票向出票银行请求付款。

5. 收款人、被背书人受理银行本票时应审查的事项

应审查银行本票的收款人是否确为本单位或本人；在提示付款期内，必须记载的事项是否齐全；出票人签章是否符合规定，不定额银行本票是否有压数机压印的出票金额，并与大写金额一致；出票金额、出票日期和收款人名称是否更改，更改的其他记载事项是否由原记载人签章证明；银行本票正面是否有记载"不得转让"的字样。

6. 银行本票权利的转让

持票人可以通过背书将银行本票权利转让给他人，具体转让办法与支票相同，不再重述。

7. 银行本票的追索权

银行本票被拒绝付款的，持票人可以对背书人、出票人行使追索权。具体追索办法与支票基本相同，所不同的是持票人对银行本票出票人的追索权的时效，是自出票日起2年。

8. 银行本票遇到意外的处理

申请人因银行本票超过提示付款期限或其他原因要求退款时，应将银行本票提交出票银

行办理退款手续。银行本票丧失，失票人可凭人民法院出具的其享有票据权利的证明，向出票银行请求付款或退款。

（三）银行本票结算的核算

企业需要使用银行本票时，应填制一式数联的"银行本票申请书"，在支款凭证联上加盖预留印鉴，留下存根联作为入账依据，将其余各联送交开户银行。银行凭支款凭证扣取款项，然后据以签发银行本票交给企业。企业取得银行本票后，根据银行本票申请书（存根联）借记"其他货币资金——银行本票"账户，贷记"银行存款"账户。当企业持银行本票支付购置设备或采购存货的价款时，借记"固定资产"或"在途物资"账户，贷记"其他货币资金——银行本票"账户。

企业对外提供旅游、餐饮、服务，在收到银行本票时，经审核无误后，据以借记"其他货币资金——银行本票"账户，贷记"主营业务收入"账户。企业若需要将收到的银行本票解存银行时，应在银行本票上加盖背书，并据以填制"进账单"一式数联，然后连同银行本票一并送交开户银行，经银行审核无误后，在进账单上加盖收款章，企业取回进账单收账通知联，作为收款的入账依据，据以借记"银行存款"账户，贷记"其他货币资金——银行本票"账户。

三、银行汇票

（一）银行汇票概述

银行汇票是指出票银行签发的、由其在见票时按照实际结算金额无条件支付给收款人或者持票人的票据。

银行汇票作为支付手段具有使用灵活、通汇面广、安全方便和兑现性强的特点。它适用异地单位、个体经济户和个人之间的商品交易和劳务供应等。

（二）银行汇票结算的主要规定

1. 银行汇票必须记载的七个事项

具体有：①表明"银行汇票"的字样；②无条件支付的委托；③确定的金额；④付款人名称；⑤收款人名称；⑥出票日期；⑦出票人签章。

2. 申请人办理银行汇票的手续

申请人应向出票银行填写"银行汇票申请书"，填明收款人名称、汇票金额、申请人名称和申请日期等事项并签章，签章为其预留银行的签章。申请人和收款人均为个人，若需要使用银行汇票向代理付款人支取现金的，申请人须在"银行汇票申请书"上填明代理付款人名称，在"汇票金额"栏先填写"现金"字样，后填写代理付款人名称。代理付款人是指根据付款人的委托，代理其支付票据金额的银行。申请人或者收款人为单位的，不得在"银行汇票申请书"上填明"现金"字样。

3. 银行汇票的提示付款期限

银行汇票的提示付款期限为出票日起 1 个月。持票人超过提示付款期限向代理付款银行提示付款，不获付款的，需在票据权利时效内向出票银行作出说明，并提供本人身份证件或单位证明，持银行汇票和解讫通知向出票银行请求付款。

4. 收款人受理银行汇票时应审查的事项

除了要审查与受理银行本票时的六个事项外，还要审查银行汇票和解讫通知是否齐全，汇票号码和记载的内容是否一致。

5. 收款人受理银行汇票的处理

在受理申请人交付的银行汇票时，应在出票金额以内，将实际结算金额和多余金额准确、清晰地填入银行汇票和解讫通知的有关栏内。未填明实际结算金额和多余金额或实际结算金额超过出票金额的，银行不予受理。更改实际结算金额的银行汇票无效。

6. 银行汇票权利的转让

持票人可以通过背书将银行汇票权利转让给他人，具体转让办法与支票相同，不再重述。

7. 被背书人受理银行汇票时应审查的事项

被背书人除了审查银行汇票是否记载实际结算金额，有无更改，其金额是否超过出票金额；背书是否连续，背书人签章是否符合规定等事项外，还包括收款人受理银行汇票时审查的事项。

8. 银行汇票的追索权

银行汇票被拒绝付款的，持票人可以对背书人、出票人行使追索权。具体追索办法与银行本票相同。

9. 银行汇票遇到意外的处理

申请人因银行汇票超过提示付款期限或其他原因要求退款时，应将银行汇票和解讫通知同时提交到出票银行，出具有关证明或证件，办理退款手续。银行汇票丧失的具体处理办法与银行本票相同，不再重述。

（三）银行汇票结算的核算

企业需要使用银行汇票时，应填制一式数联的"银行汇票申请书"，并在支款凭证联上加盖预留印鉴，留下存根联作为入账依据，并将其余各联送交签发银行。银行凭支款凭证收取款项，然后据以签发银行汇票，将银行汇票和解讫通知两联凭证交给企业。企业取得这两联凭证后，根据银行汇票委托书存根联，借记"其他货币资金——银行汇票"账户，贷记"银行存款"账户。

当企业持银行汇票和解讫通知去异地购置设备或采购物资，支付设备或物资价款及其采购费用时，借记"固定资产"或"在途物资"账户，贷记"其他货币资金——银行汇票"账户；若有余款退回，则借记"银行存款"账户。

【例2-2】　　顺风旅游公司去上海购置大客车，发生下列经济业务。

（1）2月5日，填制银行汇票申请书200 000元，银行受理后，收到同等数额的银行汇票及解讫通知。根据银行汇票申请书存根联，作分录如下：

借：其他货币资金——银行汇票　　　　　　　　　　　　　　　　200 000.00

　　贷：银行存款　　　　　　　　　　　　　　　　　　　　　　　　200 000.00

（2）2月8日，向上海客车厂购进大客车1辆，计价款198 000元，以面额200 000元的银行汇票付讫，余款尚未退回，作分录如下：

借：固定资产　　　　　　　　　　　　　　　　　　　　　　　198 000.00

　　贷：其他货币资金——银行汇票　　　　　　　　　　　　　　　198 000.00

（3）2月11日，银行转来多余款收账通知，金额为2 000元，系本月5日签发的银行汇票使用后的余款，作分录如下：

借：银行存款   2 000.00
  贷：其他货币资金——银行汇票   2 000.00

"其他货币资金"账户是资产类账户，用以核算企业的银行本票存款、银行汇票**存款**、外埠存款和信用卡存款等各种其他货币资金。企业取得银行本票、银行汇票、外埠存款、信用卡存款等各种其他货币资金时，记入借方；企业支用或转入银行存款时，记入贷方；期末余额在借方，表示企业持有其他货币资金的实有数额。

企业在对外提供旅游餐饮服务后，收到对方的银行汇票时，对银行汇票审查无误后，应在汇票金额栏内填写实际结算金额，多余的金额应填入"多余金额"栏内。如系全额解付的，应在"多余金额"栏内写上零，然后在汇票上加盖在银行的预留印鉴，填写进账单解入银行。经银行审核无误后，在进账单上加盖收款章，企业取回进账单收账通知联，据以借记"银行存款"账户，贷记"主营业务收入"账户。

收款方开户银行留下另一联进账单和银行汇票，将解讫通知和多余款收账通知寄往签发银行。签发银行凭解讫通知入账，将多余款收账通知联送交付款方，付款方将其作为退回余额的入账凭证。

四、商业汇票

（一）商业汇票概述

商业汇票是指出票人签发的、委托付款人在指定日期无条件支付确定的金额给收款人或者持票人的票据。

商业汇票根据承兑人的不同，可分为商业承兑汇票和银行承兑汇票两种。商业承兑汇票是指由出票人（收款人或付款人）签发、经付款人承兑的票据；银行承兑汇票是指由出票人（付款人）签发，并经其开户银行承兑的票据。承兑是指汇票付款人承诺在汇票到期日支付汇票金额的票据行为。

商业汇票作为一种商业信用，具有信用性强和结算灵活的特点。在银行开立账户的法人及其他组织之间必须具有真实的交易关系或债权债务关系，才能使用商业汇票。出票人不得签发无对价的商业汇票，用以骗取银行或者其他票据当事人的资金。

（二）商业汇票结算的主要规定

1. 商业汇票必须记载的七个事项

具体有：①表明"商业承兑汇票"或"银行承兑汇票"的字样；②无条件支付的委托；③确定的金额；④付款人名称；⑤收款人名称；⑥出票日期；⑦出票人签章。

2. 商业汇票的付款期限

付款期限最长不超过6个月。付款期限应当清楚、明确。其记载形式如下。

（1）定日付款。是指付款期限自出票日起计算，并在汇票上记载具体到期日。

（2）出票后定期付款。是指汇票付款期限从出票日起按月计算，并在汇票上记载的付款方式。

（3）见票后定期付款。是指汇票付款期限自承兑日起按月计算，并在汇票上记载的付款方式。

汇票上未记载付款日期的，为见票即付。

3. 商业汇票的提示承兑

商业汇票可以在出票时向付款人提示承兑后使用，也可以在出票后先使用再向付款人提示承兑。

定日付款或者出票后定期付款的商业汇票，持票人应当在汇票到期日前向付款人提示承兑。见票后定期付款的汇票，持票人应当自出票日起1个月内向付款人提示承兑。汇票如未按照规定期限提示承兑的，持票人则丧失对其前手的追索权。

4. 商业汇票的承兑

商业承兑汇票由银行以外的付款人承兑，银行承兑汇票由银行承兑。商业汇票的付款人为承兑人。银行承兑汇票的出票人或持票人向银行提示承兑时，银行按照有关规定和审批程序，对出票人的资格、资信、购销合同和汇票记载的内容进行认真审查，必要时可由出票人提供担保。符合规定和承兑条件的，与出票人签订承兑协议。

付款人应当在自收到提示承兑汇票之日起3日内承兑或者拒绝承兑。付款人承兑商业汇票时，应当在汇票正面记载"承兑"字样和承兑日期并签章。届时承兑汇票的承兑银行，应按票面金额向出票人收取5‰的手续费。付款人若拒绝承兑的，必须出具拒绝承兑的证明。

5. 商业汇票的提示付款期限

商业汇票的提示付款期限，自汇票到期日起10日。持票人应在提示付款期限内填写委托收款结算凭证，通过开户银行委托收款或直接向付款人提示付款。对异地委托收款的，持票人可匡算邮程，提前通过开户银行委托收款。持票人超过提示付款期限提示付款的，持票人开户银行不予受理。

6. 收款人、被背书人受理商业汇票时应审查的事项

应审查商业汇票的收款人是否确为本单位或本人；必须记载的事项是否齐全；出票人、承兑人签章是否符合规定；大小写金额是否一致；出票日期是否使用中文大写；出票金额、出票日期、收款人名称是否更改，更改的其他事项是否由原记载人签章；汇票正面是否记载"不得转让"的字样等。

7. 商业汇票权利的转让

持票人可以通过背书将商业汇票权利转让给他人，具体转让办法与支票相同，不再重述。

8. 商业汇票到期日的处理

商业承兑汇票的付款人或银行承兑汇票的出票人应于汇票到期日前，将票款足额交存其开户银行，如付款人存在合法抗辩事由而拒绝付款，应在汇票到期日前将拒绝付款证明交给其开户银行。在商业承兑汇票到期日，付款人存款账户不足支付或汇票上签章与预留银行签章不符时，其开户银行应填制付款人未付款通知书，并连同商业承兑汇票提交持票人开户银行转交持票人。

银行承兑汇票的出票人在到期日未能足额交存票款时，承兑银行除凭票向持票人无条件付款外，并对出票人尚未支付的汇票金额按每天5‰计收利息。

9. 商业汇票的追索权

商业汇票到期被拒绝付款的，持票人可以对背书人、出票人及商业汇票的其他债务人行使追索权。具体追索办法与银行本票基本相同，所不同的是持票人对定日付款和出票后定期

付款的商业汇票的追索权的时效是自票据到期日起2年。

10. 商业汇票遇到意外的处理

商业汇票的持票人超过规定期限提示付款的，即丧失了对其前手的追索权，但持票人在作出说明后，仍可以向承兑人请求付款。已承兑的商业汇票丧失，失票人可以向出票人开户银行申请挂失，具体挂失办法与支票相同，这里不再重述。

（三）商业汇票结算的核算

1. 不带息商业汇票的核算

当企业购置设备或采购存货，以不带息商业汇票抵付其价款时，借记"固定资产"或"在途物资"账户，贷记"应付票据"账户。

【例2-3】　新城宾馆向东方工艺品公司购进工艺品一批，计价款30 000元，当即签发并承兑2个月期限的商业承兑汇票抵付，作分录如下：

借：在途物资——工艺品　　　　　　　　　　　　　　　　　　　　30 000.00
　　贷：应付票据——面值——东方工艺品公司　　　　　　　　　　　30 000.00

企业签发的不带息商业汇票到期兑付票款时，则借记"应付票据"账户，贷记"银行存款"账户。

当企业为客户提供旅游、餐饮、服务，收到对方已承兑的不带息商业汇票时，借记"应收票据"账户，贷记"主营业务收入"账户。

【例2-4】　华安度假村收到远东公司签发并承兑的不带息商业汇票，金额为15 000元，期限为1个月，系支付租用本宾馆客房和会议室的费用，作分录如下：

借：应收票据——面值——远东公司　　　　　　　　　　　　　　　15 000.00
　　贷：主营业务收入　　　　　　　　　　　　　　　　　　　　　　15 000.00

商业汇票的持票人包括收款人或被背书人，等到汇票到期日，填制委托收款结算凭证连同商业承兑汇票或银行承兑汇票及解讫通知一并送交开户银行办理收款。持票人凭取回的委托收款收账通知联，借记"银行存款"账户，贷记"应收票据"账户。

2. 带息商业汇票的核算

企业签发的带息商业汇票，应于期末按照事先确定的利率计提利息，并将其列入"财务费用"账户。

【例2-5】　1月31日，大洋宾馆将1个月前签发并承兑给广陵公司的3个月期限的带息商业汇票22 000元，按6‰的月利率计提本月份应负担的利息，作分录如下：

借：财务费用——利息支出　　　　　　　　　　　　　　　　　　　132.00
　　贷：应付票据——利息——广陵公司　　　　　　　　　　　　　　132.00

带息商业汇票到期兑付本息时，根据票据面值和计提的利息，借记"应付票据"账户；根据本期应负担的利息，借记"财务费用"账户；根据支付的本息，贷记"银行存款"账户。

【例2-6】　3月31日，大洋宾馆3个月前签发给广陵公司带息商业汇票已到期，金额为22 000元，月利率6‰，当即从存款户中兑付本息，作分录如下：

借：应付票据——面值——广陵公司　　　　　　　　　　　　　　　22 000.00
借：应付票据——利息——广陵公司　　　　　　　　　　　　　　　264.00
借：财务费用——利息支出　　　　　　　　　　　　　　　　　　　132.00
　　贷：银行存款　　　　　　　　　　　　　　　　　　　　　　　22 396.00

"应付票据"是负债类账户，用以核算企业购买设备、存货和接受劳务供应等所签发并承兑的商业汇票的面值和带息汇票计提的利息。企业以商业汇票抵付款项和带息汇票期末计提利息时，记入贷方；企业收到银行转来到期商业汇票的付款通知予以兑付时，记入借方；期末余额在贷方，表示企业尚未兑付商业汇票的本息。

应付票据到期，如企业无力支付票款，应按应付票据的账面价值，借记"应付票据"账户，贷记"应付账款"账户。倘若是带息的应付票据，转入"应付账款"账户以后，期末不再计提利息。

为了加强对应付票据的管理，企业除了按收款人设置明细分类账户进行核算外，还应设置"应付票据备查簿"，详细记载每一应付票据的种类、号数、签发日期、到期日、票面金额、票面利率、合同交易号、收款单位名称及付款日期和金额等详细资料。应付票据到期结清时，应在备查簿内逐笔注销。

企业收到的带息商业汇票，到期末时，应按商业汇票的面值和确定的利率计提利息，届时借记"应收票据"账户，贷记"财务费用"账户。

【例2-7】　3月31日，瑞金宾馆将1个月前收到的光华公司的期限为2个月的带息商业汇票27 000元，按6‰的月利率计提利息，作分录如下：

借：应收票据——利息——光华公司　　　　　　　　　162.00
　　贷：财务费用——利息支出　　　　　　　　　　　　162.00

带息商业汇票到期收到本息时，根据收到的本息借记"银行存款"账户；根据票据面值和计提的计息，贷记"应收票据"账户；将本期应收的利息冲减"财务费用"账户。

【例2-8】　4月30日，瑞金宾馆2个月前收到的光华公司的带息商业汇票一张，面值27 000元，月利率6‰，已经到期，收到本息，存入银行，作分录如下：

借：银行存款　　　　　　　　　　　　　　　　　　27 324.00
　　贷：应收票据——面值——光华公司　　　　　　　27 000.00
　　贷：应收票据——利息——光华公司　　　　　　　　162.00
　　贷：财务费用——利息支出　　　　　　　　　　　　162.00

"应收票据"是资产类账户，用以核算企业因提供旅游餐饮服务而收到的用以抵付款项的商业汇票的面值和带息汇票计提的利息。企业收到商业汇票和期末计提带息汇票利息时，记入借方；企业持有的商业汇票到期兑现或到期前背书转让以及向银行贴现时，记入贷方；期末余额在借方，表示企业尚未兑现的商业汇票的本息。

为了加强对应收票据的管理，以有利于及时向承兑人兑现，以及当汇票遭到拒绝承兑时及时行使追索权，企业除了按付款人设置明细分类账进行核算外，还应设置"应收票据备查簿"，逐笔登记每一应收票据的种类、号数和出票日期、票面金额、票面利率、交易合同号以及付款人、承兑人、背书人的单位名称、到期日期、收回日期和金额，如贴现的应注明贴现日期、贴现率和贴现净额，并将结清的应收票据在备查簿内逐笔注销。

（四）商业汇票的贴现及核算

商业汇票的收款人在需要资金时，可持未到期的商业汇票向其开户银行申请贴现。贴现是指票据持有人在票据到期前为获得票款，向银行贴付一定的利息，而将商业汇票的债权转让给银行的一种票据转让行为。

商业汇票经过银行审查同意贴现后，即以汇票到期值扣除从贴现日起到汇票到期日止的利息后的票款，付给申请贴现人。汇票到期时，银行凭票向付款人按汇票到期值收取票款。

企业将商业汇票贴现后，实收贴现值的计算公式如下：

$$贴现利息 = 汇票到期值 \times 月贴现率 \times \frac{实际贴现天数}{30\,天}$$

$$实收贴现值 = 汇票到期值 - 贴现利息$$

实际贴现天数是按贴现银行向申请贴现人支付贴现金额之日起，至汇票到期前一日止，30 天折合为 1 个月。

无息商业汇票到期值即票面值，而带息商业汇票到期值是票面值加上到期的利息，利息的计算公式如下：

$$带息商业汇票到期利息 = 票面值 \times 月利率 \times \frac{汇票期限}{30\,天}$$

【例2-9】 4 月 30 日，瑞金宾馆将 4 月 20 日收到的泰安公司的带息商业汇票一张，向银行申请贴现，月贴现率为 6.3‰，该汇票金额为 25 000 元，月利率为 6‰，到期日为 5 月 30 日。

$$汇票到期值 = 25\,000 + 25\,000 \times 6‰ \times \frac{40}{30} = 25\,200（元）$$

$$汇票贴现利息 = 25\,200 \times 6.3‰ \times \frac{30}{30} = 158.76（元）$$

$$实收贴现值 = 25\,200 - 158.76 = 25\,041.24（元）$$

根据计算结果，作分录如下：

借：银行存款　　　　　　　　　　　　　　　　　　　　25 041.24
　贷：应收票据——泰安公司　　　　　　　　　　　　　　　25 000.00
　贷：财务费用——利息支出　　　　　　　　　　　　　　　　41.24

本例中，若到期利息小于贴现利息，其差额则应列入"财务费用"账户的借方。

企业已贴现的商业承兑汇票，在到期日承兑人的银行存款账户不足支付时，其开户银行应立即将汇票退给贴现银行。贴现银行则将从贴现申请人账户内收取汇票的到期金额，届时借记"应收账款"账户，贷记"银行存款"账户。

五、信用卡

（一）信用卡概述

信用卡是指商业银行向个人和单位发行的，凭以向特约单位购物、消费和向银行存取现金，且具有消费信用的特制载体卡片。

信用卡按是否需要交存备用金，可分为贷记卡和准贷记卡。贷记卡是指发卡银行给予持卡人一定的信用额度，持卡人可在信用额度内先消费，后还款的信用卡。准贷记卡是指持卡人须先按发卡银行要求交存一定金额的备用金，当备用金额不足支付时，可在发卡银行规定的信用额度内透支的信用卡。

信用卡按使用的对象不同，可分为单位卡和个人卡。单位卡，又称商务卡，是指发卡银行发行的以商务服务为核心的信用卡。个人卡是指发卡银行向自然人发行的信用卡。

信用卡按持卡人的经济实力和信用等级不同，可分为金卡和普通卡。金卡是针对经济实力较强，信誉良好的个人而推出的信用卡。普通卡是发给经济实力、资信状况普通的个人使用的信用卡。

　　单位或个人申领信用卡应按规定填制申请表，连同有关资料一并交发卡银行。符合条件并按银行要求交存一定金额的备用金后①，银行为申领人开立信用卡存款账户，并发给信用卡。发卡银行可根据申请人的资信程度，要求其提供担保。担保方式可采用保证、抵押或质押。

　　信用卡具有安全方便、可以先消费后还款的特点。它适用于单位和个人的商品交易和劳务供应的结算。

　　（二）信用卡结算的主要规定

　　1. 单位卡账户的资金和使用额度

　　单位卡账户的资金一律从其基本存款账户转账存入，不得交存现金，也不得支取现金，不得将其他存款账户和经营业务收入的款项存入其账户。单位卡不得用于 100 000 元以上的商品交易和劳务供应款项的结算。

　　2. 信用卡的使用与销户

　　信用卡仅限于合法持卡人本人使用，持卡人不得出租或转借信用卡。持卡人可持信用卡在特约单位购物、消费。届时需将信用卡和身份证一并交特约单位。智能卡（又称 IC 卡）、照片卡可免验身份证件。当持卡人不需要继续使用信用卡时，应持信用卡主动到发卡银行办理销户。

　　3. 特约单位受理信用卡应审查的事项

　　应审查的事项包括：受理的信用卡是否确为本单位可受理的信用卡；信用卡是否在有效期内，是否列入"止付名单"；签名条上是否有"样卡"或"专用卡"等非正常签名的字样；信用卡是否有打孔、剪角、毁坏或涂改的痕迹；持卡人身份证件或卡片上的照片与持卡人是否相符；卡片正面的拼音姓名与卡片背面的签名和身份证件上的姓名是否一致等。

　　4. 特约单位受理信用卡后的处理

　　信用卡审查无误后，在签购单上压卡，填写实际结算金额、用途、持卡人身份证件号码、特约单位名称和编号，然后交持卡人在签购单上签名确认，并将信用卡、身份证件和签购单回单交还给持卡人。

　　在每日营业终了，将当日受理的信用卡签购单汇总，计算手续费和净计金额，并填写汇计单和进账单，连同签购单一并送交收单银行办理进账。

　　5. 持卡人退货的处理

　　持卡人要求退货时，特约单位应使用退货单办理压卡，并将退货单金额从当日签购单累计金额中抵减，退货单随签购单一并送交收单银行。

　　6. 信用卡透支及计息的规定

　　信用卡透支额，由各商业银行自行确定。金卡的可透支额高，普通卡的可透支额低。但不得发生恶意透支。恶意透支是指持卡人经银行催收后连续 2 个月不能缴足发卡银行规定的最低还款额，或在连续 2 个月缴足银行规定的最低还款额的情况下，第三个月仍不能按银行规定的最低还款额度还清欠款的透支行为。

　　准贷记卡存款按照中国人民银行规定的活期存款利率及计算办法计算利息，但不享有免息还款期。贷记卡存款不计利息，而持卡人享有免息还款期。免息还款期是针对购物、消费对按期全额还款的持卡人提供免息待遇的期限。该期限为银行记账日至最后还款日期间，最长 50 日，最短 20 日（各家银行不同，一般是 20～50 天，也有个别例外）。

---

　　①　贷记卡不需要交存备用金。

信用卡透支利息,自付息日起按日息5‰计算。对于恶意透支,在按日息5‰的基础上再增加50%计算。

7. 信用卡丧失的处理

信用卡丧失,持卡人应立即持本人身份证件或者其他有效证明,并按规定提供有关情况,向发卡银行或代办机构申请挂失。

（三）信用卡结算的核算

企业在银行开户存入信用卡备用金时,借记"其他货币资金——信用卡存款"账户;贷记"银行存款"账户。在开户时支付的手续费,应列入"财务费用"账户。企业持信用卡支付货款、劳务费或费用时,根据购进材料、接受劳务或支付费用的凭证和签购单回单,借记"在途物资"或"主营业务成本"和"管理费用"等有关账户,贷记"其他货币资金——信用卡存款"账户。

【例2-10】 顺风旅游公司在工商银行开立信用卡存款账户。

（1）6月1日,存入信用卡备用金100 000元,发生开户手续费40元,一并签发转账支票付讫,根据转账支票存根联,作分录如下:

```
借：其他货币资金——信用卡存款                              100 000.00
借：财务费用                                                   40.00
    贷：银行存款                                            100 040.00
```

（2）6月5日,以信用卡存款支付组团旅游的飞机票款22 000元,根据飞机票及签购单回单,作分录如下:

```
借：主营业务成本                                           22 000.00
    贷：其他货币资金——信用卡存款                           22 000.00
```

特约单位销售商品、供应劳务,受理客户信用卡结算时,应取得客户签字的签购单,当日营业终了,根据签购单存根联汇总后,编制计汇单,计算总计金额,根据发卡银行规定的手续费率,计算手续费,总计金额扣除手续费后为净计金额,并按净计金额填制进账单,然后一并送交开单银行办理进账,取回进账单回单入账。届时根据进账单金额借记"银行存款"账户,根据计汇单上列明的手续费借记"财务费用"账户;根据发票与计汇单上的总计金额,贷记"主营业务收入"账户。

【例2-11】 国际饭店受理信用卡结算,客房收入8 000元,信用卡结算手续费率为9‰。根据发票、签购单存根联及计汇单回单和进账单回单,作分录如下:

```
借：银行存款                                                7 928.00
借：财务费用——手续费                                          72.00
    贷：主营业务收入                                          8 000.00
```

六、汇兑结算

（一）汇兑结算概述

汇兑是指汇款人委托银行将其款项支付给收款人的结算方式。

汇兑按其凭证的传递方式不同,分为信汇和电汇两种,可由汇款人选用。信汇是银行将信汇凭证通过邮局寄给汇入银行。这种传递方式费用低,但收款较慢。电汇是银行将电汇凭证通过电报或其他电信工具向汇入银行发出付款通知。这种传递方式收款快,但费用较高。

汇兑结算具有适用范围大，服务面广，手续简便，划款迅速和灵活易行的特点。它适用于异地各单位和个人之间的商品交易、劳务供应、资金调拨、清理旧欠等各种款项的结算。

（二）汇兑结算的主要规定

1. 签发汇兑凭证必须记载的事项

必须记载的事项包括：表明"信汇"或"电汇"的字样；无条件支付的委托；确定的金额；收款人名称、汇入地点、汇入银行名称；汇款人名称、汇出地点、汇出银行名称；委托日期和汇款人签章等。

2. 收款人为个人的处理方法

汇兑凭证上记载收款人为个人的，收款人需要到汇入银行领取汇款，汇款人应在汇兑凭证上注明"留行待取"字样；留行待取的汇款，需要指定单位的收款人领取汇款的，应注明收款人的单位名称；信汇凭收款人签章支取的，应在信汇凭证上预留其签章。

3. 需要在汇入银行支取现金的处理方法

汇款人和收款人均为个人，需要在汇入行支取现金时，应在汇兑凭证的"汇款金额"大写栏，先填写"现金"字样，后填写汇款金额。如未填明"现金"字样，需要支取现金的，由汇入银行按照国家现金管理规定审查支付。

4. 未在银行开立存款账户的收款人的处理

收款人凭信、电汇取款通知向汇入银行支取款项，届时必须交验本人的身份证件，在信、电汇凭证上注明证件名称、号码及发证机关，并在"收款人签章"处签章；信汇凭签章支取的，收款人的签章必须与预留信汇凭证上的签章相符，银行审查无误后，以收款人的姓名开立临时存款账户，只付不收，付完清户，不计付利息。需要转汇的，应由原收款人向银行填制汇兑凭证，并由本人交验其身份证件。转汇的收款人必须是原收款人，原汇入银行必须在汇兑凭证上加盖"转汇"戳记。

汇款人确定不得转汇的，应在汇兑凭证备注栏注明"不得转汇"字样。

5. 汇款的撤销

汇款人对汇出银行尚未汇出的款项可以申请撤销，届时应出具正式函件及原信、电汇回单。

6. 汇款的退汇

对在汇入银行开立存款账户的收款人，由汇款人与收款人自行联系退汇；对未在汇入银行开立存款账户的收款人，汇款人应出具正式函件或本人身份证件及原信、电汇回单，由汇出银行通知汇入银行，经汇入银行证实汇款确未支付，并将款项汇回汇出银行，方可办理退汇。

（三）汇兑结算的核算

汇款人委托银行办理汇兑时，应填制一式数联的信、电汇凭证，全部送交开户银行；开户银行审查无误同意汇款时，在回单联上加盖印章后，退回汇款人，作为其汇款的入账依据。开户银行留下一联，其余各联转交收款人开户银行。收款人开户银行留下一联，将收款通知联转交收款人，作为其收款的入账凭证或取款的依据。

汇款人汇出款项函购原材料时，凭信、电汇凭证回单联借记"应付账款"账户，贷记"银行存款"账户；收到函购原材料购进凭证时，借记"在途物资"账户，贷记"应付账款"账户。

企业收到客户汇入要求提供旅游餐饮服务的信、电汇收款通知联时，借记"银行存款"账户，贷记"应收账款"账户；为其提供旅游餐饮服务后，借记"应收账款"账户，贷记"主营业务收入"等账户。

汇款人派采购员到异地进行临时或零星采购时，应在信、电汇凭证上注明"留行待取"字样。若需支取现金，信、电汇凭证上必须有汇出银行按规定填明的"现金"字样才能办理。未填明"现金"字样，需要支取现金的，由汇入银行按照现金管理规定审查支付。采购员应在汇入银行以汇出单位名称或采购员的名义开立采购专户，采购专户只付不收，付完清户，不计付利息。

汇款人在汇出采购资金开立临时存款账户时，根据信、电汇凭证回单联，借记"其他货币资金——外埠存款"账户，贷记"银行存款"账户；收到采购原材料购进凭证时，借记"在途物资"账户，贷记"其他货币资金——外埠存款"账户。

七、托收承付结算

（一）托收承付结算概述

托收承付是指根据购销合同由收款人发货后，委托银行向异地付款人收取款项，由付款人向银行承认付款的结算方式。

托收承付结算具有物资运动与资金运动紧密结合，由银行维护收付双方正当权益的特点。它适用于商品交易，以及因商品交易而产生的劳务供应。代销、寄销、赊销商品的款项，不得办理托收承付结算。

（二）托收承付结算的主要规定

1. 办理托收承付结算的条件

收付双方必须签有符合《经济合同法》的购销合同，并在合同上订明使用托收承付结算方式；收款人办理托收，必须具有商品确已发运的证件（包括铁路、航路、公路等运输部门签发的运单、运单副本和邮局包裹回执）；每笔金额的起点为 10 000 元。

2. 签发托收承付凭证必须记载的事项

必须记载的事项包括：表明"托收承付"的字样；确定的金额；付款人名称、账号及开户银行名称；收款人名称、账号及开户银行名称；托收附寄单证张数或册数；合同名称、号码；委托日期和收款人签章等。

3. 托收

收款人按照签订的购销合同发货后，应将托收凭证并附发运证件和交易单证送交银行，委托银行办理托收。托收款收回的划转方式有邮划和电划两种，由托收方选用。

4. 承付

付款人收到托收承付结算凭证后，应在承付期内审查核对安排资金。

承付货款的方式有验单付款和验货付款两种。验单付款是指付款方接到开户银行转来的承付通知联及有关单证等，与合同核对相符后就应承付货款，承付期为 3 天，从付款人开户银行发出承付通知联的次日算起（承付期内遇法定休假日顺延）。验货付款是指付款单位除了收到开户银行转来的承付通知联及有关单证外，还必须等商品全部运到并验收入库后才承付货款，承付期为 10 天，时间从运输单位发出提货通知的次日算起。

5. 拒绝付款

付款人若发现收款人的托收款不符合托收承付结算的有关规定，或者在验单或验货过程中发现货物的品种、规格、数量、质量、价格与合同规定不符，应在承付期内填写"拒绝付款理由书"并签章，注明拒绝理由，并连同有关证明，一并送交开户银行。开户银行审查后，同意部分或全部拒绝付款的，在拒绝付款理由书上签注意见后，将拒绝付款理由书连同拒付证明和拒付商品清单邮寄收款人开户银行转交收款人。付款人在承付期内，未向银行表示拒绝付款，银行即视作承付，并在承付期满的次日（法定休假日顺延）上午银行开始营业时，将款项主动从付款人账户划转给收款人。

6. 逾期付款

付款人在承付期满日银行营业终了时，如无足够资金支付，其不足部分按逾期付款处理。付款人开户银行根据逾期付款金额和天数，按每天 5‰ 计算逾期付款赔偿金。赔偿金实行定期扣付，每月计算一次，于次月 3 日内单独划给收款人。在月内有部分付款的，其赔偿金随同部分支付的款项划给收款人。

付款人开户银行对付款人逾期未能付款的情况，应及时通知收款人开户银行，由其转知收款人。

付款人开户银行对逾期未付的托收凭证，负责进行扣款的期限为 3 个月（从承付期满日算起）。期满时，付款人仍无足够资金支付该笔尚未付清的欠款，银行应于次日通知付款人将有关交易单证或填制应付款项证明单在 2 日内退回银行。银行将有关结算凭证连同交易单证或应付款项证明单退回收款人开户银行转交收款人。

付款人逾期不退回单证的，开户银行自发出通知的第 3 天起，按照该笔尚未付清欠款的金额，每天处以 5‰ 但不低于 50 元的罚款，并暂停付款人向外办理结算业务，直到退回单证时为止。

7. 重办托收

收款人对被无理拒绝付款的托收款项，在收到退回的结算凭证及所附单据后，可填写"重办托收理由书"，连同购销合同、有关单证和退回的原托收凭证及交易单证，一并送交银行。经开户银行审查同意后，可以重办托收。

（三）托收承付结算的核算

旅游餐饮服务企业主要是在采购原材料或商品时采用托收承付结算方式。当其收到开户银行转来异地托收凭证及发票等附件后，应根据合同核对单证或验货后，在规定的承付期内向银行承付账款，承付账款时借记"在途物资"等有关账户，贷记"银行存款"账户。

八、委托收款结算

（一）委托收款结算概述

委托收款是指收款人委托银行向付款人收取款项的结算方式。

委托收款结算具有恪守信用、履约付款、灵活性强和不受结算金额起点限制的特点。它适用于单位和个人凭已承兑的商业汇票、债券、存单等付款人债务证明办理款项的结算，同城异地均可以使用。

（二）委托收款结算的主要规定

1. 签发委托收款凭证必须记载的事项

必须记载的事项包括：表明"委托收款"的字样；确定的金额；付款人名称、账号及银行名称；收款人名称、账号及开户银行名称；委托收款凭据名称及附寄单据张数；委托日期和收款人签章等。

2. 委托

收款人办理委托收款应向银行提交委托收款凭证和有关的债务证明。托收款收回的方式有邮划和电划两种，由托收方选用。

3. 付款

银行接到寄来的委托收款凭证及债务证明，经审核无误后，应及时通知付款人，并将有关债务证明交给付款人签收。付款人应在接到付款通知的当日书面通知银行付款。付款人在3日付款期内未向银行表示拒绝付款，银行则视作同意付款，在付款期满的次日上午银行开始营业时，将款项划给收款人。

银行在办理划款时，付款人存款账户不足支付的，应通过被委托银行向收款人发出未付款项通知书。按照有关规定，应将其债务证明连同未付款项通知书通过付款人开户银行邮寄被委托银行转交收款人。

4. 拒绝付款

付款人审查有关债务证明后，对收款人委托收取的款项需要拒绝付款的，应在接到通知日的次日起3日内出具拒绝证明，持有债务证明的，应将其送交开户银行，由其将拒绝证明、债务证明和有关凭证一并寄给被委托银行转交收款人。

（三）委托收款结算的核算

收款人在收到托收款项时，借记"银行存款"账户，贷记"应收票据"等有关账户。付款人收到委托收款付款通知，支付款项时，借记"应付票据"等有关账户，贷记"银行存款"账户。

此外，在同城范围内，收款人收取公用事业费或根据国务院的规定，可以使用同城特约委托收款。收取公用事业费必须具有收付双方事先签订的经济合同，由付款人向开户银行授权，并经开户银行同意，报经中国人民银行当地分支行批准。

【例2-12】 东方宾馆收到银行转来上海自来水公司的专用托收凭证，收取自来水费1 250元，其中业务部门耗用990元，行政管理部门耗用260元，作分录如下：

借：销售费用　　　　　　　　　　　　　　　　　　　　990.00
借：管理费用　　　　　　　　　　　　　　　　　　　　260.00
　贷：银行存款　　　　　　　　　　　　　　　　　　　　1 250.00

第六节　企业与银行对账的方法

一、企业与银行对账的目的和方法

企业对外结算主要是通过银行转账的，因此，银行存款的收支比较频繁。为了加强对银行存款收支的监督与控制，保证银行存款账目的正确无误，企业的银行存款日记账应经常与银行对账单进行核对，每月至少核对一次，以做到账实相符。为了完善企业的内部控制制度，出纳人员、银行存款日记账登记人员不宜参与核对，而应另行指定专人负责进行核对，以防发生弊端。

企业与银行对账时，将企业的银行存款日记账与银行转来的"对账单"逐笔进行核对。

在核对过程中，如发现本单位记账错误，应按照错账更正的方法予以更正；如发现银行转来的"对账单"错误，应通知银行予以更正。核对的结果往往会发现未达账项，因此应通过编制"银行存款余额调节表"进行调节，经调节后双方的余额应该相等。

二、未达账项及其四种情况

"未达账项"是指企业与银行之间，由于结算凭证在传递时间上有先有后，而造成一方已登记入账，另一方因凭证未达而尚未登记入账的款项。未达账项通常有下列四种情况。

1. 银行已收款入账，企业尚未收款入账的款项

如托收承付结算、委托收款结算和汇兑结算，银行已收到收账通知，而当天未及通知收款单位。

2. 银行已付款入账，企业尚未付款入账的款项

如短期借款、长期借款利息等，银行已结算入账，而当天未及通知借款单位。

3. 企业已收款入账，而银行尚未收款入账的款项

如企业将收到的转账支票填制进账单送交银行办理收款，取得回单入账，而当天银行未及办妥转账手续。

4. 企业已付款入账，而银行尚未付款入账的款项

如企业签发转账支票付款后，凭支票存根入账，而收款单位尚未将支票解存银行，或虽已解存银行，但银行未及办妥转账手续。

三、银行存款余额调节表的编制方法

银行存款余额调节表是在银行存款日记账余额和银行对账单余额的基础上，加减双方各自的未达账项，使双方的余额达到平衡，其调节公式如下：

$$\text{银行存款日记账余额} + \text{银行已收账，而企业尚未收账数} - \text{银行已付账，而企业尚未付账数} = \text{银行对账单余额} + \text{企业已收账，而银行尚未收账数} - \text{企业已付账，而银行尚未付账数}$$

【例2-13】　中原宾馆4月29—30日银行存款日记账和银行对账单如图表2-2和图表2-3所示。

图表2-2

银行存款日记账

单位：元

2013年		凭证号数	摘　要	收　入	付　出	结　存
月	日					
4	29		承上页			127 650
	29		汇入客房款（电汇）	12 500		140 150
	29	（略）	支付材料账款（转支#54321）		25 500	114 650
	29		餐厅营业款解行	4 720		119 370
	30		兑付设备款（商业承兑汇票）		5 240	114 130
	30		收到客房款（转支#78811）	25 650		139 780
	30		支付材料账款（转支#54322）		12 260	127 520
	30		餐厅营业款解行	5 890		133 410
	30		提取现金（现支#24680）		1 360	132 050

图表 2-3

银行对账单

单位：元

2013 年		摘　要	借　方	贷　方	借或贷	余　额
月	日					
4	29	承上页			贷	127 650
	29	营业款解行		4 720	贷	132 370
	29	电汇（汇入客房款）		12 500	贷	144 870
	30	商业承兑汇票（兑付设备款）	5 240		贷	139 630
	30	营业款解行		5 890	贷	145 520
	30	转支#54321（支付材料款）	25 500		贷	120 020
	30	电汇（汇入客房款）		6 390	贷	126 410
	30	特约委托收款（支付水费）	2 480		贷	123 930
	30	现支#24680（提取现金）	1 360		贷	122 570

通过核对后，有未达账项 4 笔，据以编制银行存款余额调节表如图表 2-4 所示。

图表 2-4

银行存款余额调节表

2013 年 4 月 30 日

单位：元

项　目	金　额	项　目	金　额
银行存款日记账余额	132 050	银行对账单余额	122 570
加：银行已收账，而企业尚未收账数：		加：企业已收账，而银行尚未收账数：	
电汇（收到客房款）	6 390	电汇（收到客房款）	25 650
减：银行已付账，而企业尚未付账数		减：企业已付账，而银行尚未付账数	
特约委托收款（支付水费）	2 480	转账支票#54322（支付材料款）	12 260
调节后余额	135 960	调节后余额	135 960

企业银行存款日记账的余额与银行对账单的余额通过调节后取得了平衡，表明账簿的记录基本正确无误。对于本企业的未达账项，应于下次银行对账单到达时继续进行核对，如未达账项超过了正常日期，应及时与银行联系，查明原因予以解决，以免造成不必要的损失。

第七节　外币业务

一、外汇和外币业务概述

（一）外汇和外币

外汇是国际汇兑的简称，它是指以外国货币表示的、可用以国际结算的支付手段和资产。

1. **外汇包括的内容**

外汇包括以下四项内容。

（1）外国货币。它包括纸币和铸币。

（2）外币支付凭证。它包括票据、银行存款凭证和邮政储蓄凭证。

（3）外币有价证券。它包括政府债券、公司债券、股票、息票等。

（4）其他外汇资产。

2. 外汇必须具备的条件

外汇必须同时具备以下三个条件。

（1）以外币表示的国外资产。

（2）在国外能得到偿付的货币债权。

（3）可以兑换成其他支付手段的外币资产。

外币是国外货币的简称，它是指本国货币以外的其他国家和地区的货币。外币仅仅是外汇的组成部分。

（二）外汇汇率

外汇汇率简称汇率，又称汇价，是指一种货币折算为另一种货币的比率，也就是用某一种货币表示的另一种货币的价格，或外汇市场买卖外汇的价格。

1. 外汇汇率的标价方法

标价方法有直接标价法和间接标价法两种。

（1）直接标价法。它是指以一定单位的外国货币作为标准来折算本国货币的标价方法。采用这种标价方法，外国货币数量不变，而直接反映本国货币价值的增减变化。中国人民银行公布的外汇牌价也采用这种方法。例如，1 美元 = 6.82 元人民币。

（2）间接标价法。它是指将本国货币单位固定不变，用若干单位的外国货币来标出本国货币的单位价格，间接地显示出外国货币价值的标价方法。例如，美国采用间接标价法，1 美元 = 0.6289 英镑。

2. 外汇汇率的分类

外汇汇率根据汇率的不同作用有以下两种分类。

（1）按银行买卖外汇的汇率分。可分为买入汇率、卖出汇率和中间汇率。

① 买入汇率。它又称买入价，是指银行向客户买入外汇时所使用的汇率。

② 卖出汇率。它又称卖出价，是指银行向客户卖出外汇时所使用的汇率。

③ 中间汇率。它又称中间价，是指银行买入汇率与卖出汇率之间的平均汇率。

企业除了与银行发生外汇买卖业务外，一般均以中间汇率作为记账依据。

（2）按汇率发生的时间分。可分为即期汇率和历史汇率。

① 即期汇率。它是指企业发生外币业务时的市场汇率，即中国人民银行当日公布的外币汇率。

② 历史汇率。它是指企业以前的外币业务发生时所使用的汇率。

（三）外币业务概述

外币业务是指企业以记账本位币以外的其他货币进行款项收付、往来结算和计价的经济业务。它主要包括企业购买或销售以外币计价的商品或劳务、企业借入或出借外币资金、承担或清偿以外币计价的债务等。记账本位币是指在会计记账上采用的作为会计计量基本尺度的货币币种。

外币业务的核算方法有外币统账制和外币分账制两种。外币统账制是指企业发生外币业务时，必须及时将外币折算为记账本位币的记账方法，并以记账本位币编制财务报表。这种方法适用有外币收支业务的一般企业。外币分账制是指企业对外币业务在日常核算时按照外币原币进行记账，分别以不同的外币币种核算其所实现的损益，编制各种货币币种的财务报表，在期末一次性地将以外币表示的财务报表折算为以记账本位币表示的财务报表，并将其与记账本位币业务编制的财务报表汇总编制整个企业一定会计期间的财务报表。这种方法只适用于以外币收支为主的外商投资企业。本书以后部分的内容仅阐述外币统账制的核算方法。

二、外币业务的核算

（一）外币业务的记账要求

企业发生的外币业务都应当采用复币记账，在按外币原币登记有关外币明细账户的同时，还应当采用外币交易日的即期汇率或者即期汇率的近似汇率将外币金额折算为记账本位币（即人民币）金额记账。即期汇率的近似汇率是指按照系统合理的方法确定的，与交易发生日即期汇率近似的汇率，通常采用当期平均汇率或加权平均汇率等。

（二）外币业务汇兑差额的处理

对于外币业务的汇兑差额，企业在期末应当分别按外币货币性项目、外币非货币性项目和外币投入资本进行会计处理。

1. 外币货币性项目

货币性项目是指企业持有的货币资金和将以固定或可确定的金额收取的资产或者偿付的负债。外币货币性项目是指以外币计量的货币性项目。货币性项目分为货币性资产项目和货币性负债项目。货币性资产项目包括库存现金、银行存款、应收账款、其他应收款和长期应收款等；货币性负债项目包括短期借款、应付账款、长期借款、应付债券和长期应付款等。

对于外币货币性项目，因结算或采用期末的即期汇率折算而产生的汇兑差额，计入当期损益，同时调增或调减外币货币性项目的记账本位币金额。

2. 外币非货币性项目

非货币性项目是指货币性项目以外的项目，包括交易性金融资产、存货、长期股权投资、固定资产、无形资产等。外币非货币性项目是指以外币计量的非货币性项目。

（1）以历史成本计量的外币非货币性项目。这些项目如存货，由于已在交易发生日按当日即期汇率折算，期末不应改变其原记账本位币金额，不产生汇兑差额。

（2）以公允价值计量的外币非货币性项目。这些项目如交易性金融资产等，采用公允价值确定日的即期汇率折算，折算后的记账本位币金额与原记账本位币金额的差额，作为公允价值变动（含汇率变动）处理，计入当期损益。

3. 外币投入资本

企业收到投资者以外币投入的资本，应当采用交易发生日即期汇率折算，不得采用合同约定汇率和即期汇率的近似汇率折算，外币投入资本与相应的货币性项目的记账本位币金额之间不产生外币资本折算差额。

【例2-14】 武康宾馆1月1日"银行存款——美元户"明细账余额为15 000美元，汇率为6.15，折算人民币为92 250元，接着本月份发生下列有关的经济业务。

（1）2日，从德国进口钢琴1架，账款10 000美元，以美元存款支付，当日汇率为6.15，钢琴已验收使用，作分录如下：

借：固定资产   61 500.00

    贷：银行存款——美元户（10 000×6.15）   61 500.00

（2）10日，收到美国迈克旅游公司付给本宾馆下属旅游公司安排其组团来我国旅游的费用 28 000 美元，当日汇率为 6.15，作分录如下：

  借：银行存款——美元户（28 000×6.15）   172 200.00

   贷：主营业务收入   172 200.00

  （3）15 日，从美元存款户中提取 9 000 美元，备发外籍人员工资，当日汇率为 6.14，作分录如下：

  借：库存现金——美元户（9 000×6.14）   55 260.00

   贷：银行存款——美元户（9 000×6.14）   55 260.00

  （4）26 日，从美元存款户中提取 3 000 美元，兑换成人民币存入银行。当日美元折算人民币的买入汇率为 6.13，中间汇率为 6.15，作分录如下：

  借：银行存款——人民币户（3 000×6.13）   18 390.00

  借：财务费用——汇兑损失   60.00

   贷：银行存款——美元户（3 000×6.15）   18 450.00

  （5）31 日，上列业务记入"银行存款——美元户"明细账户后，美元余额为 21 000（见图表 2-5），月末折算人民币的中间汇率为 6.14，调整人民币余额，作分录如下：

  借：财务费用——汇兑损失   300.00

   贷：银行存款——美元户   300.00

  根据上列业务登记"银行存款——美元户"明细账如图表 2-5 所示。

图表 2-5

银行存款——美元户

2013 年		凭证号数	摘　要	借　方			贷　方			余　额		
月	日			外币	汇率	人民币	外币	汇率	人民币	外币	汇率	人民币
1	1		上年结转							15 000	6.15	92 250
	2	（略）	支付钢琴款				10 000	6.15	61 500	5 000		30 150
	10		收到旅游业务款	28 000	6.15	172 200				33 000		202 950
	15		提现				9 000	6.14	55 260	24 000		147 690
	26		兑换人民币				3 000	6.15	18 450	21 000		129 240
	31		月末汇率调整						300	21 000	6.14	128 940
1	31		本月合计	28 000		172 200	22 000		135 510	21 000	6.14	128 940

练　习　题

一、简答题

  1. 企业为什么必须对货币资金加强管理和控制？

  2. 企业应如何进行库存现金限额管理？

  3. 试述库存现金收入的管理和库存现金支出的管理。

  4. 企业通过银行办理收付款项的结算业务必须遵守哪些制度？

  5. 转账结算有哪些方式？分别说明这些结算方式的特点和适用性。

  6. 试述企业与银行对账的目的和方法。

  7. 什么是外汇？它必须同时具备哪些条件？

  8. 什么是外汇汇率？试述外汇汇率的分类。

9. 什么是外币货币性项目？什么是外币非货币性项目？试述它们在核算上的异同点。

二、名词解释题

坐支　备用金　支票　银行汇票　商业汇票　贴现　未达账项　即期汇率　外币业务

三、是非题

1. 货币资金是企业生产经营资金在循环周转过程中，停留在货币形态的资金，它由现金、备用金和银行存款组成。　　　　（　　）

2. 库存现金是指企业为了备付日常零星开支而保管的现金，它包括人民币和外币。　　　　（　　）

3. 企业可以在其他银行的一个营业机构开立一个一般存款账户，该账户可以办理转账结算和存入现金，但不能支取现金。　　　　（　　）

4. 票据和结算凭证是办理转账结算的工具。　　　　（　　）

5. 银行对签发空头支票及签章与预留印章不符的支票，除予以退票外，并按票面金额处以 5%，但不低于 1 000 元的罚款，同时出票人要支付持票人 2% 的赔偿金。　　　　（　　）

6. 支票的提示付款期限为 10 天，自出票的次日起算。　　　　（　　）

7. 银行汇票的法定付款提示期限为出票日起 1 个月。　　　　（　　）

8. 商业汇票的付款期限最长不超过 9 个月。　　　　（　　）

9. 带息商业汇票贴现时，其实收贴现值有可能大于其票面值，也可能小于其票面值。　　　　（　　）

10. 企业银行存款日记账与银行对账单核对不符的原因就是存在未达账项。　　　　（　　）

11. 外币是指本国货币以外的其他国家和地区的货币。它是外汇的组成部分。　　　　（　　）

12. 买入汇率或卖出汇率是指客户向银行买入外汇或客户向银行卖出外汇时所使用的汇率。　（　　）

四、单项选择题

1. 具有清算及时、使用方便、收付双方都有法律保障和结算灵活特点的票据是_____。
   A. 支票　　　　B. 银行本票　　　　C. 银行汇票　　　　D. 商业汇票

2. 具有信誉度高、支付能力强，并有代替现金使用功能特点的票据是_____。
   A. 支票　　　　B. 银行本票　　　　C. 银行汇票　　　　D. 商业汇票

3. 仅适用于商品交易及因商品交易而发生的劳务供应的结算方式有_____。
   A. 银行本票　　B. 商业汇票　　　　C. 委托收款　　　　D. 托收承付

4. 同城和异地均能采用的票据有_____。
   A. 支票　　　　B. 银行本票　　　　C. 银行汇票　　　　D. 商业汇票

5. 具有结算金额起点限制的结算方式是_____。
   A. 银行本票　　B. 银行汇票　　　　C. 托收承付　　　　D. 委托收款

6. 金额和收款人名称可以授权他人补记的票据是_____。
   A. 支票　　　　B. 银行本票　　　　C. 商业汇票　　　　D. 银行汇票

7. 企业发生外币业务时，在按外币原币记账外，还应按外币交易日的_____将外币金额折算为记账本位币金额记账。
   A. 买入汇率　　B. 即期汇率　　　　C. 中间汇率　　　　D. 历史汇率

五、多项选择题

1. 企业应坚持"钱账分管"的内部控制制度，出纳人员除了负责现金的收付、保管及登记现金日记账外，不得兼办_____。
   A. 费用、收入账簿的登记工作　　　　B. 债务、债权账簿的登记工作
   C. 稽核工作　　　　　　　　　　　　D. 会计档案的保管工作

2. 按企业的银行存款账户分，可分为_____。
   A. 基本存款账户　B. 一般存款账户　　C. 临时存款账户　　D. 专用存款账户

3. 转账结算具有方便、_____的特点。
　　A. 通用　　　　　　B. 灵活　　　　　　C. 迅速　　　　　　D. 安全
4. 异地可使用的票据和结算凭证有_____。
　　A. 银行本票　　B. 银行汇票　　　C. 商业汇票　　　D. 托收承付
　　E. 委托收款　　F. 汇兑
5. 通过"其他货币资金"账户核算的结算方式有_____。
　　A. 银行本票　　B. 银行汇票　　　C. 商业汇票　　　D. 信用卡
6. 货币性资产项目包括库存现金、银行存款、_____等。
　　A. 应收账款　　B. 其他应收款　　C. 交易性金融资产　　D. 固定资产
7. 企业期末采用即期汇率折算而产生汇兑差额的外币项目有_____等。
　　A. 银行存款　　B. 应收账款　　　C. 存货　　　　　D. 应付账款

六、实务题

习题一

一、**目的**　练习货币资金的核算。

二、**资料**　申江旅行社1月上旬发生下列有关的经济业务。

1. 2日，签发现金支票提取现金2 000元。

2. 2日，以现金分别拨付业务部门和总务部门备用金1 000元。

3. 8日，业务部门送来报账发票，其中招待客户用餐费450元，市内交通费180元，复印纸60元，快递费150元，经审核无误，当即以现金补足其备用金定额。

4. 10日，总务部门送来报账发票，其中：账页120元，保险箱修理费180元，市内交通费136元，快递费90元，印制单证360元，经审核无误，当即补足其备用金定额。

三、**要求**　编制会计分录。

习题二

一、**目的**　练习票据和信用卡结算的核算。

二、**资料**　新沪宾馆3月份发生下列有关的经济业务。

1. 1日，向大丰粮油公司购进大米1 500千克，每千克3.60元，共计5 400元，当即签发转账支票付讫。

2. 3日，为江浦公司提供客房服务收入3 780元，收到转账支票，当即存入银行。

3. 5日，签发现金支票1 200元，提取现金。

4. 8日，填制银行汇票申请书一份，金额180 000元，银行受理后，收到同等数额的银行汇票。

5. 10日，向大昌客车厂购进大客车2辆，计价款175 000元，款项以面额180 000元的银行汇票支付，余款尚未退回。

6. 12日，银行转来多余款收账通知，金额为5 000元，系本月8日签发的银行汇票使用后的余款。

7. 14日，向安远工艺品公司购进各种工艺品20件，计价款27 000元，当即签发并承兑了3个月期的带息商业汇票抵付。该汇票月利率为6‰。

8. 15日，收到黄兴公司签发并承兑的带息商业汇票，金额为17 100元，期限为45天，月利率为6‰，系支付租用本宾馆客房和会议室的费用。

9. 18日，存入信用卡备用金15 000元，发生开户费40元，一并签发转账支票付讫。

10. 20日，向沪光副食品公司购进猪肉，计价款7 600元，以信用卡存款付讫。

11. 22日，45天前签发给东风公司的带息商业汇票一张，已经到期，金额为15 000元，月利率为6‰，当即从存款户中兑付本息。经查该汇票上月底已预提过利息。

12. 24日，将上月24日收到的期限为3个月的不带息商业汇票一张，金额为18 000元，向银行申请贴现，月贴现率为 6.3‰，银行审查后同意贴现，并将贴现金额存入银行。

13. 26 日，为新欣公司提供客房服务收入 6 600 元，采用信用卡结算，信用卡结算手续费率为 9‰，当即将签购单和计汇单存入银行。

14. 28 日，将上月 28 日收到的 3 个月期限的带息商业汇票一张，向银行申请贴现，月贴现率 6.3‰。该汇票金额为 19 200 元，月利率为 6‰。银行审查后同意贴现，并将贴现金额存入银行。

15. 31 日，计提本月 14 日签发给安远工艺品公司的带息商业汇票的利息。

16. 31 日，计提本月 15 日收到的黄兴公司付来的带息商业汇票的利息。

三、要求　编制会计分录。

习题三

一、目的　练习转账结算的核算。

二、资料　武昌饭店 6 月份发生下列有关的经济业务。

1. 2 日，向上海汽车厂函购小汽车 1 辆，填制电汇结算凭证，汇出款项 200 000 元。

2. 5 日，电汇大连工商银行 25 000 元，开立采购专户。

3. 8 日，从大连养殖场购进干贝、海参等各种海鲜一批，价款 22 500 元，海鲜的运杂费 420 元，一并以本月 5 日在大连开立的采购专户支付。

4. 10 日，收到银行转来信汇收款通知一份，金额为 3 600 元，系中原公司汇来的预订客房和会议室的款项。

5. 12 日，大连采购专户已结清，余款已退回存入银行。

6. 15 日，上海汽车厂发来函购的小汽车 1 辆，并收到其附来的发票和运输费凭证，开列价款 196 000 元，运输费 800 元，余款 3 200 元也已汇回，存入银行。

7. 20 日，中原公司客人离店，应向其收取租用客房和会议室费用 3 750 元，扣除其在本月 10 日汇入的 3 600 元的预订款后，再向其收取现金 150 元，以结清其预订款。

8. 25 日，银行转来青岛水产公司托收承付结算凭证，金额为 18 800 元，并附来发票一张，开列鱼翅一批，计价款 18 000 元；运杂费凭证一张，金额为 800 元。经审核无误，当即承付。

9. 28 日，银行转来自来水公司特约委托收款凭证付款通知联，金额为 1 200 元，系支付本月份自来水费，其中：业务部门耗用 1 000 元，行政管理部门耗用 200 元。

三、要求　编制会计分录。

习题四

一、目的　练习编制银行存款余额调节表。

二、资料　静安饭店 4 月 29—30 日银行存款日记账和银行对账单内容如图表 2-6 和图表 2-7 所示。

图表 2-6

银行存款日记账

单位：元

2013 年		凭证号数	摘　要	收　入	付　出	结　存
月	日					
4	28		承上页			147 160
	29		支付设备款（转支#33422）		24 600	122 560
	29		汇出函购材料款（电汇）		19 600	102 960
	29	（略）	支付材料账款（转支#33423）		7 120	95 840
	30		收到客房款（电汇）	14 510		110 350
	30		提现（现支#11336）		1 500	108 850
	30		电费（特约委托收款）		2 310	106 540
	30		收到客房款（转支#66294）	18 840		125 380
	30		营业款解行	9 880		135 260

图表 2-7

银行对账单

单位：元

2013 年 月	日	摘　要	借　方	贷　方	借或贷	余　额
4	28	承上页			贷	147 160
	29	电汇（函购材料）	19 600		贷	127 560
	29	特约委托收款（电费）	2 310		贷	125 250
	29	转支#33422（支付设备款）	24 600		贷	100 650
	29	电汇（收到客房款）		14 510	贷	115 160
	30	提现	1 500		贷	113 660
	30	营业款解行		9 880	贷	123 540
	30	短期借款计息单	5 670		贷	117870
	30	特约委托收款（水费）	840		贷	117 030

三、要求

（一）将银行存款日记账与银行对账单逐笔核对，找出未达账项。

（二）编制银行存款余额调节表，验算企业与银行双方账目是否相符。

习题五

一、**目的**　练习外币业务的核算。

二、**资料**

（一）浦江公司 1 月 1 日"银行存款——美元户"明细账余额为 18 000 美元，当日美元汇率为 6.15，折合人民币为 110 700 元。

（二）1 月份发生下列有关的外币业务。

1. 5 日，向美国迪克公司进口音响设备一套，账款 9 900 美元，以美元存款付讫，当日汇率为 6.14。音响设备已验收使用。

2. 12 日，收到德国莱茵旅游公司付给本宾馆下属旅游公司安排其组团来我国旅游的账款 28 000 美元，当日汇率为 6.14。

3. 15 日，从美元账户提取美元 9 200 元，备发外籍人员工资，当日汇率为 6.15。

4. 20 日，从美元账户支取 4 500 美元，兑换成人民币存入银行，当日买入汇率为 6.13，中间汇率为 6.15。

5. 26 日，收到亨特公司偿还前欠账款 8 000 美元，当日汇率为 6.15。

6. 31 日，今日美元汇率为 6.14，调整本月份"银行存款——美元户"明细账的余额。

三、**要求**

（一）根据"资料（二）"，编制会计分录。

（二）根据"资料（一）"和编制的会计分录，开设并逐笔登记"银行存款日记账——美元户"明细账。

第三章 存　货

第一节　存货概述

一、存货的意义

存货是指企业在日常活动中持有以备出售的产成品或商品，或者是处在生产过程中的在产品，在生产过程或提供劳务过程中耗用的材料和物料等。在旅游餐饮服务企业生产经营活动过程中，存货处在不断地被销售、耗用和重置之中，因此它属于流动资产的范畴，并且是企业流动资产的一个重要的组成部分。

存货是企业重要的财产物资，它是为企业带来经济利益的重要的经济资源。存货在旅游餐饮服务企业的流动资产中占有一定的比重，并且是流动资产中变现能力最弱的资产。存货的积压必然会引起企业资金周转的困难，进而影响经营活动的正常开展，而存货的不足又会直接影响企业的经营活动和营业收入，因此存货的储备必须适量。此外，存货还容易被偷盗、散失和毁损，因此必须加强对存货的管理和核算，正确确定各种存货的数量和金额，保护企业存货的安全与完整，为企业合理安排经营活动提供可靠的物质基础。

二、存货的确认条件

（一）与该存货有关的经济利益很可能流入企业

资产最重要的特征是预期会给企业带来经济利益。如果某一项目预期不能给企业带来经济利益，就不能确认为企业的资产。存货是企业一项重要的流动资产，因此，对存货的确认，关键是要判断其是否很可能给企业带来经济利益。

（二）该存货的成本能够可靠地计量

成本能够可靠地计量是资产确认的一项基本条件。存货作为企业资产的组成部分，要予以确认也必须能够对其成本进行可靠的计量。存货的成本能够可靠地计量必须以取得确凿的、可靠的证据为依据，并且具有可验证性。如果存货成本不能可靠地计量，则不能确认其为存货。

三、存货的范围

确定存货的范围是正确核算存货的基础。旅游餐饮服务企业在确认存货时，除了应确定其在性质上是否属于存货外，还应确定其是否属于企业的存货。企业通常以是否拥有存货所有权作为判断标准。凡所有权已属于企业的存货，不论企业是否收到或持有，均应作为本企业的存货；反之，凡不具备所有权的存货，即使存放于企业，也不能作为企业的存货。旅游餐饮服务企业存货的具体范围如下。

企业已经付款购入，或已生产加工完毕，验收合格并存放在本企业的原材料、库存商品和产成品。

企业已经付款购入，但尚未验收入库的在途材料和在途商品。

企业正在加工，或正在委托加工的产品。

四、存货的分类

为了加强对存货的管理和核算，旅游餐饮服务业的存货按其来源和用途不同，可分为以下六类。

1. 原材料

原材料是指企业用于生产产品而购入的各种材料，如餐饮企业购入生产菜肴的肉、禽、蛋等。

2. 在产品

在产品是指企业正在进行加工的、还不能对外销售的产品，如餐饮企业尚未加工完成的餐饮制品。

3. 产成品

产成品是指企业已完成全部生产过程，可以对外销售的产品，如餐饮企业已加工完毕等待销售的餐饮制品。

4. 低值易耗品

低值易耗品是指企业购入的使用期限较短的，或者单位价值较低的，能多次使用而不改变其原有实物形态的各种用具和物品，如行李车、毛毯、床单、灯具、办公桌、传真机、打印机等。

5. 库存商品

库存商品是指企业外购或委托加工完工验收入库，用于对外销售的商品，如企业购入准备销售给客户的工艺品、烟、酒、糖果等。

6. 委托加工物资

委托加工物资是指企业委托外单位加工的材料和商品，如餐饮企业委托加工的点心馅料。

第二节　原　材　料

一、原材料的分类和计价

（一）原材料的分类

原材料的品种规格繁多，旅游餐饮服务企业按原材料在生产或经营过程中的作用不同，可分为以下四类。

1. 原料及主要材料

原料及主要材料是指经过生产加工后构成产品实体的各种原料和材料，如餐饮企业的大米、面粉、肉类、家禽、河鲜、海鲜和蔬菜等。

2. 辅助材料

辅助材料是指在生产加工过程中，有助于产品形成或便于生产进行，但不构成产品实体的各种材料，如餐饮企业的食用油、香料和调味品等。

3. 燃料

燃料是指生产加工过程中用来燃烧发热以产生热能的各种材料，如煤、木炭、汽油、柴油、天然气、煤气等。

4. 物料用品

物料用品是指企业用于经营业务、日常维修、劳动保护方面的材料、零配件及日常用品、办公用品、包装用品等。

（二）原材料的计价

旅游餐饮服务企业对外购的原材料，应以在采购过程中实际发生的成本计价，其实际成本应由含税价格和采购费用两部分组成。

1. 含税价格

原材料的含税价格由买价和增值税额两部分组成。

旅游餐饮服务企业购进原材料取得的发票有两种，一种是增值税专用发票，简称专用发票，另一种是普通发票。

增值税专用发票上列有购进原材料的金额，增值税的税率、税额和价税合计。增值税税率有基本税率和低税率两种。基本税率为17%，低税率为13%。由于工业企业和商品流通企业是缴纳增值税的，因此购进原材料和库存商品时发生的增值税是价外税，不包括在原材料和库存商品的买价之内，而旅游餐饮服务企业（商品销售除外）是缴纳营业税的，因此即使购进原材料和库存商品时取得了增值税专用发票，也应将增值税作为价内税，作为原材料和库存商品买价的组成部分，以含税价格入账。

普通发票上不将货款与增值税分列，只列示购进原材料的金额，即含税价格。

2. 采购费用

采购费用由运杂费、运输途中的合理损耗和税金组成。

（1）运杂费。它是指为采购原材料而发生的运输费、装卸费、包装费和仓储费。

（2）运输途中的合理损耗。它是指购入原材料在运输途中发生的定额范围内的损耗。

（3）税金。它是指进口原材料支付的进口关税和进口消费税。

二、原料及主要材料的核算

（一）原料及主要材料购进的核算

采购原料及主要材料的有餐饮企业和服务企业。餐饮企业和服务企业购进原材料，通常有两种方法：一种是以生产部门（厨房、生产加工车间）填制的"原材料请购单"为依据，采购员购进后将原材料连同进货发票直接交生产部门，由其验收签字后，由采购员转交财会部门入账；另一种是由仓库保管员按照定额管理的要求填制"原材料请购单"交给采购员。采购员据以采购后将原材料连同进货发票一并交给仓库验收，由仓库库管人员填制"入库单"连同进货发票一并交财会部门入账。企业支付原材料价款和采购费用时，借记"在途物资"账户；贷记"银行存款"账户。原材料运到，验收入库时，借记"原材料"账户；贷记"在途物资"账户。

【例3-1】　浦江饭店向威海养殖场采购海参100千克，每千克300元，计货款30 000元，增值税额为5 100元，运杂费为300元，采用托收承付结算。

（1）3月15日，银行转来威海养殖场的托收凭证，并附来专用发票发票联及运杂费凭证，经审核无误后，当即承付，作分录如下：

借：在途物资——海参　　　　　　　　　　　　　　　　35 400.00

　　贷：银行存款　　　　　　　　　　　　　　　　　　　　　　35 400.00

（2）3月18日，海参已运到，由仓库库管人员验收入库，根据仓库库管人员送来的入库单，经审核无误后，作分录如下：

借：原材料——原料及主要材料——干货类   35 400.00
　　贷：在途物资——海参   35 400.00

"在途物资"是资产类账户，用以核算企业采取实际成本（或进价）进行原材料、商品等各种物资的日常核算、货款已付尚未验收入库的在途物资的采购成本。企业购入原材料等各种物资发生采购成本时，记入借方；原材料等各种物资验收入库，结转采购成本时，记入贷方；期末余额在借方，表示尚未到达及虽已到达但尚未验收入库的在途物资。

餐饮企业和服务企业的原材料主要是在同城采购的，往往是钱货两清。为了简化核算手续，也可以不通过"在途物资"账户，直接在"原材料"账户核算。

【例3-2】 3月20日，浦江饭店向东昌食品公司购进香菇取得普通发票，列明香菇60千克，每千克60元，金额3 600元，货款尚未支付，香菇已验收入库，作分录如下：

借：原材料——原料及主要材料——干货类   3 600.00
　　贷：应付账款——东昌食品公司   3 600.00

"原材料"是资产类账户，用以核算企业库存的各种原材料的实际成本，企业购进原材料验收入库和原材料发生盘盈时，记入借方；企业耗用原材料和原材料发生盘亏时，记入贷方；期末余额在借方，表示企业库存的原材料的实际成本。"原材料"账户除按材料类别设置二级账户进行核算以外，还应按品种设置明细账进行明细核算。

"应付账款"是负债类账户，用以核算企业因购买原材料、商品和接受劳务供应等应付给供应单位的款项。企业购入原材料、商品等已验收入库及已接受劳务供应，而账款尚未支付时，记入贷方；企业偿还账款时，记入借方；期末余额在贷方，表示企业尚欠供应单位的款项。

餐饮企业购入的原材料如直接交生产加工部门耗用的，则不通过"原材料"账户核算，而将其直接列入"主营业务成本"账户。

【例3-3】 11月21日，浦江饭店向沪东菜场采购大闸蟹取得普通发票，列明大闸蟹12千克，每千克100元，计金额1 200元，以现金支付，大闸蟹已由厨房直接验收领用，作分录如下：

借：主营业务成本   1 200.00
　　贷：库存现金   1 200.00

（二）原料及主要材料发出的核算

当各部门需要领用原料及主要材料时，应由领料人根据生产经营任务或工作的需要填制领料单，填明领用原材料的名称、规格、数量及用途，由领料部门主管审核签章，领料人再凭此领料单向仓库领料，仓库在审核无误后据以发料。根据发料情况填列实发数量、单价和金额，并由领、发料双方签章。领料单一式数联，一联由领料部门带回留存，仓库自留一联登记原材料明细账，另一联转交财会部门入账。领用的原料及主要材料直接用于生产的，借记"主营业务成本"账户；贷记"原材料"账户。

【例3-4】 3月20日，浦江饭店厨房领用海参5千克，每千克354元，金额1 770元，作分录如下：

借：主营业务成本——餐饮业务   1 770.00
　　贷：原材料——原料及主要材料——干货类   1 770.00

如果领料单的数量较多，也可以由仓库定期予以汇总，编制"领料单汇总表"，转交财会部门入账。

（三）发出原料及主要材料的计价

企业购进的原料及主要材料均按取得的实际成本计价入账。

然而企业购进的原料及主要材料由于产地、价格和运输费用的不同，因此各批购进原料及主要材料的单位成本往往各异，则对发出原料及主要材料的价值，就需要采用合理的计算方法来予以确定。根据《企业会计准则》的规定，企业对原料及主要材料的计价可以选择使用个别计价法、先进先出法、移动加权平均法和综合加权平均法等。企业会计准则规定对于性质和用途相似的原材料应当采用相同的计价方法。原材料计价方法一经确定后，不得随意变更。

1. 个别计价法

它又称为分批实际计价法，是指认定每一件或每一批原料及主要材料的实际单价，计算发出该件或该批原料及主要材料成本的方法。其计算公式如下：

发出原料及主要材料成本＝发出原料及主要材料数量×该件（批）原料及主要材料单价

采用个别计价法，对每件或每批购进的原料及主要材料应分别存放，并分户登记原料及主要材料明细分类账。对每次领用的原料及主要材料，应在领料单上注明购进的件别或批次，便于按照该件或该批原料及主要材料的实际单价计算其耗用金额。

采用个别计价法能随时结转发出原料及主要材料的成本。这种方法计算的结果符合实际，但计算起来工作量最为繁重，适用于能分清件别、批次的原材料。

2. 先进先出法

它是指根据先入库先发出的原则，对于发出的原料及主要材料，以先入库原料及主要材料的单价进行计价，从而计算发出原料及主要材料成本的方法。

采用先进先出法计算发出原料及主要材料成本的具体做法是：先按第一批入库原料及主要材料的单价计算发出原料及主要材料的成本，领发完毕后，再按第二批入库原料及主要材料的单价计算，以此类推。若领发的原料及主要材料属于前后两批入库的，单价又不同时，就需要分别用两个单价计算。其具体计算方法如图表3-1和图表3-2所示。

【例3-5】 明珠饭店1月份面粉的期初余额、收发业务的有关资料如图表3-1所示。

图表3-1

面粉的期初余额及收发料资料

金额单位：元

期 初 余 额						
材料类别	编号	品名	计量单位	数量	单价	金额
粮食类	101	面粉	千克	1 000	3.89	3 890.00

本月份收发业务资料							
2013 年		业务号数	购　　进			发出数量	盘亏数量
月	日		数量	单价	金额		
1	3	6				400	
	10	15				500	
	12	23	1 100	3.92	4 312.00		
	15	30				360	
	21	36				440	
	24	45	1 400	3.94	5 516.00		
	28	53				600	
	31	60					2

图表 3-2

原料及主要材料明细分类账

原料及主要材料名称：面粉 　　　　编号：102 　　　　数量单位：千克 　　　　　　　　金额单位：元

2013 年		凭证号数	摘要	收入			发出			结存		
月	日			数量	单价	金额	数量	单价	金额	数量	单价	金额
1	1		期初结存							1 000	3.89	3 890.00
	3	6	领用				400	3.89	1 556.00	600	3.89	2 334.00
	10	15	领用				500	3.89	1 945.00	100	3.89	389.00
	12	21	购进	1 100	3.92	4 312.00				1 200	100×3.89 1 100×3.92	4 701.00
	15	30	领用				100 260	3.89 3.92	389.00 1 019.20	840	3.92	3 292.80
	21	36	领用				440	3.92	1 724.80	400	3.92	1 568.00
	24	45	购进	1 400	3.94	5 516.00				1 800	400×3.92 1 400×3.94	7 084.00
	28	53	领用				400 200	3.92 3.94	1 568.00 788.00	1 200	3.94	4 728.00
	31	60	盘亏				2	3.94	7.88	1 198	3.94	4 720.12
1	31		本月合计	2 500		9 828.00	2 402		8 997.88	1 198	3.94	4 720.12

采用先进先出法由于期末结存原料及主要材料金额是根据近期入库原料及主要材料成本计价的，其价值接近于市场价格，并能随时结转发出原料及主要材料的实际成本。但每次发料要根据先入库的单价计算，工作量较大，一般适用于收发料次数不多的原料及主要材料。

3. 移动加权平均法

它是指以各次原料及主要材料收入的数量和金额与各次收入前结存的数量和金额为基础，计算出平均单价，再进而计算发出原料及主要材料成本的方法。其计算公式如下：

$$平均单价 = \frac{本次收入前原料及主要材料结存金额 + 本次原料及主要材料收入金额}{本次收入前原料及主要材料结存数量 + 本次原料及主要材料收入数量}$$

$$发出原料及主要材料成本 = 发出原料及主要材料数量 × 平均单价$$

移动加权平均法的具体计算方法如图表 3-1 至图表 3-3 所示。

图表 3-3

原料及主要材料明细分类账

原料及主要材料名称：面粉 　　　　编号：102 　　　　数量单位：千克 　　　　　　　　金额单位：元

2013 年		凭证号数	摘要	收入			发出			结存		
月	日			数量	单价	金额	数量	单价	金额	数量	单价	金额
1	1		期初结存							1 000	3.89	3 890.00
	3	6	领用				400	3.89	1 556.00	600	3.89	2 334.00
	10	15	领用				500	3.89	1 945.00	100	3.89	389.00
	12	21	购进	1 100	3.92	4 312.00				1 200	3.917 5	4 701.00
	15	30	领用				360	3.917 5	1 410.30	840	3.917 5	3 290.70
	21	36	领用				440	3.917 5	1 723.70	400	3.917 5	1 567.00
	24	45	购进	1 400	3.94	5 516.00				1 800	3.935	7 083.00
	28	53	领用				600	3.935	2 361.00	1 200	3.935	4 722.00
	31	60	盘亏				2	3.935	7.87	1 198	3.935	4 714.13
1	31		本月合计	2 500		9 828.00	2 402		9 003.87	1 198	3.935	4 714.13

1 月 12 日加权平均单价 $= \dfrac{389 + 4\,312}{100 + 1\,100} = 3.917\,5$（元） 　　1 月 24 日加权平均单价 $= \dfrac{1\,567 + 5\,516}{400 + 1\,400} = 3.935$（元）

采用移动加权平均法计算发出原料及主要材料的成本最为均衡，能随时结出发出原料及主要材料的成本。但每次原料及主要材料入库后几乎都要重新计算平均单价，工作量很大，一般适用于前后单价相差幅度较大的原料及主要材料。

4. 综合加权平均法

它是指在一个计算期内综合计算原料及主要材料的加权平均单价，再乘以发出原料及主要材料数量，从而计算发出原料及主要材料成本的方法。其计算公式如下：

加权平均单价 =

$$\frac{期初结存原料及主要材料金额 + 本期收入原料及主要材料金额 - 本期原料及主要材料盘亏金额}{期初结存原料及主要材料数量 + 本期收入原料及主要材料数量 - 本期原料及主要材料盘亏数量}$$

发出原料及主要材料成本 = 发出原料及主要材料数量 × 加权平均单价

在日常工作中，由于加权平均单价往往不能整除，计算的结果必然会产生尾差，为了保证期末结存原料及主要材料成本的准确性，可以先计算期末结存原料及主要材料金额，然后倒挤耗用原料及主要材料成本，其计算公式如下：

期末结存原料及主要材料金额 = 期末结存原料及主要材料数量 × 加权平均单价

发出原料及主要材料成本 = 期初结存原料及主要材料金额 + 本期收入原料及主要材料金额 - 本期原料及主要材料盘亏金额 - 期末结存原料及主要材料金额

综合加权平均法的具体计算方法如图表 3-1 和图表 3-4 所示。

图表 3-4

原料及主要材料明细分类账

原料及主要材料名称：面粉　　　编号：102　　　数量单位：千克　　　　　　　　金额单位：元

| 2013 年 | | 凭证号数 | 摘要 | 收入 | | | 发出 | | | 结存 | | |
月	日			数量	单价	金额	数量	单价	金额	数量	单价	金额
1	1		期初结存							1 000	3.89	3 890.00
	3	6	领用				400			600		
	10	15	领用				500			100		
	12	21	购进	1 100	3.92	4 312.00				1 200		
	15	30	领用				360			840		
	21	36	领用				440			400		
	24	45	购进	1 400	3.94	5 516.00				1 800		
	28	53	领用				600			1 200		
	31	60	盘亏				2	3.89	7.78	1 198		
	31	66	结转发出材料成本						9 014.78	1 198	3.919 4	4 695.44
1	31		本月合计	2 500		9 828.00	2 402		9 022.56	1 198	3.919 4	4 695.44

加权平均单价 = $\frac{3\,890 + 9\,828 - 7.78}{1\,000 + 2\,500 - 2}$ = 3.919 4（元）

期末结存面粉金额 = 1 198 × 3.919 4 = 4 695.44（元）

发出面粉成本 = 3 890 + 9 828 - 7.78 - 4 695.44 = 9 014.78（元）

采用综合加权平均法计算发出原料及主要材料的成本较为均衡，计算的工作量较小，但计算成本工作必须在月末进行，工作量较为集中，这种方法一般适用于前后单价相差幅度较大，且在月末结转其发出成本的原料及主要材料。

（四）原料及主要材料储存的核算

旅游餐饮服务企业储存的原料及主要材料是保证生产加工持续进行的重要条件和开展业

务经营的物质基础。但是，原料及主要材料在储存过程中，由于自然条件或人为原因，可能会引起其数量上的短缺或溢余及质量上的变化，因此必须建立和健全各项规章制度，并采取财产清查的措施，以确保原料及主要材料的安全。财产清查是提高原料及主要材料储存质量的必要手段，它的方法主要是进行定期盘点和不定期盘点。通过盘点，清查原料及主要材料在数量上有无短缺损耗和溢余，在质量上有无残次、损坏、变质等情况。这样就能及时采取措施，减少企业损失，达到保护企业财产安全和改善企业经营管理的目的。

旅游餐饮服务企业在盘点原料及主要材料时，由保管人员负责填制"原料及主要材料盘存表"，先根据账面资料填写原料及主要材料名称、规格、单价及账存数量，再填列实存数量。"原料及主要材料盘存表"上账存数与实存数如不相符，应填制"原料及主要材料盘点短缺溢余报告单"一式数联，其中一联转交财会部门，财会部门据以将原料及主要材料短缺或溢余的金额分别转入"待处理财产损溢"账户，以做到账实相符。等查明原因后，再区别情况，转入各有关账户。

【例3-6】 上海饭店根据盘点的结果，填制"原料及主要材料盘点短缺溢余报告单"，如图表3-5所示。

图表3-5

原料及主要材料盘点短缺溢余报告单

2013 年 1 月 28 日

金额单位：元

品名	计量单位	单价	账存数量	实存数量	短缺		溢余		原因
					数量	金额	数量	金额	
大排	千克	24.00	201	198	3	72.00			待查
香菇	千克	66.00	45	46			1	66.00	
合计	—	—	—	—	—	72.00	—	66.00	

（1）经财会部门审核无误后，据以调整原料及主要材料结存额。

① 根据短缺金额，作分录如下：

借：待处理财产损溢——待处理流动资产损溢   72.00

  贷：原材料——原料及主要材料——副食类   72.00

② 根据溢余金额，作分录如下：

借：原材料——原料及主要材料——干货类   66.00

  贷：待处理财产损溢——待处理流动资产损溢   66.00

（2）查明原因后的账务处理。

① 现查明短缺 3 千克大排系发料过程中的差错，经领导批准作企业损失处理，作分录如下：

借：营业外支出——盘亏损失   72.00

  贷：待处理财产损溢——待处理流动资产损溢   72.00

② 现查明溢余 1 千克香菇系自然升溢，经领导批准，予以转账，作分录如下：

借：待处理财产损溢——待处理流动资产损溢   66.00

  贷：营业外收入——盘盈利得   66.00

如果短缺的原因系保管人员责任，要其负责赔偿时，则应将损失的金额转入"其他应收款"账户。

"待处理财产损溢"是资产类账户，用以核算企业已发生的各项财产物资的盘亏、盘盈、短缺、溢余、收益和损失。企业发生盘亏、短缺、损失和转销盘盈、溢余、收益时，记入借方；企业发生盘盈、溢余、收益和转销盘亏、短缺、损失时，记入贷方，该账户应在期末结账前处理完毕，处理完毕后应无余额。该账户下应分别设置待处理流动资产损溢和待处理固定资产损溢明细分类账户。

三、辅助材料和燃料的核算

旅游餐饮服务企业购入的各种辅助材料和燃料，与原料及主要材料的核算方法相同，耗用的辅助材料与原料及主要材料的核算也相同，不再重述。耗用的燃料应区别不同的情况进行核算，餐饮企业、沐浴企业经营中耗用燃料和旅游企业运送旅客的汽车耗用的燃料应列入"主营业务成本"账户。其他服务企业和旅游企业其他部门耗用的燃料作为期间费用直接计入当期损益。这部分期间费用应根据耗用的部门不同，作出不同的账务处理。通常情况下，业务部门耗用的燃料应列入"销售费用"账户；行政管理部门耗用的燃料则应列入"管理费用"账户。

【例3-7】 太平洋旅游公司3月份运送旅客的大客车耗用汽油2 200升，业务部门小汽车耗用汽油80升，行政管理部门耗用汽油100升，汽油的加权平均单价为6.15元，作分录如下：

借：主营业务成本　　　　　　　　　　　　　　　　　　　　　13 530.00
借：销售费用　　　　　　　　　　　　　　　　　　　　　　　　492.00
借：管理费用　　　　　　　　　　　　　　　　　　　　　　　　615.00
　　贷：原材料——燃料　　　　　　　　　　　　　　　　　　14 637.00

四、物料用品的核算

旅游餐饮服务企业的物料用品具有品种繁杂、价格低廉的特点。其购进的核算方法与原料及主要材料的核算方法相同，不再重述。

旅游餐饮服务企业有关部门或人员在领用物料用品时，应填制领料单，办理领料手续，保管人员应将领料单定期汇总，编制"耗用物料用品汇总表"，连同领料单一并送交财会部门，财会部门复核无误后据以入账。各业务部门领用的物料用品应列入"销售费用"账户；行政管理部门领用的物料用品应列入"管理费用"账户。

【例3-8】 鸿兴宾馆总务部门转来"耗用物料用品汇总表"，如图表3-6所示。

图表3-6

耗用物料用品汇总表
2013年1月31日

金额单位：元

品　名	计量单位	数量	单价	金额	领用部门	用途
电子节能灯	只	20	12.50	250.00	客房	照明
电子节能灯	只	10	12.50	125.00	行政管理	照明
日光灯管	支	8	12.00	96.00	行政管理	照明
铜锁	只	2	30.00	60.00	仓库	锁门
茶杯	只	60	5.00	300.00	客房	旅客
火柴	盒	500	1.10	550.00	客房	旅客

续表

品　名	计量单位	数量	单价	金额	领用部门	用途
牙刷牙膏	盒	500	1.25	625.00	客房	旅客
洗衣粉	袋	5	16.00	80.00	客房	洗涤工作服
洗衣粉	袋	30	16.00	480.00	客房	清洗床上用品、台布
洗发液	瓶	36	18.00	648.00	客房	旅客
沐浴露	瓶	48	15.00	720.00	客房	旅客
护套线	米	100	3.80	380.00	行政管理	调换旧电线
开关	只	10	5.10	51.00	行政管理	调换坏开关
账页	页	6	10.00	60.00	行政管理	记账
信纸	页	4	5.00	20.00	行政管理	联系工作
信封	扎	6	8.00	48.00	行政管理	联系工作
发票	本	40	9.00	360.00	营业部	营业
合计				4 853.00		

财会部复核无误后，作分录如下：

借：销售费用——清洁卫生费　　480.00
借：销售费用——洗涤费　　80.00
借：销售费用——物料消耗　　3 153.00
借：销售费用——其他销售费用　　360.00
借：管理费用——公司经费　　349.00
借：管理费用——修理费　　431.00
　　贷：原材料——物料用品　　4 853.00

第三节　低值易耗品

旅游餐饮服务企业在业务经营活动中，需要拥有一定数量的低值易耗品，如营业台、办公桌、电话机、传真机、打印机、各种床上用品、各种营业用品、各种工具及在经营过程中周转使用的包装容器等，低值易耗品具有品种多、数量大、价值低、易损耗、购置和领发频繁、保管分散、容易丢失的特点。因此，要加强对低值易耗品的核算和管理，应根据其使用时间的长短和流动性大小等情况，建立和健全必要的收发手续和保管制度。

一、低值易耗品购进的核算

旅游餐饮服务企业购进低值易耗品的计价与原材料相同，由含税价格和采购费用构成。企业采购低值易耗品的核算方法与原材料相同，不再重述。

旅游餐饮服务企业对于有特殊要求的低值易耗品，如宾馆客房使用的床罩、床单、被套等，通常采取订购的方式，事先签订订购合同，并要预付定金。企业在预付定金时，借记"预付账款"；贷记"银行存款"账户。企业收到供货方按合同规定的日期发来的低值易耗品和专用发票时，再付清全部账款。届时按专用发票上开列的价税合计金额，借记"低值易耗品"账户；按已预付的定金，贷记"预付账款"账户；按价税合计金额与预付定金之间的差额，贷记"银行存款"账户。

【例3-9】　金陵宾馆向舒适床上用品厂订购床罩500条，每条含税价格46.80元，共计23 400元，合同规定先预付30%的定金，25天后交货时，再支付其余70%的账款。

（1）3月1日，签发转账支票 7 020 元支付定金，作分录如下：

借：预付账款——舒适床上用品厂   7 020.00

  贷：银行存款   7 020.00

（2）3月26日，收到舒适床上用品厂发来的 500 条床罩，并收到专用发票，计货款 20 000 元，增值税额 3 400 元，当即签发转账支票支付其余 70% 的账款，床罩已验收入库，作分录如下：

借：低值易耗品——库存低值易耗品   23 400.00

  贷：预付账款——舒适床上用品厂   7 020.00

  贷：银行存款   16 380.00

"预付账款"是资产类账户，用以核算企业按照合同规定。预付的款项。企业按照合同规定向供货单位或劳务供应单位预付款项时，记入借方；企业收到所购的货物或接受劳务供应单位转销预付款项时，记入贷方；期末余额在借方，表示企业已经预付的款项。该账户一般按供货单位或劳务供应单位名称进行明细分类核算。

二、低值易耗品领用和摊销的核算

低值易耗品被领用后，在被使用过程中逐渐损耗，其价值也随着逐渐减少，这部分减少的价值，应通过摊销转入期间费用。其摊销的方法有一次摊销法和五五摊销法。

（一）一次摊销法

一次摊销法是指低值易耗品在领用时全额予以摊销的方法。企业领用低值易耗品采用一次摊销法时，应当区别领用的部门，业务部门领用的，借记"销售费用——低值易耗品摊销"账户，行政管理部门领用的，借记"管理费用——低值易耗品摊销"账户，贷记"低值易耗品——库存低值易耗品"账户。

采用一次摊销法，由于在账面上已注销了低值易耗品的价值，因此，企业对这部分财产应加强管理，防止散失，以免造成不必要的浪费。这种方法适用于价值低、使用期限短的低值易耗品。

（二）五五摊销法

五五摊销法是指低值易耗品在领用时，先摊销其价值的 50%，报废时再摊销其余 50% 的方法。采用这种方法需在"低值易耗品"账户下设置"库存低值易耗品"、"在用低值易耗品"和"低值易耗品摊销"三个明细分类账户进行核算。

【例3-10】 金陵宾馆领用购进的床罩 200 条，每条 46.80 元，用五五摊销法摊销，作分录如下：

借：低值易耗品——在用低值易耗品   9 360.00

  贷：低值易耗品——库存低值易耗品   9 360.00

同时摊销其价值的 50%：

借：销售费用——低值易耗品摊销   4 680.00

  贷：低值易耗品——低值易耗品摊销   4 680.00

采用五五摊销法，核算手续较一次摊销法复杂，账面留有在用低值易耗品 50% 的价值，便于控制使用中的实物。这种方法适用于价值较高，使用期较长的低值易耗品。

企业不论采用哪种方法进行摊销，在购进低值易耗品时，都应全额记入"低值易耗品"

账户，领用时再按选定的方法进行摊销，以全面反映企业购置低值易耗品的总额。在用低值易耗品及使用部门退回仓库的低值易耗品应加强实物管理，并在备查簿上进行登记。

三、低值易耗品修理和报废的核算

（一）低值易耗品修理的核算

为了充分发挥低值易耗品的使用效能，延长其使用期限，节约费用开支，企业对使用中的低值易耗品应进行经常性的维修和保养。修理低值易耗品耗用的材料和支付的费用，应根据低值易耗品使用的部门不同，分别列入"销售费用——修理费"、"管理费用——修理费"账户。

【例 3-11】 金陵宾馆修理行李车 2 辆，耗用维修材料 280 元，作分录如下：

　借：销售费用—— 修理费　　　　　　　　　　　　　　　　　　　　280.00
　　贷：原材料—— 物料用品　　　　　　　　　　　　　　　　　　　280.00

（二）低值易耗品报废的核算

低值易耗品在丧失使用效能，经批准报废时，应将残料估价入库或出售。

采用一次摊销法的低值易耗品，由于已经全额注销了账面价值，在残料估价验收入库时，应借记"原材料"账户，贷记"销售费用——低值易耗品摊销"或"管理费用——低值易耗品摊销"账户。

采用五五摊销法的低值易耗品，在低值易耗品报废时，按已摊销的数额，借记"低值易耗品——低值易耗品摊销"账户，按残料估价的价值，借记"原材料"账户，按摊余价值与残值的差额，借记"销售费用——低值易耗品摊销"或"管理费用——低值易耗品摊销"账户；按账面实际成本，贷记"低值易耗品——在用低值易耗品"账户。

【例 3-12】 行政管理部门报废传真机一台，账面原值 380 元，已摊销了 50%，残料估价 20 元，已验收入库，作分录如下：

　借：低值易耗品——低值易耗品摊销　　　　　　　　　　　　　　　190.00
　借：原材料　　　　　　　　　　　　　　　　　　　　　　　　　　20.00
　借：管理费用——低值易耗品摊销　　　　　　　　　　　　　　　　170.00
　　贷：低值易耗品——在用低值易耗品　　　　　　　　　　　　　　380.00

四、低值易耗品出售和盘亏盘盈的核算

（一）低值易耗品出售的核算

企业为了充分发挥低值易耗品的使用效能，可将不需用的低值易耗品出售，以调剂余缺。

企业出售在用低值易耗品时，如该低值易耗品是采用一次摊销法的，应根据出售收入，借记"银行存款"账户，贷记"销售费用"或"管理费用"账户；如该低值易耗品是采用五五摊销法的，根据出售收入借记"银行存款"账户，贷记"低值易耗品——在用低值易耗品"账户。并转销低值易耗品的账面价值，届时根据低值易耗品摊销的情况入账，若出售收入小于摊余价值，其差额应列入"销售费用"或"管理费用"账户；反之，若出售收入大于摊余价值，其差额应冲减"销售费用"或"管理费用"账户。

【例 3-13】 出售旧木床 50 只，每只 120 元，共计 6 000 元，款项收到转账支票，存入银行。该批木床账面原值 25 000 元，采用五五摊销法已摊销 12 500 元。作分录如下：

借：银行存款	6 000.00
借：销售费用——低值易耗品摊销	6 500.00
借：低值易耗品——低值易耗品摊销	12 500.00
贷：低值易耗品——在用低值易耗品	25 000.00

（二）低值易耗品盘亏盘盈的核算

企业如发生低值易耗品的盘亏或者盘盈，应及时予以入账，达到账实相符，同时查明其原因，报经有关部门批准后处理。企业发生低值易耗品盘亏时，应按其账面价值借记"待处理财产损溢——待处理流动资产损溢"账户，贷记"低值易耗品"账户，查明原因并经批准后，作企业损失处理的转入"营业外支出"账户，由责任人赔偿的则转入"其他应收款"账户。

企业发生低值易耗品盘盈时，应参照其同类物品估计价格后，借记"低值易耗品"账户，贷记"待处理财产损溢——待处理流动资产损溢"账户；查明原因并经批准后，转入"营业外收入"账户。

"低值易耗品"是资产类账户，用以核算企业拥有的各种低值易耗品的实际成本。低值购进、盘盈低值易耗品时，记入借方；企业领用摊销、出售、报废和盘亏低值易耗品时，记入贷方；期末余额在借方，表示企业拥有的低值易耗品的净值。

练 习 题

一、简答题

1. 什么是存货？企业为何要加强对存货的管理和核算？
2. 试述存货的确认条件和范围。
3. 试述外购原材料的计价。
4. 发出原材料有哪些计价方法？对原材料的计价方法有哪些规定？
5. 低值易耗品有哪些摊销方法？分述它们的优缺点和适用性。

二、名词解释题

原材料   产成品   库存商品   燃料   个别计价法   先进先出法   综合加权平均法   五五摊销法

三、是非题

1. 在产品是指企业正在进行加工尚未完工的产品。   （   ）
2. 低值易耗品是指企业购入的使用期限较短的，并且单位价值较低的，能够多次使用而不改变原有实物形态的各种用具和物品。   （   ）
3. 物料用品是指企业用于经营业务、日常维修、劳动保护方面的材料、零配件及日常用品、办公用品和包装用品等。   （   ）
4. 原材料的采购费用包括运杂费、装卸费、运输途中的合理损耗及税金。   （   ）
5. 原料及主要材料盘点的目的是清查其数量上有无短缺损耗和溢余，在质量上有无残次、损坏、变质等情况。   （   ）
6. 低值易耗品的摊销和修理均应根据使用部门的不同，分别列入"销售费用"和"管理费用"账户。   （   ）
7. 采用五五摊销法，核算手续较为复杂，但便于控制使用中的实物，它适用于价值较高、使用期较长的低值易耗品。   （   ）

四、单项选择题

1. _____是指经过生产加工后构成产品实体的各种原料和材料。

    A. 原材料   B. 委托加工材料   C. 原料及主要材料   D. 辅助材料

2. _____不是原材料。

    A. 原料及主要材料　B. 燃料　　　　　　C. 低值易耗品　　　　　D. 物料用品

3. 计算原材料耗用成本最符合实际的方法是_____。

    A. 个别计价法　　B. 综合加权平均法　C. 先进先出法　　　　D. 移动加权平均法

4. 原材料的期末结存金额接近市场价格的计价方法是_____。

    A. 个别计价法　　B. 综合加权平均法　C. 先进先出法　　　　D. 移动加权平均法

五、多项选择题

1. 在旅游餐饮服务企业的生产经营活动过程中，存货处在不断地被_____之中。

    A. 销售　　　　　B. 重置　　　　　　C. 投资　　　　　　　D. 耗用

2. 存货可分为原材料、低值易耗品、_____等。

    A. 库存商品　　　B. 在产品　　　　　C. 委托加工物资　　　D. 产成品

3. 原材料的实际成本由_____组成。

    A. 含税价格　　　B. 买价　　　　　　C. 运杂费　　　　　　D. 采购费用

4. 原料及主要材料发生盘亏，查明原因并经批准后，根据不同的情况分别转入_____等有关账户。

    A. 销售费用　　　B. 管理费用　　　　C. 营业外支出　　　　D. 其他应收款

5. 旅游餐饮服务企业领用燃料，应根据燃料的用途和领用的部门不同，分别列入_____账户。

    A. 主营业务成本　B. 销售费用　　　　C. 管理费用　　　　　D. 营业外支出

六、实务题

习题一

一、**目的**　练习原料及主要材料的核算。

二、**资料**

（一）新城饭店4月份发生下列有关的经济业务。

1. 2日，银行转来黄海养殖场的托收凭证，并附来专用发票。开列海参120千克，每千克320元，计货款38 400元，增值税额6 528元，运杂费凭证费312元，经审核无误后，当即承付。

2. 5日，仓库转来入库单，向黄海养殖场购进的120千克海参已验收入库。

3. 8日，向冠农粮油公司购进粳米和精白面粉取得普通发票，列明粳米500千克，每千克3.80元，金额1 900元；精白面粉800千克，每千克4.10元，金额3 280元，账款尚未支付，粳米和精白面粉已验收入库。

4. 12日，向顺昌副食品公司购进牛肉取得普通发票，列明牛肉30千克，每千克36元，金额1 080元，账款以现金支付，牛肉已由厨房直接验收领用。

5. 18日，向三阳食品公司购进黑木耳取得普通发票，列明黑木耳30千克，每千克80元，计2 400元，账款以转账支票付讫，黑木耳已验收入库。

6. 25日，仓库送来原料及主要材料盘点短缺溢余报告单如图表3-7所示。

图表3-7

原料及主要材料盘点短缺溢余报告单

2013年4月25日　　　　　　　　　　　　　　　　金额单位：元

品名	计量单位	单价	账存数量	实存数量	短缺		盘盈		原因
					数量	金额	数量	金额	
海参	千克	6.00	90	89	1	377.00			待查
精白面粉	千克	4.10	320	310	10	41.00			
粳米	千克	3.80	180	185			5	19.00	
合计	—	—	—	—		418.00		19.00	

7. 26 日，今查明本月 25 日短缺的精白面粉与溢余的粳米系发料过程中的差错，经批准予以核销转账。

8. 28 日，今查明本日 25 日短缺的海参系保管员失职所造成，经批准其中 100 元予以核销转账，其余部分责成保管员赔偿。

9. 30 日，本月份共领用粳米、精白面粉等粮食类材料 4 980 元，海参、黑木耳等干货类材料 21 660 元，予以转账。

（二）沪光饭店 2 月份精白面粉的期初余额，收发业务的有关资料如图表 3-8 所示。

图表 3-8

本月份精白面粉期初余额及收发料资料

金额单位：元

期 初 余 额						
材 料 类 别	编号	品名	计量单位	数量	单价	金额
粮食类	102	精白面粉	千克	900	4.00	3 600.00

本月份收发业务资料							
2013 年		业务号数	购 进			发出数量	盘亏数量
月	日		数量	单价	金额		
2	4					300	
	10					400	
	14		1 200	4.05	4 860.00		
	16					450	
	20					350	
	25		1 000	4.10	4 100.00		
	27					400	
	28						5

三、要求

（一）根据"资料（一）"编制会计分录。

（二）根据"资料（二）"，分别用先进先出法、移动加权平均法和综合加权平均法计算并结转耗用精白面粉的成本。

习题二

一、目的 练习其他原材料的核算。

二、资料 新世界饭店 4 月份发生下列有关的经济业务。

1. 2 日，银行转来新泰煤炭公司的托收凭证，并附来专用发票，开列煤 10 吨，每吨 480 元，计货款 4 800 元，增值税额 816 元，运杂费凭证 274 元，经审核无误，当即承付。

2. 5 日，仓库转来入库单，向新泰煤炭公司购进的 10 吨煤已验收入库。

3. 10 日，向五丰粮油公司购进豆油取得普通发票，开列豆油 10 桶，每桶 38 元，金额 380 元，以现金支付，豆油已验收入库。

4. 15 日，厨房领用豆油 3 桶，每桶 38 元；鸡精 2 袋，每袋 12.50 元，予以转账。

5. 20 日，购进饭碗 200 只，每只 3.20 元；盘子 250 只，每只 5.50 元，取得普通发票，款项以转账支票支付，餐具也已验收入库。

6. 25 日，购进洗衣粉 50 袋，每袋 15 元；洗洁精 30 瓶，每瓶 3 元，取得普通发票，款项以现金支付，物品已验收入库。

7. 30 日，餐饮部门耗用煤 6 吨，行政管理部门耗用煤 1 吨，每吨 589 元，予以转账。

8. 总务部门交来耗用物料用品汇总表如图表 3-9 所示。

图表 3-9

耗用物料用品汇总表

2013 年 4 月 30 日　　　　　　　　　　　　　　金额单位：元

品　　名	计量单位	数量	单价	金额	领用部门	用途
电子节能灯	只	25	12.00	300.00	餐饮部门	照明
电子节能灯	只	6	12.00	72.00	行政管理部门	照明
日光灯管	支	6	12.50	75.00	行政管理部门	照明
杯子	只	80	2.60	208.00	餐饮部门	营业
饭碗	只	50	3.20	160.00	餐饮部门	营业
盘子	只	60	5.50	330.00	餐饮部门	营业
调羹	只	100	1.20	120.00	餐饮部门	营业
洗洁精	瓶	3	3.00	9.00	餐饮部门	洗涤餐具
洗衣粉	袋	4	15.00	60.00	餐饮部门	洗涤工作服
护套线	米	120	4.00	480.00	行政管理部门	调换旧电线
开关	只	8	6.00	48.00	行政管理部门	调换旧开关
复印纸	封	2	25.00	50.00	行政管理部门	办公
信纸	本	8	6.50	52.00	行政管理部门	办公
信封	扎	10	7.50	75.00	行政管理部门	办公
账页	封	8	10.00	80.00	行政管理部门	记账
发票	本	36	9.00	324.00	营业部门	营业

三、**要求**　编制会计分录。

习题三

一、**目的**　练习低值易耗品的核算。

二、**资料**　永安宾馆 3 月份发生下列有关的经济业务。

1. 2 日，向申光床上用品厂订购被套 600 条，每条含税价格 35.10 元，共计 21 060 元，合同规定先预付 40% 的定金，20 天后交货时，再支付其余 60% 的账款。

2. 6 日，购进落地灯收到普通发票，开列落地灯 25 只，每只 110 元，共计 2 750 元，款项签发转账支票付讫，落地灯已验收入库。

3. 10 日，客房部领用本月 6 日购进的落地灯 25 只，采用五五摊销法摊销。

4. 15 日，购进热水瓶收到普通发票开列热水瓶 40 只，每只 30 元，共计 1 200 元，款项签发转账支票付讫，热水瓶已验收入库。

5. 18 日，领用本月 15 日购进的热水瓶 20 只，采用一次摊销法摊销。

6. 22 日，收到申光床上用品厂发来的 600 条被套，并收到专用发票，计货款 18 000 元，增值税额 3 060 元，当即签发转账支票支付其余 60% 的账款，被套已验收入库。

7. 24 日，客房部领用 22 日入库的被套 300 条，用五五摊销法摊销。

8. 25 日，以现金支付客房部吸尘器修理费 360 元，支付行政管理部门的打印机修理费 220 元。

9. 26 日，客房部和行政管理部门各报废吸尘器 1 台，每台账面原值 360 元，已摊销了 50%，每台残料估价 30 元，已验收入库。

10. 27 日，行政管理部门盘点低值易耗品，发现短缺自行车 1 辆，该自行车原值 250 元，已摊销了 50%，予以转账。

11. 29 日，出售客房部使用的旧落地灯 25 只，该批落地灯账面原值每只 100 元，已摊销了 50%，每只按 30 元出售，价款 750 元，已收到转账支票，存入银行。

12. 31 日，今查明本月 27 日盘点短缺的自行车系失窃，经领导批准作为企业损失处理，予以转账。

三、**要求**：编制会计分录。

第四章　固定资产、无形资产
和长期待摊费用

第一节　固 定 资 产

一、固定资产概述

（一）固定资产的意义

固定资产是指为生产商品、提供劳务、出租或经营管理而持有的、使用寿命超过一个会计年度、单位价值较高的有形资产。使用寿命是指企业使用固定资产的预计期间，或者该固定资产所能生产产品或提供劳务的数量。固定资产包括房屋建筑物、机器、机械、运输工具及其他的设备、器具和工具等。为了便于教学，现将固定资产单位价值定为 2 000 元以上（包括 2 000 元）。在实际工作中，企业应根据不同固定资产的性质和消耗方式，结合本企业的经营管理特点，具体确定固定资产的价值判断标准。

企业确认固定资产必须同时满足以下两个条件：一是与该固定资产有关的经济利益很可能流入企业；二是该固定资产的成本能够可靠地计量。

固定资产具有使用寿命长，单位价值高，具有实物形态，并且在使用过程中长期保持其原有的实物形态的特点。它在生产经营过程中，由于不断地使用而逐渐发生损耗，其损耗的价值以折旧的形式逐步转入销售费用、管理费用中去，并从旅游餐饮服务收入中得到补偿。这样，固定资产损耗的价值，随着时间的推移，一部分、一部分不断地从实物形态转变为货币形态，直至固定资产报废清理时才全部完成这一转变过程。因此，占用在固定资产上的资金需要较长的时间才能完成一次周转。这与流动资产的不断循环周转，不断地从实物形态转变为货币形态，又从货币形态转变为实物形态的情况有很大的区别。

固定资产是旅游餐饮服务企业开展各种经营业务所必须具备的劳动资料，代表着旅游餐饮服务企业的经营能力。它在提高生产效率改善服务环境、提高服务质量、减轻劳动强度、降低存货损耗、改善经营管理和提高经济效益等方面发挥着重要的作用。

（二）固定资产的分类

固定资产有多种不同的分类，旅游餐饮服务企业采用的是固定资产按经济用途和使用情况综合分类，可以分为以下七类。

1. 生产经营用固定资产

生产经营用固定资产是指直接服务于企业生产经营过程的固定资产，如生产经营用房屋、仓库、生产经营设备、运输工具和办公设备等。

2. 非生产经营用固定资产

非生产经营用固定资产是指不直接服务于生产经营过程的固定资产，如用于职工物质文化生活上需要的食堂、医务室、托儿所、职工宿舍、俱乐部等。

3. 租出固定资产

租出固定资产是指企业出租给外单位的固定资产。

4. 未使用固定资产

未使用固定资产是指已完工或已购建的尚未交付使用的固定资产和因进行改建、扩建等原因停止使用的固定资产。它不包括由于季节性或进行大修理等原因而暂时停止使用的固定资产。

5. 不需用固定资产

不需用固定资产是指本企业多余或不适用需要调配处理的固定资产。

6. 土地

土地是指企业已经估价单独入账的土地。

7. 融资租入固定资产

融资租入固定资产是指企业采取融资租赁方式租入的固定资产。

二、固定资产的计量

企业由于核算和管理的需要，对固定资产的计量有原始价值、净值和净额三种计量标准。

（一）原始价值

原始价值（简称原值）是指企业取得某项固定资产时的成本。由于固定资产的来源不同，其原始价值的构成也各异，现分别予以阐述。

1. 外购的固定资产

按照购买价款、相关税费、使固定资产达到预定可使用状态前所发生的可归属于该项资产的运输费、装卸费、安装费和专业人员服务费等计量。相关税费是指外购固定资产发生的增值税和进口固定资产发生的进口关税等。

2. 自行建造的固定资产

按照建造该项资产达到预定可使用状态前所发生的必要支出计量。

3. 投资者投入的固定资产

按照投资合同或协议约定的价值计量。

4. 融资租入的固定资产

按租赁开始日租赁资产的公允价值与最低租赁付款额的现值两者中较低者计量。

5. 接受捐赠的固定资产

如捐赠方提供有关凭证的，按照凭证上标明的金额，加上支付的相关税费入账；如捐赠方未提供有关凭证的，按照同类或类似资产的市场价格，加上支付的相关税费计量。

6. 盘盈的固定资产

按照同类或类似固定资产的市场价格减去按该项资产新旧程度估计的价值损耗后的余额计量。

7. 在原有固定资产基础上进行改建、扩建的固定资产

按照原有固定资产账面原值，减去改建、扩建过程中发生的变价收入，加上由于改建、扩建使该项资产达到预定可使用状态前发生的支出计量。

（二）净值

净值是指固定资产原始价值减去累计折旧后的价值。

固定资产按原始价值计量，可以反映投资者对企业固定资产的原始投资额及企业的生产

经营能力，并作为计提折旧的依据。净值可以反映企业固定资产的现有价值，将其同原始价值对比，可以看出固定资产的新旧程度。

（三）净额

净额是指固定资产净值减去已计提的减值准备后的价值。它可以反映企业固定资产的实有价值。

三、固定资产取得的核算

企业取得固定资产的主要渠道有购建、投资者投入、接受捐赠、融资租入等。融资租入固定资产将在第十章第三节中阐述。

（一）购建固定资产的核算

购建固定资产是指企业以现金或通过负债购置建造的固定资产。购建的固定资产应按发生的实际成本入账。

企业购置的固定资产，有的不需要安装，如房屋、建筑物、运输工具等；有的需要安装，如机器设备、空调设备等，它们的计量范围和核算方法也各有所不同。

购置不需要安装的固定资产时，其入账的原始价值包括购买价款（简称买价）、增值税额、运输费和装卸费等。

【例 4-1】 天津宾馆向上海钢琴厂购进钢琴一架，专用发票上列明买价 30 000 元，增值税额 5 100 元，并发生运输费 300 元。全部款项一并从银行汇付给对方，钢琴也已收到，达到预定可使用状态，并验收使用。作分录如下：

借：固定资产——生产经营用固定资产　　　　　　　　　　　　35 400.00
　　贷：银行存款　　　　　　　　　　　　　　　　　　　　　　　35 400.00

购置需要安装的固定资产时，其入账价值除了包括买价、增值税额、运输费和装卸费外，还要加上安装费和专业人员服务费等。届时应通过"工程物资"、"在建工程"账户进行核算。

【例 4-2】 天津宾馆购进中央空调机一套，专用发票列明买价 90 000 元，增值税额 15 300 元。

（1）签发转账支票支付全部款项，中央空调机已验收入库，作分录如下：

借：工程物资　　　　　　　　　　　　　　　　　　　　　　　105 300.00
　　贷：银行存款　　　　　　　　　　　　　　　　　　　　　　105 300.00

（2）天明安装公司领用空调设备进行安装时，作分录如下：

借：在建工程——安装中央空调设备　　　　　　　　　　　　105 300.00
　　贷：工程物资　　　　　　　　　　　　　　　　　　　　　　105 300.00

（3）支付中央空调设备安装费用 2 700 元，作分录如下：

借：在建工程——安装中央空调设备　　　　　　　　　　　　　2 700.00
　　贷：银行存款　　　　　　　　　　　　　　　　　　　　　　　2 700.00

（4）中央空调设备安装完毕，达到预定可使用状态，已验收使用，作分录如下：

借：固定资产——经营用固定资产　　　　　　　　　　　　　108 000.00
　　贷：在建工程——安装中央空调设备　　　　　　　　　　　108 000.00

"固定资产"是资产类账户，用以核算企业固定资产的原始价值。企业取得固定资产时，记入借方；企业处置固定资产时，记入贷方；期末余额在借方，表示企业现有固定资产的原始价值。

　　企业自行建造固定资产的核算方法与购置需要安装的固定资产相同，也通过"工程物资"和"在建工程"账户核算，不再重述。

　　"工程物资"是资产类账户，用以核算企业为在建工程准备的各种物资的成本，包括工程用材料、尚未安装的设备等。企业购入各种工程物资及各种工程退还领用多余工程物资时，记入借方；企业领用工程物资时，记入贷方；期末余额在借方，表示企业为在建工程准备的各种物资的成本。

　　"在建工程"是资产类账户，用以核算企业进行基建、安装和更新改造等在建工程发生的支出。企业发生各项工程支出时，记入借方；企业工程竣工，达到预定可使用状态，交付使用，结转实际工程成本时，记入贷方；期末余额在借方，表示企业尚未达到预定可使用状态的在建工程的成本。本账户应按各工程项目进行明细分类核算。

（二）投资者投入固定资产的核算

　　投资者投入固定资产是指以投入资本形式进入企业的固定资产。这类投资企业可以根据"固定资产交接清单"等凭证，经审核无误后，才能据以入账。

　　企业收到投资者投入的固定资产时，应按投资合同或协议约定的价值，借记"固定资产"账户；贷记"实收资本"账户。

　　【例4-3】　东方旅游公司接受凯达公司投入大客车两辆，投资合同约定两辆大客车按500 000元计量，大客车已达到预定可使用状态，并已验收使用，作分录如下：

　　　借：固定资产——生产经营用固定资产　　　　　　　　　　　　　　500 000.00
　　　　　贷：实收资本　　　　　　　　　　　　　　　　　　　　　　　　　500 000.00

（三）接受捐赠固定资产的核算

　　企业接受捐赠的固定资产，按捐赠者提供的发票、报关单等有关凭证入账。如接受时没有明确的价目账单，应按照同类资产当前的市场价格包括增值税额入账。接受固定资产时发生的各项费用应计入固定资产原值。收到捐赠固定资产时，按确定的入账价值，借记"固定资产"账户，贷记"营业外收入"账户。

　　【例4-4】　东方旅游公司收到海星电器公司捐赠的液晶电视机1台，捐赠方提供的发票标明价格为6 000元。以转账支票支付运输费、手续费等共计300元。液晶电视机已达到预定可使用状态，并验收使用，作分录如下：

　　　借：固定资产——生产经营用固定资产　　　　　　　　　　　　　　6 300.00
　　　　　贷：营业外收入　　　　　　　　　　　　　　　　　　　　　　　6 000.00
　　　　　贷：银行存款　　　　　　　　　　　　　　　　　　　　　　　　　300.00

四、固定资产折旧的核算

（一）固定资产折旧概述

　　固定资产折旧是指在固定资产的使用寿命内，按照确定的方法对应计折旧额进行的系统分摊。使用寿命是指固定资产预期使用的期限。

　　应计折旧额是指应当计提折旧的固定资产的原价扣除其预计净残值后的金额。已计提减值准备的固定资产，还应当扣除已计提的固定资产减值准备累计金额。预计净残值是指假定固定资产预计使用寿命已满，并处于使用寿命终了时的预期状态，企业目前从该项资产中获得的扣除预计处置费用后的金额。

企业应当根据固定资产的性质和使用情况，合理确定固定资产的使用寿命和预计净残值。固定资产的使用寿命、预计净残值一经确定，不得随意变更。

企业在确定固定资产的使用寿命时，应考虑的因素有：该资产的预计生产能力或实物产量；该资产的有形损耗，如设备使用中发生磨损、房屋建筑物受到自然侵蚀等；该资产的无形损耗，如因新技术的出现而使现有的资产技术水平相对陈旧，市场要求变化使产品过时等；法律或者类似规定对资产使用的限制。

（二）固定资产折旧的计提范围

企业的固定资产应按月计提折旧。除了已提足折旧仍继续使用的固定资产和按规定单独估价作为固定资产入账的土地外，所有的固定资产都应计提折旧。

企业在实际计提固定资产折旧时，当月增加的固定资产，当月不提折旧，从下月起计提折旧；当月减少的固定资产，当月仍计提折旧，从下月起停止计提折旧。

（三）固定资产折旧的计算方法

企业应当根据与固定资产有关的经济利益的预期实现方式合理选择固定资产折旧的计算方法，可选用的折旧方法有平均折旧法和加速折旧法两类。固定资产折旧的计算方法一经确定，不得随意变更。

1. 平均折旧法

平均折旧法是指根据固定资产的损耗程度均衡地提取折旧的方法。根据具体计算方法不同，平均折旧法又可分为年限平均法和工作量法。

（1）年限平均法。它又称直线法，是指根据固定资产的使用寿命平均计算折旧的方法。其计算公式如下：

$$年折旧率 = \frac{1 - 预计净残值率}{使用寿命}$$

$$月折旧率 = \frac{年折旧率}{12}$$

$$月折旧额 = 固定资产原始价值 \times 月折旧率$$

预计净残值率是指预计净残值与固定资产原始价值的比率。

【例 4-5】 太平洋宾馆有客房一幢，原始价值 720 000 元，预计可使用 40 年，预计净残值率为 4%。计算该客房的年折旧率和月折旧额如下：

$$年折旧率 = \frac{1 - 4\%}{40} = 2.4\%$$

$$月折旧率 = \frac{2.4\%}{12} = 2‰$$

$$月折旧额 = 720\ 000 \times 2‰ = 1\ 440（元）$$

以上计算的折旧率是按个别固定资产计算的，称为个别折旧率。个别折旧率是指某项固定资产在一定期限内的折旧额与该项固定资产原始价值的比率。

在实际工作中，由于企业拥有一定数量的固定资产，为了简化计算，也可以采用分类折旧率计算法。分类折旧率计算法是指固定资产分类折旧额与该类固定资产原始价值的比率。采用这种方法应将性质、结构和使用寿命接近的固定资产归并为一类，计算出一个平均的折旧率，用该类折旧率计算出该类固定资产折旧额。其计算公式如下：

$$年分类折旧率 = \frac{全年应提该类固定资产折旧总额}{该类固定资产原始价值总额} \times 100\%$$

$$月分类折旧率 = \frac{年分类折旧率}{12}$$

月分类折旧率确定后，只要将各类固定资产月初余额乘以该类固定资产月折旧率就可取得月折旧额。其计算公式如下：

$$分类固定资产月折旧额 = 该类固定资产原始价值总额 \times 月分类折旧率$$

【例4-6】　太平洋宾馆有客房等营业用房屋类原始价值总额为1 360 000元，房屋类月折旧率为2‰，其月固定资产折旧额计算如下：

$$房屋类月折旧额 = 1\,360\,000 \times 2‰ = 2\,720（元）$$

（2）工作量法。它是指根据固定资产的实际工作量计提折旧额的方法。用这种方法可以正确地为各月使用程度相差较大的固定资产计提折旧。如汽车等运输设备可按其行驶里程（吨/公里）计算折旧。其计算公式如下：

$$每单位工作量折旧额 = \frac{固定资产原始价值 \times（1 - 预计净残值率）}{预计使用寿命内总的工作量}$$

$$固定资产月折旧额 = 每单位工作量折旧额 \times 该固定资产当月实际的工作量$$

2. 加速折旧法

加速折旧法是指在固定资产预计使用寿命内，前期多提折旧，后期少提折旧的方法。采用加速折旧法计提折旧可以在较短时期内收回固定资产的大部分投资，加速固定资产的更新改造，减少因科技进步带来的固定资产无形损耗的投资风险。加速折旧法有双倍余额递减法和年数总和法两种。

（1）双倍余额递减法。它是指在不考虑固定资产净残值的情况下，根据每期期初固定资产账面余额乘以两倍的直线法折旧率计算折旧的方法。其计算公式如下：

$$双倍直线折旧率 = \frac{2}{预计使用寿命} \times 100\%$$

$$年折旧额 = 固定资产净值 \times 双倍直线折旧率$$

【例4-7】　安顺旅行社有大客车1辆，原始价值144 000元，预计使用5年，预计净残值7 200元，用双倍余额递减法计算该大客车各年的折旧额如下：

$$双倍直线折旧率 =（1 \div 5）\times 100\% \times 2 = 40\%$$

该大客车各年应提折旧额如图表4-1所示。

图表4-1

双倍余额递减法折旧计算表

单位：元

年次	年初固定资产净值	双倍直线折旧率	折旧额	累计折旧额	年末固定资产净值
1	144 000.00	40%	57 600.00	57 600.00	86 400.00
2	86 400.00	40%	34 560.00	92 160.00	51 840.00
3	51 840.00	40%	20 736.00	112 896.00	31 104.00
4	31 104.00	—	11 952.00	124 848.00	19 152.00
5	19 152.00	—	11 952.00	136 800.00	7 200.00

采用双倍余额递减法计提固定资产折旧，根据规定，应在其固定资产折旧年限到期以前两年内，将固定资产账面净值，扣除预计净残值后的净值平均折旧。因此，上列表格中，大

客车在第三年末的净值为 31 104 元，扣除预计残值 7 200 元，第四、第五年两年平均折旧额为 11 952 元。

采用双倍余额递减法计提折旧，在固定资产使用的后期应注意，当发现某一年采用该法计算的折旧额小于用年限平均法计算的折旧额时，可以改用年限平均法计提折旧。通常采用下列公式进行判断：

$$当年按双倍余额递减法计算的折旧额 < \frac{账面净值 - 预计净残值}{剩余使用年数}$$

（2）年数总和法。它又称合计年数法，是指根据固定资产原始价值减去预计净残值后的余额，乘以逐年递减的分数计算折旧的方法。分数的分子是表示固定资产可继续使用的年数，分母是表示各年可使用年数的总和。其计算公式如下：

$$年折旧额 = (固定资产原始价值 - 预计净残值) \times 年折旧率$$

$$年折旧率 = \frac{尚可使用年数}{年数总和}$$

或：

$$尚可使用年数 = 预计使用年数 - 已使用年数$$

【例 4-8】 根据上例的资料，用年数总和法计算该大客车各年的折旧额如下：

$$年数总和 = 5 + 4 + 3 + 2 + 1 = 15$$

该大客车各年应提折旧额如图表 4-2 所示。

图表 4-2

年数总和法折旧计算表

单位：元

年 次	原始价值减预计净残值	尚可使用年数	折旧率	折旧额	累计折旧
1	136 800.00	5	5/15	45 600.00	45 600.00
2	136 800.00	4	4/15	36 480.00	82 080.00
3	136 800.00	3	3/15	27 360.00	109 440.00
4	136 800.00	2	2/15	18 240.00	127 680.00
5	136 800.00	1	1/15	9 120.00	136 800.00

固定资产折旧是按月提取的，因此还要将前述两种加速折旧法计算的结果除以 12，作为每月提取折旧的依据。

（四）固定资产折旧的核算

由于固定资产折旧是固定资产在使用过程中损耗的价值，因此，旅游餐饮服务企业按月提取固定资产折旧时，要根据固定资产发挥的作用不同，分别借记"销售费用"、"管理费用"等账户；贷记"累计折旧"账户。

【例 4-9】 华侨饭店根据计算的结果，提取本月份固定资产折旧费 8 650 元，其中：业务部门 6 500 元，行政管理部门 2 150 元，作分录如下：

借：销售费用——折旧费　　　　　　　　　　　　　　　　6 500.00
借：管理费用——折旧费　　　　　　　　　　　　　　　　2 150.00
　贷：累计折旧　　　　　　　　　　　　　　　　　　　　　　　8 650.00

"累计折旧"是资产类账户，它是固定资产的抵减账户，用以核算固定资产的累计折旧额。企业提取固定资产折旧时，记入贷方；企业处置和盘亏固定资产时，记入借方；期末余额在贷方，表示企业固定资产累计折旧额。"固定资产"账户余额减去"累计折旧"账户余额，就是固定资产净值。

五、固定资产后续支出的核算

（一）固定资产的后续支出概述

企业的固定资产投入使用后，为了维护或提高固定资产的使用效能，或者为了适应新技术发展的需要，往往需要对现有的固定资产进行维护、改建、扩建或者改良，如果这项支出增强了固定资产获取未来经济利益的能力，提高了固定资产的性能，比如延长了固定资产的使用寿命，改善了企业的服务环境，提高了企业的服务质量，从而形成可能流入企业的经济利益超过了原先的估计，则应将该项后续支出予以资本化，计入固定资产的账面价值；否则应将这些后续支出予以费用化，计入发生当期的损益。

（二）资本化后续支出的核算

企业通过对客房、餐厅、营业部、办公楼等建筑物进行改建、扩建，使其更加坚固耐用和美观，延长了其使用寿命，扩大了其使用面积，改善了服务环境；企业通过对营业设施的改建，提高了服务质量和工作效率，也提高了企业在市场上的竞争力。上述这些都表明后续支出提高了固定资产原定的创利能力。因此应将后续支出予以资本化。企业在将后续支出予以资本化时，后续支出的计入，不应导致计入后的固定资产账面价值超过其可收回的金额。

企业在对固定资产进行改建、扩建或者改良时，应将固定资产的账面价值转入"在建工程"账户，届时根据固定资产净额，借记"在建工程"账户，根据已提累计折旧额，借记"累计折旧"账户，如已计提了减值准备，还应根据已计提的减值准备，借记"固定资产减值准备"账户；根据固定资产原值，贷记"固定资产"账户。在固定资产改建、扩建或者改良时所发生的耗费，都应列入"在建工程"账户。在改建、扩建或者改良工程竣工，达到预定可使用状态时，如果"在建工程"账户归集的金额小于其可收回金额，应将其全部金额转入"固定资产"账户。如果"在建工程"账户归集的金额大于其可收回金额，则应按其可以收回金额，借记"固定资产"账户，按"在建工程"账户归集的金额与可收回金额的差额，借记"营业外支出"账户，按"在建工程"账户归集的金额，贷记"在建工程"账户。

【例4-10】　安泰宾馆有客房一幢，原值750 000元，已提折旧150 000元，已提减值准备18 000元，委托南通建筑公司进行扩建。

（1）结转扩建客房账面价值，作分录如下：

借：在建工程——扩建客房	582 000.00
借：累计折旧	150 000.00
借：固定资产减值准备	18 000.00
贷：固定资产	750 000.00

（2）签发转账支票支付南通建筑公司扩建客房工程款278 000元，作分录如下：

借：在建工程——扩建客房	278 000.00
贷：银行存款	278 000.00

（3）该客房已扩建完毕，已达到预定可使用状态，验收使用，该客房预计可收回金额为872 000元，予以转账，作分录如下：

借：固定资产——经营用固定资产	860 000.00
贷：在建工程——扩建客房	860 000.00

　　企业的固定资产如客房、营业厅等发生的装修费用，如果满足固定资产的确认条件，也应当将其作为资本化支出，而计入"固定资产"账户，并在"固定资产"账户下设置"固定资产装修"明细账户进行核算。在固定资产装修时，通过"在建工程"账户核算。

　　固定资产装修费用应在两次装修间隔期间与固定资产尚可使用寿命两者孰短的期限内，采用合理的方法，单独计提折旧。

　　【例4-11】　达华宾馆决定客房每隔3年装修1次，该客房尚可使用6年，本次全部装修费用为108 000元。

　　（1）2007年6月1日，预付包工装潢公司客房装修工程款43 200元，作分录如下：

借：在建工程——客房装修工程　　　　　　　　　　　　　　　　43 200.00
　　贷：银行存款　　　　　　　　　　　　　　　　　　　　　　　　43 200.00

　　（2）2007年6月29日，客房装修工程竣工，支付工程剩余款，作分录如下：

借：在建工程——客房装修工程　　　　　　　　　　　　　　　　64 800.00
　　贷：银行存款　　　　　　　　　　　　　　　　　　　　　　　　64 800.00

　　（3）2007年6月30日，客房装修已满足固定资产确认的条件，该工程达到预定可使用状态，验收使用，作分录如下：

借：固定资产——固定资产装修　　　　　　　　　　　　　　　　108 000.00
　　贷：在建工程——客房装修工程　　　　　　　　　　　　　　　　108 000.00

　　（4）2007年7月31日，计提客房装修折旧，作分录如下：

借：销售费用　　　　　　　　　　　　　　　　　　　　　　　　3 000.00
　　贷：累计折旧　　　　　　　　　　　　　　　　　　　　　　　　3 000.00

　　在下次装修固定资产时，如果与该项固定资产相关的"固定资产装修"明细账户仍有余额，应将该余额全部计入当期的"营业外支出"账户。

　　【例4-12】　续上例，2010年4月30日，达华宾馆对客房重新进行装修，有2个月的折旧尚未提取，予以转账，作分录如下：

借：营业外支出　　　　　　　　　　　　　　　　　　　　　　　6 000.00
借：累计折旧　　　　　　　　　　　　　　　　　　　　　　　102 000.00
　　贷：固定资产——固定资产装修　　　　　　　　　　　　　　　108 000.00

（三）费用化后续支出的核算

　　固定资产在使用过程中会不断地发生有形损耗，为维持其预定效能，使它处于良好的工作状态，就必须对固定资产进行必要的维修。

　　固定资产的维修按其规模不同分为大修理和小修理两类。固定资产大修理是指为恢复固定资产的性能，对其进行大部分或全部的修理。一般是对固定资产的主要组成部分或大多数零部件进行修复和更换，具有修理范围大、支出费用多、修理间隔时间长、发生次数少的特点。固定资产小修理是指为保证固定资产的正常使用所进行的小部分修缮和维护。小修理是仅对固定资产的个别磨损部分所进行的工作量较小的修理，具有修理范围小、支出费用少、修理间隔时间短和发生次数多等特点。

　　由于固定资产修理而发生的后续支出并未提高固定资产原定的创利能力，因此应予以费用化，在发生时应根据服务的对象不同，分别列入"销售费用"、"管理费用"账户。

【例 4-13】 浦江宾馆签发转账支票支付行政管理部门的小汽车大修理费用 15 600 元，作分录如下：

借：管理费用——修理费 15 600.00
　贷：银行存款 15 600.00

六、固定资产处置的核算

企业固定资产处置的去向主要有出售、报废、毁损和投资转出等。为加强固定资产管理，充分合理地提高固定资产的利用效率，企业在处置固定资产时应严格按规定的程序进行审批，并填制相应的凭证，财会部门根据原始凭证，经审核无误后及时进行账务处理。

（一）出售固定资产的核算

企业为合理使用资金，充分发挥资金的效能，可以将闲置的不需用的固定资产出售。出售固定资产应办理严格的审批手续，在报经批准出售时，按固定资产净额，借记"固定资产清理"账户，按已提累计折旧额，借记"累计折旧"账户，按已提的减值准备，借记"固定资产减值准备"账户；按固定资产原值，贷记"固定资产"账户。当企业取得出售固定资产收入时，借记"银行存款"账户，贷记"固定资产清理"账户；发生出售固定资产支出时，记入"固定资产清理"账户的借方，通过"固定资产清理"账户来核算固定资产出售的净收益或净损失。若为出售固定资产的净损失则借记"营业外支出"账户，贷记"固定资产清理"账户；若为出售固定资产的净收益，按净收益额，借记"固定资产清理"账户，贷记"营业外收入"账户。

【例 4-14】 南方旅游公司有陈旧的大客车 1 辆，原始价值 250 000 元，已提折旧150 000 元，未提减值准备。

（1）经领导批准决定出售，予以转账，作分录如下：

借：固定资产清理——出售大客车 100 000.00
借：累计折旧 150 000.00
　贷：固定资产 250 000.00

（2）出售大客车取得收入 100 600 元存入银行，作分录如下：

借：银行存款 100 600.00
　贷：固定资产清理——出售大客车 100 600.00

（3）将出售大客车净收益转账，作分录如下：

借：固定资产清理——出售大客车 600.00
　贷：营业外收入——处置非流动资产利得 600.00

（二）报废、毁损固定资产的核算

固定资产由于长期使用而发生损耗，会丧失原有的功能，不能继续使用，这就需要将它们报废。有的固定资产由于遭到意外事故或灾害以致毁损。固定资产发生报废、毁损都要经有关部门批准后才能进行清理。

报废、毁损的固定资产进行清理时，按固定资产净额，借记"固定资产清理"账户；按已提折旧额，借记"累计折旧"账户；按已提的减值准备，借记"固定资产减值准备"账户；按固定资产账面原值，贷记"固定资产"账户。

【例4-15】 南方宾馆报废办公楼1幢，其原值为480 000元，已提折旧为459 500元，办公楼已提减值准备6 000元。

（1）经批准将办公楼报废清理时，作分录如下：

借：固定资产清理——清理办公楼		14 500.00
借：累计折旧		459 500.00
借：固定资产减值准备		6 000.00
贷：固定资产		480 000.00

（2）以转账支票支付办公楼清理费用5 000元，作分录如下：

借：固定资产清理——清理办公楼		5 000.00
贷：银行存款		5 000.00

（3）出售清理办公楼得到的残料收入12 000元，存入银行，作分录如下：

借：银行存款		12 000.00
贷：固定资产清理——清理办公楼		12 000.00

（4）办公楼清理完毕，将清理净损失转账，作分录如下：

借：营业外支出——处置非流动资产损失		7 500.00
贷：固定资产清理——清理办公楼		7 500.00

（三）投资转出固定资产的核算

企业为扩大投资范围，减少经营风险，向其他企业投资时，可以将自有的固定资产进行对外投资。企业在决定将固定资产对外投资时，应先将固定资产净额转入"固定资产清理"账户。在投出固定资产时，再按投资合同或协议约定的价值，借记"长期股权投资"账户；按固定资产净额，贷记"固定资产清理"账户。两者之间的差额列入"营业外收入"或"营业外支出"账户。

【例4-16】 浦江宾馆与开达公司合资经营，拨出房屋1幢，原始价值为750 000元，已提折旧额为120 000元，该房屋已提减值准备5 000元。

（1）准备将房屋对外投资时，作分录如下：

借：固定资产清理——房屋对外投资		625 000.00
借：累计折旧		120 000.00
借：固定资产减值准备		5 000.00
贷：固定资产——经营用固定资产		750 000.00

（2）将房屋拨付对方，按投资合同约定的价值630 000元计量，作分录如下：

借：长期股权投资		630 000.00
贷：固定资产清理——房屋对外投资		625 000.00
贷：营业外收入——处置非流动资产利得		5 000.00

"固定资产清理"是资产类账户，用以核算企业因出售、报废、毁损和投资转出等原因转入清理的固定资产价值，以及在清理过程中所发生的清理费用和清理收入。企业转入出售、报废、毁损和投资转出固定资产价值，支付清理费用及将清理净收益转账时，记入借方；企业取得清理收入及将清理净损失转账时，记入贷方；若期末余额在借方，表示企业期末未清理完毕的固定资产净损失；若余期末额在贷方，则表示企业期末未清理完毕的固定资产净收益。

七、固定资产清查的核算

固定资产清查是保证固定资产核算的真实性、保护企业财产安全完整，以及发掘企业现有固定资产潜力的一个重要手段。企业应定期或者至少每年年末必须对固定资产进行全面的盘点清查。在清查过程中应对发现的问题随时登记并进行处理，当发现盘亏盘盈情况要及时查明原因，编制"固定资产盘亏盘盈报告单"，其格式如图表4-3所示。

图表4-3

固定资产盘亏盘盈报告单

编制单位：江海宾馆　　　　　　　　　　2013 年 12 月 26 日

盘　亏				毁　损				盘　盈			
名称	数量	原值	已提折旧	名称	数量	原值	已提折旧	名称	数量	市场价格	预计已提折旧
摩托车	1	3 000	2 700								

企业对于盘亏的固定资产，应按其账面净额，借记"待处理财产损溢——待处理固定资产损溢"账户；按其已提折旧额，借记"累计折旧"账户；按已提减值准备，借记"固定资产减值准备"账户；按其账面原值，贷记"固定资产"账户。企业对于盘盈的固定资产，应按照前期差错予以更正，这部分内容将在第十四章第八节阐述。

固定资产发生盘亏，应及时查明原因，在报经上级批准后再转入"营业外支出"账户。

【例4-17】　江海宾馆年末进行固定资产清查，盘亏摩托车1辆，原值3 000元，已提折旧2 700元，但未提减值准备。盘盈计算机一台，同类计算机的市场价格为8 000元，五成新。

（1）将盘亏的摩托车转账，作分录如下：

借：待处理财产损溢——待处理固定资产损溢　　　　　　　　　300.00
借：累计折旧　　　　　　　　　　　　　　　　　　　　　　2 700.00
　贷：固定资产——不需用固定资产　　　　　　　　　　　　3 000.00

（2）盘亏的摩托车查明已失窃，经领导批准予以转账，作分录如下：

借：营业外支出——盘亏损失　　　　　　　　　　　　　　　　300.00
　贷：待处理财产损溢——待处理固定资产损溢　　　　　　　　300.00

八、固定资产减值的核算

企业经营环境的变化和科学技术的进步，或者企业经营管理不善等原因，往往会导致固定资产创造未来经济利益的能力大大下降，使得固定资产可收回金额低于其账面价值，而发生固定资产减值。

可收回金额应当根据资产的公允价值减去处置费用后的净额与资产预计未来现金流量的现值两者之间较高者确定。处置费用包括与资产处置有关的法律费用、相关税费和搬运费及为使固定资产达到可销售状态所发生的直接费用等。

企业应当在期末判断固定资产是否存在可能发生减值的迹象。存在下列迹象的，表明固定资产可能发生了减值：① 固定资产市价大幅度下跌，其跌价幅度明显高于因时间推移或正常使用而预计的下跌；② 企业所处的经济、技术或者法律等环境，以及资产所处的市场在当期发生或者将在近期发生重大变化，从而对企业产生不利影响；③ 市场利率或者其他市场投资报酬率在当期已经提高，从而影响企业计算固定资产预计未来现金流量现值的折现率，并导致固定资产可收回金额大幅度降低；④ 有证据表明固定资产已经陈旧过时或者其实体已经损坏；⑤ 固定资产已经或者将被闲置、终止使用或者计划提前处置；⑥ 其他有可能表明固定资产已发生减值的迹象。

企业判断固定资产发生减值后，应计算确定固定资产可收回金额，按可收回金额低于账面价值的差额计提固定资产减值准备，并计入当期损益。届时，借记"资产减值损失"账户，贷记"固定资产减值准备"账户。

【例 4-18】　顺风旅行社有复印机 1 台，原始价值 18 000 元，已提折旧 9 000 元，现由于市场价大幅度下跌，其可收回金额为 7 500 元，计提其减值准备，作分录如下：

借：资产减值损失——固定资产减值损失　　　　　　　　　　　　　　　1 500.00
　　贷：固定资产减值准备　　　　　　　　　　　　　　　　　　　　　　　1 500.00

固定资产减值损失确认后，减值资产的折旧应当在未来期间作相应调整，以使该资产在剩余使用寿命内，系统地分摊调整后的资产账面价值。资产减值损失一经确认，在以后会计期间不得转回。

"固定资产减值准备"是资产类账户，它是"固定资产"账户的抵减账户，用以核算企业提取的固定资产减值准备。企业期末发生固定资产减值，予以计提时，记入贷方；企业已计提减值准备的固定资产处置时，记入借方；期末余额在贷方，表示企业已提取的固定资产减值准备。

第二节　无形资产

一、无形资产概述

（一）无形资产的定义和确认的条件

无形资产是指企业拥有或者控制的没有实物形态的可辨认非货币性长期资产。

资产满足下列条件之一的，符合无形资产定义中的可辨认性标准：一是能够从企业中分离或者划分出来，并能单独或者与相关合同、资产或负债一起用于出售、转移、授予许可、租赁或者交换；二是源自合同性权利或其他法定权利，无论这些权利是否可以从企业或其他权利和义务中转移或者分离。

尽管无形资产没有实物形态，但以其独有的无形的知识形态和某项技术、特权为企业带来超额利益，使企业在竞争中处于领先地位。例如，可口可乐配方技术长久以来为"可口可乐"带来经久不衰的畅销势头，从而赢得超额收益。由此可见无形资产虽然是看不见摸不着的一种虚拟资产，但它却确实存在而且能给企业带来长期的收益，是企业生产经营活动中的一项资产。

企业确认无形资产必须同时满足以下两个条件：一是与该无形资产有关的经济利益很可能流入企业，二是该无形资产的成本能够可靠地计量。

企业在判断无形资产产生的经济利益是否很可能流入时，应当对无形资产在预计使用寿命内可能存在的各种经济因素作出合理估计，并且应当有明确证据支持。

（二）无形资产的特征

无形资产不同于流动资产和具有实物形态的固定资产，有其自身的特征，主要表现在以下六个方面。

1. 没有实物形态

无形资产所体现的是一种权利或获得超额利润的能力，它没有实物形态，但却具有价值，或者能够使企业获得高于同行业平均的盈利能力。它虽然可以买卖，但它看不见摸不着，它以某种特有技术知识和权利形式存在，如专利权、商标权。

2. 能在较长的时期内使企业获得经济效益

无形资产能供企业长期使用，从而使企业长期受益，企业为取得无形资产所发生的支出，属于资本性支出。

3. 持有无形资产的目的是使用

企业持有无形资产的目的是用于生产产品或提供劳务、出租给他人，或为了行政管理，而不是为了对外销售。无形资产一旦脱离了生产经营活动，就失去了其经济价值。

4. 无形资产所提供的经济利益具有不确定性

无形资产的经济价值在很大程度上受企业外部因素的影响，其预期获利能力难以准确地予以确定。例如，某项专利权，企业在自创制时估计有 10 年寿命，但在第 6 年，技术市场上有更先进的专利替代，那么该项专利权的经济价值也就此终结，由该项专利权可望带来的经济效益也随之告终。

5. 无形资产的经济价值与其成本之间无直接因果关系

在企业中，往往有些无形资产，取得成本较低，却能给企业带来较高的经济效益；而有些无形资产取得的成本较高，仅能给企业带来较低的经济效益。

6. 无形资产是有偿取得的

只有企业发生成本而取得的无形资产才能计价入账，否则，即使具有无形资产的性质，但也不能作为无形资产计价入账。

（三）无形资产的分类

无形资产可以分为专利权、非专利技术、商标权、著作权、土地使用权和特许权。

1. 专利权

专利权是指发明人对其发明的成果提出申请，经国家专利机关审查批准，在一定期限以内依法享有的专有权。发明人申请获得专利，需公开其全部秘密。为保护发明人的权益，国家对专利给予法律保护。专利权按专利对象分为发明专利权、实用新型专利权和外观设计专利权。专利权是一种有期限的财产权，保护期满，专利权自动终止。

2. 非专利技术

非专利技术又称专有技术或绝密技术。是指运用先进的、未公开的、未申请专利的，可以带来经济效益的技术及诀窍。非专利技术不受法律保护，所有人依靠自我保密的方式来维持其独占权。非专利技术主要包括以下三个方面的内容。

（1）工业专有技术。它是指生产上已经采用，仅限于少数人知道，不享有专利权或发明权的生产、装配、修理、工艺或加工方法的技术知识。

（2）商业（贸易）专有技术。它是指具有保密性质的市场情报、原材料价格情报及用户、竞争对象的情况的有关知识。

（3）管理专有技术。它是指生产组织的经营方式、管理方法、培训职工方法等保密知识。

3. 商标权

商标权是指商标使用人在向国家商标局申请商标注册，经核准后而获得的一定期限内的专用权。商标是指用来辨认特定的商品或劳务的标记。商标权受到法律保护。商标权的有效期为 10 年，可以续展，一次续展 10 年，可无限制续展。

4. 著作权

著作权又称版权，是指公民、法人按照法律规定对文学、艺术和科学作品享有的专有权。这种专有权除法律另有规定外，未经著作人许可或转让，他人不得占有和行使。

5. 土地使用权

土地使用权是指土地使用者对其所使用的土地，按照法律规定在一定期限内享有利用和取得收益的权利。

6. 特许权

特许权又称专营权，是指获准在一定区域和期限内，以一定的形式生产经营某种特定商品或劳务的专有权利。特许权有两种形式：一种是由政府机关授予的，如电力、电话、煤气、烟草、酒等的特许经营权，另一种是由一个企业授予另一个企业商号生产经营以该企业商号、商标、专利和非专利技术等制造商品或提供劳务的权利。如肯德基快餐、麦当劳快餐等连锁商店。

二、无形资产的计量

企业取得的无形资产，应按取得时的成本计量。取得时的成本，应按以下规定确定。

1. 外购的无形资产

外购的无形资产按照无形资产的购买价款、相关税费及直接归属于使该项资产达到预定用途所发生的其他支出计量。

2. 自行开发的无形资产

自行开发的无形资产按照企业内部开发项目自开发阶段起至该项目达到预定用途前所发生的支出总额计量。

3. 投资者投入的无形资产

投资者投入的无形资产按照投资合同或协议约定的价值计量。

4. 接受捐赠的无形资产

接受捐赠的无形资产捐赠方提供了有关凭据的，按照凭据上标明的金额加上应支付的相关税费计量；捐赠方没有提供有关凭据的，按同类或类似无形资产的市场价格估计的金额，加上应支付的相关税费计量。

三、无形资产取得的核算

企业取得无形资产主要有外购、企业自行开发、投资者投入和接受捐赠等方式。由于取得的方式不同，其核算的方法也各异。

（一）外购无形资产的核算

外购的无形资产，应按购入支付的价款和发生的咨询费、手续费之和计价入账。

【例 4-19】　东方饭店向上海土地管理局支付 860 000 元，以取得土地使用权，在洽购时，支付咨询费、手续费 18 000 元，款项一并签发转账支票付讫，作分录如下：

借：无形资产——土地使用权　　　　　　　　　　　　　　　　878 000.00

　　贷：银行存款　　　　　　　　　　　　　　　　　　　　　　878 000.00

"无形资产"是资产类账户，用以核算企业的专利权、非专利技术、商标权、土地使用权、著作权和特许权等无形资产的原值。企业取得各种无形资产时，记入借方；企业以无形资产对外投资、出售及无形资产预期不能为企业带来经济利益，予以转销时，记入贷方；期末余额在借方，表示企业现有无形资产的原值。

（二）自行开发无形资产的核算

企业自行开发无形资产，对于开发项目的支出，应区分研究阶段支出与开发阶段支出。研究是指为获取并理解新的科学或技术知识而进行的独创性的有计划调查。开发是指在进行商业性生产或使用前，将研究成果或其他知识应用于某项计划或设计，以生产出新的或具有实质性改进的材料、装置、商品等。

企业自行开发无形资产，研究阶段的支出，应当于发生时计入当期损益；开发阶段的支出才能确认为无形资产。

企业确认自行开发的无形资产，必须同时满足以下五个条件。

（1）完成该无形资产以使其能够使用或出售在技术上具有可行性。

（2）具有完成该无形资产并使用或出售的意图。

（3）无形资产产生经济利益的方式，包括能够证明适用该无形资产生产的商品存在市场或无形资产自身存在市场，无形资产将在内部使用的，应当证明其有用性。

（4）有足够的技术、财务资源和其他资源的支持，以完成该无形资产的开发，并有能力使用或者出售该无形资产。

（5）归属于该无形资产开发阶段的支出能够可靠地计量。

【例4-20】　东方饭店自行研究开发一项专利，发生下列有关的经济业务。

（1）1月31日，分配专利开发人员在专利研究阶段的工资6 000元，并计提职工福利费840元，作分录如下：

借：研发支出——费用化支出　　　　　　　　　　　　　　　　6 840.00

　　贷：应付职工薪酬——工资　　　　　　　　　　　　　　　　6 000.00

　　贷：应付职工薪酬——职工福利　　　　　　　　　　　　　　　840.00

（2）1月31日，结转费用化支出，作分录如下：

借：管理费用　　　　　　　　　　　　　　　　　　　　　　　6 840.00

　　贷：研发支出——费用化支出　　　　　　　　　　　　　　　6 840.00

（3）2月5日，专利项目进入开发阶段，领用原材料6 600元，作分录如下：

借：研发支出——资本化支出　　　　　　　　　　　　　　　　6 600.00

　　贷：原材料　　　　　　　　　　　　　　　　　　　　　　　6 600.00

（4）2月15日，签发转账支票支付凯隆公司参与开发专利的费用51 000元，作分录如下：

借：研发支出——资本化支出　　　　　　　　　　　　　　　　51 000.00

　　贷：银行存款　　　　　　　　　　　　　　　　　　　　　　51 000.00

（5）2月28日，分配专利项目开发人员在开发阶段的工资10 000元，并计提职工福利费1 400元，作分录如下：

借：研发支出——资本化支出　　　　　　　　　　　　　　　　11 400.00

　　　　贷：应付职工薪酬——工资　　　　　　　　　　　　　　　　10 000.00
　　　　贷：应付职工薪酬——职工福利　　　　　　　　　　　　　　1 400.00

　　（6）3月1日，专利项目开发成功，签发转账支票支付专利权的注册登记费9 600元，律师费6 600元，作分录如下：

　　　　借：研发支出——资本化支出　　　　　　　　　　　　　　　16 200.00
　　　　　贷：银行存款　　　　　　　　　　　　　　　　　　　　　16 200.00

　　（7）3月2日，结转开发专利项目的成本，作分录如下：

　　　　借：无形资产——专利权　　　　　　　　　　　　　　　　　85 200.00
　　　　　贷：研发支出——资本化支出　　　　　　　　　　　　　　85 200.00

　　"研发支出"是成本类账户，用以核算企业进行研究与开发无形资产过程中所发生的各项支出。企业发生无形资产研究、开发支出时记入借方；结转无形资产研究、开发成本时记入贷方；期末余额在借方，表示正在开发的无形资产的成本。

　　（三）投资者投入无形资产的核算

　　企业取得投资者投入无形资产时，应按照投资合同或协议约定的价值入账，届时借记"无形资产"账户；贷记"实收资本"账户。

　　【例4-21】　金陵宾馆接受太平洋宾馆一项非专利技术的投资，按投资合同约定的价值120 000元入账，作分录如下：

　　　　借：无形资产——非专利技术　　　　　　　　　　　　　　　120 000.00
　　　　　贷：实收资本　　　　　　　　　　　　　　　　　　　　　120 000.00

四、无形资产摊销的核算

　　无形资产是企业的一项长期资产，在其使用寿命内持续为企业带来经济利益，它的价值会随着使用而不断地减少，直到消失。因此应当于取得无形资产时分析判断其使用寿命。

　　无形资产的使用寿命为有限的，应当估计该使用寿命的年限或者构成使用寿命的产量等类似计量单位数量；无法预见无形资产为企业带来经济利益期限的，应当视为使用寿命不确定的无形资产。

　　使用寿命有限的无形资产，其应摊销金额应当在使用寿命内系统合理摊销。企业摊销无形资产，应当自无形资产可供使用时起，至不再作为无形资产确认时止。

　　企业选择的无形资产摊销方法，应当反映与该项无形资产有关的经济利益的预期实现方式。无法可靠确定预期实现方式的，应当采用直线法摊销。

　　企业摊销无形资产时，借记"管理费用"账户；贷记"无形资产"账户。

　　【例4-22】　东方饭店自行开发的专利权的成本为85 200元，有效使用期限为10年，按月摊销时，作分录如下：

　　　　借：管理费用——无形资产摊销　　　　　　　　　　　　　　710.00
　　　　　贷：累计摊销　　　　　　　　　　　　　　　　　　　　　710.00

　　"累计摊销"是资产类账户，它是"无形资产"账户的抵减账户。用以核算企业对使用寿命有限的无形资产计提的累计摊销额。在计提无形资产摊销时，记入贷方；在处置无形资产时，记入借方；期末余额在贷方，表示无形资产的累计摊销额。"无形资产"账户余额，减去"累计摊销"账户余额就是无形资产的净值。

使用寿命不确定的无形资产不应摊销。企业应当在每个会计期间对使用寿命不确定的无形资产的使用寿命进行复核，如有证据表明无形资产的使用寿命是有限的，应当估计其使用寿命，并按规定进行摊销。

五、无形资产处置的核算

企业无形资产处置的去向主要有出售、出租和对外投资等。

（一）无形资产出售的核算

出售无形资产是指企业转让无形资产所有权，出售企业对售出的无形资产不再拥有占有、使用及处置的权利。企业将无形资产出售时，按实际收到的出售收入，借记"银行存款"账户，按已计提的累计摊销额，借记"累计摊销"账户，按已计提的减值准备，借记"无形资产减值准备"账户；按出售收入的一定比例计提的营业税额，贷记"应交税费"账户，按出售无形资产的账面原值，贷记"无形资产"账户；将这些账户相抵后的差额列入"营业外收入"或"营业外支出"账户。

【例4-23】　太平洋旅游公司将土地使用权出售给大光明公司，该项土地使用权账面原值720 000元，已计提摊销额240 000元，取得出售收入540 000元，存入银行，按出售收入的5%计提营业税额，作分录如下：

借：银行存款　　　　　　　　　　　　　540 000.00
借：累计摊销　　　　　　　　　　　　　240 000.00
　　贷：应交税费——应交营业税　　　　　　　27 000.00
　　贷：无形资产——土地使用权　　　　　　　720 000.00
　　贷：营业外收入——处置非流动资产利得　　　33 000.00

（二）无形资产出租的核算

出租无形资产是指企业仅将该项无形资产部分使用权让渡给其他企业，其仍保留对所出租的无形资产的所有权，并拥有占有、使用及处置该项无形资产的权利。在取得出租收入时，作为企业的其他业务收入入账，但仍应保留该项无形资产的账面价值，在出租过程中发生的相关税费应作为出租成本列入"其他业务成本"账户。

（三）无形资产对外投资的核算

企业出于自身发展及减少投资风险、扩大影响的目的，可以将自己的无形资产向外投资以获取投资收益。届时应按投资合同或协议约定的价值，借记"长期股权投资"账户；按该项无形资产已计提的摊销额，借记"累计摊销"账户；按该项无形资产已计提的减值准备，借记"无形资产减值准备"账户；按无形资产的账面原值，贷记"无形资产"账户；借贷方账户相抵后如有差额，应列入"营业外收入"或"营业外支出"账户。

【例4-24】　太平洋旅游公司以非专利技术作为对星光旅游公司的投资，非专利技术的账面余额为120 000元，该非专利技术已计提摊销额30 000元，按投资合同约定的价值99 000元入账时，作分录如下：

借：长期股权投资——其他股权投资　　　　99 000.00
借：累计摊销　　　　　　　　　　　　　30 000.00
　　贷：无形资产　　　　　　　　　　　　　120 000.00
　　贷：营业外收入　　　　　　　　　　　　　9 000.00

六、无形资产减值的核算

企业应当在期末判断各项无形资产是否存在可能发生减值的迹象，无形资产可能存在的六种减值迹象与固定资产相同，不再重述。

企业对于可收回低于账面价值的无形资产应当计提减值准备，届时借记"资产减值损失"账户；贷记"无形资产减值准备"账户。

【例4-25】 广陵宾馆的一项非专利技术账面原值为108 000元，已计提摊销了43 200元。因该项非专利技术的盈利能力大幅度下降，预计其未来现金流量的现值为55 000元，计提其减值准备，作分录如下：

　　借：资产减值准备——无形资产减值损失　　　　　　　　　　　　9 800.00
　　　　贷：无形资产减值准备　　　　　　　　　　　　　　　　　　　　9 800.00

无形资产减值损失确认后，减值资产应当在未来期间作相应调整，以使该资产在剩余使用寿命内，系统地分摊调整后的资产账面价值。资产减值一经确认，在以后会计期间不得转回。

"无形资产减值准备"是资产类账户，它是"无形资产"账户的抵减账户，用以核算企业提取的无形资产减值准备。企业期末发生无形资产减值时，记入贷方；企业已计提减值准备的无形资产处置时，记入借方；期末余额在贷方，表示企业已提取但尚未转销的无形资产减值准备。

第三节　长期待摊费用

一、长期待摊费用概述

长期待摊费用是指企业已经发生，但应由本期和以后各期负担的分摊期限在一年以上的各项费用。它主要有下列两项内容。

1. 租入固定资产改良支出

租入固定资产改良支出是指企业为增加以经营租赁方式租入固定资产的效用，进行改装、翻修或改建的支出。由于所租的固定资产的所有权是出租单位的，因此对租入固定资产发生的改良支出，不能追加计入固定资产的原始价值，而作为企业的长期待摊费用。

2. 其他长期待摊费用

其他长期待摊费用是指摊销期在1年以上的除租入固定资产改良支出以外的待摊费用，有股票发行费用等。股票发行费用是指按面值发行新股而发生的股票承销费、注册会计师费、评估费、公关及广告费、印刷费及其他直接费用。

二、长期待摊费用的核算

当企业发生租入固定资产改良支出和其他长期待摊费用时，借记"长期待摊费用"账户；贷记"银行存款"账户。

发生的长期待摊费用应采用直线法分期平均摊销，摊销时根据租用的部分不同，分别借记"销售费用"、"管理费用"、"财务费用"等账户，贷记"长期待摊费用"账户。

对于不同的长期待摊费用，其摊销期限的计算方法有所不同，租入固定资产的改良支出应在租赁期限与租赁资产尚可使用寿命两者孰短的期限内平均摊销；股票发行费用在不超过两年的期限内摊销。

【例4-26】 兴业宾馆将租入房屋改建为客房，该房租赁期为10年，尚可使用12年。

（1）签发转账支票支付装潢公司改建费用150 000元，作分录如下：

借：长期待摊费用——租入固定资产改良支出 150 000.00

　　贷：银行存款 150 000.00

（2）按月摊销租入房屋改建支出时，作分录如下：

借：销售费用 1 250.00

　　贷：长期待摊费用——租入固定资产改良支出 1 250.00

"长期待摊费用"是资产类账户，用以核算企业已经支出，但摊销期限在1年以上的各项费用，企业发生摊销期限在1年以上的各项费用时，记入借方；企业摊销长期待摊费用时，记入贷方；期末余额在借方，表示企业尚待摊销的长期待摊费用。

练 习 题

一、简答题

1. 试述固定资产确认的条件和特点。

2. 固定资产有哪几种计量标准？分述各种计量标准的定义。

3. 什么是平均折旧法？什么是加速折旧法？它们各自又分为哪两种方法？

4. 固定资产有哪些后续支出？它们在核算上有何不同？

5. 固定资产在什么情况下要计提减值准备？计提时应怎样核算？

6. 什么是无形资产？确认无形资产应满足哪些条件？

7. 无形资产有哪些特征？

8. 试述各种无形资产的初始计量。

9. 企业确认自行开发的无形资产必须同时满足哪些条件？

二、名词解释题

固定资产 固定资产折旧 应计折旧额 预计净残值 年限平均法 年数总和法 专利权 非专利技术 特许权 长期待摊费用

三、是非题

1. 外购的固定资产应按照购买价款、相关税费、使固定资产达到预定可使用状态前所发生的运输费、装卸费、安装费和专业人员服务费等计量。　　　　　　　　　　　　　　（　　）

2. 固定资产净额可以反映企业固定资产的实有价值。　　　　　　　　　　（　　）

3. 企业接受投资者投入的固定资产，应按投资合同或协议约定的价值，借记"固定资产"账户，贷记"实收资本"账户。　　　　　　　　　　　　　　　　　　　　（　　）

4. 应计折旧额是指应当计提的固定资产损耗的价值。　　　　　　　　　　（　　）

5. 企业除了按规定单独估价作为固定资产入账的土地外，所有的固定资产都应计提折旧。（　　）

6. 固定资产可收回金额应当根据固定资产的公允价值减去处置费用后的净额与资产预计未来现金流量的现值两者之间的较高者确定。　　　　　　　　　　　　　　　　（　　）

7. 已计提减值准备的固定资产在以后会计期间其价值回升时，可以在原已计提减值金额的范围内予以转回。　　　　　　　　　　　　　　　　　　　　　　　　　（　　）

8. 固定资产减值损失确认后，减值资产的折旧应当在未来期间作相应的调整。（　　）

9. 固定资产报废时，如清理收入大于清理费用，其差额应列入"营业外收入"账户。（　　）

10. 专利权和非专利技术均受到国家法律的保护。（　　）

11. 使用寿命有限的无形资产应当在使用寿命内系统合理摊销；使用寿命不确定的无形资产不应摊销。（　　）

12. 企业出售无形资产需要转销其账面价值，而出租无形资产则不需要转销其账面价值，此外，在核算上没有什么区别。（　　）

13. 长期待摊费用包括固定资产改良支出和其他长期待摊费用。（　　）

四、单项选择题

1. 企业采用加速折旧法是为了＿＿＿＿。
   A. 在较短的时间内收回固定资产的全部投资　　B. 合理地提取固定资产折旧
   C. 在近期内减少企业的利润　　　　　　　　　D. 在较短的时间内收回固定资产的大部分投资

2. 对于各月使用程度相差较大的设备采用＿＿＿＿最合理。
   A. 年限平均法　　　B. 工作量法　　　C. 年数总和法　　　D. 双倍余额递减法

3. 固定资产发生盘盈时应根据＿＿＿＿记入"固定资产"账户。
   A. 原始价值　　　B. 净额　　　C. 市场价格减去估计的价值损耗　　　D. 净值

4. 固定资产发生盘亏时应根据＿＿＿＿转入"待处理财产损溢"账户。
   A. 原始价值　　　B. 净值　　　C. 市场价格　　　D. 净额

5. ＿＿＿＿是指被获准在一定区域和期限内，以一定的形式生产经营某种特定商品或劳务的专有权利。
   A. 专利权　　　B. 非专利技术　　　C. 著作权　　　D. 特许权

6. ＿＿＿＿是指先进的、未公开的、未申请专利的、可带来经济利益的技术、资料、技能和知识等。
   A. 专利权　　　B. 非专利技术　　　C. 商标权　　　D. 著作权

五、多项选择题

1. 固定资产按其经济用途可分为＿＿＿＿。
   A. 生产经营用固定资产　　　　　　B. 自有固定资产
   C. 融资租入固定资产　　　　　　　D. 非生产经营用固定资产

2. 企业在确定固定资产折旧使用寿命时，应考虑的因素有该资产的＿＿＿＿。
   A. 预计无形损耗　　　　　　　　　B. 预计有形损耗
   C. 预计生产能力或实物产量　　　　D. 有关资产使用的法律或类似的限制

3. 计提固定资产折旧的范围有＿＿＿＿。
   A. 当月增加的固定资产　　　　　　B. 当月减少的固定资产
   C. 大修理停用的固定资产　　　　　D. 作为土地入账的固定资产

4. 通过固定资产清理账户核算的有＿＿＿＿。
   A. 报废、毁损的固定资产　　　　　B. 盘亏的固定资产
   C. 出售的固定资产　　　　　　　　D. 投资转出的固定资产

5. 列入"营业外支出"账户的业务有＿＿＿＿。
   A. 固定资产报废净损失　　　　　　B. 固定资产计提减值准备
   C. 固定资产出售净损失　　　　　　D. 经核准固定资产盘亏损失

6. 固定资产的后续支出包括对现有的固定资产进行扩建、＿＿＿＿。
   A. 改建　　　B. 重建　　　C. 改良　　　D. 维护

7. 企业确认无形资产必须同时满足＿＿＿＿的条件。
   A. 该无形资产不具备实物形态
   B. 与该无形资产有关的经济利益很可能流入企业
   C. 该无形资产所提供的经济利益具有不确定性

D. 该无形资产的成本能够可靠地计量

8. 无形资产有专利权、商标权、土地使用权、_____等。

A. 非专利技术　　　B. 特许权　　　C. 商誉　　　D. 著作权

六、实务题

习题一

一、**目的**　练习固定资产取得的核算。

二、**资料**

天成宾馆 6 月份发生下列有关的经济业务：

1. 5 日，向天津复印机厂购进复印机 1 台，专用发票上列明买价 14 000 元，增值税额 2 380 元，运输费 220 元，款项一并从银行汇付对方，复印机也已运到，达到预定可使用状态，并验收使用。

2. 11 日，向广州空调器厂购进中央空调 1 台，专用发票上列明买价 110 000 元，增值税额 18 700 元，全部款项已签发转账支票支付，中央空调也已验收入库。

3. 16 日，昌明安装公司领用中央空调进行安装。

4. 20 日，接受卢湾公司投入客房 1 幢，该客房按投资合同约定的 780 000 元计量入账。

5. 25 日，以转账支票支付昌明安装公司中央空调安装费 3 300 元。

6. 26 日，中央空调安装完毕，已达到预定可使用状态，验收使用。

7. 30 日，收到外商捐赠的设备一台，根据提供的发票、报关单等凭证表明设备的买价为 60 000 元，增值税额 10 200 元，签发转账支票支付设备的运输费、手续费计 960 元。设备已达到预定可使用状态，验收使用。

三、**要求**　编制会计分录。

习题二

一、**目的**　练习固定资产折旧的核算。

二、**资料**

（一）昌盛宾馆 3 月 1 日有关固定资产明细账户的资料如图表 4-4 所示。

图表 4-4

固定资产明细账有关资料

单位：元

固定资产名称	计量单位	数量	原始价值	预计使用寿命/年	预计净残值率/%	月折旧额	使用部门
客房	幢	1	956 000	40	4		业务
餐厅	间	1	180 000	40	4		业务
办公室	间	1	175 000	40	4		行政管理
小汽车	辆	1	120 000	8	5		行政管理
大客车	辆	1	180 000	5	5		业务
计算机	台	5	40 000	4	4		业务
合计			1 651 000				

（二）接着发生下列有关的经济业务。

1. 3 月 20 日，购入复印机 1 台，买价 15 000 元，增值税额 2 550 元，款项以转账支票支付。该复印机预计使用 4 年，预计净残值率为 4%，复印机已由行政管理部门验收使用。

2. 3 月 31 日，计提本月份固定资产折旧额。

3. 4 月 30 日，计提本月份固定资产折旧额。

三、**要求**

（一）根据"资料（一）"和"资料（二）"，用年限平均法计算各项固定资产的折旧额，并编制会计分录。

（二）根据"资料（一）"和"资料（二）"，分别用双倍余额递减法和年数总和法计算大客车和复印机的年折旧额。

习题三

一、**目的** 练习固定资产折旧和后续支出的核算。

二、**资料**

（一）申达宾馆3月1日各类固定资产如图表4-5所示。

图表4-5

固定资产明细账有关资料

单位：元

固定资产类别	原 始 价 值	年折旧率/%	使 用 部 门
钢筋水泥结构房屋	4 560 000	2.38	业务
钢筋水泥结构房屋	755 000	2.38	行政管理
空调设备	128 000	9.50	业务
空调设备	22 000	9.50	行政管理
交通运输工具	180 000	11.88	业务
交通运输工具	150 000	11.88	行政管理
娱乐设备	80 000	10.56	业务
管理设备	36 000	10.56	行政管理

（二）该宾馆又发生下列有关的经济业务。

1. 3月1日，将餐厅委托恒丰建筑公司进行扩建，该餐厅的原始价值为600 000元，已提折旧200 000元，予以转账。

2. 3月2日，将客房进行装修，预付新丰装潢公司客房装修工程款的40%，计金额48 000元。

3. 3月15日，签发转账支票支付恒丰建筑公司扩建餐厅款260 000元。

4. 3月25日，餐厅已扩建完毕，达到预定可使用状态，验收使用，该餐厅预计可收回金额为680 000元，予以转账。

5. 3月28日，客房装修工程竣工，支付新丰装潢公司剩余工程款72 000元。

6. 3月29日，客房装修工程已满足固定资产确认的条件，该工程达到预定可使用状态，验收使用。该客房预计隔5年装修1次。

7. 3月31日，按分类折旧率计提本月份固定资产折旧额。

8. 4月10日，签发转账支票支付行政管理部门的小汽车大修理费用17 200元。

9. 4月20日，签发转账支票支付音响设备的小修理费用1 200元。

10. 4月30日，按分类折旧率计提本月份固定资产折旧额。

三、**要求** 编制会计分录。

习题四

一、**目的** 练习固定资产处置、清查和减值的核算。

二、**资料** 中兴饭店12月份发生下列有关的经济业务。

1. 2日，有小汽车1辆，原始价值为150 000元，已提折旧75 000元，已提减值准备5 000元，经领导批准准备出售，予以转账。

2. 5日，出售小汽车，取得收入64 000元，存入银行。

3. 6日，将出售小汽车的净损失转账。

4. 10日，经批准报废清理餐厅1幢，原始价值为550 000元，已提折旧521 000元，已提减值准备6 000元，予以转账。

5. 15 日，签发转账支票支付餐厅清理费用 9 000 元。

6. 20 日，将清理餐厅的残料出售收入 12 500 元，存入银行。

7. 22 日，清理餐厅完毕，予以转账。

8. 26 日，拨付合资经营的南兴饭店房屋 1 幢，原始价值为 720 000 元，已提折旧 240 000 元，已提减值准备 9 000 元，按投资合同约定的 472 000 元计量，予以转账。

9. 29 日，盘亏大客车 1 辆，原始价值为 160 000 元，已提折旧 145 000 元，已提减值准备 6 000 元，予以转账。

10. 30 日，盘亏的大客车报经领导批准，予以核销转账。

11. 31 日，有音响设备 1 套，原始价值 9 900 元，已提折旧 3 300 元，现由于市价持续下跌，其可收回金额仅为 5 500 元，计提其减值准备。

三、**要求**　编制会计分录。

习题五

一、**目的**　练习无形资产和长期待摊费用的核算。

二、**资料**　杏花村饭店发生下列有关的经济业务。

1. 4 月 30 日，本饭店自行研究开发一项专利，分配专利开发人员在研究阶段的工资 5 000 元，并计提职工福利费 700 元。

2. 4 月 30 日，结转研发支出。

3. 5 月 2 日，专利进入开发阶段，领用原材料 7 200 元。

4. 5 月 10 日，签发转账支票支付隆兴公司参与开发专利的费用 52 200 元。

5. 5 月 31 日，分配专利开发人员在开发阶段的工资 12 000 元，并计提职工福利费 1 680 元。

6. 6 月 1 日，专利项目开发成功，签发转账支票支付专利权的注册登记费 9 750 元，律师费 6 930 元。

7. 6 月 2 日，专利项目开发成功，结转其开发成本。该项专利预计使用寿命 10 年。

8. 6 月 15 日，向上海土地管理局支付 720 000 元，以取得土地使用权 40 年，在洽购时，支付咨询费、手续费 18 240 元，款项一并签发转账支票支付。

9. 6 月 20 日，与华夏饭店合资经营，华夏饭店以非专利技术作为其投资额，按投资合同约定的 144 000 元入账，该项非专利技术预计使用寿命 8 年。

10. 6 月 30 日，摊销应由本月份负担的专利权、土地使用权和非专利技术费用。

11. 7 月 10 日，将本饭店拥有的另一地块的土地使用权出售给大华公司，取得出售收入 540 000 元，当即收到转账支票存入银行，按出售收入的 5% 计提营业税。该项土地使用权的账面原值为 660 000 元，已摊销了 180 000 元。

12. 7 月 15 日，将一项非专利技术向奉贤饭店投资，账面原值为 145 000 元，已摊销了 36 000 元，按投资合同约定的 120 000 元入账。

13. 7 月 30 日，有一项专营权，账面原值为 120 000 元，已摊销了 40 000 元，因有该项专营权的企业增多，使其盈利能力大幅度下降，预计其未来现金流量的现值为 75 000 元，计提其减值准备。

14. 7 月 31 日，将租入房屋改建为餐厅已竣工，签发转账支票支付佳美装潢公司改建费用 108 000 元。

15. 8 月 31 日，房屋租赁期为 9 年，尚可使用 10 年，摊销应由本月负担的房屋的改建支出。

三、**要求**　编制会计分录。

第五章　旅游经营业务

第一节　旅游经营业务概述

一、旅游经营业务的特殊性

旅游是指外出旅行和游览。旅游经营业务是指旅游企业组织旅游者外出旅游，并同时为其提供餐饮、住宿、交通、购物、导游等各种服务的业务。旅游企业是为旅游者提供服务的中介机构，是以营利为目的从事旅游业务的企业。

旅游企业由于其服务的对象、经营范围和经营项目与其他行业不同，因此具有以下的特殊性。

随着我国人民生活水平的不断提高，旅游者对旅游的要求也越来越高，为了能在旅游市场中占据有利的地位，需要不断地开辟新的旅游景点，拓展旅游项目，合理安排旅游线路和提高旅游企业的服务质量是旅游企业的首要任务，这就形成了旅游经营业务的扩展性和竞争性。

旅游企业的每季旅游线路均要为旅游者配备导游。而旅游企业的旅游业务，有旺季和淡季之分，为了充分利用人力资源，减少旅游业务的成本，旅游企业通常只配备少量的专职导游，大部分导游是业余兼职的。平时他们分散在各自的工作岗位上，当旅游企业组团成功需要导游时，再去聘请，这就形成了旅游经营业务的部分工作人员具有不确定性。

旅游企业通常没有固定的服务设施，其交通运输工具主要依靠航空公司、铁路局、公路运输公司和出租汽车公司，餐饮和住宿依靠宾馆、饭店和餐馆，参观游览则依靠各旅游景点，因此，旅游企业与各有关方面应具有良好的协调性。

总之，旅游企业的服务对象复杂，层次不一，消费水平差异很大，旅游者对旅游企业的要求随着时尚的变化而变化，旅游企业应尽量满足旅游者的需求，不断地提高服务质量，为我国旅游事业的发展作出贡献。

二、旅游企业的分类

（一）按旅游企业的经营业务范围不同分类

旅游企业按其经营业务范围的不同，可分为国际旅游企业和国内旅游企业。国际旅游企业主要经营入境旅游业务、出境旅游业务和国内旅游业务。国内旅游企业主要经营入境旅游业务和国内旅游业务。

（二）按旅游企业为旅游者提供的服务形式不同分类

旅游企业按其为旅游者提供的服务形式的不同，分为组团社和接团社。组团社是指从国内或国外组织旅游团队，为旅游者办理出入境手续、保险，安排游览日程、旅游路线和旅游项目，并选派导游翻译人员随团为旅游者提供服务。接团社是指为旅游者在某一地区提供导游翻译，安排旅游者的参观游览日程，为其订房、订餐及订机票、车票，并为去下一旅游景点做好安排。

　　无论是国际旅游企业，还是国内旅游企业；无论是组团社还是接团社，在开展旅游业务的过程中，必然与提供旅游产品的旅游服务单位、与招集旅游者客源地的旅游企业、与接待旅游者目的地的旅游企业发生费用的结算业务。结算业务按照结算的地区不同，可分为国内结算业务和国际结算业务两类。国内结算业务在第二章第五节结算业务中已作了阐述，不再重复。

第二节　国际结算

一、国际结算概述

　　国际结算是指国际之间由于贸易和非贸易活动所发生的国际货币收支和国际债权债务的结算。

　　按照国际结算的内容不同，可分为贸易结算和非贸易结算两种类型。贸易结算是指一国对外进出口贸易交往所发生的国际货币收支和国际债权债务的结算。非贸易结算是指贸易以外的各种对外结算。如国际资本移动、国际资金借贷、劳务输出、国际旅游、公私事务旅行等国际结算。因此国际旅游所发生的结算系非贸易结算。

　　旅游企业常用的国际结算方式有汇付、托收、信用证和旅行支票四种。

二、汇付结算方式

　　汇付是指汇款人主动将款项交给汇出行，由该汇出行委托收款人所在地的汇入行将款项转交收款人的结算方式。

（一）汇付结算方式的当事人

1. 汇款人

汇款人即付款方。

2. 汇出行

汇出行是指受汇款人的委托将款项付给收款人的银行。

3. 汇入行

汇入行是指受汇出行的委托将款项付给收款人的银行。

4. 收款人

收款人即收款方，也就是受益人。

（二）汇付结算方式的种类

汇付结算方式按采用通知的方式不同可分为以下三类。

1. 电汇

电汇是指汇出行应汇款人的要求以电信方式委托汇入行向收款人付款的结算方式。采用电汇方式，收款人能迅速收取款项，但付款人要承担较多的费用。

2. 信汇

信汇是指汇出行应汇款人的要求以信函方式委托汇入行向收款人付款的结算方式。采用信汇方式，信汇的费用较小，但汇款的速度较慢。

3. 票汇

票汇是指汇款人向汇出行购买银行汇票寄给收款人，由收款人据以向汇票上指定的银行收取款项的结算方式。票汇是以银行即期汇票作为结算工具的。

汇票有单张汇票和复张汇票两种。单张汇票为防止遗失，应双挂号，它通常用于数额较小的汇票；复张汇票有正副两张，如遇汇票迟到或遗失时，可凭副张兑换。因此正、副两张汇票应分别邮寄，它通常用于数额较大的汇票。

（三）汇付结算方式的基本程序

1. 电汇、信汇结算方式的基本程序

（1）汇款人交付款项委托汇款。汇款人根据合同或经济事项将汇款交付汇出行，并填写电汇或信汇申请书，委托汇款行汇出款项。

（2）汇出行接受委托。汇出行接受汇款委托，将电汇或信汇申请书回执退给汇款人。

（3）汇出行通知汇入行付款。汇出行通过电信工具或邮寄信汇委托书，委托汇入行解付汇款。

（4）汇入行通知收款人收取汇款。汇入行收到电信通知或信汇委托书，经审核无误后，将汇款通知单交付收款人。

（5）收款人收取汇款。收款人（收款方）持盖章后的汇款通知单向汇入行收取汇款。

电汇和信汇结算方式的基本程序如图表 5-1 所示。

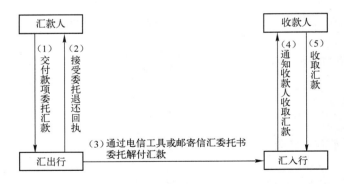

图表 5-1　电汇和信汇结算方式基本程序

2. 票汇结算方式的基本程序

（1）交付款项购买银行汇票。汇款人根据合同或经济事项向汇出行交付款项，购买银行汇票。

（2）交付银行汇票。经汇出行审核无误后，交付汇款人银行汇票。

（3）邮寄银行汇票。汇款人将银行汇票邮寄给收款人（收款方）。

（4）邮寄汇付通知书。汇出行将汇付通知书邮寄给汇入行通知其付款。

（5）凭银行汇票取款。收款人凭银行汇票向汇入行收取汇款。

（6）汇入行解付汇款。经汇入行审核无误后，解付汇款。

票汇结算方式的基本程序如图表 5-2 所示。

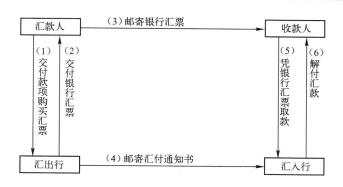

图表5-2　票汇结算方式基本程序

（四）汇付结算方式的特点及适用性

汇付结算方式完全是建立在商业信用基础上的结算方式。交易双方根据合同或经济事项预付服务款（或货款）或者旅游服务完毕（或收到商品）后付款，预付款项的付款方有得不到旅游服务（或收不到商品）的风险；而旅游服务完毕（或收到商品）后付款，则收款方有收不到账款的风险。由于汇付结算方式的风险较大，这种结算方式只有在交易双方高度信任的基础上才适用。此外，结算账款尾差、支付佣金、归还垫款等也可以采用汇付结算方式。

三、托收结算方式

托收是指由委托人（收款人）开立汇票或者连同有关单据，委托托收行通过其在付款人所在地的分行或代理行向债务人（付款人）收取款项的结算方式。

（一）托收结算方式的当事人

1. 委托人

委托人是指开立汇票或连同单据委托银行向付款人办理托收的单位，也就是收款人。

2. 托收行

托收行是指接受委托人的委托，再转托付款人所在地银行办理托收的银行。它通常在委托人所在地。

3. 代收行

代收行是指接受托收行的委托，参与处理托收代向付款人收款的银行。它通常是付款人的当地银行。

4. 付款人

付款人又称受票人，是指根据托收指示被提示单据并被要求付款或承兑汇票的单位。

（二）托收结算方式的种类

托收结算方式按照托收汇票是否附有商业货运单据，可分为光票托收和跟单托收两种。

1. 光票托收

光票托收是指委托人仅开立汇票，而不随附任何商业货运单据，委托银行收取款项的托收方式。在汇票托收时虽附有发票、垫款清单等单据，但不是整套货运单据，这也属于光票托收。

2. 跟单托收

跟单托收是指委托人开立跟单汇票，连同整套货运单据一并交给银行并委托银行收取款项的托收方式。

旅游企业商品交易的业务不多，因此通常采用光票托收。

（三）托收结算方式的基本程序

1. 收款人为付款人提供服务

它是指收款人按合同的要求为付款人提供旅游服务。

2. 开出汇票办理托收

它是指委托人（收款人）开出汇票，填写托收申请书，连同有关单据，一并送交托收行办理托收。

3. 向代收行邮寄即期汇票及有关单据

它是指托收行填制托收委托书，连同汇票及有关单据一并邮寄给代收行。

4. 代收行向付款人提示付款或者提示承兑

它是指代收行收到托收委托书、即期汇票和有关单据后向付款人提示付款。或者是指代收行收到托收委托书、远期汇票和有关单据后向付款人提示承兑。

5. 付款人付款赎单

它是指收到即期汇票的付款人，应立即付清款项，赎取单据；或者是收到远期汇票的付款人等到汇票到期时，付清款项，赎取单据。

6. 汇交托收行已收妥的款项

它是指代收行收取款项后，将款项汇交托收行。

7. 通知款项收妥入账

它是指托收行通知委托人（收款人）款项收妥入账。托收结算方式的基本程序如图表5-3所示。

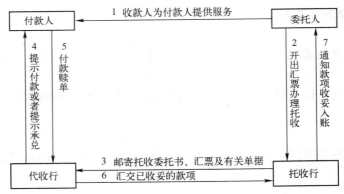

图表5-3　托收结算方式的基本程序

（四）托收结算方式的特点及适用性

托收结算方式手续较简单，银行费用较低，收款方必须先为对方提供旅游服务（或将商品发运）后，才能向银行办理托收。收款较有把握。然而托收毕竟是建立在商业信用基础之上的，如果付款方由于某种原因，不按合同履行付款义务，收款方将蒙受损失。这种结算方式适用于有良好的商业信誉的单位账款结算，以及账款尾差、支付佣金和归还垫款等。

四、信用证结算方式

信用证是指由开证行根据开证申请人（付款人）的要求和指示向受益人（收款人）开

立一定金额的，并在一定期限内凭规定的单据承诺付款的凭证。

（一）信用证结算方式的当事人

1. 开证申请人

开证申请人是指向银行申请开立信用证的单位，也就是付款人。

2. 开证行

开证行是指接受开证申请人的申请，开立并签发信用证的银行。开证行通常在开证申请人的所在地。

3. 通知行

通知行是指收到开证行的信用证，核实其真实性，并通知受益人的银行。通知行通常在受益人的所在地。

4. 受益人

受益人是指信用证的权利拥有者，也就是收款人。

（二）信用证的种类

信用证按是否附有货运单据可分为光票信用证和跟单信用证两种。

1. 光票信用证

光票信用证是指仅凭汇票而不附货运单据的信用证。有的信用证要求出具汇票并附有非货运单据，如发票、垫款清单等，也属于光票信用证。

2. 跟单信用证

跟单信用证是指附有货运单据的汇票或仅凭货运单据付款的信用证。货运单据一般是指代表商品所有权或证明商品已发运的凭证。

（三）信用证结算方式的基本程序

1. 付款人申请开立信用证

它是指付款人向其所在地的银行填写开证申请书，根据贸易合同填写各项规定和要求，并按信用证金额的一定比例交付押金或提供其他保证，请开证行开证。

2. 开证行开立信用证电传通知行

它是指开证行根据申请书的内容，向受益人（收款人）开立信用证，并向付款人收取开证手续费，然后将信用证电传给通知行，请其转递受益人。

3. 通知行将信用证转递受益人

它是指通知行收到信用证，核对印鉴无误后，根据信用证的要求，将信用证转递给受益人（收款人）。

4. 受益人备齐单据委托通知行收款

它是指受益人（收款人）收到信用证，审核其所列条款与贸易合同相符后，按信用证的规定和要求装运商品，并备齐各项单据，签发汇票，连同信用证在有效期内送交通知行委托其收款。

5. 通知行向开证行索取票款

它是指通知行将汇票和全部单据寄往开证行索取票款。

6. 开证行通知付款人付款赎单

它是指开证行收到汇票和全部单据后，应立即通知付款人付款赎单。

7. 付款人付款赎单

它是指付款人收到开证行通知后，付清票款，赎取单据。

8. 开证行向通知行转付票款

它是指开证行将票款支付给通知行。

9. 通知收款人票款入账

它是指通知行收到票款后，通知受益人（收款人）票款已收妥入账。

信用证结算方式的基本程序如图表5-4所示。

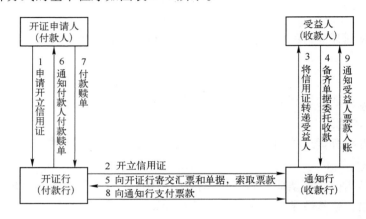

图表5-4　信用证结算方式的基本程序

（四）旅行信用证

旅行信用证是指由银行签发的专供旅游者出国旅行途中支付旅费和杂费的信用证。旅行信用证是一种光票信用证，它的申请人和受益人均是旅游者本人。

旅行信用证的特点是：旅行信用证的正本由受益人自己携带；付款行可以为一个或几个，以便利旅游者；旅行信用证在总金额的范围内，可以一次或多次取款，每次取款后，必须在信用证上予以记录；旅行信用证必须在规定的有效期内使用。

五、旅行支票

旅行支票是指银行或旅游企业为了方便旅游者支付中途旅费而专门发行的一种定额支票。

（一）旅行支票的关系人

1. 出票人

出票人是指发行旅行支票的银行或旅游企业，也就是付款人。

2. 发售人

发信人是指出售或代售旅行支票的银行或旅游企业。

3. 持票人

持票人是指购买或持有旅行支票的旅游者或客户，也就是购票人。

4. 兑付人

总付人是指兑付旅行支票的银行或旅游企业。

5. 受让人

受让人是指为旅游者提供服务，并被旅游者在旅行支票的抬头栏内写上服务单位名称的企业。受让人收到旅行支票背书后，送交兑付人兑现。

（二）旅行支票的特点

旅行支票不但面额固定、兑取方便、携带安全，而且没有指定的付款地点和银行，也不受时间限制，如遇丢失或失窃，还可以挂失，它是国际旅游企业使用最普遍的票据。

（三）旅行支票的兑付

旅行支票有初签和复签两栏内容。初签栏是供持票人在购买旅行支票时，当着发售人的面签字用的。旅游企业在兑付旅行支票时，应查验其护照或身份证件，鉴别旅行支票的真伪，审查是否为可兑付的旅行支票，持票人应在旅行支票指定的复签位置上当面复签，并与初签核对相符后才能兑付。兑付时应将持票人的证件名称、号码抄列在旅行支票上。

兑付旅行支票业务实际上属于买入外币票据业务，届时要填列"外汇兑换水单"，按当日外汇买入汇率折算，并扣收一定比例数额的贴息后，予以兑付。

兑付后的旅行支票在票面上加盖横线章，并在背面进行背书后，可以向国外出票人办理托收。

第三节　旅游经营业务收入

一、旅游产品销售价格的确定

旅游经营业务收入是旅游企业为旅游者提供服务所取得的收入，制定合理的旅游产品价格是维持企业生存和发展、提高企业竞争力的关键。由于旅游景点、旅游天数、提供的膳食标准、住宿、交通工具的不同，其价格也不同。旅游企业旅游产品的销售价格是由购入成本和利润两个部分组成的，通常根据购入成本乘以外加毛利率来确定。虽然旅游产品的品种繁多，但其销售价格主要有以下三种。

（一）组团包价

组团包价是指由组团社根据成团人数、等级、路线、时间和提供服务的质量等制定的价格。它通常包括下列七项内容。

1. 综合服务费

综合服务费包括全程陪同费、翻译导游费、领队减免费、手续费和杂费。

（1）全程陪同费。它是指全程陪同导游的公差费和劳务费。全陪公差费是指导游用于全陪期内的城市间的交通费、住宿费和用餐费。

（2）翻译导游费。它是指地方翻译、导游的陪同劳务费。

（3）领队减免费。它是指集体报名[1]参加旅游的人员达到一定人数后，对其中1人或若干人给予综合服务费、住宿费、餐费等部分费用的减免。

（4）手续费。它是指组团社和接团社的手续费，即它们的毛利。

（5）杂费。它是指不属于上四项内容的其他服务费用，如行李搬提费、途中饮料等费用。

2. 住宿费

信宿费是指旅游企业根据接待计划为旅游者安排住宿所收取的费用。

---

[1]　包括组团社为接团社组织的人员。

3. 餐费

餐费是指旅游企业为旅游者提供用餐所收取的费用。

4. 车费

车费是指旅游企业为旅游者提供服务而发生的市内交通费、停车费。

5. 文娱活动费

文娱活动费是指旅游企业为旅游者安排文化、娱乐等项目活动而收取的手续费和门票费。

6. 城市间交通费

城市间交通费是指旅游企业为旅游者在城市之间往返订购的机票、火车票、船票和汽车票的费用。

7. 专项附加费

专项附加费包括游江游湖费、特殊游览点门票费、风味餐费、专业活动费、保险费等费用。

（二）半包价

半包价是指不含午餐、晚餐费用的综合包价。

（三）小包价

小包价又称选择性旅游，它是指仅包括住宿费、早餐费、接送服务费、国内城市间交通费及手续费。

二、旅游经营业务收入的内容及分类

旅游企业的经营业务收入按其为旅游者提供服务形式的不同可分为以下七类。

1. 组团外联收入

组团外联收入是指旅游企业自组外联而收取的旅游者的住宿费、用餐费、交通费、文娱活动费等收入。

2. 综合服务收入

综合服务收入是指接团社向旅游者收取的包括市内交通费、导游翻译费、住宿费、用餐费、文娱活动费、杂费等费用在内的、向组团社收取的服务费。

3. 零星服务收入

零星服务收入是指旅游企业承接零星散客旅游或承办委托服务事项所取得的收入，包括委托收入、导游接送收入、车费收入、托运服务费收入等。

4. 劳务收入

劳务收入是指旅游企业向其他旅游企业提供当地或全程导游翻译人员所取得的收入。

5. 票务收入

票务收入是指旅游企业代办国际联运客票和国内客票的手续费收入。

6. 地游及加项收入

地游及加项收入是指旅游企业接待旅游者某地一日、二日游的小包价和为旅游者提供的额外服务而取得的加项收入。

7. 其他服务收入

其他服务收入是指不属于以上各项的服务收入。

三、旅游经营业务收入的确认

旅游经营业务收入系劳务收入，在通常情况下，应在劳务完成时，即旅游团队旅游结束返回时确认旅游经营业务收入的实现。

但是，如果旅游团的旅游开始和结束分属不同的会计年度，根据《企业会计准则》的规定，企业在资产负债表日提供劳务交易的结果能够可靠估计的，应当采用完工百分比法确认提供的劳务收入。

完工百分比法是指按照提供劳务交易的完工进度确认收入与费用的方法。提供劳务交易的结果能够可靠估计，是指同时满足下列四个条件：①收入的金额能够可靠地计量；②相关的经济利益很可能流入企业；③交易的完工进度能够可靠地确定；④交易中已发生和将发生的成本能够可靠地计量。

旅游企业确定提供劳务交易的完工进度，主要选用下列两种方法：①已经提供的劳务占应提供劳务总量的比例；②已经发生的成本占估计总成本的比例。

旅游企业应当按照从接受劳务方已收或应收的合同或协议价款确定提供劳务收入总额，但已收或应收的合同或协议价款不公允的除外。

【例5-1】　环球旅游公司组织一个24人的旅游团去美国旅游15天，旅游日程为2012年12月22日至2013年1月5日，已按旅游合同向旅游者收取528 000元，按提供的劳务占应提供劳务总量的比例，分别确认该旅游公司应列入2012年和2013年的经营业务收入如下：

$$2012 年的经营业务收入 = \frac{528\,000}{15} \times 10 = 352\,000 （元）$$

$$2013 年的经营业务收入 = \frac{528\,000}{15} \times 5 = 176\,000 （元）$$

四、旅游经营业务收入的核算

（一）组团社经营业务收入的核算

组团社经营业务收入是指组团社根据组团报价为旅游者提供服务所取得的收入。

1. 组织国内旅游者出境游及国内游的核算

组团社组织国内旅游者出境游及国内游，除了旅游目的地在该社附近地区的1、2日游，旅游企业可以独立完成外，通常需要当地的旅游企业即接团社的配合。组团社的业务程序是：由外联部与境外或国内的接团社签订组团合同，确定接待人数及吃、住、行、游的有关价格和标准，并根据境外或国内接团社的报价，外加相应的毛利后，制定出境游或国内游的销售价格，然后吸收旅游者的个人报名和企业单位的集体报名，报名时应出示身份证件，组团社当即填制发票，收取全部旅游款，并与旅游者签订旅游合同，然后根据组团的情况，由外联部与旅游目的地的接团社签订接团协议，确定接待的人数、日期、等级、内容、价格和结算方式，在旅游团旅游结束后，凭接团社填制的旅游团费用结算通知单结算账款。

当组团社向旅游者预收旅游款时，借记"库存现金"或"银行存款"账户；贷记"预收账款"账户。当旅游团旅游结束返回时，借记"预收账款"账户；贷记"主营业务收入"账户。

【例5-2】　星辰国际旅游公司与英国伦敦旅游公司签订组团合同，由英国伦敦旅游公司承办A1715团25人9月21日至27日赴英国7日游事宜，伦敦旅游公司报价每人860英镑（不含中英往返机票款），当日英镑的中间汇率为 9.25，外加 20% 毛利，中英往返票价为 5454 元，确定该旅游项目的销售价格为每人 15 000 元。

（1）9 月 12 日，陆续收到 25 名赴英国旅游者付来现金 375 000 元，存入银行作分录如下：

借：库存现金	375 000.00
贷：预收账款	375 000.00

（2）9 月 27 日，A1715 旅游团游程结束，安全返回，确认已实现的旅游经营业务收入，作分录如下：

借：预收账数	375 000.00
贷：主营业务收入——组团外联收入	375 000.00

如果旅游者与组团社签订了旅游合同，并预付了旅游款后，因故而要求退出旅游团时，旅游者将要按合同规定承担一定数额的手续费，组团社收取的手续费，也列入"主营业务收入"账户。

【例 5-3】 顺风旅游公司组织的 B734 旅游团 4 月 5 日去北京旅游，4 月 1 日旅游者江锋先生等 4 人因故要求退出旅游团，查这 4 人已经预付了旅游款 6 000 元，按旅游合同规定扣除 10% 手续费后，以现金退还其剩余的预交旅游款，作分录如下：

借：预收账款	6 000.00
贷：主营业务收入——其他收入	600.00
贷：库存现金	5 400.00

"预收账款"是负债类账户，用以核算企业按照合同规定预收的款项。企业按照合同规定向购货单位或接受劳务单位预收款项时，记入贷方；企业向购货单位交付商品或接受劳务单位提供劳务后转销预收时，记入借方；期末余额在贷方，表示企业已经预收的款项。该账户一般按购货单位或接受劳务单位名称进行明细分类核算。

2. 组织国外旅游者入境游的核算

组团社组织国外旅游者入境旅游的业务程序通常是：先由外联部与客源地旅游公司签订组团协议，确定接待人数、时间、等级、内容、价格等，然后给有关接待单位或部门下达接待计划，根据各接待单位或部门填报的"旅行团费用拨款结算通知单"拨付款项，并根据客源地旅游企业确认的函电和接待计划及审核的"旅行团费用拨款结算通知单"填制的结算账单，及时向客源地旅游企业收款。

【例 5-4】 中国环球旅游公司与美国迪克森旅游公司签订协议，由中国环球旅游公司承办该社组织的 A1928 团 30 人 4 月 6 日至 15 日来华旅游事宜。按协议规定该团应在入境前预付旅费 30 000 美元的 60%。

（1）4 月 3 日，收到美国迪克森旅游公司电汇的 A1928 团的旅游费 18 000 美元，当日美元的中间汇率为 6.15，作分录如下：

借：银行存款——美元户（18 000×6.15）	110 700.00
贷：预收账款——美国迪克森旅游公司	110 700.00

（2）4 月 16 日，A1928 团的游程结束，已离境回国。外联部门根据各接团社填报的"结算通知单"及有关资料进行审核，经审核无误后，确认实现经营业务收入 184 500 元，当即填制结算账单如图表 5-5 所示。

图表5-5

环球国际旅游公司结算账单
GLOBAL TRAVEL SERVICE SETTLEMENT ACCOUNT

致：迪克森旅游公司 TO：	填发日期 Date：2013.4.16	编号： NO.：126

国别/地区　　美　国 Country/Area　　U. S. A	旅游人数 Number of tourists：30
旅行团（者）名称 Name of group or tourist A1928	旅游等级 Tour class
	旅游起讫日期 Tour period：2010.4.6～15

费用内容 Items	金额/美元 Amount（in USD）
1. 综合服务费 Full package service charge	USD 8 690
2. 住宿费 Hotel room charge	USD 9 800
3. 餐费 Meal charges	USD 4 460
4. 城市间交通费 Fare of domestic transportation between cities	USD 7 050
应付我公司总额 The Sum Otal payable to G. T. S.	USD 30 000
已收到 Payment received	USD 18 000
尚须付款 Balance to paid	USD 12 000
备注 Remarks	
银行账号及开户银行 Bank Account Number：	Global travel service Bank of China Hangzhou Branch

根据结算账单开出汇票12 000美元，并填写托收申请书，连同汇票、结算账单一并送交银行，办妥向对方托收账款的手续，当日美元的中间汇率为6.15，作分录如下：

借：预收账款——美国迪克森旅游公司（18 000×6.15）　　　　　110 700.00
借：应收账款——美国迪克森旅游公司（12 000×6.15）　　　　　 73 800.00
　贷：主营业务收入——组团外联收入　　　　　　　　　　　　　184 500.00

（3）4月26日，收到银行转来的美国迪克森旅游公司结欠的A1928团的其余40%的旅游费12 000美元，当日美元的中间汇率为6.14，作分录如下：

借：银行存款——美元户（12 000×6.14）　　　　　　　　　　 73 680.00
借：财务费用——汇兑损失　　　　　　　　　　　　　　　　　　 120.00
　贷：应收账款——美国迪克森旅游公司（10 800×6.82）　　　　 73 800.00

"应收账款"是资产类账户，用以核算企业因销售商品、提供劳务等经营活动应收取的款项。企业经营收入发生应收款项时，记入借方；企业收回应收款项和发生经确认的坏账损失转账时，记入贷方；期末余额在借方，表示企业尚未收回应收款项的数额。

如果组团社组织的旅游团的旅游开始和结束分属不同的会计年度，就应当采用完工的百分比，并按照提供劳务交易的完工进度，确认本年度的经营业务收入，届时借记"预收账款"账户；贷记"主营业务收入"账户。

（二）接团社经营业务收入的核算

接团社的经营业务收入是根据组团社下达的接待计划，为旅游者提供服务，应向组团社收取的款项。

接团社的业务程序是：根据组团社发来的接待计划，制订当地的接待计划，打印出日程表，分发到当地的宾馆、交通部门、旅游景点等接待单位；结合各旅游团的不同特点和要求，配备合适的全陪和地陪；旅游团离开当地后，根据陪同人员填写的"旅游团费用结算报告表"，编制"旅游团费用拨款结算通知单"报组团社办理款项结算。旅游团费用拨款结算通知单如图表 5-6 所示。

接团社一般以向组团社发出"旅游团费用拨款结算通知单"时确认经营业务收入的实现。届时据以借记"应收账款"账户、贷记"主营业务收入"账户。

图表 5-6

旅游团费用拨款结算通知单
2013 年 4 月 10 日

计划号	669	国别	美国	旅游公司名称	迪克森	人数	30
旅游团名		A1928		旅游团类型			
旅游等级				全陪姓名			
旅游者到离时间		4 月 10 日 11：30 乘 976 次车到用午餐至 4 月 13 日 13：30 用午餐后乘 CA326 航班离开					

项 目			拨款结算			
			天数	单价	人数	金额
旅游团综合服务费		综合服务费	3	120	30	3 600
		住宿费	3	440/2①	30	19 800
		午餐费	4（次）	450/10②	30	5 400
		晚餐费	3（次）	450/10②	30	4 050
		派出全程陪同劳务费				600
	计划内加拨款	游江费		50	30	1 500
		风味费（次数）	1	60	30	1 800
		特殊门票费				
		附加费	（次）			
		其他				585
	旅行团综合服务费合计					37 335

---

① 双人房 2 人一间。

② 午餐、晚餐 30 人分 3 桌。

续表

旅游者到离时间	4月10日11：30乘976次车到用午餐至4月13日13：30用午餐后乘CA326航班离开				
旅游者交通费	乘飞机去西安		400	30	12 000
	行李托运费				
全程陪同费用	交通费	乘飞机去西安			400
	共餐费	7（次）		45	315
	住宿费		3	250	750
	全程陪同费用合计				1465
拨款结算总计					50 800

对于业务量较多的旅游企业，为了简化核算手续，可以将"旅游团费用拨款结算通知单"定期予以汇总，编制"旅游费用汇总表"进行核算。

【例5-5】　飞马旅游公司根据各组团社4月上旬的旅游费用拨款结算通知单编制的"旅游费用汇总表"如图表5-7所示。

图表5-7

旅游费用汇总表

2013年4月1—10日　　　　　　　　　　单位：元

项　目	金　额		
	团　体	其　他	合　计
综合服务费	16 400	1 600	18 000
住宿费	89 600	9 000	98 600
午餐、晚餐费	42 550	4 650	47 200
机、车、船票费	54 000	6 000	60 000
行李托运费	520		520
全程交通费	1 080	120	1 200
游江费	7 200	300	7 500
地方风味费	8 100	720	8 820
全程陪同费用	6 580	680	7 260
合计	226 030	23 070	249 100

（1）4月10日，根据旅游费用汇总表，作分录如下：

借：应收账款——各组团社　　　　　　　　　　　　249 100.00
　　贷：主营业务收入——综合服务收入①　　　　　　　　164 320.00

_____

① 包括综合服务费、住宿费、午餐、晚餐费和行李托运费。

　　　　贷：主营业务收入——劳务收入　　　　　　　　　　　　　　　　7 260.00

　　　　贷：主营业务收入——地游及加项收入①　　　　　　　　　　　16 320.00

　　　　贷：主营业务收入——城市间交通费②　　　　　　　　　　　　61 200.00

（2）4 月 15 日，收到各组团社拨来的账款，作分录如下：

　　借：银行存款　　　　　　　　　　　　　　　　　　　　　　　249 100.00

　　　　贷：应收账款——各组团社　　　　　　　　　　　　　　　249 100.00

"主营业务收入"是损益类账户，用以核算企业确认的销售商品、提供劳务等主营业务收入。企业实现主营业务收入时，记入贷方；企业冲减主营业务收入和期末将余额结转"本年利润"账户时，记入借方。"主营业务收入"账户可根据管理上的需要采用不同的方法设置二级明细账户。

第四节　旅游经营业务成本

一、旅游经营业务成本的内容及分类

　　旅游企业为旅游者提供服务的过程中会发生各种直接费用，这些直接费用构成了旅游经营业务成本。按直接费用的内容不同，可分为以下七个大类。

　　1. 组团外联成本

　　组团外联成本是指各组团社组织的外联团、外国旅游团，按规定开支的住宿费、餐饮费、综合服务费、国内城市间交通费等。

　　2. 综合服务成本

　　综合服务成本是指接待由组团社组织的包价旅游团（者），按规定开支的住宿费、餐饮费、车费、组团费和接团费等。

　　3. 零星服务成本

　　零星服务成本是指接待零星散客，委托代办事项等，按规定开支的委托费、手续费、导游接送费、车费、托运服务费及其他支出。

　　4. 劳务成本

　　劳务成本是指非组团旅游公司为组团社派出的翻译导游人员参加全程陪同，按规定开支的各项费用。

　　5. 票务成本

　　票务成本是指各地旅游企业代办国际联运客票和国内客票等，按规定开支的各项手续费、退票费等。

　　6. 地游及加项成本

　　地游及加项成本是指各地旅游企业接待的小包价旅游，或因游客要求增加游览项目而按规定开支的综合服务费、超公里费、游江费和风味费等。

　　7. 其他服务成本

　　其他服务成本是指不属于以上各项成本的支出。

---

　　①　包括游江费和地方风味费。

　　②　包括机、车、船票费和全程交通费。

二、旅游经营业务成本的核算

（一）组团社经营业务成本的核算

接团社和组团社的成本和收入有着紧密的联系，组团社的拨付成本就是接团社的营业收入。组团社的经营业务成本由两个部分构成：一部分是拨付支出，即拨付给接团社的综合服务费、住宿费、餐费、车费等支出，属于代收代付；另一部分是为组团而发生的外联费用和全陪人员的部分费用支出，属于组团社的服务性支出。

组团社开展出境游经营业务，通常先按合同规定的比例预付境外旅行社部分旅游费。等旅游结束后，确认旅游经营业务收入的同时，确认旅游经营业务成本。届时，再汇付剩余的旅游费。

【例5-6】　星辰国际旅游公司与英国伦敦旅游公司签订组团合同，由英国伦敦旅游公司承办A1715团25人9月21日至27日赴英国7日游事宜，应付其在美国境内旅游费21 500英镑。

（1）9月15日，向东方航空公司购买A1715旅游团往返中英的机票263张，计141 804元，票款当即签发转账支票支付，作分录如下：

借：主营业务成本　　　　　　　　　　　　　　　　　141 804.00
　　贷：银行存款　　　　　　　　　　　　　　　　　　　141 804.00

（2）9月18日，向银行购汇8 600英镑汇付英国伦敦旅游公司旅游费的40%，当日英镑卖出汇率为9.27，作分录如下：

借：预付账款——英国伦敦旅游公司（£8 600×9.27）　　79 722.00
　　贷：银行存款　　　　　　　　　　　　　　　　　　　79 722.00

（3）9月27日，A1715旅游团游程结束，安全返回，确认已发生的旅游经营业务成本，并向银行购汇12 900英镑，汇付英国伦敦旅游公司其余60%的旅游费，当日英镑的卖出汇率为9.26，作分录如下：

借：主营业务成本　　　　　　　　　　　　　　　　　199 176.00
　　贷：预付账款　　　　　　　　　　　　　　　　　　　79 722.00
　　贷：银行存款（£12 900×9.26）　　　　　　　　　　119 454.00

组团社除出境游外，通常是先收费后接待，接团社则是先接待后向组团社收费，这样，两者之间就形成了一个结算期。这种结算期经常是跨月的，这给旅游企业准确、及时地核算带来了困难。为了使实现营业收入能与营业成本相配比，应按计划成本先行结转。

【例5-7】　浦江旅游公司（组团社）到了规定的4月30日结算日，仍没接到广州珠江旅行社（接团社）报来的"旅游团费用拨款结算通知单"。

（1）4月30日，按计划成本38 500元入账，其中：综合服务成本32 860元，劳务成本2 440元，地游及加项成本2 720元，其他成本480元，作分录如下：

借：主营业务成本——综合服务成本　　　　　　　　　32 860.00
借：主营业务成本——劳务成本　　　　　　　　　　　2 440.00
借：主营业务成本——地游及加项成本　　　　　　　　2 720.00
借：主营业务成本——其他服务成本　　　　　　　　　480.00
　　贷：应付账款——广州珠江旅行社　　　　　　　　　38 500.00

（2）5月2日，接到广州珠江旅行社（接团社）报来"旅游团费用拨款结算通知单"，共计金额 38 730 元，其中：综合服务费 33 180 元，全程陪同劳务费 2 440 元，地游及加项费 2 660 元和其他费用 450 元，经审核无误，当即将账款汇付对方，作分录如下：

借：主营业务成本——综合服务成本	320.00
借：主营业务成本——地游及加项成本	60.00
借：主营业务成本——其他成本	30.00
借：应付账款——广州珠江旅行社	38 500.00
贷：银行存款	38 730.00

如果组团社组织的旅游团和旅游开始和结束分属不同的会计年度，不仅要采用完工百分比法确认本年度的经营业务收入，同时，还应按照计划成本确认其本年度的经营业务成本。届时据以借记"主营业务成本"账户；贷记"应付账款"账户。

【例5-8】　环球旅游公司组织一个 24 人的 C2345 旅游团去美国旅游 15 天，旅游日程为 2012 年 12 月 22 日至 2013 年 1 月 5 日，该旅游团的计划成本为 475 200 元，确认本年度的经营业务成本，作分录如下：

借：主营业务成本	316 800
贷：应付账款	316 800

"应付账款"是负债类账户，用以核算企业因购买原材料、商品和接受劳务供应等应付给供货单位的款项。企业购入原材料、商品等已验收入库及已接受劳务供应，而账款尚未支付时，记入贷方；企业偿还账款时，记入借方；期末余额在贷方，表示企业尚未偿还的应付款项。

（二）接团社经营业务成本的核算

接团社经营业务成本是指为了给旅游团提供服务而由各宾馆、饭店、餐馆、车队等接待单位发生的实际支出，这些支出是付给各种接待单位的。一家接待单位有可能为不同旅游团提供相同的服务。因此接团社在与各接待单位办理结算时，要按成本的核算对象加以归集，记入成本明细账。

【例5-9】　4 月 15 日，成都旅游公司在接待湖滨旅游公司过程中，支付宾馆的住宿费 21 000 元，餐饮费 8 600 元，风味小吃费 1 080 元；支付全程陪同费 960 元。作分录如下：

借：主营业务成本——湖滨旅游公司——综合服务成本	29 600.00
借：主营业务成本——湖滨旅游公司——劳务成本	960.00
借：主营业务成本——湖滨旅游公司——地游及加项成本	1 080.00
贷：银行存款	31 640.00

同样，各接待单位是先提供服务，后与接团社办理结算，因此对于结算期较长的款项，接团社也应当按计划成本入账，具体核算方法与组团社相同，不再重述。

"主营业务成本"是损益类账户，用以核算企业确认销售商品、提供劳务等主营业务时应结转的成本。企业确认应结转的主营业务成本时，记入借方；期末将其余额结转"本年利润"账户时，记入贷方。"主营业务成本"账户应设置与"主营业务收入"账户相对应的二级明细账户。

练 习 题

一、简答题

1. 试述旅游经营业务的特殊性。

2. 什么是汇付？它可分为哪几类？

3. 什么是旅行支票？它有哪些特点？

4. 旅游企业旅游产品的销售价格有哪几种？

5. 旅游企业的经营业务收入有哪些内容？

6. 接团社的经营业务收入和组团社的经营业务成本之间有何关系？为什么？

7. 旅游企业接团社成本和组团社成本的核算有哪些不同？

二、名词解释题

旅游经营业务　组团社　接团社　国际结算　托收　旅行信用证　组团包价　组团对联收入　完工百分比法　综合服务成本

三、是非题

1. 国际旅游企业主要经营入境旅游业务和出境旅游业务；国内旅游企业主要经营国内旅游业务。（　　）

2. 采用汇付结算方式，预付款项的付款方有得不到旅游服务（或收不到商品）的风险；而旅游服务完毕（或交付商品）后付款，则收款方有收不到账款的风险。（　　）

3. 托收结算方式具有手续较简单、银行费用低，但收款有风险的特点。（　　）

4. 半包价是指不包含午餐、晚餐费用的综合包价。（　　）

5. 劳务收入是指旅游公司向其他旅游公司提供当地导游翻译人员所取得的收入。（　　）

6. 旅游经营业务收入，在通常情况下，只有在旅游团队旅游结束返回时才能确认。（　　）

7. 接团社一般规定先收款，后接待的原则。（　　）

四、单项选择题

1. _____的申请人和受益人均是旅游者本人。

　A. 汇付　　　　　　　B. 托收　　　　　　　C. 旅行信用证　　　　D. 旅行支票

2. _____是指非组团旅游公司为组团社派出的翻译导游人员参加全程陪同，按规定开支的各项费用。

　A. 综合服务成本　　　B. 劳务成本　　　　　C. 零星服务成本　　　D. 其他服务成本

五、多项选择题

1. 按照旅游企业经营业务的范围不同，可分为_____。

　A. 国际旅游企业　　　B. 国内旅游企业　　　C. 组团社　　　　　　D. 接团社

2. 旅游企业常用的国际结算方式有汇付、_____。

　A. 托收　　　　　　　B. 信用证　　　　　　C. 票汇　　　　　　　D. 旅行支票

六、实务题

习题一

一、**目的**　练习旅游企业经营业务收入的确认。

二、**资料**　天华旅游公司组织一个30人的旅游团去美国旅游14天，旅游日程为2012年12月24日至2013年1月6日，已按旅游合同向旅游者收取616 000元。

三、**要求**　按提供的劳务占应提供劳务总量的比例，分别确认该旅游团应列入2012年和2013年的经营业务收入。

习题二

一、**目的**　练习旅游企业经营业务收入的核算。

二、资料

（一）广州国际旅游公司系组团社，与美国纽约旅游公司签订组团合同，由其承办赴美国 10 日游项目，报价每人 2 000 美元（不含中美往返机票款），当日美元中间汇率为 6.15，外加 20% 毛利，中美往返机票价为 6 100 元，确定该旅游项目的销售价格为每人 20 860 元。2013 年 12 月份发生下列有关的经济业务。

1. 5 日，A1878 旅游团本月 12 日赴美国 10 日游，陆续收取 30 名赴美国旅游者付来现金 625 800 元，存入银行。

2. 12 日，公司组织的 B756 旅游团本月 18 日去新疆旅游，陆续收取 36 人的旅游费，每人 7 500 元，计 270 000 元，存入银行。

3. 15 日，王毅先生等 3 人因故要求退出旅游团，今按合同规定扣除其预付旅费 10% 的手续费后，以现金退还其剩余的款项。

4. 20 日，A1879 旅游团本月 26 日赴美国 10 日游，陆续收取 20 名旅游者付来现金 417 200 元，存入银行。

5. 21 日，A1878 旅游团游程结束，安全返回，确认已实现的旅游经营业务收入。

6. 30 日，B756 旅游团返回，确认已实现的经营业务收入。

7. 31 日，按提供劳务与应提供劳务总量的比例，确认本月 26 日出发的 A1879 旅游团本年度实现的经营业务收入。

（二）杭州国际旅游公司委托美国洛杉矶旅游公司组团来我国杭州旅游。4 月份发生下列有关的经济业务。

1. 5 日，洛杉矶旅游公司组成了 C1525 旅游团共 25 人，旅游日程为 10 天，共计旅游费 40 000 美元，旅游协议规定在旅游者入境前要预付旅游费的 40%，今收到该旅游公司电汇的 16 000 美元，存入银行，当日美元的中间汇率为 6.15。

2. 18 日，洛杉矶旅游公司的 C1525 旅游团的游程结束，已离境回国。外联部门根据各接团社报送的结算通知单，经审核无误后，填制"结算账单"计金额 40 000 美元，并填写托收申请书，办妥向对方托收账款的手续，当日美元的中间汇率为 6.15。

3. 25 日，收到银行转来美国洛杉矶旅游公司结欠的其余 60% 的旅游费 24 000 美元，当日美元的中间汇率为 6.14。

（三）天盛旅游公司系接团社，根据各组团社 4 月中旬的"旅游团费用拨款结算通知单"编制"旅游费用汇总表"如图表 5-8 所示。

图表 5-8

旅游费用汇总表

2010 年 4 月 11—20 日

项 目	金 额		
	团 体	其 他	合 计
综合服务费	18 100	1 760	19 860
住宿费	96 500	9 500	106 000
午餐、晚餐费	45 700	4 920	50 620
机、车、船票费	59 400	6 600	66 000
行李托运费	560		560
全程交通费	1 180	125	1 305
游江费	7 560	315	7 875
地方风味费	8 610	750	9 360
全程陪同费	7 120	630	7 750
合 计	244 730	24 600	269 330

三、**要求**　编制会计分录。

习题三

一、**目的**　练习旅游企业经营业务成本的核算。

二、**资料**

（一）广州国际旅游公司系组团社，与美国组织旅游公司签订组团合同，由其承办赴美国 10 日游事宜，报价每人 2 000 美元（不含中美往返机票款），合同规定，在旅游团出发前 3 日预付旅游费的 45%，现发生下列有关的经济业务。

1. 12 月 7 日，向南方航空公司购买 A1878 旅游团赴美国旅游的中美往返机票款 31 张，每张 6 100 元，计 189 100 元，票款签发转账支票付讫。

2. 12 月 9 日，向银行购汇 27 000 美元汇付美国纽约旅游公司 45% 的旅游费，当日美元卖出汇率为 6.17。

3. 12 月 16 日，签发转账支票 49 500 元给广州铁路局，系支付 B756 旅游团车票款。

4. 12 月 21 日，A1878 旅游团游程结束，安全返回，确认已发出的旅游经营业务成本，并向银行购汇 33 000 美元，汇付美国纽约旅游公司其余 55% 的旅游费，当日美元卖出汇率为 6.16。

5. 12 月 22 日，向南方航空公司购买 A1879 旅游团赴美国旅游的中美往返机票 21 张，每张 6 080 元，计 127 680 元，票款签发转账支票付讫。

6. 12 月 23 日，向银行购汇 18 000 美元，汇付美国纽约旅游公司 20 名旅游者 45% 的旅游费，当日美元的卖出汇率为 6.17。

7. 12 月 31 日，本月 30 日返回的 B756 旅游团已到规定的结算日，仍没有接到新疆旅游公司（接团社）报来的"旅游团费用拨款结算通知单"，现按计划成本 173 000 元入账，其中：综合服务成本 150 000 元，劳务成本 11 560 元，地游及加项成本 9 080 元，其他服务成本 2 360 元。

8. 12 月 31 日，本月 26 日出发去美国旅游 10 日的 A1879 旅游团，其计划旅游成本为 373 800 元，按提供劳务与应提供劳务总量的比例，确认该旅游团本年度发生的经营业务成本。

9. 次年 1 月 2 日，接到新疆旅游公司报来的"旅游团费用拨款结算通知单"共计金额 173 120 元，其中：综合服务成本 149 960 元，劳务成本 11 600 元，地游及加项成本 9 300 元，其他服务成本 2 260 元，经审核无误，账款当即全部汇付对方。

（二）新疆旅游公司系接团社，发生下列有关的经济业务。

12 月 30 日，在接待广州国际旅游公司 B756 旅游团的过程中，共支出 150 380 元。其中：支付宾馆住宿费 61 200 元，餐饮费 27 800 元，车费 30 400 元，风味小吃费 7 800 元，综合服务费 19 800 元，全程陪同费 3 380 元，款项一并以银行存款支付。

三、**要求**　编制会计分录。

第六章　餐饮经营业务

第一节　餐饮经营业务概述

一、餐饮企业的经营特点

餐饮企业是指从事加工烹制餐饮制品，即供应给消费者食用和饮用的企业，经营餐饮业务的企业有宾馆、饭店、酒店、餐厅、面包房、面馆、小吃店等，它是一个分布面广、影响面大，涉及千家万户的行业。餐饮企业销售的产品大多是自己加工烹制的，现制现售，对卫生的要求极高，稍有不慎，会直接影响到消费者的身体健康。因此，餐饮企业的营业和制作场所的卫生条件及从业人员的身体状况均要达到国家规定的标准。

餐饮企业与工业企业和商品流通企业相比较，具有以下三个特点。

（一）餐饮企业类似于工业企业又不同于工业企业

餐饮企业经营的餐饮制品虽然要经过生产过程，但是餐饮企业既类似于工业企业，又不同于工业企业，主要表现在：①工业企业生产的产品通常不直接与消费者见面，而餐饮制品则是产销直接见面；②工业企业的产品是成批、大量生产的，其机械化、电气化、自动化的程度很高，而餐饮制品则是单件、小批生产的，且主要是手工操作，对制作者的技艺有较高的要求。

（二）餐饮企业类似于商业零售企业又不同于商业零售企业

餐饮企业将生产的餐饮制品直接出售给消费者，具有商业零售企业的性质，但是又不同于商业零售企业，主要表现在：①商业零售企业是将购进的商品转售给消费者，而餐饮企业当场制作和销售的是能够直接食用和饮用的餐饮制品，对其质量标准的技艺要求复杂；②商业零售企业仅需为消费者提供商品，而餐饮企业除了要提供餐饮制品外，还要为消费者提供消费餐饮制品的场所。

（三）餐饮企业具有服务企业的特征

餐饮企业除了为消费者提供餐饮制品外，还需要为消费者提供优质的服务，而且随着人民生活水平的提高，服务的规格正在向规范化，高档化迈进。

由此可见，餐饮企业具有生产、零售和服务三种功能，但与工业企业、商业零售企业和服务企业有着明显的区别。

二、餐饮企业会计核算的特点

由于餐饮企业具有它独自的经营特点，因此其在会计核算上也具有与生产企业、零售企业和服务企业不同的特点。餐饮企业餐饮制品的价格，一般要求根据配料定额成本和规定的毛利率，自行制定价格，并且，随着季节的变化、采购成本的不同，同一品种不同时令价格变化也较大；餐饮制品质量、规格复杂，技艺要求不一，不能像工业企业那样，按产品逐次逐件进行完整的成本计算；另外，由于产销直接见面，餐饮制品生产周期短，其生产成本主要是原材料，而且生产成本与销售费用难以划分清楚，因此不要求掌握每种产品成本，通常只核算经营单位或经营类别耗用的原材料成本及经营业务收入和各项费用支出；餐饮企业经营过程短，投入产出快，产品一般不需要入库管理，因此，资金周转也快。餐饮企业的经营业务收入大多是一手钱、一手货的现金收入和使用信用卡刷卡消费收入，这样就形成了对餐饮企业核算上的特殊要求。

第二节　餐饮制品的原材料

一、原材料的分类

餐饮企业的原材料可以按不同的标准分类，现分别予以阐述。

（一）按原材料在餐饮制品中所起的作用分类

按原材料在餐饮制品中所起的作用不同，可分为粮食类、副食类、干货类和其他类。

1. 粮食类

粮食类是指制作主食品的大米、面粉和杂粮等原材料。

2. 副食类

副食类是指肉、禽、蛋、水产、豆制品及各种时令蔬菜等原材料。副食类的品种繁多，价格高低悬殊。由于副食类材料属鲜活商品，容易变质，应做到随时采购，随时消耗。

3. 干货类

干货类是指干鱼翅、干海参、干贝、木耳、香菇、贡菜、发菜、红枣、听装食品等。它们一般不易变质，可以储存，采购时可适当考虑一定的库存。

4. 其他类

其他类是指除粮食类、副食类、干货类以外的各种材料，如食油、食盐、酱、醋、酒、糖、鸡精、香料等。

（二）按原材料的存放地点分类

原材料按其存放地点不同，可分为入库管理和不入库管理。

1. 入库管理

入库管理适用于购进数量多、能较长时间储存的原材料。例如，粮食类、干货类和其他类材料。在购进时应办理验收入库的手续，由专人保管，设置原材料明细账，建立领料制度，保持合理的储备数量。

2. 不入库管理

不入库管理适用于购进量少，且不能长时间储存的原材料，如副食类鲜活商品。采取随购随用，购入时直接交厨房验收后使用。

二、原材料的计价

为了正确地核算原材料的成本，必须对原材料进行合理的计价，原材料的计价分外购原材料的计价和自制原材料的计价两种。

1. 外购原材料成本

外购原材料成本由含税价格和采购费用两个部分组成。具体内容在第三章存货中已作了阐述，不再重复。

2. 自制原材料成本

自制原材料成本由耗用的原材料成本、人工费用和其他费用组成。委托外部加工材料的实际成本，由被加工的原材料成本、加工费用和加工材料往返的运杂费构成。

三、原材料内部调拨的核算

原材料内部调拨是指在同一独立核算单位内部各部门之间的原材料转移。它有内部仓库之间的调拨和内部厨房之间的调拨两种形式。

（一）原材料内部仓库之间调拨的核算

餐饮企业内部仓库之间发生原材料调拨时，应由调出仓库填制"原材料内部调拨单"，原材料内部调拨单一式三联，调出部门在各联上签章后，连同原材料一并交付调入部门，调入部门验收无误后，在各联上签章，表示原材料已收讫，然后调入与调出部门各留一联，作为原材料转移的依据，另一联送到财会部门入账。

【例6-1】 鸿云楼饭店第一分店仓库调拨给第二分店仓库原材料一批，转来原材料内部调拨单如图表6-1所示。

图表6-1

调入部门：第二分店仓库　　　　　　　原材料内部调拨单　　　　　　　调出部门：第一分店仓库

2013 年 5 月 10 日　　　　　　　　　　　　　　　　　单位：元

材料名称	计量单位	数量	单价	金额	备注
干海参	千克	5	850.00	4 250.00	
香菇	千克	10	120.00	1 200.00	
合计				5 450.00	

调入部门签章：　　　　　　　调出部门签章：　　　　　　　　　经手人：

原材料内部调拨单经审核无误后，作分录如下：

借：原材料——第二分店仓库　　　　　　　　　　　　　　　　　5 450.00
　　贷：原材料——第一分店仓库　　　　　　　　　　　　　　　　　5 450.00

（二）原材料内部厨房之间调拨的核算

大型餐饮企业设有多个厨房，各厨房往往会发生原材料相互调拨的业务，以调剂原材料的余缺。为了准确地计算各营业点的成本，应及时办理调拨手续，由于厨房的原材料已从"原材料"账户转入"主营业务成本"账户，因此对"原材料"账户所属明细账户不做调整，仅调整"主营业务成本"账户所属的明细账。

【例6-2】 浦江酒家收到业务部门转来原材料内部调拨单，列明第二厨房调拨给第一厨房草鸡60千克，每千克30元，计金额1 800元，经审核无误后，作分录如下：

借：主营业务成本——第一厨房　　　　　　　　　　　　　　　　　1 800.00
　　贷：主营业务成本——第二厨房　　　　　　　　　　　　　　　　　1 800.00

四、委托加工材料的核算

企业从外部购入的原材料，有时在规格和质量上还不能直接满足制作餐饮制品的需要，可以将原材料委托给外单位加工，从而形成了委托加工材料。委托加工材料的所有权仍属企业所有，加工时暂时由加工单位负责保管，加工完毕后再运回本企业验收入库，因而健全委托加工材料的交接手续，是保证委托加工材料完全完整的重要步骤。

委托外单位加工材料时，要由业务部门与加工单位签订合同，填制"委托加工材料发料单"。委托加工材料发料单一式数联，一联交仓库据以发料和登记保管账，其余各联随加工材料送交委托单位签收，签收后退回两联：一联由业务部门留存据以对委托加工材料进行管理，一联转交财会部门入账。

【例6-3】　玉佛城素餐馆委托精美豆制品厂加工豆腐衣80千克，发出黄豆600千克，收到委托加工材料发料单如图表6-2所示。

图表6-2

委托加工材料发料单

接受加工单位：精美豆制品厂　　　　　2013年5月12日　　　　　发料仓库：第一仓库

发料编号：115

材料编号	材料名称及规格	单位	数量	单价	金额	加工后产品		
						名称	单位	数量
	黄豆	千克	600	6.60	3 960.00	豆腐衣	千克	80
	合计				3 960.00			

（1）5月12日，收到委托加工材料发料单，经审核无误后，作分录如下：

借：委托加工物资——加工豆腐衣　　　　　　　　　　　　　　　3 960.00

　　贷：原材料——粮食类　　　　　　　　　　　　　　　　　　　　3 960.00

（2）5月12日，以现金200元支付黄豆发往精美豆制品厂的运杂费，作分录如下：

借：委托加工物资——加工豆腐衣　　　　　　　　　　　　　　　　200.00

　　贷：库存现金　　　　　　　　　　　　　　　　　　　　　　　　200.00

（3）5月15日，以转账支票支付豆腐衣加工费用1 120元，作分录如下：

借：委托加工物资——加工豆腐衣　　　　　　　　　　　　　　　1 120.00

　　贷：银行存款　　　　　　　　　　　　　　　　　　　　　　　1 120.00

委托加工材料收回时，由业务部门填制"委托加工材料入库单"一式两联，一联由仓库验收后留存，另一联交由财会部门入账。

【例6-4】　5月16日，豆腐衣80千克已加工完毕，验收入库，收到委托加工材料入库单如图表6-3所示。

图表6-3

委托加工材料入库单

收料部门：第一仓库　　　　　　　　　2013年5月16日　　　　　　　　单位：元

收回原材料名称	单位	数量	耗用原材料				加工费用	运杂费	总成本
			名称	单位	数量	金额			
豆腐衣	千克	80	黄豆	千克	600	3 960.00	1 120.00	200.00	5 280.00
合计									5 280.00

委托加工材料入库单经审核无误后，作分录如下：

借：原材料——干货类　　　　　　　　　　　　　　　　　　　　5 280.00

　　贷：委托加工物资——加工豆腐衣　　　　　　　　　　　　　5 280.00

　　"委托加工物资"是资产类账户，用以核算企业委托外单位加工的各种材料和物资的实际成本。企业发外单位加工材料和物资、支付加工材料和物资的加工费和运杂费时，记入借方；企业结转加工材料和物资的实际成本时，记入贷方；期末余额在借方，表示企业期末尚未完工的委托加工材料和物资的成本。

五、领用原材料的核算

　　餐饮企业的厨房根据生产的需要向仓库领用原材料时，应填制"领料单"，列明原材料的名称、数量、单价和金额，领料单经审核无误后，据以借记"主营业务成本"账户；贷记"原材料"账户。

　　由于各种原材料一般都是多批购进，每批购进的单价通常会因采购的地区、季节等原因而各不相同，因此，在发出原材料时应先确定其单价。发出材料的计价方法有个别计价法、移动加权平均法、综合加权平均法、先进先出法等。这些方法在第三章已作了阐述，不再重复。

六、原材料的明细分类核算

　　餐饮企业为了加强对原材料的管理，必须采用数量金额三栏式账页对原材料进行明细分类核算，这有利于对原材料的管理，可以使管理层清楚地了解和掌握各种原材料的收入、发生和结存情况，以便进行账实核对，保证原材料的安全。

　　餐饮企业原材料明细账有以下两种设置方式。

（一）将原材料三级明细账设置在仓库

　　餐饮企业将原材料三级明细账设置在仓库，由仓库保管员根据原材料入库单和原材料领料单，登记原材料收入和发出的数量和金额，并在期末结算出各种原材料的结存数量和金额。财会部门仅按原材料的类别设置原材料二级明细账，只登记金额，对原材料三级明细账的金额起控制和监督作用。这种方式可以避免重复劳动，简化核算手续。

（二）财会部门设置原材料三级明细账

　　餐饮企业的财会部门设置原材料二级明细账的同时，也设置原材料三级明细账，财会部门对仓库原材料的数量和金额实行双重控制。而仓库为了便于对原材料的管理，设置原材料数量明细账，仓库保管员仅登记各种原材料收入和发出的数量，期末结出各种原材料结存的数量，以便与实物和财会部门的三级明细账核对。这种方式，有一定的重复劳动，核算的工作量大。

第三节　餐饮制品的成本

一、餐饮制品成本的核算方法

　　餐饮制品的成本仅指其所耗用的原材料，即组成餐饮制品的主料、配料和调料三大类。

　　由于餐饮制品品种繁多、数量零星、现做现卖、生产和销售紧密相连，一般不能按餐饮制品逐次逐件进行成本计算，所以餐饮制品成本的计算方法应与生产特点和管理要求相适应。餐饮制品耗用原材料的计算方法有永续盘存制和实地盘存制两种。

（一）永续盘存制

永续盘存制是指根据会计凭证逐笔登记各种原材料收入和发出的数量，并随时结出账面结存数量的方法。至于在永续盘存制下，领用原材料的计价方法，本书第三章存货中已作了阐述，有个别计价法、移动加权平均法、综合加权平均法和先进先出法等，这里不再重述。

在永续盘存制下，原材料的耗用实行领料制，则所领用的原材料月末不一定全部被耗用，还会有一些在制品和未出售的制成品；同样，月初还会有已领未用的原材料、在制品及尚未出售的制成品。若不考虑这些因素，则会影响成本计算的准确性。因此，企业期末应对未耗用的原材料、在制品和待售制成品进行盘点，并编制厨房原材料、在制品和待售制成品盘存表。并以该表作为退料的依据，来计算实际耗用原材料成本，并据以结转成本。其计算公式如下：

$$\text{耗用原材料成本} = \text{厨房月初结存额} + \text{本月领用额} - \text{厨房月末盘存额}$$

厨房月初结存额和本月领用额，可以从"原材料"或"主营业务成本"账户的有关项目中取得；厨房月末盘存额按盘存表计算。对在制品、制成品，有的要按配料定额和账面价值折合计算。

财会部门将"月末剩余半成品和待售制成品盘存表"代替"退料单"，不移动厨房实物，作假退料处理。

【例6-5】　湖滨饭店厨房3月31日编制"月末剩余原材料、半成品和待售制成品盘存表"如图表6-4所示。

图表6-4

月末剩余原材料、半成品和待售制成品盘存表

编表部门：厨房　　　　　　　　2013年3月31日　　　　　　　　单位：元

原材料名称	单位	单价	剩余数量	半成品及未出售的制成品						合计	
				甲半成品			乙制成品			材料数量	金额
				数量	消耗定额	定额消耗量	数量	消耗定额	定额消耗量		
		(1)	(2)	(3)	(4)	(3)×(4)	(5)	(6)	(5)×(6)	(7)	(7)×(1)
牛肉	千克	36.00	50							50	1 800.00
猪排	千克	28.00	36							36	1 008.00
面粉	千克	3.80		30	1	30	50	1.20	60	90	342.00
猪肉	千克	21.00		26	2	52				52	1 092.00
鸡蛋	千克	6.60					80	2	160		1 056.00
合计		—	—	—	—	—	—	—	—	—	5 298.00

（1）3月31日，财会部门将月末剩余原材料、半成品和待售制成品盘存表审核无误后，作分录如下：

借：主营业务成本　　　　　　　　　　　　　　　　　　5 298.00
　　贷：原材料　　　　　　　　　　　　　　　　　　　　　　5 298.00

（2）4月1日，厨房根据月末剩余原材料、半成品和待售制成品盘存表，填制领料单，经审核无误后，作分录如下：

借：主营业务成本　　　　　　　　　　　　　　　　　　5 298.00
　　贷：原材料　　　　　　　　　　　　　　　　　　　　　　5 298.00

采用这种方法能随时反映原材料的收入、发出和结存的情况,当原材料盘点发生盈亏时,便于及时查明原因,予以转账;其核算手续严密,有利于对原材料的监督和管理,但是核算的工作量大。由于永续盘存制在原材料管理上有明显的优势,因此餐饮企业通常均采用这种方法。

（二）实地盘存制

实地盘存制是指期末通过对原材料进行实物盘点来确定期末原材料的结存数量,据以推算本期发出原材料数量的方法。

在实地盘存制下,领用原材料时,不填制领料单,原材料的账面记录,平时只登记收入的数量和金额,不登记发出的数量。月末将厨房剩余原材料、在制品和制成品的盘点金额加上库存原材料的盘存金额,然后倒挤推算出本月耗用的原材料成本。其计算公式如下:

$$\text{本月耗用的原材料成本} = \text{原材料月初仓库和厨房结存额} + \text{本月收入原材料总额} - \text{原材料月末仓库和厨房盘存总额}$$

【例6-6】 江宁餐厅"原材料"账户的 3 月初余额为 20 500 元,本月收入原材料总额为 136 600 元,月末根据盘存表计算仓库和厨房结存原材料总额为 21 820 元。3 月 31 日采用盘存计耗法计算 3 月份耗用的原材料成本如下:

$$\text{本月耗用的原材料成本} = 20\,500 + 136\,600 - 21\,820 = 135\,280 \text{（元）}$$

根据计算的结果,作分录如下:

借:主营业务成本　　　　　　　　　　　　　　　　　　　　135 280.00
　　贷:原材料　　　　　　　　　　　　　　　　　　　　　　　135 280.00

采用这种方法,虽然手续简便,但是不能在账面上随时反映原材料发出和结存的情况,及时反映原材料管理所需要的各种信息,同时,由于"以存计耗"来倒挤原材料耗用成本,就可能将因原材料的损耗、短缺、盗窃和浪费等原因所造成的损失都隐藏在倒挤的成本中,从而不利于对原材料的监督和管理,影响了成本计算的准确性。这种方法仅适用于小规模的餐饮企业。

二、食品净料成本的计算

食品净料是指原材料经过选料、宰杀、拆卸分割等初加工处理,可供烹调直接使用的食品材料。由于食品原料经过初加工后,名称和重量均会发生变化,因此需要重新计算食品净料的成本。食品净料的计算方法有一料一档和一料多档两种。

（一）一料一档的计算方法

一料一档是指原材料经过初加工后,只有一种食品净料。原材料在初加工过程中,会产生下脚料,而下脚料可分为两种:一种是不可作价利用的,另一种则是可作价利用的。

下脚料不可作价利用的食品净料单位成本等于原材料购进的总成本除以加工后食品净料的总重量。其计算公式如下:

$$\text{单位食品净料成本} = \frac{\text{原材料购进总成本}}{\text{加工后食品净料总重量}}$$

【例6-7】 湖滨饭店厨房购进条虾 12 千克,每千克单价为 54 元,计金额 648 元,经加工后得虾仁 10.75 千克,虾须等下脚料不计价。计算虾仁的单位成本如下:

$$\text{虾仁的单位成本} = \frac{648.00}{10.75} = 60.28 \text{（元/千克）}$$

若有可作价利用的下脚料，则其食品净料的单位成本计算公式如下：

$$单位食品净料成本 = \frac{原材料购进总成本 - 下脚料金额}{加工后食品净料重量}$$

【例6-8】 湖滨饭店厨房购进活草鸡20只，重36千克，每千克27元，计金额972元，经宰杀去内脏后得光草鸡25千克，鸡肫1.20千克，作价为每千克15元，计金额18元，鸡血1块，作价6元，计算光草鸡的单位成本如下：

$$光草鸡单位成本 = \frac{972 - 18 - 6}{25} = 37.92 （元/千克）$$

（二）一料多档的计算方法

一料多档是指原材料经过初加工后，产生两种以上的食品净料。原材料经过初加工后，产生多种食品净料时，应当分别按照净料的质量等级高低确定单位成本。质量好或者部位好的食品净料成本定得高，质量差或者部位差的成本定得低。同时要使各种食品净料成本总和等于加工前原材料的成本。如果几种食品净料成本已确定，再确定一种食品净料时，其计算公式如下：

$$某未定价食品净料单位成本 = \frac{原材料购进总成本 - 其他食品净料成本之和（包括下脚料价款）}{该项食品净料重量}$$

【例6-9】 火腿一只重3千克，每千克84元，计金额252元，经拆卸分割后，得脚爪和脚圈0.48千克，每千克20元；下方0.84千克，每千克36元；中方0.96千克，每千克116元，计算上方的单位成本如下：

$$上方单位成本 = \frac{252 - 0.48 \times 20 - 0.84 \times 36 - 0.96 \times 116}{3 - 0.48 - 0.84 - 0.96} = 140.00 （元/千克）$$

第四节 餐饮经营业务收入

一、餐饮经营业务收入的分类

餐饮经营业务收入的种类较多，为了便于管理与控制，将其分为以下四个大类进行明细分类核算。

1. 食品销售收入

食品销售收入是指餐饮企业向消费者提供就餐烹制的各种食品的销售收入。

2. 饮料销售收入

饮料销售收入是指餐饮企业向消费者提供的各种自制或外购的饮料收入。饮料包括白酒、黄酒、葡萄酒、啤酒、果汁、可乐、酸奶等各种饮料。

3. 服务费收入

服务费收入是指部分餐饮企业按餐饮金额一定比例收取的服务收入。

4. 其他收入

其他收入是指餐饮企业收取除上列收入项目以外的收入。如毛巾费、点歌费、小品杂耍表演费等。

二、餐饮制品销售价格的制定

餐饮企业的餐饮制品花色品种繁多，烹调技术和服务质量各异，各餐饮企业根据其烹调技术水平和服务质量的高低，确定餐饮制品的毛利率，结合原材料的成本，制定餐饮制品的销售价格。具体制定方法有以下两种。

（一）销售毛利率法

销售毛利率法又称内扣毛利率法，是指在确定每种餐饮制品销售毛利率的基础上，用内扣方式确定餐饮制品销售价格的方法。其计算公式如下：

$$销售价格 = \frac{原材料成本}{1 - 销售毛利率}$$

销售毛利率是指毛利额占销售额的百分比。毛利额是指销售额和成本之间的差额。

【例6-10】　四时春饭店清炒鳝糊每盆的配料成本为 24.96 元，确定销售毛利率为 48%，计算每盆清炒鳝糊的销售价格如下：

$$每盆清炒鳝糊销售价格 = \frac{24.96}{1 - 48\%} = 48.00（元）$$

（二）成本毛利率法

成本毛利率法又称外加毛利率法，是指以餐饮制品的成本为基数，按确定的成本毛利率加成计算销售价格的方法。其计算公式如下：

$$销售价格 = 成本价格 \times （1 + 成本毛利率）$$

$$成本毛利率 = \frac{销售毛利额}{成本价格} \times 100\%$$

【例6-11】　春风海鲜馆清蒸鲥鱼每盆的成本为 75 元，如确定其外加毛利率是 80%，计算每盆清蒸鲥鱼的售价如下：

$$每盆清蒸鲥鱼销售价格 = 75.00 \times （1 + 80\%）= 135.00（元）$$

（三）销售毛利率与成本毛利率的换算

采用销售毛利率法计算餐饮制品的销售价格，有利于核算管理，但计算较为麻烦；采用成本毛利率法计算餐饮制品的销售价格，其核算较为简便，但不能满足管理上的需要。为了既满足管理上的需要，又简化计算手续，可采用换算的方法将销售毛利率计算为成本毛利率，其计算公式如下：

$$成本毛利率 = \frac{销售毛利率}{1 - 销售毛利率} \times 100\%$$

【例6-12】　销售毛利率为 48%，将其换算为成本毛利率如下：

$$成本毛利率 = \frac{48\%}{1 - 48\%} = 92\%（小数四舍五入）$$

为了便于分析比较，根据需要也可将成本毛利率换算为销售毛利率，其换算公式如下：

$$销售毛利率 = \frac{成本毛利率}{1 + 成本毛利率} \times 100\%$$

三、餐饮企业经营业务收入的结算方式

餐饮企业经营业务收入的结算方式有先收款后用餐、先用餐后付款和一手交钱、一手交货三种。

（一）先收款后用餐结算方式

采取先收款后用餐结算方式的餐饮企业，通常由收款台统一售票，消费者在用餐前先到账台购买专用的小票，或者购买固定品名的筹码，然后凭专用小票或筹码领取餐饮制品，也

可由服务员根据小票的编号和消费者手中的小票副联票核对编号无误后将餐饮制品送至桌上。小票系一次性使用，而筹码可循环使用，因此，要加强和完善回收和领用的手续。小票的格式如图表6-5所示。

图表6-5

小 票

2013 年 3 月 18 日		编号：381
品　名	数　量	金　额
白斩草鸡	1	38.00
宫保鸡丁	1	29.00
大汤黄鱼	1	42.00
清炒豆苗	1	15.00
米饭	3	3.00
合　计		127.00

收款员：王萍

每天营业结束后，收款台收款员要根据小票或销售的筹码编制"销货日报表"，经服务员核对后签章确认，并根据收款情况编制"收款日报表"，将其连同营业款和销货日报表一并送交财会部门入账。这种方式适用于小型餐饮企业。

（二）先就餐后付款方式

采取先就餐后付款方式的餐饮企业，消费者入座点菜后，由服务员填写点菜单一式两联，列明品名和数量，其中一联转交厨房作为取菜凭证留存，一联转交收款台，消费者进餐结束后，由服务员从收款台领取结账清单，结账清单上列明品名、数量、单价、金额和合计金额，经消费者确认后，凭该单向消费者收款。营业结束后，收款台与厨房分别结算销售额和发菜额，核对相符后，收款员根据结算清单编制"销货日报表"，并根据收款情况编制"收款日报表"，将其连同营业款和"销货日报表"一并送交财会部门入账。这种方式适用于大、中型餐饮企业。

（三）一手交钱、一手交货结算方式

采取一手交钱、一手交货结算方式的餐饮企业，消费者直接以货币到柜台购买餐饮制品。这种方式仅适用于经营品种简单且规格化的餐饮制品。一手交钱、一手交货方式手续简便，但必须进行数量登记，餐饮制品交服务员销售时，由产销双方登记数量；业务终了时，由服务员进行盘存计销，计算确定销售餐饮制品的数量和金额，其计算公式如下：

$$\text{销售数量} = \text{上日结存数量} + \text{本日生产或提货数量} - \text{本日结存数量}$$

$$\text{销售金额} = \text{销售数量} \times \text{单价}$$

【例6-13】 武宁餐厅对自产自销的粽子采取一手交钱、一手交货的结算方式，5月4日，上日结存鲜肉粽150只，豆沙粽80只，今日生产鲜肉粽2 100只，豆沙粽900只，营业结束时，盘点结存鲜肉粽175只，豆沙粽70只。鲜肉粽每只售价3元，豆沙粽每只售价2.50元，计算鲜肉粽和豆沙粽的销售金额如下：

$$\text{鲜肉粽销售数量} = 150 + 2\,100 - 175 = 2\,075 \text{（只）}$$

$$\text{鲜肉粽销售金额} = 2\,075 \times 3 = 6\,225 \text{（元）}$$

$$\text{豆沙粽销售数量} = 80 + 900 - 70 = 910 \text{（只）}$$

$$\text{豆沙粽销售金额} = 910 \times 2.50 = 2\,275 \text{（元）}$$

然后，根据计算的结果编制"销货日报表"，合计销售金额为 8 500 元，根据收款的结果编制"收款日报表"，不再一一重述。这种方式仅适用于外卖的餐饮企业或部门。

四、餐饮企业销售收入的核算

（一）餐饮企业一般销售收入的核算

餐饮企业财会部门收到收款台交来的"销货日报表"、"收款日报表"、现金和结算凭证，现金由财会部门解存银行，各种凭证经审核无误后，据以入账。有的企业要求收款员自行填制现金解款单，将现金解存银行，将现金解款单向财会部门报账。

【例 6-14】 3 月 18 日，浦江饭店收款台交来"销货日报表"和"收款日报表"如图表 6-6 和图表 6-7 所示。

图表 6-6

销货日报表

2013 年 3 月 18 日 单位：元

项　目	金　额	（减：）金卡优惠	应 收 金 额
菜肴	15 330.00	580.00	14 750.00
点心	1 480.00	60.00	1 420.00
饮料	3 150.00		3 150.00
其他	118.00		118.00
合　计	20 078.00	640.00	19 438.00

制表员：张恒

图表 6-7

收款日报表

2013 年 3 月 18 日 单位：元

收款方式	应 收 金 额	实 收 金 额	溢 缺 款
现金	14 188.00	14 185.00	-3.00
转账支票	1 250.00	1 250.00	
信用卡	4 000.00	4 000.00	
合　计	19 438.00	19 435.00	-3.00

收款员：周立安

（1）3 月 18 日，收款部门随同销货日报表、收款报表交来销货现金 14 185 元，转账支票 1 250 元，信用卡签购单 4 000 元，信用卡手续费率为 9‰，短缺现金 3 元，原因待查，经审核无误后，作分录如下：

借：库存现金　14 185.00
借：银行存款　5 214.00
借：财务费用——手续费　36.00
借：待处理财产损溢——待处理流动资产损溢　3.00
　贷：主营业务收入——食品销售收入　16 170.00
　贷：主营业务收入——饮料销售收入　3 150.00
　贷：主营业务收入——其他收入　118.00

（2）3 月 18 日，将现金解存银行，作分录如下：

借：银行存款　14 185.00
　贷：库存现金　14 185.00

（3）3月19日，查明短缺现金3元，系收款工作中的差错，经批准作为企业损失处理，作分录如下：

借：营业外支出　　　　　　　　　　　　　　　　　　　　　　　3.00
　　贷：待处理财产损溢——待处理流动资产损溢　　　　　　　　　　3.00

（二）酒席销售收入的核算

餐饮企业承办酒席，先要填制订单，注明时间、人数和桌数，并应附上菜单。订单一式两份，餐饮企业与消费者双方签字确认后各执一份。预订酒席通常要预收定金，以免消费者取消酒席时，遭受不必要的损失，以维护企业的权益。

酒席的销售价格以桌为计量单位，烟、酒、饮料等按实用数量另行收费。

【例6-15】　静安宾馆接受王杰先生预订3月15日的酒席5桌，每桌2 000元，计金额10 000元。

（1）3月10日，向王杰先生预收10%的酒席定金1 000元，王杰先生刷卡消费，将信用卡签购单存入银行，信用卡手续费率为9‰，作分录如下：

借：银行存款　　　　　　　　　　　　　　　　　　　　　　　991.00
借：财务费用——手续费　　　　　　　　　　　　　　　　　　　　9.00
　　贷：预收账款——酒席定金　　　　　　　　　　　　　　　　1 000.00

（2）3月15日，酒席结束，5桌酒席价款10 000元，另收取饮料费900元，共计10 900元，扣除预收定金后，王杰先生刷卡消费9 900元，将信用卡签购单存入银行，作分录如下：

借：银行存款　　　　　　　　　　　　　　　　　　　　　　9 810.90
借：财务费用——手续费　　　　　　　　　　　　　　　　　　　89.10
借：预收账款——酒席定金　　　　　　　　　　　　　　　　　1 000.00
　　贷：主营业务收入——食品销售收入　　　　　　　　　　　10 000.00
　　贷：主营业务收入——饮料销售收入　　　　　　　　　　　　　900.00

如果消费者预订的酒席因故而要求停办，则预收的定金则作为对其违约的处罚，不予退回，届时将其转入"主营业务收入——其他收入"账户。

练 习 题

一、简答题

1. 餐饮企业有哪些经营特点？其在核算上有何要求？
2. 试述餐饮企业原材料的两种不同的分类方法。
3. 餐饮制品成本有哪两种核算方法？分述这两种方法的优缺点和适用性。
4. 食品净料成本有哪两种计算方法？谈谈这两种方法的计算公式。

二、名词解释题

餐饮企业　永续盘存制　实地盘存制　食品净料　一料一档　销售毛利率法　成本毛利率法

三、是非题

1. 餐饮企业具有生产、零售和服务三种功能，因此在会计核算上，也具有生产、零售和服务的特点。
　　　　　　　　　　　　　　　　　　　　　　　　　　　　　　　（　　）
2. 委托加工材料的实际成本由被加工材料成本和加工费构成。（　　）
3. 将原材料三级明细账设在仓库，可以避免重复劳动，简化核算手续。（　　）
4. 一料多档是指原材料经初加工后，产生两种以上的食品净料，届时应当分别按照食品净料的质量等

级高低确定单位成本。　　　　　　　　　　　　　　　　　　　　　　　　　　　　（　　）

5. 为了既满足管理上的需要，又简化计算手续，可采用换算的方法，将成本毛利率计算为销售毛利率。　　　　　　　　　　　　　　　　　　　　　　　　　　　　　　　　　　　　（　　）

四、单项选择题

1. 不入库管理的原材料是_____。

　A. 粮食　　　　　　　B. 鲜活商品　　　　　C. 调味品　　　　　　D. 干货

2. 采用销售毛利率法确定餐饮制品销售价格的计算公式为_____。

　A. 销售价格 = 成本价 ×（1 + 成本毛利率）　　B. 销售价格 = 成本价 ×（1 + 销售毛利率）

　C. 销售价格 = $\dfrac{原材料成本}{1 - 销售毛利率}$　　　D. 销售价格 = $\dfrac{原材料成本}{1 - 成本毛利率}$

五、多项选择题

1. 原材料按其在餐饮产品中所起的作用可分为粮食类、_____等。

　A. 副食类　　　　　　B. 鲜活商品类　　　　C. 干货类　　　　　　D. 其他类

2. 自制原材料成本由_____构成。

　A. 耗用原材料的成本　B. 人工费用　　　　　C. 其他费用　　　　　D. 往返运杂费

3. 餐饮经营业务收入可以分为_____进行明细分类核算。

　A. 食品销售收入　　　B. 饮料销售收入　　　C. 服务费收入　　　　D. 其他收入

4. 餐饮企业销售货款的结算方式有_____等。

　A. 预收账款　　　　　B. 先收款后用餐　　　C. 先用餐后付款　　　D. 一手交钱、一手交货

六、实务题

习题一

一、**目的**　练习原材料内部调拨和委托加工材料的核算。

二、**资料**　登云饭店 8 月上旬发生下列有关的经济业务。

1. 1 日收到业务部门转来原材料内部调拨单，列明第三分店仓库调拨给第一分店仓库干鱼翅 2 千克，每千克 2 250 元，计金额 4 500 元，黑木耳 6 千克，每千克 100 元，计金额 600 元，经审核无误后，予以入账。

2. 3 日，收到业务部门转来原材料内部调拨单，列明第一分店厨房调拨给第二分店厨房牛肉 36 千克，每千克 36 元，计金额 1 080 元，经审核无误后，予以入账。

3. 5 日，委托天源食品厂加工月饼馅料 2 400 千克，收到业务部门转来委托加工材料发料单，开列发出赤豆 600 千克，每千克 7 元；膘肉 450 千克，每千克 15 元；瓜子仁 30 千克，每千克 50 元；食糖 990 千克，每千克 6 元，经审核无误，予以入账。

4. 5 日，以现金 120 元支付各种原材料运往天源食品厂的运杂费。

5. 9 日，签发转账支票 5 500 元，系支付天源食品厂月饼馅料的加工费。

6. 9 日，以现金支付运回月饼馅料的运杂费 180 元。

7. 10 日，业务部门转来委托加工材料入库单，列明 2 400 千克月饼馅料已验收入库。

三、**要求**　编制会计分录。

习题二

一、**目的**　练习餐饮制品成本的核算。

二、**资料**

（一）江桥饭店对原材料采取实地盘存制，3 月份期初原材料结存情况如下。

仓库结存粮食类原材料 7 440 元，其中大米 800 千克，每千克 3.80 元；精白粉 1 100 千克，每千克 4.00 元；干货类原材料 32 200 元，其他类原材料 6 960 元。

（二）接着发生下列有关的经济业务。

1. 1 日，根据 1 月 31 日厨房转来的月末剩余原材料、半成品和待售制成品盘存表的金额 20 580 元，作为厨房本月份领用的原材料入账。

2. 3 日，向昌化土产公司购进香菇 120 千克，每千克 80 元，签发转账支票付清账款。香菇已验收入库。

3. 5 日，向卢湾副食品公司购进牛肉 350 千克，每千克 36 元；鸡肉 360 千克，每千克 15 元。上述牛肉及鸡肉已由厨房验收，账款当即以 3 个月到期的商业汇票付讫。

4. 8 日，向东海水产公司购进条虾 120 千克，每千克 60 元；虾仁 60 千克，每千克 80 元，货已由厨房验收，账款签发转账支票付讫。

5. 12 日，向大丰粮行购进大米 1 000 千克，每千克 3.80 元；精白粉 1 200 千克，每千克 4.00 元，粮食已验收入库，账款以转账支票付讫。

6. 18 日，向东晶调味品厂购进鸡精、咖喱粉、食糖等各种调味品一批，共计 2 500 元，调味品已验收入库，账款以转账支票付讫。

7. 31 日，仓库经过盘点，结存粮食类原材料 6 450 元，其中大米 750 千克，每千克 3.80 元；精白粉 900 千克，每千克 4.00 元；干货类原材料 25 100 元；其他类原材料 7 080 元，结转耗用原材料成本。

8. 31 日，厨房经过盘点，转来月末剩余原材料、半成品和待售制成品盘存表，列明盘存金额 19 220 元，经审核无误后，据以作假退料入账。

三、**要求**　编制会计分录。

习题三

一、**目的**　练习食品净料成本的计算。

二、**资料**　狮子楼饭店 1 月上旬发生下列有关的经济业务。

1. 2 日，购入条虾 15 千克，每千克 60 元，经加工后得净虾 12 千克。

2. 5 日，购入冬笋 125 千克，每千克 20 元，经加工后得净笋 55 千克。

3. 7 日，购进活草鸭 30 只，重 72 千克，每千克 20 元，金额 1 440 元；经宰杀去内脏后得光草鸭 50 千克，鸭肫 2 千克，每千克 20 元；鸭血 2 块，作价 10 元。

4. 10 日，购进冻牛肉 120 千克，每千克 36 元，金额 4 320 元。经加工后得牛筋 18 千克，每千克 8 元；下脚料 9 千克，每千克 5 元；净牛肉 88 千克，其余为损耗。

三、**要求**　分别计算净虾、净笋、光草鸭和净牛肉的单位成本。

习题四

一、**目的**　练习餐饮制品销售价格的制定。

二、**资料**　东顺餐馆 3 月 18 日有关菜肴的配料资料如下。

1. 腌笃鲜每锅菜肴的配料为：鲜猪肉 0.3 千克，每千克 30 元；火腿上方 0.15 千克，每千克 140 元；竹笋 0.2 千克，每千克 45 元；百叶结 0.2 千克，每千克 10 元；其他配料 3 元。

2. 双菇炒冬笋每盆菜肴的配料为：用冬笋 0.2 千克，每千克 42 元；香菇 0.15 千克，每千克 100 元；蘑菇 0.2 千克，每千克 14 元；其他调配料 1 元。

3. 清蒸桂鱼，每盆菜肴的配料为：桂鱼 1 条，重 0.6 千克，每千克 120 元；其他调配料 2 元。

三、**要求**

（一）该餐馆的销售毛利率为 48%，计算每种菜肴价格。

（二）该餐馆的成本毛利率为 80%，计算每种菜肴价格。

习题五

一、**目的**　练习餐饮企业经营业务收入的核算。

二、**资料**

（一）卢海饭店 4 月上旬发生下列有关的经济业务。

1. 2 日，收款台转来"销货日报表"和"收款日报表"如图表 6-8 和图表 6-9 所示。并交来销货现金 15 262 元，转账支票 1 380 元，信用卡签购单 4 200 元，信用卡手续费率为 9‰，溢余现金 2 元，原因待查。

图表 6-8

销货日报表
2013 年 4 月 2 日　　　　　　　　　　　　　　　　　　　　单位：元

项　　目	金　　额	（减：）金卡优惠	应 收 金 额
菜肴	16 110.00	612.00	15 498.00
点心	1 550.00	8.00	1 542.00
饮料	3 660.00		3 660.00
其他	140.00		140.00
合计	21 460.00	620.00	20 840.00

制表员　王国荣

图表 6-9

收款日报表
2013 年 4 月 2 日　　　　　　　　　　　　　　　　　　　　单位：元

收 款 方 式	应 收 金 额	实 收 金 额	溢　缺　款
现金	15 260.00	15 262.00	+2.00
转账支票	1 380.00	1 380.00	
信用卡	4 200.00	4 200.00	
合计	20 840.00	20 842.00	+2.00

收款员　周琳

2. 2 日，将销货现金解存银行。

3. 3 日，查明昨日营业溢余款系收款员工作中差错所造成，报经批准作为企业收入入账。

4. 4 日，接受到刘云飞先生本月 7 日的酒宴 8 桌，每桌 1 800 元，预收 10% 的酒席定金。

5. 5 日，接受赵宏飞先生预订本月 10 日的酒席 3 桌，每桌 1 800 元，预收 10% 的酒席定金。

6. 7 日，刘云飞先生的酒席结束，8 桌酒席价款为 14 400 元外，另收取饮料费 1 500 元，扣除预收定金后，其余款项刘云飞先生以信用卡支付，信用卡手续费率为 9‰。

7. 8 日，业务部门接受赵宏飞先生停办酒席要求，今将其预付的定金作为违约金入账。

（二）光明餐厅对自产自销的粽子采取一手交钱、一手交货的结算方式，5 月 8 日，上日结存鲜肉粽 128 只，豆沙粽 76 只；今日生产鲜肉粽 2 360 只，豆沙粽 1 080 只；营业结束后，盘点结存鲜肉粽 138 只，豆沙粽 81 只。鲜肉粽每只售价 3.20 元，豆沙粽每只售价 2.60 元。

三、要求

（一）根据资料（一）编制会计分录。

（二）根据资料（二）计算确认当日的销售收入，并据以编制会计分录。

第七章　服务经营业务

第一节　服务经营业务概述

一、服务企业的意义和种类

服务企业是指利用一定的场所、设备和工具为消费者提供劳动服务的企业。它与旅游企业和餐饮企业均属第三产业。

服务企业的经营方式多样，服务项目繁多，它包括客房、美容、广告、沐浴、洗染、照相、修理、娱乐等。发展服务企业对于满足人民群众日常的生活需要、推动家务劳动逐步社会化、减轻家庭劳动、丰富美化人民生活、扩大就业、提高人民生活水平都有重要的意义。加强服务经营业务的管理，不断改善服务态度，提高服务质量，扩大服务范围，增加服务项目来满足人们需要，是当前服务企业的一个重要任务。

二、服务经营业务的特点

服务经营业务的特点是为消费者提供服务，而且所提供的往往是以带有一定技艺的服务性劳动，并辅以相适应的服务性设备来满足消费者的需要。服务企业提供服务的过程也就是消费者消费服务的过程，例如美容、沐浴、娱乐使人们得以达到修饰、清洁和快乐的目的，服务一旦结束，消费也就终止。

有的服务企业，例如广告、照相、洗染、修理等企业，除了具有服务的功能之外，还有加工生产的功能。但是，这些服务企业又区别于常规的一般生产加工企业，它是边生产边销售，其生产经营过程较短，且生产往往直接与消费者见面，因此，服务经营业务同时具有生产、服务和销售三项功能。

第二节　客房经营业务

一、客房经营业务的意义

客房经营业务是指以提供住房、生活设施的使用和服务人员的劳动来满足旅游者的需要，并收取一定费用的服务业务。经营客房业务的企业有宾馆、饭店、酒店和旅社等。

宾馆、饭店、酒店和旅社等企业，是随着人民生活水平的提高和旅游业的发展而发展起来的。为了满足旅游者各种各样的需要，宾馆、饭店、酒店和旅社在传统的食宿接待设施的基础上，不断地向现代化、标准化和多功能化方向迈进，除提供住宿的基本功能以外，还提供餐饮食品、购物、美容、娱乐、健身、会务、洗衣等各种服务，成为集客房、餐厅、商场、美容院、娱乐厅、健身房、会议室、洗衣房等综合服务设施于一身的企业。

二、客房经营业务的特点

客房经营业务具有以下四个特点。第一，客房是一种特殊的商品，不出售所有权，只出售使用权，这样在不断地清洁整理客房和补充必备供应品的基础上，将同一间客房的使用权在不同时期内反复销售，可以不断地获取收益。旅游者买到的仅是某一时间段的使用客房的住宿权。客房可以出租但不能储存，如在规定时间内不出租，其效用就自然消失，销售无法实现，就丧失了收入的机会。因此企业应积极地开展客房的营销活动。第二，由于客房出租率的高低主要受到旅游季节变换的影响，旅游旺季，客房供不应求，而旅游淡季，客房供过于求，从而使客房的出租价格有很大的弹性。第三，客房经营业务发生的各种直接耗费在理论上构成了其营业成本。然而在客房经营耗费中，除了客房的建筑设施、室内装潢和室内设备具有一次性投资额大以外，日常开支小，而且直接耗费和间接耗费不易划分，因此不核算客房业务的营业成本，而将经营过程中所发生的耗费全部列入销售费用。第四，客房经营业务的服务过程和消费过程在时间上和空间上都是同一的。

三、客房经营业务收入的确认和计量

（一）客房经营业务收入的确认

客房经营业务收入是指宾馆、饭店等企业向旅游者提供房间住宿及相应的服务而取得的营业收入。企业应当按照权责发生制的要求来确认收入。凡归属于本期的收入，不论款项是否收到，均应作为本期的收入入账；反之，凡不归属于本期的收入，即使款项已经收到，也不能作为本期的收入入账。宾馆、饭店等企业应以旅游者办妥入住客房登记手续，即客房出租的时间，作为客房经营业务收入实现的时间。

（二）客房经营业务收入的计量

客房经营业务收入的计量也就是对客房租金收入的计量，它是指确定客房销售收入的价值量。客房出租的价格有标准房价、旺季房价、淡季房价、团队房价、合同房价、优惠房价等多种，而标准房价和实际出租房价是客房出租的两种主要价格。

标准房价是指宾馆、饭店价目表上公开列示的客房价格。宾馆、饭店的营销策略通常是根据不同的客源分类制定不同的房价政策。

标准房价通常是宾馆、饭店给予零星旅游者即散客的房价。

团队房价是指由旅游公司事先与宾馆、饭店的业务部门订立接待协议入住的团队旅游者的客房价格。团队房价通常在标准房价的基础上给予一定的折扣优惠。

合同房价是指对办公房和商务房等长期用房的客户以合同的形式确定的客房价格。

实际出租房价是指宾馆、饭店实际向旅游者收取的客房价格。宾馆、饭店对不同时期、不同旅游者实际收取的房价，是以标准房价为基础，随着供求关系的变化，在规定的幅度内上下浮动。

客房经营业务收入通常按天数分时段计算，自旅游者入住客房之日起，至次日中午12时止，收取一天房价；至次日中午12时以后，傍晚6时以前止，加收半天房价；至次日傍晚6时以后，则加收一天房价。

四、客房经营业务收入的核算

宾馆、饭店的客房经营业务是由总服务台（简称总台）接洽办理的，它是旅游者与宾馆、饭店联系的纽带和宾馆、饭店业务的运行中心。总服务台通常设在宾馆、饭店的大堂内，负责办理客房的预订、接待、入住登记、查询、退房、结账及营业日记簿的登记等工作。

宾馆、饭店的收款方式有先收款后入住和先入住后结算收款两种方式，无论采用哪种方式收款，旅游者入住，首先在总服务台登记"旅游者住宿登记表"，第一联留存总台，第二联交服务员安排客房。

（一）先收款后入住结算方式的核算

采用先收款后入住的结算方式核算客房收入，应设置"营业日记簿"对旅游者入住、退房进行记录，以此提高客房利用率。营业日记簿的格式如图表 7-1 所示。

图表 7-1

营业日记簿

2013 年 4 月 8 日

单位：元

房号	姓名	住店日期		已住天数	本日营业收入					预收房费				备注
		月	日		房费	加床	餐饮费	小酒柜	合计	上日结存	本日预收	本日应收	本日结存	
1001	张玉英	4	5	3	200		100		300	600		300	300	
1002	钱琳	4	6	2	200				200	400		200	200	
2001	蔡鸣	4	6	2	250			20	270	250	500	270	480	
2002	徐德祥	4	8								1 200		1 200	
3001	程天明	4	4	4	280	120			400	880		400	480	
3002	薄洪金	4	6		280			18	298	330	600	298	632	
合计					13 750		2 480	220	16 450	50 120	17 220	16 450	50 890	

出租客房间数：60 间　　　　空置客房间数：5 间　　　　记账：刘文军　　　审核：赵飞云

"营业日记簿"中"本日营业收入合计"栏中的数额，应与"本日应收房费"栏中的数额相等；"上日结存"栏中的数额为宾馆、饭店截至上日结存的预收房费数额，其计算公式如下：

$$本日结存 = 上日结存 + 本日预收 - 本日应收$$

总服务台应在每日业务终了时，将"营业日记簿"各栏加计"本日合计数"。将收入的现金和结算凭证与房费收据的存根与"本日预收"栏内数额相核对，并据以编制"营业收入日报表"，连同现金和结算凭证送交财会部门入账。

【例 7-1】　恒丰饭店采取先收款后入住的结算方式，财会部门收到总服务台交来根据营业日记簿编制的营业收入日报表和现金等有关结算凭证，"营业收入日报表"的格式如图表 7-2 所示。

图表 7-2

营业收入日报表

2013 年 4 月 8 日

单位：元

项目＼房型	本日营业收入				预收房费		备注
	单人房	标准房	套房	合计			
房费	2 500	7 450	3 800	13 750	上日结存	50 120	
加床					本日预收	17 220	
餐饮费	240	1 880	360	2 480	其中：现金	8 520	

房型 项目	本日营业收入				预收房费	备注
	单人房	标准房	套房	合计		
小酒柜 其他	20	150	50	220	信用卡签购单　6 000 转账支票　2 700	
合计	2 760	9 480	4 210	16 450	本日应收　　16 450	
	出租客房间数：55 间				本日结存　　50 890	
	空置客房间数：5 间				长款：　　　短款：	

收款人：孙珏　　　　　　　交款人：刘天明　　　　　　　　　　制表：王莹

（1）根据"营业收入日报表"中"营业收入"栏的数额，作分录如下：

借：预收账款 16 450.00

　贷：主营业务收入——房费 13 750.00

　贷：主营业务收入——餐饮费 2 480.00

　贷：主营业务收入——小酒柜 220.00

（2）信用卡签购单、计汇单和转账支票已解存银行，信用卡结算手续费率为9‰。根据"营业收入日报表"预收房费栏中的"本日预收"项目的数额，以及相关的结算凭证。作分录如下：

借：库存现金 8 520.00

借：银行存款 8 646.00

借：财务费用 54.00

　贷：预收账款——预收房费 17 220.00

（二）先入住后付款结算方式的核算

采用先入住后付款结算的方式核算客房收入，应设置的"营业日记簿"的格式如图表7-3所示。

图表7-3

营业日记簿

2013 年 3 月 10 日　　　　　　　　　　　　单位：元

房号	姓名	住店日期		已住天数	本日营业收入					结欠房费				备注
		月	日		房金	加床	餐饮费	小酒柜	合计	上日结欠	本日应收	本日收回	本日结欠	
1001	黄子明	3	8	2	200		60		260	250	260		510	
1002	徐达仁	3	9	1	200	80			280		280		280	
2001	关芸	3	6	4	250		90		340	950	340	1 290	0	
2002	王琳	3	9	2	250			18	268	250	268		518	
3001	俞学胜	3	7	3	300		150	20	470	640	470	1 110	0	
3002	赵一飞	3	9	2	300				300	300	300		600	
合计					20 600	320	3 760	280	24 960	75 660	24 960	25 120	75 500	

出租客房间数：90 间　　　　空置客房间数：10 间　　　　记账：刘莹　　　审核：葛文扬

从图表7-3中可以看出与图表7-1的不同之处是用"结欠房费"栏取代了"预收房费"栏；用"上日结欠"和"本日结欠"栏分别取代"上日结存"和"本日结存"栏。"本日结欠"栏中的数额为截止到本日累计结欠房费的数额，其计算公式如下：

$$本日结欠 = 上日结欠 + 本日应收 - 本日收回$$

每天总服务台根据营业日记簿填制营业收入日报表，连同收取的现金和各种结算凭证，一并送交财会部门入账。

【例7-2】　武宁宾馆采取先入住后付款的结算方式，总服务台根据营业日记簿（图表7-3）编制营业收入日报表如图表7-4所示。

图表7-4

营业收入日报表

2013 年 3 月 10 日　　　　　　　　　　　　　　　　单位：元

项目 \ 房型	单人房	标准房	套房	合计	结欠房费		备注
	营业收入						
房费	3 000	12 800	4 800	20 600	上日结欠	75 660	
加床		320		320	本日应收	24 960	
餐饮费	150	3 150	460	3 760	本日收回	25 120	
小酒柜	25	195	60	280	其中：现金	12 520	
其他					信用卡签购单	9 000	
合计	3 175	16 465	5 320	24 960	转账支票	3 600	
出租客房间数：90 间					本日结欠	75 500	
空置客房间数：10 间					长款：　　短款：		

收款人：周芳芳　　　　　　交款人：沈文祥　　　　　　制表：王淑华

财会部门收到总服务台交来营业收入日报表及收取的现金和各种结算凭证。

（1）根据"营业收入日报表"中"营业收入"栏的数额，作分录如下：

借：应收账款　　　　　　　　　　　　　　　　　　　24 960.00
　贷：主营业务收入——房费　　　　　　　　　　　20 920.00
　贷：主营业务收入——餐饮费　　　　　　　　　　3 760.00
　贷：主营业务收入——小酒柜　　　　　　　　　　280.00

（2）根据"营业收入日报表"中旅游者结欠房费栏中的"本日收回"项目中的数额和进账单回单，作分录如下：

借：库存现金　　　　　　　　　　　　　　　　　　　12 520.00
借：银行存款　　　　　　　　　　　　　　　　　　　12 519.00
借：财务费用　　　　　　　　　　　　　　　　　　　81.00
　贷：应收账款　　　　　　　　　　　　　　　　　25 120.00

五、坏账损失

（一）坏账损失的确认

坏账是指旅游餐饮服务企业无法收回或收回的可能性极小的应收款项。由于坏账而给旅游餐饮服务企业造成的损失称为坏账损失。

旅游餐饮服务企业确认坏账损失的条件有以下两点：一是因债务人破产或者死亡，以其破产财产或者遗产清偿后，仍然无法收回的应收账款；二是因债务人较长时期内未履行偿债义务，并有足够的证据表明是无法收回或收回的可能性极小的应收账款。

旅游餐饮服务企业对于已确认为坏账的应收款项，并不意味着企业放弃了追索权，一旦重新收回，应及时予以入账。

（二）坏账损失的核算

坏账损失的核算方法有直接转销法和备抵法两种。

1. 直接转销法的核算

直接转销法是指在实际发生坏账时确认坏账损失，计入当期损益，同时注销应收账款的核算方法。

采用这种方法，只有当某一笔应收款项确实无法收回时，才作为坏账损失。届时借记"资产减值损失"账户；贷记"应收账款"账户。

【例 7-3】　　长宁宾馆应收东昌公司客房款 840 元，3 年来该企业已濒临破产，客房款确实无法收回，经批准转作坏账损失，作分录如下：

借：资产减值损失——坏账损失　　　　　　　　　　　　　840.00
　　贷：应收账款——东昌公司　　　　　　　　　　　　　　　　840.00

如果应收款项作坏账损失处理后，又收回全部或部分账款，应按实际收回的金额先借记"应收账款"账户，贷记"资产减值损失"账户；冲转原分录后，再借记"银行存款"账户，贷记"应收账款"或"其他应收款"账户。

这种核算方法简便易行。但本期的坏账损失是由于前期的赊销而发生的，因此影响了收入和费用的相配比。故这种方法仅适用于应收款项较少、很少发生坏账损失的企业。

2. 备抵法的核算

备抵法是指参照历史资料，按期估计可能发生的坏账损失，根据一定比例计入资产减值损失，同时建立坏账准备，以备实际发生坏账时，用以抵偿坏账损失。

备抵法认为坏账损失与企业由于销售商品、提供劳务而产生的应收账款有直接的联系，坏账损失应与赊销实现的收入计入同一会计期间，使企业的收入与费用相配比。因此，企业应在期末对应收账款进行全面检查，预计各项应收账款可能发生的坏账，对于难以收回的应收账款，应当根据谨慎性会计信息质量要求，计提坏账准备。

旅游餐饮服务企业通常是采取应收账款余额百分比法计提坏账准备的。应收账款余额百分比法是指根据会计期末应收款项账户的余额和预计的坏账准备率，估计坏账损失，计提坏账准备的方法。

企业根据会计期末应收款项余额估计的坏账损失是坏账准备账户的期末余额，在计提本期坏账准备时，还应考虑"坏账准备"账户原有的余额，其计算公式如下：

本期应计提的坏账准备 = 估计的坏账损失 − 坏账准备账户余额
估计的坏账损失 = 期末应收账款账户余额 × 预计坏账准备率

【例 7-4】　　东风饭店采用应收账款余额百分比法，11 月 30 日，坏账准备账户的余额在贷方，金额为 1 320 元。

（1）12 月 5 日，应收新海公司客房款 1 210 元，因该公司已破产而无法收回，经批准作坏账损失处理，作分录如下：

借：坏账准备——应收账款　　　　　　　　　　　　　　　　　　　1 210.00
　　贷：应收账款——新海公司　　　　　　　　　　　　　　　　　　　1 210.00

（2）12 月 31 日，"应收账款"账户余额为 276 000 元，预计坏账准备率为 5‰，计提坏账准备，计算结果如下：

$$估计的坏账损失 = 276\,000 × 5‰ = 1\,380（元）$$
$$本期应计提的坏账准备 = 1\,380 - (1\,320 - 1\,210) = 1270（元）$$

根据计算的结果，作分录如下：

借：资产减值损失——坏账损失　　　　　　　　　　　　　　　　　1 270.00
　　贷：坏账准备——应收账款　　　　　　　　　　　　　　　　　　　1 270.00

若已转销的坏账损失以后又收回，应先冲转其原分录，借记"应收账款"账户，贷记"坏账准备"账户；再作反映收回账款的分录，借记"银行存款"账户，贷记"应收账款"账户。

"坏账准备"是资产类账户，它是"应收账款"和"其他应收款"账户的扣减账户，用以核算企业提取的坏账准备。企业按规定提取坏账准备时，记入贷方；发生坏账损失转销应收款项时，记入借方；期末余额通常在贷方，表示已经提取尚未转销的坏账准备，若期末余额在借方，则表示坏账损失超过坏账准备的数额。在"坏账准备"账户下，应分别设置"应收账款"和"其他应收款"明细分类账。"应收账款"和"其他应收款"账户余额减去"坏账准备"账户所属"应收账款"和"其他应收款"明细账户的余额，表示企业可能收回的应收账款和其他应收款的数额。

第三节　美容经营业务

一、美容经营业务概述

随着人民生活水平的不断提高和科学技术水平的进步，美容消费正成为人们普遍的消费。美容经营业务是指通过服务人员使用美容设备和美容工具，为满足消费者美容需要而收取一定费用的服务业务。其服务项目主要有皮肤护理、眼部护理、手部护理、女生活妆、女晚妆、单剪、单洗、修面、吹风、烫发、染发、焗油护理等。随着科技水平的进一步提高，美容的服务项目正在不断地扩展。

美容经营业务的核算与前述的客房经营业务核算一样，不核算营业成本，将发生的经营耗费全部列入销售费用。

二、美容经营业务收入的核算

美容企业的经营业务收入主要是指皮肤护理、眼部护理、手部护理、女生活妆、女晚妆、单剪、单洗、修面、烫发、吹风、焗油护理等服务项目的收入。美容企业应按照其所属的企业等级水平和具体服务项目的收费标准收费。由于各美容企业的等级、设备、技术水平的不同，收费标准差距较大，因此各美容企业应在营业厅（室）内明码标价，严格按照规定的牌价收费。

美容企业为了招徕消费者，往往发售一定金额的消费卡，对持卡的消费者给予一定幅度的折扣优惠。这样既预收了账款，又吸收了长期稳定的消费者。

美容企业由于规模、等级和管理形式的不同，通常有先收款后服务和先服务后收款两种收款方式。

（一）先收款后服务

一般大、中型的美容厅均设有统一收款台，由收款员专门负责收款。消费者来美容时，先到收款台按自己要求服务的项目付款，持有消费卡的，则按规定的优惠幅度作扣款记录。收款员收款后，发给小票（小牌），消费者凭票（牌）顺序美容，也可以按消费者的意愿挑选服务人员进行美容。营业终了，收款员将收到的现金、信用卡签购单和消费卡的扣款记录与各个服务人员收到的票（牌）核对无误后，填制"营业收入日报表"和收款日报表。两种日报表均一式两联，一联留存，另一联连同收取的现金和结算凭证一并送交财会部门入账。

（二）先服务后收款

有的中小型美容企业不专设收款台，而由美容服务人员先为消费者服务，服务完毕后再根据服务项目按标准收费。

采用这种收款方式的企业，服务人员收费后应及时登记"营业收入台账"，分别登记每一服务人员服务项目的收费数。每日营业终了，由专人负责根据台账统计每一服务人员服务的人次及收入金额，经与收入的现金和结算凭证核对无误后，填制"营业收入日报表"和"收款日报表"。

不论采用哪种收款方式，财会部门均根据营业部门交来的"营业收入日报表"和"收款日报表"入账。

【例 7-5】 新欣美容公司向消费者发售消费卡，持卡者将按牌价享受八折优惠，4 月 15 日，营业部门交来现金、结算凭证、营业收入日报表和收款日报表如图表 7-5 和图表 7-6 所示。

图表 7-5

营业收入日报表

2013 年 4 月 15 日
单位：元

项目	服务人次	单价	金额	消费卡优惠	应收金额
营业收入合计			17 270	2 008	15 262
一、美容部收入			9 450	1 152	8 298
其中：烫睫毛	11	50	550	60	490
皮肤护理	32	50	1 600	200	1 400
眼部护理	12	160	1 920	256	1 664
手部护理	10	100	1 000	120	880
颈部护理	9	100	900	100	800
女生活妆	16	80	1 280	160	1 120
女晚妆	8	180	1 440	180	1 260
新娘整体造型	2	380	760	76	684

续表

项目	服务人次	单价	金额	消费卡优惠	应收金额
二、理发部收入			7 820	856	6 964
其中：单剪	108	10	1 080	112	968
单洗	96	10	960	100	860
单吹	25	10	250	16	234
修面	19	20	380	40	340
吹长波浪	28	20	560	60	500
盘发	8	40	320	40	280
加工护理	7	50	350	40	310
焗油护理	4	380	1 520	152	1 368
烫发	6	280	1 680	224	1 456
染发	2	360	720	72	648

制表：孙芳

图表 7-6

收款日报表

2013 年 4 月 15 日　　　　　　　　　　　　　　　　单位：元

发售消费卡		营 业 收 入	
收款方式	金额	收款方式	金额
现金	4 800	现金	4 230
信用卡	6 000	信用卡	3 000
		消费卡	8 032
合计	10 800	合计	15 262
实收现金人民币玖仟零叁拾元整		溢款　　　　　　短款	
收款人：李焕文		交款人：杨炜	

财会部门将两张日报表审核无误后，将信用卡签购单、计汇单等解存银行。

（1）根据营业收入日报表、收款日报表中营业收入栏中的金额，以及有关的结算凭证，作分录如下：

借：库存现金　　　　　　　　　　　　　　　　　　　　　　　　　　4 230.00

借：银行存款　　　　　　　　　　　　　　　　　　　　　　　　　　2 973.00

借：财务费用——手续费　　　　　　　　　　　　　　　　　　　　　　27.00

借：预收账款　　　　　　　　　　　　　　　　　　　　　　　　　　8 032.00

　　贷：主营业务收入——美容部收入　　　　　　　　　　　　　　　　8 298.00

　　贷：主营业务收入——理发部收入　　　　　　　　　　　　　　　　6 964.00

（2）根据收款日报表中发售消费卡栏中的金额和有关的结算凭证，作分录如下：

借：库存现金　　　　　　　　　　　　　　　　　　　　　　　　　　4 800.00

借：银行存款　　　　　　　　　　　　　　　　　　　　　　　　　　5 946.00

借：财务费用——手续费　　　　　　　　　　　　　　　　　　　　　　54.00

　　贷：预收账款　　　　　　　　　　　　　　　　　　　　　　　　10 800.00

第四节　广告经营业务

一、广告经营业务概述

（一）广告经营业务的意义

广告是指商品经营者或者服务提供者承担费用，通过一定媒介和形式直接或间接地介绍自己而推销的商品或者所提供服务的商业化的大众传播。

广告经营业务涉及广告主、广告经营者和广告发布者三个方面。广告主是指为推销商品或者提供服务，自行或者委托他人设计、制作、发布广告的法人、其他经济组织或者个人。广告经营者是指受委托提供广告设计、制作、代理服务的法人、其他经济组织或者个人。广告发布者是指为广告主或者广告主委托的广告经营者发布广告的法人或者其他经济组织。

广告是一项科学与艺术相结合的活动，广告经营者和广告发布者，围绕广告主的商业要求，经过科学的策划，运用艺术的视觉表现手段，实现广告主的目的。因此广告的本质是一种商业活动，其终极目的是促进商品的销售或者服务的提供。随着经济的发展，广告业在国民经济中将发挥越来越重要的作用。

（二）广告的种类

广告的种类繁多，按发布广告的媒体形式来分，有电波广告、印刷广告和空间广告三种。

电波广告是指以电波形式发布的广告，如电视、广播和网络等。印刷广告是指以印刷物、平面传播形式发布的广告，如报纸、杂志等。空间广告是指利用建筑物、道路、天空等空间形式发布的广告，它又可以分为户外广告和漂浮广告。户外广告是指以路牌、灯箱、LED 看板、电视墙等形式发布的广告。漂浮广告是指以气球、飞艇、喷雾等形式发布的广告。

二、广告经营业务收入的核算

广告企业与广告主通过沟通，达成广告业务的初步意向后，广告企业向广告主交付设计初稿，报出简单预算，经双方协商达成一致后，再签订广告制作和发布合同，在广告制作方面，广告企业根据合同的约定向广告主交付设计方案，报出广告制作预算，并预收50%的账款，届时借记"银行存款"账户；贷记"预收账款"账户。然后开始进行广告制作，广告制作完工，交付广告主验收合格后，确认广告经营业务收入的实现，届时按已预收的款项，借记"预收账款"账户；按已确认的收入与预收账款之间的差额，借记"应收账款"账户；按已确认的收入，贷记"主营业务收入"账户。

在广告发布方面，按合同约定的日期发布广告，收取广告发布款，月末确认收入时，借记"银行存款"或"应收账款"账户；贷记"主营业务收入"账户。

【例 7-6】　江南广告公司与林达酒业公司签订合同，为其制作推销干红葡萄酒的灯箱广告 25 个，画面制作费为 20 000 元，广告的发布期为 1 年，自 2010 年 4 月 1 日至 2011 年 3 月 31 日。发布费为 180 000 元，在每月发布后的月末结算。

（1）3 月 1 日，预收为林达酒业公司制作干红葡萄酒灯箱广告画面款的 50%，当即收到转账支票 10 000 元，存入银行，作分录如下：

借：银行存款　　　　　　　　　　　　　　　　　　　　　　　10 000.00

　　贷：预收账款——林达酒业公司　　　　　　　　　　　　　　　　　　10 000.00

（2）3月31日，干红葡萄酒灯箱广告的画面制作完毕，经林达酒业公司验收合格，当即填制销售发票20 000元，予以入账，作分录如下：

　　借：预收账款——林达酒业公司　　　　　　　　　　　　　　　　　　10 000.00
　　借：应收账款——林达酒业公司　　　　　　　　　　　　　　　　　　10 000.00
　　　贷：主营业务收入——广告制作收入　　　　　　　　　　　　　　　20 000.00

（3）4月30日，收到林达酒业公司付来干红葡萄酒广告画面制作其余50%的账款10 000元和本月份干红葡萄酒广告的发布费15 000元，存入银行，作分录如下：

　　借：银行存款　　　　　　　　　　　　　　　　　　　　　　　　　　25 000.00
　　　贷：主营业务收入——广告发布收入　　　　　　　　　　　　　　　15 000.00
　　　贷：应收账款——林达酒业公司　　　　　　　　　　　　　　　　　10 000.00

三、广告经营业务成本的核算

广告企业经营广告业务，其成本可分为制作成本和发布成本。

电波广告的制作成本是指制作播放广告用的盘片而发生的成本，电波广告的发布成本是指支付给电视台、电台和网络公司的发布费用。户外广告的制作成本是指户外广告画面的制作费用及其安装费和维护费等。广告企业发生广告制作成本时，借记"主营业务成本"账户；贷记"原材料"、"应付职工薪酬"、"银行存款"等有关账户。

【例7-7】　3月31日，江南广告公司为林达酒业公司制作干红葡萄酒广告的画面，已安装完毕，共领用原材料8 000元，分配制作和安装人员的薪酬4 500元，发生费用2 600元，以银行存款支付，作分录如下：

　　借：主营业务成本——广告制作成本　　　　　　　　　　　　　　　　15 100.00
　　　贷：原材料　　　　　　　　　　　　　　　　　　　　　　　　　　 8 000.00
　　　贷：应付职工薪酬　　　　　　　　　　　　　　　　　　　　　　　 4 500.00
　　　贷：银行存款　　　　　　　　　　　　　　　　　　　　　　　　　 2 600.00

户外广告的发布成本有阵地费、柜架制作费、户外广告登记费等。阵地费是指租用设置户外广告场地所发生的费用。

【例7-8】　江南广告公司准备在南北高架上设置25只灯箱广告。并向南北高架管理公司租用设置灯箱广告的场地，租期为5年，每年租用费90 000元，从4月1日起算，在每个季度租用前预付。

（1）3月1日，向兴安公司定制灯箱广告框架25只，每只9 000元，计金额225 000元，签发转账支票预付其30%的账款67 500元，作分录如下：

　　借：预付账款——兴安公司　　　　　　　　　　　　　　　　　　　　67 500.00
　　　贷：银行存款　　　　　　　　　　　　　　　　　　　　　　　　　67 500.00

（2）3月31日，签发转账支票支付给南北高架管理公司第二季度租用设置灯箱广告的场地费22 500元，作分录如下：

　　借：预付账款——南北高架管理公司　　　　　　　　　　　　　　　　22 500.00
　　　贷：银行存款　　　　　　　　　　　　　　　　　　　　　　　　　22 500.00

（3）3月31日，兴安公司制作的灯箱广告框架25只已竣工，验收使用，签发转账支票支付其余70%的账款，作分录如下：

借：固定资产　　　　　　　　　　　　　　　　　　　　　　225 000.00
　　贷：预付账款——兴安公司　　　　　　　　　　　　　　　　67 500.00
　　贷：银行存款　　　　　　　　　　　　　　　　　　　　　157 500.00

（4）4月1日，签发转账支票支付广告管理部门户外广告登记费2 000元，作分录如下：

借：主营业务成本——广告发布成本　　　　　　　　　　　　　2 000.00
　　贷：银行存款　　　　　　　　　　　　　　　　　　　　　2 000.00

（5）4月30日，灯箱广告框架预计使用5年，预计净残值为零，用直线法计提其折旧，并将租用的阵地费入账，作分录如下：

借：主营业务成本——广告发布成本　　　　　　　　　　　　11 250.00
　　贷：累计折旧　　　　　　　　　　　　　　　　　　　　　3 750.00
　　贷：预付账款　　　　　　　　　　　　　　　　　　　　　7 500.00

广告企业设置的户外广告设施，即使没有接到广告发布业务，其所支付的阵地费和计提的广告框架折旧费，仍应作为广告的发布成本入账。

有的广告企业虽然接到了广告发布的业务，却没有适合广告主要求的广告发布阵地，届时可以以广告主代理人的身份与拥有广告阵地的广告发布企业洽谈广告发布业务，洽谈成功后，代理广告企业支付给广告发布企业的发布费即为其广告发布成本。

第五节　沐浴经营业务

一、沐浴经营业务概述

沐浴业是服务业的重要组成部分，沐浴经营业务是指以服务人员的辛勤劳动、特种技艺，应用各种服务设备，为消费者提供洁身、健身、治病等综合服务的业务。沐浴经营业务的服务项目有桑拿浴、热水浴、温泉浴、助浴、扦脚、括捏脚、头部按摩、背部按摩和脚部按摩等。为满足社会的需要，有的沐浴企业还兼营棋牌房、休息房、客房、餐饮、美容等业务；也有的还附设小卖部销售食品、水果、香烟、打火机等物品。

二、沐浴经营业务收入的核算

沐浴企业（温泉浴企业除外）通常采取先服务后收款的方式，沐浴企业服务区的入口处，由专人负责向消费者发放号牌和电子门锁，消费者凭号牌和电子门锁开衣物箱存放衣物，凭号牌接受各项服务后，签单确认，在离开服务区的出口处，设置收款台，收款员根据消费者的消费记录向消费者收取服务费。

经营温泉浴的企业，因浴费较高，通常采取先收费后服务的方式，消费者先在收款台购买浴券，同时发给号牌和电子门锁，凭券入浴，消费者接受助浴等其他服务项目时，要签单确认，在离开服务区时，要向收款台付清追加的服务费。

无论采取哪种方式，每日营业终了，服务部门均应将消费者接受服务项目的单据转交财会部门，收款部根据收款情况编制营业收入日报表，一式数联，其中一联连同现金和信用卡签购单，一并送交财会部门，经财会部门对双方的单据审核无误后，据以入账。

【例7-9】　太平洋沐浴公司收款台交来"营业收入日报表"如图表7-7所示。

图表 7–7

营业收入日报表

2013 年 3 月 20 日　　　　　　　　　　　　　　　　单位：元

项　　目	服务人次	单　　价	金　　额	收款情况
营业收入合计			12 230	
（一）男子部			4 544	
其中：淋浴	76	24	1 824	
池浴	85	32	2 720	现金：7 230
（二）女子部			3 888	信用卡：5 000
其中：淋浴	78	24	1 872	收款合计：12 230
盆浴	56	36	2 016	
（三）其他			3 798	长款：_____
其中：助浴	26	30	780	短款：_____
扦脚	16	30	480	
括捏脚	18	45	810	
头部按摩	15	36	540	
背部按摩	12	36	432	
脚部按摩	21	36	756	

收款人：胡云龙　　　　　　　　　　　　　　　　交款人：刘明敏

并交来现金和信用卡签购单，信用卡手续费率为 9‰，经审核无误，作分录如下：

借：库存现金　　　　　　　　　　　　　　　　　　　　　　7 230.00
借：银行存款　　　　　　　　　　　　　　　　　　　　　　4 955.00
借：财务费用　　　　　　　　　　　　　　　　　　　　　　　45.00
　贷：主营业务收入——男子部　　　　　　　　　　　　　4 544.00
　贷：主营业务收入——女子部　　　　　　　　　　　　　3 888.00
　贷：主营业务收入——其他　　　　　　　　　　　　　　3 798.00

三、沐浴经营业务成本的核算

沐浴经营业务成本包括沐浴耗用的水、燃料、毛巾等各种原材料，直接为消费者提供服务人员的薪酬，沐浴设施的折旧和各种工具、用具的摊销等直接为开展沐浴经营业务而发生的耗费。

企业发生沐浴经营业务成本时，借记"主营业务成本"账户；贷记"原材料"、"应付职工薪酬"、"累计折旧"、"低值易耗品"等相关账户。

第六节　洗染经营业务

一、洗染经营业务概述

洗染经营业务是指为消费者的服装、床上用品及其他纺织品进行洗烫、染色、修补、织补和去渍等服务业务。

由于服务项目种类繁杂，数量又多，为完善管理，防止差错，应建立严格的收发、核对制度。

二、洗染经营业务收入的核算

洗染经营业务的营业收款办法一般是先服务、后收款。营业员在接受来件时，填写一式三联的"取衣凭单"，凭单上注明衣物的品名、颜色、质地、数量，送件人的姓名、地址，送取件日期等。该凭单一联交客户作为取件凭证，另一联由业务部门保存并据以登记"营业日记簿"，其格式如图表7-8所示。

图表7-8

营业日记簿

月	日	客户	联系地址	品名	数量	金额	加工种类					取物时间
							洗烫	修补	织补	上光	其他	
3	25	陈天白	新闸路918号	西装	1	80	20		60			3.30
				西裤	1	10	10					3.28
				衬衫	2	20	20					3.28
	25	赵飞	武定路112号	羽绒服	1	30	30					3.29
				衬衫	1	10	10					3.28
	25	张扬	石门路725号	长裙	1	75	20		50			3.30
				时装衫	1	25	25					3.28
	25	刘思海	康定路135号	皮夹克	1	100				100		4.5
	25	周兰苏	北京路976号	羊毛毯	1	40	40					3.30
				鸭绒被	1	50	50					3.30
	25	俞学胜	新闸路825号	床罩	2	60	60					3.29
				被单	2	30	30					3.29
				被套	2	40	40					3.29
	25	蒋洪	昌北路71号	皮风衣	1	200		80		120		4.8
	25	孙琳	康定路96号	衬衫	2	20	20					3.28
				领带	2	20	20					3.28
本日小计						6 900	5 350	360	450	740		

"营业日记簿"是由营业员根据"取衣凭单"存根逐笔序时登记，计算出逐日营业额和累计营业额的簿籍。根据它可以检查到期衣物是否完工，记载取件及收款日期，并作为月终盘点衣物的主要依据。每日营业终了，营业员根据营业日记簿和取衣凭单存根编制"营业收入日报表"，一式两联，一联留存，另一联连同现金送交财会部门入账。

【例7-10】　昌盛洗染公司营业部门交来收取的现金和营业收入日报表如图表7-9所示。

图表 7-9

营业收入日报表

2013 年 3 月 25 日

项　　目	本日发生		本月累计		备注
	件数	金额	件数	金额	
一、营业收入合计	238	6 900	5 645	161 900	
其中：洗烫	219	5 350	5 232	128 450	
修补	4	360	82	7 560	
织补	8	450	184	10 350	
皮装上光	7	740	147	15 540	
二、收取现金		6 680			
应收业务款余额	31 840.00				
实收现金（大写）：陆仟陆佰捌拾元整　　　长款：　　　　　短款：					
收款人：周凯				交款人：王志芳	

（1）3 月 25 日，将营业收入日报表审核无误后，根据营业收入额作分录如下：

借：应收账款　　　　　　　　　　　　　　　　　　　　6 900.00

　贷：主营业务收入——洗烫收入　　　　　　　　　　　　　5 350.00

　贷：主营业务收入——修补收入　　　　　　　　　　　　　 360.00

　贷：主营业务收入——织补收入　　　　　　　　　　　　　 450.00

　贷：主营业务收入——皮装上光　　　　　　　　　　　　　 740.00

（2）3 月 25 日，将收取的现金 6 680 元入账，作分录如下：

借：库存现金　　　　　　　　　　　　　　　　　　　　6 680.00

　贷：应收账款　　　　　　　　　　　　　　　　　　　　6 680.00

洗染企业有时由于管理上和技术操作上的缺点，发生衣物损坏或差错，需要作减免收费的或作价赔偿的，应在收衣凭单上注明原因，请客户签字证明。需要减免收费的由负责人审批签字确认后在当日"营业收入日报表"抵减当天收入数，需要作价赔偿的，应由负责人签字确认后列入"营业外支出"账户。

三、洗染经营业务的成本核算

洗染企业的原材料主要有染料、助染药剂，各种洗涤剂、水、修补材料和织补材料等。洗染经营业务耗用直接材料、耗费的直接人工和直接费用所发生的主营业务成本的核算与前节沐浴经营业务的核算基本相同，不再重述。

第七节　照相经营业务

一、照相经营业务概述

照相经营业务是指利用摄影艺术和造型艺术，为消费者提供人物和实物影像的服务业务。照相经营业务的服务项目有照相、扩印、代客冲洗和出售胶卷，出租礼服、首饰等业务；有的照相企业还经营照相器材和相册的零售、照相机出租和代客邮寄等业务。

二、照相经营业务各种收入的核算

（一）照相业务收入核算

照相企业通常是采取先收款、后服务的收款方式。消费者要求照相或者数码扩印时，先到营业部门开票交款，营业部门收取服务费，并填制一式三联的"工作单"，一联交消费者凭单取件，一联是工作凭证，另一联留作存根。每日营业终了，将存根汇总金额与收取的服务费核对无误后，填制"营业收入日报表"。该表一式两联，一联留存备查，一联连同收取的现金和信用卡签购单送交财会部门入账。

【例 7-11】　中兴照相馆收到营业部门交来的营业收入日报表如图表 7-10 所示。

图表 7-10

营业收入日报表

2013 年 3 月 15 日　　　　　　　　　　　　　　　　单位：元

项　目	数　量	单　价	金　额	收款情况
营业收入合计	—	—	7 326.00	
一、照相收入			5 016.00	
证件照 1 寸	45	22.00	990.00	
证件照 2 寸	16	30.00	480.00	现金：4 326.00
生活照 7 寸	7	38.00	266.00	信用卡：3 000.00
商务照 7 寸	6	75.00	450.00	合计金额：7 326.00
2~3 人全家福 7 寸	2	75.00	150.00	长款：＿＿＿
4~6 人全家福 7 寸	1	180.00	180.00	短款：＿＿＿
豪华婚纱套系	1	2 500.00	2 500.00	
二、数码扩印			2 310.00	
15 张以上 5 寸（张）	1 160	0.60	696.00	
15 张以上 6 寸（张）	760	0.80	608.00	
15 张以上 7 寸（张）	230	1.20	276.00	
15 张以下 5 寸（张）	360	0.80	288.00	
15 张以下 6 寸（张）	250	1.00	250.00	
15 张以下 7 寸（张）	120	1.60	192.00	

收款人：华云亭　　　　　　　　　　　　　　　　交款人：章云

财会部门收到营业部门交来的现金、信用卡签购单，将营业收入日报表审核无误后，作分录如下：

借：库存现金　　　　　　　　　　　　　　　　　　　　4 326.00
借：银行存款　　　　　　　　　　　　　　　　　　　　2 973.00
借：财务费用　　　　　　　　　　　　　　　　　　　　　 27.00
　　贷：主营业务收入——照相收入　　　　　　　　　　　　5 016.00
　　贷：主营业务收入——数码扩印收入　　　　　　　　　　2 310.00

照相企业的各种产品，由于质量问题或消费者提出异议，可以补照。如果消费者因时间不允许不能补照，在征得企业负责人同意后，视情况可以部分退款或全部退款；退款时需填写"退款单"。大多数照相企业是利用原工作单用红字填写，由消费者签字，再经领导签字后，退付现金，而且随同营业收入日报表送财会部门作冲减主营业务收入处理。进行账务处理时，财会人员可根据退款单，借记"主营业务收入——照相收入"账户；贷记"库存现金"账户。

（二）出租业务收入的核算

照相企业出租业务一般有两类：一类是出租礼服、首饰；另一类是出租婚纱、照相工具。

出租的礼服、首饰是消费者用来拍摄照片的，一般拍摄前由服务人员为其穿戴，然后在本企业拍摄，因此不收押金，其租费已计入拍摄费内。

出租婚纱、照相工具一般需要收取押金，消费者能当天归还的不予入账，如当天不能归还的，收取的押金在"其他应付款"账户核算。收取时，借记"库存现金"账户，贷记"其他应付款"账户。消费者在归还婚纱、照相工具时，应先扣除其租金后再退还其押金。届时，根据原收押金数额借记"其他应付款"账户；根据应收租金数额贷记"主营业务收入"账户；两者之间的差额，则是应退给消费者的现金，应贷记"库存现金"账户。

（三）代办照片邮寄的核算

为满足异地消费者的需要，一些照相企业还专设代办邮寄照片的业务。在接受异地消费者的邮寄时，除拍摄费用外，另外收取一定的代办费用。代办费用收入一般在"其他应付款"总账账户下设"暂收邮资"明细分类账户进行核算。收取代办费的同时，借记"库存现金"账户，贷记"其他应付款——暂收邮资"账户，在办理邮寄支付邮寄费用时，借记"其他应付款——暂收邮资"账户，贷记"库存现金"账户。

三、照相经营业务成本的核算

照相经营业务成本的核算，只核算耗用原材料总成本，不计算每种产品的单位成本。除耗用的原材料、直接人工和直接费用外，发生的其他各项费用，都不计入成本，而作为销售费用处理。其核算方法将在第十二章阐述。照相经营业务成本的具体核算方法与餐饮企业基本相同，不再重述。

第八节　修理经营业务

一、修理经营业务概述

修理经营业务是修理人员应用设备、工具和材料，以一定的技艺技巧从事修复、整新各种用具和用品。修理服务项目主要有：修理家用电器、钟表、照相机、文体用品、家具、皮鞋、自行车、助动车、五金白铁制品等。修理企业起到了延长用具、用品的使用寿命，节约社会财富的作用。

修理经营业务的特点主要表现在以下三个方面：首先，修理经营业务服务面广，修理对象繁杂，因此，其经营方式和收款方法也多种多样；其次，修理经营业务劳动生产率、机械化程度低，大多经济效益不高。由于修理品种、损坏程度各不相同，多数的修理经营业务以手工操作居多，无法采用机械化或自动化，因此工时消耗多，收费价格绝对不允许超过物品本身的价格，使收费只能在低水平上，经济效益不高。最后，尽管修理经营业务经济效益不高，但它涉及千家万户，有利于整个社会节约物资，其社会效益不可估量。

二、修理经营业务收入的核算

修理经营业务的收款方式一般有：先服务后收款方式；先收款后服务方式；上门修理收款方式；立等可取服务收款方式等。由于收款方式不同，其核算方法也各异。

（一）先服务后收款方式的核算

有些修理业务事先难以确定正确的价格，需修理完工后，才能确定所配零件和修理工时。例如手表、电视机、音响设备等的修理，这些修理业务一般先承接，在接件时，先了解消费者修理要求，告诉其修理估价数，消费者同意修理后，开具一式三联修理单，第一联交消费者取件，第二联随修理物品交给修理部门，第三联留存备查。物品修好后，根据修理单所配零件加价成本（所谓加价成本即成本加上一定毛利）加上修理工费，即能定出修理费总价，在消费者取件时，营业员根据修理总价填制发票，收取修理费后，再交付修好的物品。在每天营业终了，营业员编制营业收入日报表连同收取的现金送交财会部门入账。

【例7-12】　宏兴电视机修理行有关电视机修理收入的经济业务如下。

（1）3月10日，电视机修理完工，经检验合格。应收电视机修理费5 100元，作分录如下：

借：应收账款　　　　　　　　　　　　　　　　　　　　　　　5 100.00
　　贷：主营业务收入　　　　　　　　　　　　　　　　　　　　　5 100.00

（2）3月10日，客户领取修好的电视机，收取现金4 800元，作分录如下：

借：库存现金　　　　　　　　　　　　　　　　　　　　　　　4 800.00
　　贷：应收账款　　　　　　　　　　　　　　　　　　　　　　　4 800.00

（二）先收款后修理服务方式的核算

有些修理业务，如修伞、修理电水壶等，可按修理收费标准，采取先收款后修理的服务方式。

消费者送交修理物品时，营业员根据消费者的修理要求，确定修理金额，然后开具一式三联修理单，第一联交消费者取货，第二联连同修理物件交给修理部门，第三联留存备查。每天营业终了，营业员编制营业收入日报表，连同收取的现金送交财会部门入账。

【例7-13】　西门修理行从事电水壶、高压锅等的修理业务，实行先收款后修理服务方式。

（1）3月15日，收取消费者预付的电水壶修理费250元，高压锅修理费200元，作分录如下：

借：库存现金　　　　　　　　　　　　　　　　　　　　　　　450.00
　　贷：预收账款　　　　　　　　　　　　　　　　　　　　　　　450.00

（2）3月16日，消费者领取修好的电水壶和高压锅，共计修理费460元，扣除预收的450元外，还补收修理费10元，作分录如下：

借：库存现金　　　　　　　　　　　　　　　　　　　　　　　10.00
借：预收账款　　　　　　　　　　　　　　　　　　　　　　　450.00
　　贷：主营业务收入　　　　　　　　　　　　　　　　　　　　　460.00

（三）上门修理业务方式的核算

对某些物件因笨重搬运不便，如电冰箱、空调机、复印机、洗衣机等；或需上门修理的，如修开门锁等。营业员在接待消费者或接到消费者电话时先要问清情况，然后填写上门修理证，一式两份，一份留存备查，一份交修理部门，由其指派修理工上门修理。修理工上门修理完毕后，根据修理配料、修理工时、往返路程等在一式两份修理发票上填写修理金额，一联交消费者，另一联连同所收取的现金交给营业员，营业员在当日营业终了后，汇集外修修理发票及现金填制营业收入日报表。财会部门将报来的营业收入日报表与交来的现金核对无误后，据以借记"库存现金"账户，贷记"主营业务收入"账户。

（四）立等可取业务服务方式的核算

某些修理业务耗用工费很少，修理物件立等可取，当场收费，如金银饰品、拉链、打火机、配钥匙等。这种服务方式，营业部门营业员接件时，先要洽谈修理价格，然后再交修理部门进行修理，待修理部门修理完毕后，填写修理收款单。每日营业终了，营业员汇总所有修理工当日的修理金额，填制一式两联营业收入日报表，一联由营业部门保存，另一联连同现金送交财会部门入账。

三、修理业的成本核算

修理经营业务的成本，通常只核算修理过程中耗用的零配件和修理材料。修理企业的成本是以"主营业务成本"账户核算的。通常在月末根据领料单汇总当月领用的原材料或配件编制"耗用原材料汇总表"，据以借记"主营业务成本"账户，贷记"原材料"账户。

【例7-14】　宏兴家电修理行，3月31日收到修理部门送交的耗用原材料汇总表，共耗用原材料11 220元，作分录如下：

借：主营业务成本　　　　　　　　　　　　　　　　　　　　11 220.00
　　贷：原材料　　　　　　　　　　　　　　　　　　　　　　　11 220.00

第九节　娱乐经营业务

一、娱乐经营业务概述

娱乐企业包括卡拉OK、KTV包房、弹子房、健身房、舞厅、游泳馆、乒乓房、游戏机房、棋牌室、射击场、溜冰场、保龄球场、网球场和高尔夫球场等。

娱乐经营业务是指利用企业拥有的娱乐场所和娱乐设置为消费者提供娱乐服务的业务。它为丰富人民的精神文化生活发挥着重要的作用。娱乐企业在满足消费者娱乐需求的同时，又要有适当的盈利，这就必须加强经营管理和核算。

由于娱乐经营业务发生的直接耗费不多，因此娱乐企业通常不核算娱乐经营业务成本，其发生的直接耗费列入"销售费用"账户。

二、娱乐经营业务收入的核算

娱乐企业必须指定专人售票，一种方式是出售门票时，一手收钱、一手付票，到营业终了，根据售出门票数及收取的现金填制一式两联营业收入日报表。另一种方式是开出一式两联的收款收据，一联交消费者凭据入场，另一联留存备查，营业终了据以汇总填制营业收入日报表。无论是一手收钱、一手付票的售票方式，还是开出收据的售票方式，营业员都应在当天营业结束后将现金和营业收入日报表送交财会部门。

消费者凭票（收据）入场，部门服务员收票接待，各部门服务人员根据门票（收据）编制营业收入日报表。报表一式两联，一联交财会部门，一联留存备查。财会部门将营业收入日报表与交来的现金核对无误后，据以借记"库存现金"账户，贷记"主营业务收入"账户。

练 习 题

一、简答题

1. 什么是服务企业？它有哪些经营业务和经营特点？

2. 什么是客房经营业务？它有哪些特点？

3. 试述客房经营业务收入的确认和计量。

4. 什么是坏账损失？其有哪两种核算方法？

5. 什么是广告？广告经营业务涉及哪三个方面？分述它们的定义。

6. 广告经营业务的成本可分为哪两类？分述这两类经营业务成本的构成。

7. 什么是沐浴经营业务？它的主营业务成本是如何核算的？

8. 什么是修理经营业务？它有哪几种收款方式？

二、名词解释题

直接转销法　备抵法　美容经营业务　电波广告　洗染经营业务　照相经营业务　娱乐经营业务

三、是非题

1. 客房可以出租，但不能储存，如在规定的时间内不出租，其效用就自然消失，销售就无法收回，因此企业应积极开展客房的营销活动。　　　　　　　　　　　　　　　　　　　（　　）

2. 发生的坏账损失，由于采用备抵法核算比较烦琐复杂，因此通常采用简便易行的直接转销法。　　　　　　　　　　　　　　　　　　　　　　　　　　　　　　　　　　（　　）

3. 广告经营者是指受托提供广告设计、制作服务的法人、其他经济组织或者个人。（　　）

4. 代理广告企业支付给广告发布企业的发布费即为广告发布成本。　　　　　　（　　）

5. 照相企业除了核算耗用原材料总成本外，还要核算每种产品的单位成本。　　（　　）

6. 修理企业的成本只核算修理过程中耗用的零配件和修理材料，不核算人工费用。（　　）

四、单项选择题

1. 预提坏账准备是以信息质量要求中的_____为依据的。

   A. 可比性　　　　　B. 重要性　　　　　C. 谨慎性　　　　　D. 相关性

2. 利用建筑物、道路和天空等发布的广告是_____。

   A. 印刷广告　　　　B. 户外广告　　　　C. 漂浮广告　　　　D. 空间广告

3. 洗染企业由于管理上和技术操作上的失误，发生衣物损坏而需要作价赔偿的应_____账户。

   A. 冲减"主营业务收入"　　　　　　　B. 列入"主营业务成本"

   C. 列入"管理费用"　　　　　　　　　D. 列入"营业外支出"

五、多项选择题

1. 客房出租的主要价格有_____。

   A. 标准房价　　　　B. 团队房价　　　　C. 合同房价　　　　D. 实际出租房价

2. 户外广告的发布成本有_____等。

   A. 阵地费　　　　　B. 框架制作费　　　C. 广告画面制作费　D. 户外广告登记费

3. 具有生产、服务、销售三项功能的服务经营业务有_____。

  A. 照相　　　　　　B. 客房　　　　　　　C. 洗染　　　　　　　　D. 修理

  E. 广告　　　　　　F. 娱乐

4. 除了发生销售费用外，还发生主营业务成本的服务企业有_____。

  A. 客房经营业务　　　　　B. 美容经营业务　　　　　C. 浴池经营业务

  D. 广告经营业务　　　　　E. 洗染经营业务　　　　　F. 照相经营业务

  G. 娱乐经营业务　　　　　H. 修理经营业务

六、实务题

习题一

一、**目的**　练习客房经营业务先收款后入住结算方式的核算。

二、**资料**　宁海饭店收到总服务台交来营业收入日报表如图表 7-11 所示。

图表 7-11

营业收入日报表

2013 年 4 月 1 日　　　　　　　　　　　　　　　　　　　　　　　　　单位：元

营 业 收 入					预 收 房 费		备注
项目＼房型	单人房	标准房	套房	合计			
房费	2 280	7 200	4 000	13 480	上日结存	56 780	
加床					本日预收	16 810	
餐饮费	200	1 750	390	2 340	其中：现金	7 930	
小酒柜	15	140	55	210	信用卡签购单	7 000	
其他					转账支票	1 880	
合计	2 495	9 090	4 445	16 030	本日应收	16 030	
出租客房间数：55 间					本日结存	57 560	
空置客房间数：8 间					长款：　　　　短款：		

  1. 4 月 1 日，营业收入日报表经审核无误，根据该表中"营业收入"栏中的数额入账。

  2. 4 月 1 日，收到总服务台交来现金、信用卡签购单和转账支票，已全部解存银行，信用卡手续费率为 9‰。

三、**要求**　编制会计分录。

习题二

一、**目的**　练习客房经营业务先入住后收款结算方式的核算。

二、**资料**

（一）长宁宾馆实行先入住后付款结算方式，总服务台交来营业收入日报表如图表 7-12 所示。

图表 7-12

营业收入日报表

2013 年 4 月 25 日　　　　　　　　　　　　　　　　　　　　　　　　　单位：元

营 业 收 入					结 欠 房 费		备注
项目＼房型	单人房	标准房	套房	合计			
房费	2 800	11 900	4 500	19 200	上日结欠	86 560	
加床		400		400	本日应收	23 480	
餐饮费	120	3 080	430	3 630	本日收回	21 390	

续表

营业收入					结欠房费		备　注
项目＼房型	单人房	标准房	套房	合计			
小酒柜 其他	20	180	50	250	其中：现金	10 190	
合计	2 940	15 560	4 980	23 480	信用卡签购单	8 000	
					转账支票	3 200	

出租客房间数：80 间　　　本日结欠　88 650

空置客房间数：8 间　　　长款：　　　短款：

收款人：胡文海　　　　交款人：黄学清　　　　制表：钱忠

1. 4 月 25 日，根据营业收入日报表中"营业收入"栏的数额入账。

2. 4 月 25 日，信用卡结算手续费率为 9‰，根据"营业收入日报表"中结欠房费栏的"本日收回"各项目的数额入账。

（二）卢湾饭店对坏账损失采用备抵法，12 月 1 日"坏账准备"账户为贷方余额 1 110 元，接着又发生下列有关的经济业务。

1. 12 月 5 日，应收凌林公司客房款 1 080 元，因该公司已破产而无法收回，经批准转作坏账损失处理。

2. 12 月 31 日，应收账款账户余额 245 000 元，按 5‰坏账准备率计提坏账准备。

3. 12 月 31 日，若该饭店 12 月 1 日"坏账准备"账户为贷方余额 960 元，其他资料不变，计提其坏账准备。

三、**要求**　编制会计分录。

习题三

一、**目的**　练习美容经营业务的核算。

二、**资料**　华欣美容院实行先收款后服务收款方式；现发生下列有关的经济业务。

1. 3 月 15 日，营业部门交来现金、结算凭证、营业收入日报表和收款日报表如图表 7-13 和图表 7-14 所示。

图表 7-13

营业收入日报表

2013 年 4 月 15 日　　　　单位：元

项目	服务人次	单价	金额	消费卡优惠	应收金额
营业收入合计			15 820	1 798	14 022
一、美容部收入			8 900	1 030	7 870
其中：烫睫毛	12	50	600	70	530
皮肤护理	30	50	1 500	160	1 340
眼部护理	15	160	2 400	288	2 112
手部护理	12	100	1 200	140	1 060
颈部护理	10	100	1 000	120	880
女生活妆	14	80	1 120	144	976
女晚妆	6	180	1 080	108	972
二、理发部收入			6 920	768	6 152
其中：单剪	102	10	1020	104	916
单洗	95	10	950	98	852
单吹	26	10	260	20	240
修面	21	20	420	48	372
吹长波浪	26	20	520	52	468
加工护理	9	50	450	50	400
焗油护理	5	380	1 900	228	1 672
烫发	5	280	1 400	168	1 232

制表：王文娟

图表 7-14

收款日报表

2013 年 4 月 15 日　　　　　　　　　　　　　　　　单位：元

发售消费卡		营 业 收 入	
收款方式	金额	收款方式	金额
现金	4 100	现金	2 830
信用卡	7 000	信用卡	4 000
		消费卡	7 192
合计	11 100	合计	14 022
实收现金陆仟玖佰叁拾元整		长款　　　短款	

收款人：刘光辉　　　　　　　　　　　　　　　交款人：周琳

经审核无误后，将信用卡签购单、计汇单等解存银行，根据营业收入日报表和收款日报表"营业收入"栏的数额入账，信用卡手续费率为9‰。

2. 3 月 15 日，根据收款日报表中发售消费卡栏中的金额和有关的结算凭证入账。

3. 3 月 15 日，将当天收款日报表中收入的现金全部解存银行。

三、**要求**　编制会计分录。

习题四

一、**目的**　练习广告经营业务的核算。

二、**资料**　市南广告公司与沪光服装公司签订合同，为其制作推销系列服装的灯箱广告 30 个。画面制作费为 24 000 元，广告的发布期为 1 年，自 2010 年 7 月 1 日至 2011 年 6 月 30 日，发布费为 198 000 元，在每月发布后的月末结算。

1. 6 月 1 日，预收沪光服装公司制作系列服装灯箱广告画面款的 60%，当即收到转账支票 14 400 元，存入银行。

2. 6 月 1 日，向恒通公司定制灯箱广告框架 30 只，每只 8 500 元，计金额 255 000 元，签发转账支票，预付其 40% 的账款 102 000 元。

3. 6 月 29 日，系列服装灯箱广告的画面制作完毕，经沪光服装公司验收合格，当即填制销售发票，予以入账。

4. 6 月 30 日，签发转账支票支付给东西高架管理公司第三季度租用设置灯箱广告的场地费 25 200 元。

5. 6 月 30 日，恒通公司制作的灯箱广告框架 30 只已竣工，验收使用，签发转账支票支付其余 70% 的账款。

6. 6 月 30 日，为沪光服装公司制作的系列服装广告的画面，共领用原材料 8 400 元，支付制作和安装人员薪酬 4 860 元，发生费用 3 020 元，以银行存款支付。

7. 7 月 1 日，签发转账支票支付广告管理部门户外广告登记费 1 880 元。

8. 7 月 5 日，收到沪光服装公司付来系列服装广告画面制作其余 40% 的账款 9 600 元，存入银行。

9. 7 月 31 日，收到沪光服装公司付来本月份系列服装广告的发布费 16 500 元，存入银行。

10. 7 月 31 日，灯箱广告框架预计使用 5 年，预计净残值为零，用直线法计提其折旧，并将本月份租用的阵地费入账。

三、**要求**　编制会计分录。

习题五

一、**目的**　练习沐浴经营业务的核算。

二、**资料**　武宁沐浴公司收款部门报来营业收入日报表如图表 7-15 所示。

138

图表 7-15

营业收入日报表

2013 年 4 月 10 日

项　目	服务人次	单　价	金　额	收 款 情 况
营业收入合计			11 127.00	
（一）男子部			4 152.00	
其中：淋浴	69	24.00	1 656.00	
池浴	78	32.00	2 496.00	
（二）女子部			3 492.00	现金：7 107.00
其中：淋浴	72	24.00	1 728.00	信用卡：4 000.00
盆浴	49	36.00	1 764.00	长款：_____
（三）其他			3483.00	短款：20.00　原因：待查
其中：助浴	24	30.00	720.00	
扦脚	15	30.00	450.00	
括捏脚	17	45.00	765.00	
头部按摩	14	36.00	504.00	
背部按摩	11	36.00	396.00	
脚部按摩	18	36.00	648.00	

收款人：王明达　　　　　　　　　　　　　　　　　　交款人：周莹玉

并收到收款部门送来的现金及信用卡签购单。

1. 4 月 10 日，营业收入日报表及现金和信用卡签购单，经审核无误后，予以入账，信用卡手续费率为 9‰。

2. 4 月 10 日，将现金解存银行。

3. 4 月 12 日，今查明 10 日短款 20 元是收款工作中的差错，经批准作为企业损失。

三、要求　编制会计分录。

习题六

一、目的　练习洗染经营业务的核算。

二、资料　兴安洗染公司营业部门交来收取的现金和营业收入日报表如图表 7-16 所示。

图表 7-16

营业收入日报表

2013 年 3 月 28 日　　　　　　　　　　　　　　　　　　　　　　单位：元

项　目	本日发生		本月累计		备　注
	件数	金额	件数	金额	
一、营业收入合计	224	6 430.00	6 196	177 840.00	
其中：洗烫	208	5 125.00	5 747	14 156.00	
修件	3	280.00	85	7 920.00	
织补	7	395.00	194	10 940.00	
皮装上光	6	630.00	170	17 220.00	
二、收取现金		6 510.00			

应收业务款余额　　30 960.00

实收现金（大写）陆仟伍佰壹拾元整　　长款：　　短款：

收款人：王晨　　　　　　　　　　　　　　　　　　交款人：刘芳

1. 3 月 28 日，营业收入日报表经审核无误后，将营业收入入账。

2. 3 月 28 日，将收取的现金入账。

3. 3 月 28 日，将现金解存银行。

三、要求 编制会计分录。

习题七

一、**目的** 练习照相经营业务的核算。

二、**资料** 鸿兴照相馆营业部门交来的营业收入日报表如图表 7-17 所示。

图表 7-17

营业收入日报表

2013 年 3 月 20 日

项目	数量	单价	金额	收款情况
营业收入合计	—	—	7 236.00	
一、照相收入			5 210.00	
证件照 1 寸	48	22.00	1 056.00	现金：4 436.00
证件照 2 寸	18	30.00	540.00	信用卡：2 800.00
生活照 7 寸	8	38.00	304.00	合计金额：7 236.00
商务照 7 寸	7	75.00	525.00	长款：＿＿＿
2~3 人全家福 7 寸	3	75.00	225.00	短款：＿＿＿
4~6 人全家福 7 寸	2	180.00	360.00	
豪华婚纱套系	1	2 200.00	2 200.00	
二、数码扩印			2 026.00	
15 张以上 5 寸（张）	1 070	0.60	642.00	
15 张以上 6 寸（张）	680	0.80	544.00	
15 张以上 7 寸（张）	190	1.20	228.00	
15 张以下 5 寸（张）	270	0.80	216.00	
15 张以下 6 寸（张）	220	1.00	220.00	
15 张以下 7 寸（张）	110	1.60	176.00	

收款人：卢俊杰 交款人：钱云天

并收到营业部门交来的现金和信用卡签购单，经审核无误，予以入账，信用卡手续费率为 9‰。

三、要求 编制会计分录。

习题八

一、**目的** 练习修理经营业务的核算。

二、**资料** 永春电器修理公司经营修理电视机、空调机和洗衣机的业务，6 月份发生下列有关的经济业务。

1. 1 日，购进电视机、空调机和洗衣机各种零配件计 35 100 元，零配件已验收入库，价款签发转账支票付讫。

2. 10 日，修理部门派修理员上门为消费者修理、清洗空调机 20 台，收入现金 7 600 元，存入银行。

3. 12 日，修理部门派修理员上门为消费者修理洗衣机 25 台，收入现金 3 560 元，存入银行。

4. 15 日，修理部门修理电视机完工 120 台，应收修理费用 21 600 元。

5. 16 日，消费者领取修好的电视机，收入现金 20 100 元，存入银行。

6. 28 日，修理部门派修理员上门为消费者修理、清洗空调机 30 台，修理费 10 200 元；修理洗衣机 32 台，修理费 4 560 元，共计收入现金 14 760 元，存入银行。

7. 30 日，修理部门修理电视机完工 110 台，应收修理费用 19 800 元。

8. 30 日，消费者领取修好的电视机，收入现金 21 600 元，存入银行。

9. 30 日，根据修理部门的领料单，编制耗用原材料汇总表，共耗用原材料 17 750 元，予以转账。

三、要求 编制会计分录。

第八章　商场经营业务

第一节　商场经营业务概述

商场经营业务是指旅游餐饮服务企业内部开设的商场所进行的商品购销活动的业务。

为了适应社会主义市场经济的发展和人民生活水平的日益提高，旅游餐饮服务企业除了提供劳动服务外，已逐步成为具有多功能服务的综合性企业。旅游公司、宾馆、饭店、度假村分别开设了一些为消费者提供商品的商场，以拓宽服务领域、广开财源、发挥多功能积极作用。商场的经营业务一般以适应消费、增加企业收益为前提。

一、商场的形式

旅游餐饮服务企业开设的商场有两种形式：一种是综合性商场；另一种是小卖部。

（一）综合性商场

综合性商场所经营的商品品种较多，相应的场所有高级宾馆和饭店、度假村开设的高级商场；也有一般旅馆、饭店开设的普通商场。这些商场主要经营手工艺品、文物与复制品、金银首饰、珠宝玉器、古玩、字画、名烟、名酒、旅游纪念品和日用品等。高级商场环境幽雅、商品陈列醒目整齐、地面清洁，场地装饰美观，其所经营的商品多属中高档，以高档为主，价格较高。普通商场经营环境一般，经营的商品属中低档，以中档为主。商场经营的名贵高档商品应采用数量进价金额核算，而经营的一般商品应采用售价金额核算。

（二）小卖部

小卖部一般是由旅游公司、中低档旅店和饭店所开设的小型外购商品经营部。小卖部的开设目的主要是为方便消费者的生活。小卖部经营的商品大都是生活用品，如饭店的小卖部供应酒、饮料、冷饮；旅店的小卖部供应牙刷、牙膏、肥皂、卫生纸、毛巾、文具用品、糖果糕点、各种烟酒、饮料等；旅游公司的小卖部供应当地的土特产、旅游纪念品、导游书刊等小商品。除了旅游公司小卖部供应贵重翡翠珠宝等首饰和古玩外，一般小卖部供应的都属中、低档商品，因此采用售价金额核算。

二、库存商品的核算方法

库存商品是指企业购进的用于对外销售的商品，它的核算方法主要有数量进价金额核算和售价金额核算两种。

（一）数量进价金额核算

数量进价金额核算是指库存商品的总分类账户和明细分类账户除均按进价金额反映外，其明细分类账户还必须反映商品实物数量的一种核算方法。

1. 数量进价金额核算的主要内容

数量进价金额核算的主要内容有以下三项。

（1）进价记账。库存商品总分类账和明细分类账统一按进价记账。

（2）库存商品明细账的设置与登记。库存商品明细分类账按商品编号、品名、规格、等级分类，随时记录商品的收入、发出和结存的数量及进价金额，其登记的方法与原材料明细分类账相同。

（3）进行商品盘点。为了确保商品的安全，需要对商品进行定期和不定期的盘点，以达到账实相符。

2. 数量进价金额核算的优点

这种核算方法的优点是能够按品名、规格来反映和监督每种商品进、销、存的数量和进价金额的变动情况，有利于加强对库存商品的管理与控制。缺点是每笔销售业务都必须填制销售凭证，并按商品的品名、规格登记商品明细账，记账工作量较大。

（二）售价金额核算

售价金额核算又称拨货计价实物负责制。它是指以售价金额控制各实物负责人经营商品进、销、存情况的一种核算方法。

1. 售价金额核算的主要内容

售价金额核算的主要内容有以下四项。

（1）建立实物负责制。商场应按业务经营情况和岗位责任制的要求划分为若干营业柜组，并确定实物负责人。商品拨付给各实物负责人时按零售价格计算，实物负责人对所经营的商品承担经济责任。

（2）库存商品按售价记账。库存商品总分类账和明细分类账一律按售价记账。库存商品明细账按营业柜组确定的实物负责人分户，以随时反映和掌握各营业柜组所承担经济责任的情况。

（3）设置"商品进销差价"账户。由于库存商品按售价记账，因此需要设置"商品进销差价"账户，以反映商品售价和进价之间的差额，月末再分摊和结转已销商品进销差价。

（4）加强商品盘点。由于库存商品明细分类账只反映和控制了库存商品的售价金额，因此，每月月末必须进行一次全面盘点，确定库存商品的实存数量与售价金额，并以此与账面结存金额进行核对，若两者不相符，要及时查明原因，进行处理，以达到账实相符，保护企业财产安全的目的。

2. 售价金额核算的优缺点

这种核算方法的优点是控制了商品的售价，一般不必为每笔销售业务填制销售凭证，也不必登记大量的实物数量明细账，记账较为简便。缺点是由于明细分类核算不反映和控制商品的数量，平时不易发现商品溢缺，一般要定期盘点时才能发现，难以分清溢缺商品的品种与数量，也难以分析溢缺的原因和责任。

第二节　数量进价金额核算

一、商品购进的核算

我国对销售商品要征收增值税，增值税是价外税，即不包括在商品货款之中。增值税的纳税人同负税人是分离的，纳税人是销售商品的单位或个人，负税人却是消费者。因此，企业在购进商品时，除了要支付货款外，还要为消费者垫付增值税。所以，企业在购进商品时，必须取得增值税专用发票（简称专用发票），其格式如图表8-1所示。

图表 8-1

上海市增值税专用发票
发票联

编号：317821
开票日期：2013 年 1 月 5 日

购货单位	名　　称：浦江宾馆 纳税人识别号：310678154379612 地　址，电　话：（略） 开户行及账号：工行上海分行 11014322560	密码区	

货物或应税劳务名称	规格型号	单位	数量	单价	金额	税率	税额
羊脂玉挂件	6 克	只	50	500.00	25 000.00	17%	4 250.00
合　　计					25 000.00		4 250.00

价税合计（大写）人民币贰万玖仟贰佰伍拾元整　　　（小写）　￥29 250.00

销货单位	名　　称：东方玉器厂 纳税人识别号：310578183660461 地　址，电　话：（略） 开户行及账号：工行上海分行 11013781882	备注	

收款人：周仁义　　　　复核：王志强　　　　开票人：丁昊　　　　销售单位盖章　东方玉器厂发票专用章

第二联　发票联　购货方记账凭证

　　商场向当地的生产企业或批发企业购进商品，货款通常以转账支票作商业汇票结算，财会部门将购货的专用发票审核无误后，根据专用发票列明的货款借记"库存商品"账户；根据列明的增值税额借记"应交税费"账户；根据列明的价税合计金额贷记"银行存款"或"应付票据"账户。

　　【例 8-1】　浦江宾馆所属商场向东方玉器厂购进羊脂玉挂件 50 只，收到专用发票。专用发票上列明单价 500 元，计货款 25 000 元；增值税额 4 250 元；价税合计 29 250 元。

　　（1）1 月 5 日，签发转账支票 29 250 元，支付东方玉器厂全部账款，作分录如下：

　　借：在途物资——东方玉器厂　　　　　　　　　　　　　　　　25 000.00
　　借：应交税费——应交增值税——进项税额　　　　　　　　　　4 250.00
　　　贷：银行存款　　　　　　　　　　　　　　　　　　　　　　　29 250.00

　　（2）1 月 6 日，商场转来收货单，50 只羊脂玉挂件已验收入库，作分录如下：

　　借：库存商品——羊脂玉挂件　　　　　　　　　　　　　　　　25 000.00
　　　贷：在途物资——东方玉器厂　　　　　　　　　　　　　　　　25 000.00

　　企业购进商品，如果支付账款和库存商品验收入库在同一天完成，在核算时也可以直接记入"库存商品"账户，不通过"在途物资"账户核算。

　　如果从异地采购商品发生运杂费等采购费用，通常列入"销售费用"账户，倘若购进商品发生的采购费用金额较大，也可以计入商品采购成本。

　　"库存商品"是资产类账户，用以核算企业全部自有的库存商品，当商品购进和发生盘盈时，记入借方；商品销售和发生盘亏时，记入贷方；期末余额在借方，表示库存商品的结存数额。

二、进货退出的核算

进货退出是指商品购进验收入库后，因质量、品种、规格不符，再将商品退回原供货单位。

企业发生进货退出业务时，由供货单位开出红字专用发票，商场有关部门收到后，据以填制"进货退出单"，退出商品，并通知财会部门进行进货退出核算。

【例8-2】　浦江宾馆所属商场日前向东方玉器厂购进羊脂玉挂件50只，单价500元，货款已付讫。今复验商品，发现其中5只质量不符合要求，经联系后同意退货。

（1）1月8日，收到东方玉器厂退货的红字专用发票，开列退货款2 500元，退增值税额425元，商场也转来进货退出单，5只羊脂玉挂件也已退还对方，作分录如下：

借：应收账款——东方玉器厂　　　　　　　　　　　　　　　　　　2 925.00
　　贷：库存商品——羊脂玉挂件　　　　　　　　　　　　　　　　　　2 500.00
　　贷：应交税费——应交增值税——进项税额　　　　　　　　　　　　　425.00

（2）1月9日，收到对方退来货款及增值税额的转账支票2 925元，存入银行，作分录如下：

借：银行存款　　　　　　　　　　　　　　　　　　　　　　　　　2 925.00
　　贷：应收账款——东方玉器厂　　　　　　　　　　　　　　　　　　2 925.00

三、购进商品退补价的核算

商场购进商品有时由于供货单位疏忽，发生单价开错或价格计算错误，需要调整商品价款，因此发生了商品退补价的核算。在发生商品退补价情况时，应由供货单位填制更正专用发票交给购货单位，经业务部门审核后，再送财会部门，复核无误后，据以进行退补价的核算。

（一）购进商品退价的核算

购进商品退价是指原结算货款所计的进价高于实际进价，应由供货单位将其高于实际进价的差额退还给购货单位。

【例8-3】　浦江宾馆所属商场向上海工艺品厂购入翡翠挂件15只，每只660元，货款已付讫。今收到上海工艺品厂开来的更正发票，列明翡翠挂件单价应为600元，应退货款900元，应退增值税额153元。所退款项尚未收到，作分录如下：

借：应收账款——上海工艺品厂　　　　　　　　　　　　　　　　　1 053.00
　　贷：库存商品——翡翠挂件　　　　　　　　　　　　　　　　　　　900.00
　　贷：应交税费——应交增值税——进项税额　　　　　　　　　　　　　153.00

（二）购进商品补价的核算

购进商品补价是指原结算货款的进价低于商品的实际进价，应由购货单位将低于实际进价的差价补付给供货单位。

【例8-4】　浦江宾馆附设商场向上海化妆品厂购入化妆品20套，单价780元，货款已付讫。今收到该厂更正发票，列明化妆品单价应为870元，补收货款1 800元，增值税额306元，作分录如下：

借：库存商品——化妆品	1 800.00
借：应交税费——应交增值税——进项税额	306.00
贷：应付账款——上海化妆品厂	2 106.00

四、商品销售的核算

商场经营贵重商品采用数量进价金额核算时，由于购货对象主要是个人消费者，对每笔成交的销售业务，一般都要填制普通发票，增值税额不另行列出，而是包含在货款之中。采用的结算方式主要有现金、转账支票和信用卡，每天营业结束，由商场营业员根据销售发票编制"销售日报表"，其格式如图表 8-2 所示。并由收款员根据收款情况编制"收款日报表"，其格式如图表 8-3 所示。然后营业员和收款员分别将各自编制的报表连同销售商品所收取的现金和结算凭证一并送交财会部门。现金由财会部门集中解存银行。

图表 8-2

销售日报表

2013 年 2 月 11 日　　　　　　　　　　　　　　　　　　　单位：元

货号	品名	计量单位	数量	单价	金额	发票号数
101	羊脂玉挂件	只	4	680.00	2 720.00	#37851
102	翡翠挂件	只	2	810.00	1 620.00	~
202	化妆品	套	1	1 050.00	1 050.00	#37889
305	紫砂茶具	套	2	330.00	660.00	
合　计			39		27 210.00	

图表 8-3

收款日报表

2013 年 2 月 11 日　　　　　　　　　　　　　　　　　　　单位：元

业务项目	金　额	结算方式	金　额	发票张数
销售收入	27 210.00	现　金	18 210.00	33
		信用卡	9 000.00	6
合　计	27 210.00	合　计	27 210.00	39
销售溢款		销售缺款		

财会部门复核无误后，根据"收款日报表"上现金和信用卡结算的金额及采用信用卡结算应负担的手续费，分别借记"库存现金"、"银行存款"和"财务费用"等账户；根据"销售日报表"上的金额贷记"主营业务收入"账户。

【例 8-5】　浦江宾馆收到商场交来"销售日报表"和"收款日报表"，列明商品销售收入为 27 210 元，其中现金结算为 18 210 元，信用卡结算为 9 000 元，信用卡结算的手续费率为 9‰，该宾馆为信用卡特约结算单位。信用卡结算凭证已解存银行。

（1）将商品销售收入入账时，作分录如下：

借：库存现金	18210.00
借：银行存款	8 919.00
借：财务费用	81.00
贷：主营业务收入——商品销售业务	27 210.00

（2）将销售现金解存银行时，作分录如下：

借：银行存款　　　　　　　　　　　　　　　　　　　　　　18 210.00

　　贷：库存现金　　　　　　　　　　　　　　　　　　　　18 210.00

（3）经计算该批商品的进价成本为 19 918 元，结转商品销售成本，作分录如下：

借：主营业务成本——商品销售业务　　　　　　　　　　　19 918.00

　　贷：库存商品　　　　　　　　　　　　　　　　　　　　19 918.00

以上商品销售成本是采用个别计价法计算的，在实际工作中，如果经营商品的品种繁多，购销业务较为频繁，如采用个别计价法有困难的，也可以根据企业核算与管理的需要，采用先进先出法或者移动加权平均法、综合加权平均法计算。至于具体的计算方法，在第三章第二节原材料中已作了阐述，不再重述。

五、主营业务收入的调整

由于商场销售商品时的增值税额包含在货款之内，因此，"主营业务收入——商品销售业务"账户平时反映的是含税收入，至月末就需要进行调整，将含税收入中的销项税额分离出来，使"主营业务收入——商品销售业务"账户反映商场真正的销售额，调整含税收入的计算公式如下：

$$销售额 = \frac{含税收入}{1 + 增值税税率}$$

$$销项税额 = 含税收入 - 销售额$$

【例 8-6】　浦江宾馆所属商场 2 月末"主营业务收入——商品销售业务"账户余额为 555 750 元，增值税税率为 17%，调整本月份的主营业务收入，计算的结果如下：

$$销售额 = \frac{555\ 750}{1 + 17\%} = 475\ 000（元）$$

$$销项税额 = 555\ 750 - 475\ 000 = 80\ 750（元）$$

根据计算的结果，作分录如下：

借：主营业务收入——商品销售业务　　　　　　　　　　　80 750.00

　　贷：应交税费——应交增值税——销项税额　　　　　　　80 750.00

六、代销商品的核算

商场对于价格高，占用资金多、消费面窄的文物、字画、古玩和高级工艺品等商品，可以采用代销的方式，以有效地利用供货方的资金开展经营业务。

商场采用代销方式时，必须与供货方订立"商品委托代销合同"，合同上应注明结算方式、供应价格、销售价格、货款结算时间、商品保管的要求及双方承担的责任等。代销商品销售后，有作商品购销业务处理和向委托方收取代销手续费两种方式，现分别予以阐述。

（一）作商品购销业务处理方式的核算

商场在收到代销商品时，不作购进处理。为了加强对代销商品的管理与核算，应按供应价格借记"受托代销商品"账户，贷记"受托代销商品款"账户。

代销商品在销售后，应根据含税价格借记"库存现金"账户，贷记"主营业务收入"账户。并按供应价格借记"主营业务成本"账户，贷记"受托代销商品"账户。同时借记

"受托代销商品款"账户，贷记"应付账款"账户。等到结算届期时，将代销商品清单交付委托方，等到收到委托方专用发票时，再据以支付货款和增值税额。届时借记"应付账款"和"应交税费"账户，贷记"银行存款"账户。

【例8-7】　沪光宾馆根据工艺品受托代销合同，接受凯乐工艺品厂50只玉雕奔马的代销业务，该玉雕奔马供应单价为515元，增值税税率为17%，销售单价为819元，其中含增值税额119元，合同规定每个月末结算货款。

（1）3月1日，收到50只玉雕奔马，作分录如下：

借：受托代销商品——凯乐工艺品厂　　　　　　　　　　　　　25 750.00
　　贷：受托代销商品款——凯乐工艺品厂　　　　　　　　　　　　25 750.00

（2）3月15日，销售玉雕奔马20只，销售收入16 380元，收到现金，解存银行。

① 反映商品销售收入，作分录如下：

借：库存现金　　　　　　　　　　　　　　　　　　　　　　　16 380.00
　　贷：主营业务收入——商品销售业务　　　　　　　　　　　　　16 380.00

② 将现金解存银行，作分表如下：

借：银行存款　　　　　　　　　　　　　　　　　　　　　　　16 380.00
　　贷：库存现金　　　　　　　　　　　　　　　　　　　　　　　16 380.00

③ 结转商品销售成本，作分录如下：

借：主营业务成本——商品销售业务　　　　　　　　　　　　　10 300.00
　　贷：受托代销商品——凯乐工艺品厂　　　　　　　　　　　　　10 300.00

④ 结转受托代销商品款，作分录如下：

借：受托代销商品款——凯乐工艺品厂　　　　　　　　　　　　10 300.00
　　贷：应付账款——凯乐工艺品厂　　　　　　　　　　　　　　　10 300.00

（3）3月31日，开出代销商品清单后，收到凯乐工艺品厂的专用发票，开列玉雕奔马20只，每只515元，计货款10 300元，增值税额1 751元，当即签发转账支票付讫，作分录如下：

借：应付账款——凯乐工艺品厂　　　　　　　　　　　　　　　10 300.00
借：应交税费——应交增值税——进项税额　　　　　　　　　　　1 751.00
　　贷：银行存款　　　　　　　　　　　　　　　　　　　　　　　12 051.00

"受托代销商品"是资产类账户，用以核算企业接受其他单位委托代销的商品。企业收到代销商品时，记入借方；企业接受代销商品销售后，结转其销售成本时，记入贷方；期末余额在借方，表示企业尚未销售的代销商品数额。该账户应按委托单位进行明细分类核算。

"受托代销商品款"是负债类账户，用以核算企业接受代销商品的货款。企业在收到代销商品时，记入贷方；企业销售代销商品时，记入借方；期末余额在贷方，表示企业尚未销售的代销商品的账款。该账户应按委托单位进行明细分类核算。

（二）结算代销手续费方式的核算

商场接受代销商品采用收取代销手续费方式，在收到代销商品时，其核算方法与作商品购销业务处理的方法相同，不再重述。

在代销商品销售时，按照实际收到的款项借记"库存现金"账户，按实现的销售收入贷记"应付账款"账户；按应交的增值税额贷记"应交税费"账户。同时注销代销商品，按供应价格借记"受托代销商品款"账户；贷记"受托代销商品"账户。企业应定期向供货方开具代销商品清单和代销手续费发票，届时将代销商品的销售价格与供应价格之间的差额作为代销手续费，并根据应收取的代销手续费借记"应付账款"账户；贷记"其他业务收入"账户，等收到供货方开来专用发票结算货款和增值税额时，根据其货款减去应收的代销手续费借记"应付账款"账户；根据应支付的增值税额借记"应交税费"账户；贷记"银行存款"账户。

【例8-8】　苏州宾馆所属商场根据商品委托代销合同，接受苏州刺绣厂80件苏绣工艺品，供应单价为510元，计货款40 800元，增值税税率为17%，苏绣工艺品销售单价为702元，其中含增值税额102元，合同规定每个月末结算一次账款。

（1）3月2日，收到80件苏绣工艺品时，作分录如下：

借：受托代销商品——苏州刺绣厂　　　　　　　　　　　　　　　40 800.00
　　贷：受托代销商品款——苏州刺绣厂　　　　　　　　　　　　40 800.00

（2）3月20日，销售苏绣工艺品40件，计货款24 000元，增值税额4 080元。

① 反映商品销售收入和销项税额，作分录如下：

借：库存现金　　　　　　　　　　　　　　　　　　　　　　　　28 080.00
　　贷：应付账款——苏州刺绣厂　　　　　　　　　　　　　　　24 000.00
　　贷：应交税费——应交增值税——销项税额　　　　　　　　　　4 080.00

② 同时，注销代销商品，作分录如下：

借：受托代销商品款——苏州刺绣厂　　　　　　　　　　　　　　20 400.00
　　贷：受托代销商品——苏州刺绣厂　　　　　　　　　　　　　20 400.00

（3）3月30日，开出代销商品清单及代销手续费发票，开列每件苏绣工艺品代销手续费90元，计3 600元，作分录如下：

借：应付账款——苏州刺绣厂　　　　　　　　　　　　　　　　　3 600.00
　　贷：其他业务收入　　　　　　　　　　　　　　　　　　　　3 600.00

（4）3月31日，收到苏州刺绣厂的专用发票，开列苏绣工艺品40件，每件600元，计货款24 000元，增值税额4 080元。今扣除代销手续费3 600元后，签发转账支票支付已售代销商品货款及增值税额，作分录如下：

借：应付账款——苏州刺绣厂　　　　　　　　　　　　　　　　20 400.00
借：应交税费——应交增值税——进项税额　　　　　　　　　　　4 080.00
　　贷：银行存款　　　　　　　　　　　　　　　　　　　　　24 480.00

七、商品储存的核算

（一）商品盘点溢余和短缺的核算

商场应根据具体情况，对商品进行定期和不定期的盘点，财会部门在商品盘点前，应将有关商品收发业务的凭证全部登记入账，并结出库存商品余额，以便与商场盘点的实存数量进行核对。商品盘点后，由商品保管人员负责填制"商品盘存表"，先根据账面资料填写商品名称、规格、单价及账存数量，再填列实存数量。"商品盘存表"上账存数与实存数如不相符，应填制"商品盘点短缺溢余报告单"，一式数联，将其中一联转交财会部门，财会部门据以将商品短缺或溢余金额转入"待处理财产损溢"账户，以达到账实相符的目的。等查明原因后，再区别情况进行转账处理。

【例 8-9】 中兴宾馆所属商场根据盘点结果，填制"商品盘点短缺溢余报告单"如图表 8-4 所示。

图表 8-4

商品盘点短缺溢余报告单

2013 年 6 月 26 日　　　　　　　　　　　　　　　　　　　　单位：元

品　　名	计量单位	单价	账存数量	实存数量	短缺		溢余		原因
					数量	金额	数量	金额	
檀香扇	把	220	50	49	1	220			待查
紫砂茶杯	只	80	42	62			20	1 600	
合计						220		1 600	

（1）6 月 26 日，财会部门审核无误，据以调整库存商品结存额。

① 根据盘缺金额，作分录如下：

借：待处理财产损溢——待处理流动资产损溢　　　　　　　　　　　220.00

　　贷：库存商品——檀香扇　　　　　　　　　　　　　　　　　　220.00

② 根据盘溢金额，作分录如下：

借：库存商品——紫砂茶杯　　　　　　　　　　　　　　　　　1 600.00

　　贷：待处理财产损溢——待处理流动资产损溢　　　　　　　　1 600.00

（2）6 月 29 日，今查明短缺 1 把檀香扇，系销售过程中漏收货款，经领导批准 70% 作为企业损失处理，30% 由责任人负责赔偿，作分录如下：

借：营业外支出——盘亏损失　　　　　　　　　　　　　　　　　154.00

借：其他应收款——责任人　　　　　　　　　　　　　　　　　　66.00

　　贷：待处理财产损溢——待处理流动资产损溢　　　　　　　　　220.00

（3）6 月 30 日，今查明溢余 20 只紫砂茶杯系供货单位多发商品，现已补来专用发票，开列货款 1 600 元，增值税额 272 元。款项当即以转账支票付讫，作分录如下：

借：待处理财产损溢——待处理流动资产损溢　　　　　　　　　1 600.00

借：应交税费——应交增值税——进项税额　　　　　　　　　　　272.00

　　贷：银行存款　　　　　　　　　　　　　　　　　　　　　1 872.00

（二）商品削价的核算

商场期末在对库存商品进行清查盘点时，如果由于商品遭受毁损或陈旧过时等原因，使商品可变现净值低于成本时，应根据谨慎性会计信息质量要求，计提存货跌价准备。

商品可变现净值是指在日常活动中，商品估计的售价减去商品成本、估计的销售费用及相关税费后的差额。

期末，企业计算出商品可变现净值低于成本的差额时，借记"资产减值损失——存货跌价损失"账户；贷记"存货跌价准备"账户。

【例 8-10】 长安宾馆所属商场月末对商品进行清查盘点，发现真丝衬衫 45 件陈旧过时，每件售价经批准削价为 70.20 元，内含增值税额 10.20 元，其成本为 85 元，估计销售费用为 1 元。

（1）1 月 31 日，计提存货跌价准备，作分录如下：

借：资产减值损失——存货跌价损失   1 170.00

  贷：存货跌价准备   1 170.00

（2）2 月 10 日，销售削价的真丝衬衫 25 件，收到现金 1 755 元。

① 反映商品销售收入，作分录如下：

借：库存现金   1 755.00

  贷：主营业务收入——商品销售业务   1 500.00

    应交税费——应交增值税——销项税额   255.00

② 同时，结转商品销售成本，作分录如下：

借：主营业务成本——商品销售业务   2 125.00

  贷：库存商品   2 125.00

③ 同时，转销其已计提的存货跌价准备，作分录如下：

借：存货跌价准备   650.00

  贷：主营业务成本   650.00

如已计提跌价准备的商品的价值以后又得以恢复，应按恢复增加的数额，借记"存货跌价准备"账户；贷记"资产减值损失——存货跌价损失"账户。

"存货跌价准备"是资产类账户，它是"原材料"、"库存商品"等存货账户的抵减账户，用以核算企业计提的存货跌价准备。企业在期末发生存货可变现净值低于成本时，记入贷方；在已计提跌价准备的存货出售、领用或者价值恢复，转销已计提的跌价准备时，记入借方；期末余额在贷方，表示已经计提但尚未转销的存货跌价准备的数额。

第三节 售价金额核算

一、商品购进的核算

商场为了满足消费者对商品多样化的需要，应做好市场分析工作，有计划地向生产企业或批发企业采购商品。商场派采购员到供货单位挑选商品，取得供货单位的专用发票，据以将商品验收入库后，送交财会部门办理结算，以转账支票、商业汇票等支付账款；也可以根据管理的需要，另行填制收货单，一式数联，等商品验收入库后，将其中一联连同供货单位的专用发票一并送交财会部门入账，收货单的格式如图表 8-5 所示。

财会部门根据专用发票及结算凭证入账，届时按专用发票上列明的货款借记"在途物资"账户；按专用发票上列明的增值税额借记"应交税费"账户；按结算凭证上列明的金额贷记"银行存款"账户。再根据实物负责部门送来商品验收入库的收货单，按售价金额借记"库存商品"账户；按进价金额贷记"在途物资"账户，将售价金额与进价金额之间的差额列入"商品进销差价"账户的贷方。

【例 8-11】 虎丘宾馆所属商场转来苏州绣品厂的专用发票，开列真丝手帕和真丝围巾，共计货款 11 000 元，增值税额 1 870 元。

（1）6 月 5 日，专用发票审核无误，当即签发转账支票 12 870 元，支付全部款项，作分录如下：

借：在途物资——苏州绣品厂　　　　　　　　　　　　　　　　　　　　11 000.00
借：应交税费——应交增值税——进项税额　　　　　　　　　　　　　　1 870.00
　　贷：银行存款　　　　　　　　　　　　　　　　　　　　　　　　　　12 870.00

（2）6月6日，商品已由商场百货柜验收入库，转来收货单如图表8-5所示。

图表8-5

收　货　单

供货单位：苏州绣品厂

收货部门：百货柜　　　　　　　　　　2013年6月6日　　　　　　　　　　单位：元

商品名称	购进价格				销售价格				进销差价
	单位	数量	单价	金额	单位	数量	单价	金额	
真丝手帕	盒	10	140.00	1 400.00	条	100	20.00	2 000.00	600.00
真丝围巾	盒	15	640.00	9 600.00	条	150	88.00	13 200.00	3 600.00
合计				11 000.00				15 200.00	4 200.00

收货单审核无误，作分录如下：

借：库存商品——百货柜　　　　　　　　　　　　　　　　　　　　　　15 200.00
　　贷：在途物资——苏州绣品厂　　　　　　　　　　　　　　　　　　　11 000.00
　　贷：商品进销差价——百货柜　　　　　　　　　　　　　　　　　　　4 200.00

"商品进销差价"是资产类账户，它是"库存商品"账户的抵减账户，用以核算商品售价与进价之间的差额。商品的购进、溢余、调价增值发生差价时，记入贷方；结转已销商品进销差价、商品短缺、调价减值和削价而转销差价时，记入借方；期末余额在贷方，表示期末库存商品的进销差价。

二、进货退出的核算

商场购进商品后发现商品的品种、规格、质量与专用发票所列不符时，可与供货单位协商，征得对方同意后退出商品，由供货单位开出退货的红字"专用发票"，作进货退出处理。

【例8-12】　6月8日，虎丘宾馆所属商场日前向苏州绣品厂购进真丝围巾15盒，已由百货柜验收入库，今发现其中5盒质量不符合要求，与该厂联系后，对方同意退货。收到对方开来退货的红字专用发票，应退货款3 200元，退增值税544元。并收到百货柜转来红字收货单，列明退出商品的售价金额为4 400元，经审核无误后，作分录如下：

借：应收账款——苏州绣品厂　　　　　　　　　　　　　　　　　　　　3 744.40
借：商品进销差价——百货柜　　　　　　　　　　　　　　　　　　　　1 200.00
　　贷：库存商品——百货柜　　　　　　　　　　　　　　　　　　　　　4 400.00
　　贷：应交税费——应交增值税——进项税额　　　　　　　　　　　　　544.00

三、购进商品退补价的核算

商场购进商品后，有时会收到供货单位的更正发票，更正其开错的商品的价款，这样就发生了购进商品退补价的核算。

由于商品购进退补价是更正商品的购进价格，不影响商品的销售价格，因此在核算时只能调整"商品进销差价"账户，而不能调整"库存商品"账户。

【例8-13】 西湖旅社所属商场从杭州土产公司购进小核桃200千克，购进单价90元，零售价120元，商品已验收入库。现收到供货单位的更正发票，每千克小核桃购进单价为88元，应退货款400元，退增值税额68元，作分录如下：

借：应收账款——杭州土产公司   468.00
 贷：商品进销差价——食品柜   400.00
 贷：应交税费——应交增值税——进项税额   68.00

以上是购进商品退价的核算，若发生购进商品补价的业务时，则借记"商品进销差价"账户和"应交税费"账户；贷记"应收账款"账户。

四、商品销售的核算

商场的商品销售业务，除少数企事业单位采取转账结算外，主要是收取现金和信用卡结算。收款的方式有分散收款和集中收款两种。分散收款，是指营业员直接收款，除了企事业单位外，一般不填制销售凭证，手续简便，交易迅速，但销货与收款由营业员一人经手，容易发生差错与弊端。集中收款是指设立收款台，由营业员填制销货凭证，消费者据以向收款台交款，然后由消费者凭盖有收款台"现金收讫"印章的销货凭证向营业员领取商品。采用集中收款，每日营业结束后，营业员应根据销货凭证计算出销售货总金额，并与收款台实收金额进行核对，以检查收款是否正确，这种方式由于钱货分管，职责分明，制度严密，因此不易发生差错，但手续烦琐。

不论是采用分散收款方式还是采用集中收款方式，商场各柜组在每天营业结束后，都应按其所收取的销货款填制"商品销售收入交款单"，其格式如图表8-6所示。

图表8-6

商品销售收入交款单

交款部门：百货柜   2013年3月15日

货款种类	张数	金额	货款种类	张数	金额
现金		4 596.00	信用卡	5	2 000.00
其中：票面100元	35	3 500.00	转账支票	1	1 040.00
票面50元	12	600.00			
票面20元	10	200.00			
票面10元	18	180.00			
票面5元	13	65.00			
票面2元	8	16.00			
票面1元	27	27.00			
角、分币		8.00			

交款金额：人民币（大写）柒仟陆佰叁拾陆元整   ￥7 636.00

"商品销售收入交款单"一式两联，连同销货款及相关结算凭证一并送交财会部门，财会部门复核无误后，加盖"收讫"戳记，一联退还交款柜组，作为其交款的依据；另一联作为财会部门的入账凭证。财会部门将各营业柜组的销货款汇总后解存银行。财会部门根据柜组交来的"商品销售收入交款单"，借记"库存现金"、"银行存款"、"财务费用"等账户，贷记"主营业务收入"账户；现金解存银行后，借记"银行存款"账户，贷记"库存现金"账户；并同时每天按售价金额转销库存商品，借记"主营业务成本"账户，贷记"库存商品"账户。

【例 8-14】 武林门宾馆为信用卡特约结算单位，信用卡手续费率为 9‰，其所属商场 3 月 15 日各营业柜组商品销售及货款收入情况如图表 8-7 所示。

图表 8-7

商品销售收入交款单汇总表

2013 年 3 月 15 日

单位：元

项目 柜别	销 售 金 额	现 金 收 入	信用卡签购单	转 账 支 票	现 金 溢 缺
百货柜	7 636.00	4 596.00	2 000.00	1 040.00	
食品柜	3 782.00	2 782.00	1 000.00		
合计	11 418.00	7 378.00	3 000.00	1 040.00	

（1）财会部门根据各柜组交来的商品销售收入交款单及现金，转账支票和信用卡签购单已解存银行，作分录如下：

```
借：库存现金                                              11 418.00
借：银行存款                                               4 013.00
借：财务费用                                                  27.00
    贷：主营业务收入——商品销售业务——百货柜                7 636.00
    贷：主营业务收入——商品销售业务——食品柜                3 782.00
```

（2）将现金集中解存银行，取得解款回单，作分录如下：

```
借：银行存款                                              11 418.00
    贷：库存现金                                           11 418.00
```

（3）同时转销库存商品，作分录如下：

```
借：主营业务成本——商品销售业务——百货柜                   7 636.00
借：主营业务成本——商品销售业务——食品柜                   3 782.00
    贷：库存商品——百货柜                                   7 636.00
    贷：库存商品——食品柜                                   3 782.00
```

如果销货收入发生现金溢余或短缺，应先将其列入"待处理财产损溢"账户。待查清情况，并经领导批准后，再转入"营业外收入"或"营业外支出"账户，对于短缺款如果确定由责任人赔偿时，则转入"其他应收款"账户。

五、商品销售成本和商品销售收入的调整

商场采用售价金额核算库存商品，平时每天按商品售价结转主营业务成本，月末为了核算商品销售业务的经营成果，就需通过计算和结转已销商品的进销差价，将其调整为进价成本。正确计算已销商品进销差价是正确核算商品销售成本和期末库存商品价值的基础，其计算的方法有：综合差价率推算法、分柜组差价率推算法和实际进销差价计算法。各企业可按自己业务经营特点分别选用不同方法计算。

（一）综合差价率推算法

综合差价率推算法是指按企业全部商品的存销比例，推算本期销售商品应分摊的进销差价的一种方法。其计算公式如下：

$$综合差价率 = \frac{结转前"商品进销差价"账户余额}{期末"库存商品"账户余额 + 本期商品销售收入} \times 100\%$$

$$本期已销商品进销差价 = 本期商品销售收入 \times 综合差价率$$

【例8-15】　武泰宾馆所属商场12月31日有关账户资料如下：

月末结转前"商品进销差价"账户余额	195 800 元
"库存商品"账户余额	365 000 元
本月"主营业务收入——商品销售收入"账户余额	375 000 元

计算综合差价率并结转已销商品进销差价如下：

$$综合差价率 = \frac{195\,800}{365\,000 + 375\,000} \times 100\% = 26.46\%$$

$$本期已销商品进销差价 = 375\,000 \times 26.46\% = 99\,225（元）$$

根据计算结果，作分录如下：

借：商品进销差价	99 225.00
贷：主营业务成本——商品销售业务	99 225.00

（二）分柜组差价率推算法

分柜组差价率推算法是指按商场各营业柜组商品的存销比例，推算本期已销售商品应分摊进销差价的一种方法。其计算方法与综合差价率推算法相同，但它要求按每一营业柜组分别计算其差价率。财会部门可编制"已销商品进销差价计算表"进行计算，其格式如图表8-8所示。

【例8-16】　武泰宾馆所属商场对进销差价采用分柜组差价率推算法，在12月31日根据有关各明细账资料计算各柜组已销商品进销差价如图表8-8所示。

图表8-8

已销商品进销差价计算表

2013 年 12 月 31 日

单位：元

营业柜组	月末库存商品账户余额	商品销售业务明细账户余额	结转前商品进销差价账户余额	差价率%	已销商品进销差价	库存商品进销差价
（1）	（2）	（3）	（4）	$(5) = \dfrac{(4)}{(2)+(3)}$	$(6) = (3) \times (5)$	$(7) = (4) - (6)$
百货柜	187 000.00	195 000.00	99 780.00	26.12	50 934.00	48 846.00
食品柜	178 000.00	180 000.00	96 020.00	26.82	48 276.00	47 744.00
合计	365 000.00	375 000.00	195 800.00	—	99 210.00	96 590.00

根据计算的结果，作分录如下：

借：商品进销差价——百货柜	50 934.00
借：商品进销差价——食品柜	48 276.00
贷：主营业务成本——商品销售业务——百货柜	50 934.00
贷：主营业务成本——商品销售业务——食品柜	48 276.00

（三）实际进销差价计算法

实际进销差价计算法是指先计算出期末商品的进销差价，进而逆算已销商品进销差价的一种方法。其具体计算程序是：期末由各营业柜组通过商品盘点，编制"库存商品盘存表"，根据各种商品的实存数量，分别乘以销售单价和购进单价，计算出期末库存商品的售价金额和进价金额。其计算公式如下：

$$\frac{期末库存商}{品进销差价} = \frac{期末库存商}{品售价金额} - \frac{期末库存商}{品进价金额}$$

$$\frac{已销商品}{进销差价} = \frac{结转前"商品进销}{差价"账户余额} - \frac{期末库存商}{品进销差价}$$

【例8-17】　武泰宾馆所属商场对进销差价采用的是实际进销差价计算法。12月31日有关资料见图表8-8中第（1）、第（2）、第（4）栏。经盘点，库存商品售价金额百货柜为187 000元，食品柜为178 000元；库存商品进价金额百货柜为137 846元，食品柜为130 002元。计算已销商品进销差价如下：

百货柜库存商品进销差价 = 187 000 – 137 846 = 49 154（元）

食品柜库存商品进销差价 = 178 000 – 130 002 = 47 998（元）

百货柜已销商品进销差价 = 99 780 – 49 154 = 50 626（元）

食品柜已销商品进销差价 = 96 020 – 47 998 = 48 022（元）

根据计算结果，作分录如下：

借：商品进销差价——百货柜　　　　　　　　　　　　　　　　　　50 626.00

借：商品进销差价——食品柜　　　　　　　　　　　　　　　　　　48 022.00

　　贷：主营业务成本——商品销售业务——百货柜　　　　　　　　　　50 626.00

　　贷：主营业务成本——商品销售业务——食品柜　　　　　　　　　　48 022.00

从上列实例中可以看出，采用三种不同的计算方法计算已销商品的进销差价，产生了三种不同的结果。这是因为各营业柜组之间商品的差价率不同，在营业柜组内所经营的各种商品之间差价率也不同，而且各种商品之间的存销比例也不可能相同，因此，计算的结果是不相同的。这三种计算方法的适用范围及优缺点如图表8-9所示。

图表8-9

适用范围及优缺点

计算方法 项目	综合差价率推算法	分柜组差价率推算法	实际进销差价计算法
适用范围	适用于所经营商品的差价率较为均衡的企业；或企业规模小，分柜组计算差价率确有困难的企业	适用于经营柜组间差价率不太均衡的企业；或需要分柜组核算其经营成果的企业	适用于经营商品品种较少的企业，或在企业需要反映期末库存商品实际价值时采用
优缺点	计算与核算的手续最为简便，但计算的结果不够准确	计算较为简便，计算的结果较为准确，但与实际相比较，仍有一定的偏差	计算的结果最为准确，但计算起来工作量较大

在实际工作中，为了做到既简化计算手续，又准确地计算已销商品进销差价，往往在平时采取分柜组差价率推算法，到年终采用实际进销差价计算法，以保证整个会计年度核算资料的准确性。

在结转了已销商品进销差价以后，"主营业务成本——商品销售业务"账户得到了调整，反映的是商品的进价成本，而"主营业务收入——商品销售业务"账户反映的却是含税收入，也需要将其调整为不含税的销售收入，调整的方法与数量进价金额相同，不再重述。

六、商品储存的核算

商品储存的核算，包括商品调价、盘点缺溢和削价等内容。

（一）商品调价的核算

商品调价是指商场根据市场情况对某些正常商品的销售价格进行适当地调高或者调低。由于采用售价金额核算的商场平时不核算商品的数量，因此，在规定调价日期的前一天营业结束后，应由有关人员同实物负责小组对调价的商品进行实地盘点，并填制"商品调价差额调整单"一式数联，其中一联送交财会部门。财会部门复核"商品调价差额调整单"无误后，将调价差额全部体现在商品经营损益内，由于商品进价无变动，只需同时调整"库存商品"账户和"商品进销差价"账户即可。

【例8-18】　华安宾馆所属商场根据市场状况从6月5日起，调整椰奶、酸奶的销售价格，食品柜经过盘点后，编制商品调价差额调整单如图表8-10所示。

图表8-10

商品调价差额调整单

填报部门：食品柜　　　　　　　　　　　　2013年6月5日　　　　　　　　　　　　单位：元

品名	规格	计量单位	盘存数量	零售单价		调整单价差额		调高金额	调低金额
				新价	原价	增加	减少		
椰奶 酸奶	（略）	听 盒	850 500	2.50 8.00	2.20 7.40	0.30 0.60		255.00 300.00	
合计								555.00	

财会部门根据"商品调价差额调整单"，作分录如下：

借：库存商品——食品柜　　　　　　　　　　　　　　　　　　　　555.00
　　贷：商品进销差价——食品柜　　　　　　　　　　　　　　　　555.00

如果发生商品调价减值业务时，则应借记"商品进销差价"账户；贷记"库存商品"账户。

（二）商品盘点和商品盘点缺溢的核算

商场采用售价金额核算库存商品时，库存商品明细账平时只能反映营业柜组商品的进、销、存的售价金额，而不能反映各种商品的结存数量。因此，只有通过盘点，在确定各种商品结存数量的基础上计算出各种商品的售价金额和全部库存商品的售价金额，才能与"库存商品"账户的余额进行核对，以确保账实相符。

商场为加强对库存商品的管理，每月至少全面盘点一次，如发生部门实物负责人调动、商品调价等情况，还要进行不定期的全面盘点或局部盘点。

商场各实物负责小组对其所经营的商品进行盘点时，一般要填制商品盘存表，表内列明商品品名、编号、规格、数量、单价和售价金额等项目。商品盘点的实存金额小于账面金额时为商品短缺，实存金额大于账面金额时为商品溢余。库存商品发生短缺或溢余，应填制"商品盘点短缺溢余报告单"，一式数联，认真查明账实不符的原因，并将其中一联报送领导审批，另一联送交财会部门作为记账的依据。"商品盘点短缺溢余报告单"格式如图表8-11所示。

商品盘点短缺或溢余是以商品的售价金额来反映的，在"商品盘点短缺溢余报告单"中，还要将其调整为进价金额，财会部门在缺溢商品未查明原因前，应将短缺或溢余商品的进价金额先记入"待处理财产损溢"账户，将短缺或溢余商品的售价金额记入"库存商品"账户；两者之间的差额列入"商品进销差价"账户。等查明原因后，盘缺的商品根据领导批复的意见，再将其转入"营业外支出"或"其他应收款"等账户；盘溢的商品则转入"营业外收入"账户。

【例 8-19】　卢湾宾馆所属商场食品柜 4 月 27 日盘点商品，发现短缺商品 80 元，填制"商品盘点短缺溢余报告单"如图表 8-11 所示。

图表 8-11

商品盘点短缺溢余报告单

部门：食品柜　　　　　　　　　　　2013 年 4 月 27 日

账存金额	125 890.00	溢余金额		短缺或溢余原因	销货差错
实存金额	125 810.00	短缺金额	80.00		
上月本柜组差价率/%			27.50		
溢余商品差价		溢余商品进价			
短缺商品差价	22.00	短缺商品进价	58.00		
领导批复		部门意见		要求作为企业损失	

（1）财会部门根据"商品盘点短缺溢余报告单"，作分录如下：

借：待处理财产损溢——待处理流动资产损溢　　58.00
借：商品进销差价——食品柜　　22.00
　　贷：库存商品——食品柜　　80.00

（2）31 日，经批准将盘缺商品作为企业损失处理，作分录如下：

借：营业外支出——盘亏损失　　58.00
　　贷：待处理财产损溢——待处理流动资产损溢　　58.00

（三）商品削价的核算

采用售价金额核算法时，商场发现商品遭受毁损，或陈旧过时，为了减少商品的损失，可以按照规定的审批权限，报经批准后进行削价处理。

削价后商品的可变现净值高于其成本时，根据削价减值金额借记"商品进销差价"账户；贷记"库存商品"账户，以调整其账面价值。削价后商品的可变现净值低于其成本时，除了根据削价减值金额借记"商品进销差价"账户；贷记"库存商品"账户，以调整其账面价值外，还应计提存货跌价准备。

【例 8-20】　江宁宾馆所属商场百货柜，5 月末盘点清查发现 30 条真丝围巾已陈旧过时，其原销售单价为 90 元，经批准削价为 58.50 元，该真丝围巾每条进价为 66 元。估计销售费用为 1 元，增值税税率为 17%，计算其可变现净值及其低于成本的差额如下：

真丝围巾削价后不含增值税售价 = 58.50 × 30 ÷ 1.17 = 1 500（元）
真丝围巾可变现净值 = 1 500 - （1 × 30）= 1 470（元）
真丝围巾可变现净值低于成本的差额 = 66 × 30 - 1 470 = 510（元）

（1）5 月 31 日，根据削价减少的售价金额，调整其账面价值，作分录如下：

借：商品进销差价——百货柜　　945.00
　　贷：库存商品——百货柜[（90 - 58.50）× 30]　　945.00

同时，计提存货跌价准备，作分录如下：

借：资产减值损失——存货跌价损失   510.00
　　贷：存货跌价准备   510.00
（2）6月5日，销售削价的真丝围巾20条，收到现金1 800元。
① 反映销售收入，作分录如下：
借：库存现金   1 800.00
　　贷：主营业务收入——商品销售业务——百货柜   1 800.00
② 结转商品销售成本，作分录如下：
借：主营业务成本——商品销售业务——百货柜   1 800.00
　　贷：库存商品——百货柜   1 800.00
③ 结转其计提的存货跌价准备，作分录如下：
借：存货跌价准备   340.00
　　贷：主营业务成本——百货柜   340.00

练 习 题

一、简答题

　　1. 商场商品经营业务有哪两种形式？这两种形式有什么不同？

　　2. 试述数量进价金额核算的主要内容和适用性。

　　3. 采用售价金额核算为何要在月末调整商品销售成本和商品销售收入？如何进行调整？

　　4. 什么是商品调价？发生调价如何进行核算？

　　5. 采用售价金额核算的商场为什么要加强对库存商品的盘点工作？对盘点时所发现的商品短缺和溢余应怎样进行核算？

二、名词解释题

　　数量进价金额核算　售价金额核算　购进商品退价　可变现净值　分散收款　集中收款　分柜组差价率推算法　实际进销差价计算法

三、是非题

　　1. 采用数量进价金额核算发生退价的核算与进货退出的核算方法是相同的。　　　　　　　　（　　）

　　2. 作商品购销业务处理的代销商品在销售的同时就体现了销售收入的实现。　　　　　　　（　　）

　　3. 结算代销手续费方式的代销商品，收到的代销手续费应列入"其他业务收入"账户。　（　　）

　　4. 商品可变现净值是指在日常活动中，商品估计的售价减去商品成本后的差额。　　　　（　　）

　　5. 采用售价金额核算发生退价的核算与进货退出的核算方法是不同的。　　　　　　　　（　　）

　　6. 集中收款容易发生差错与弊端，而分散收款手续烦琐。　　　　　　　　　　　　　　（　　）

　　7. 计算已销商品进销差价是手段，调整商品销售成本才是目的。　　　　　　　　　　　（　　）

　　8. 采用实际进销差价计算法计算已销商品进销差价需要根据期末"商品进销差价"、"库存商品"和"主营业务收入"账户余额等资料来进行。　　　　　　　　　　　　　　　　　　　　　　　　（　　）

　　9. 采用售价金额核算法的企业发生商品短缺或溢余时，应按商品的售价记入"待处理财产损溢"账户。　　　　　　　　　　　　　　　　　　　　　　　　　　　　　　　　　　　　　　　（　　）

四、单项选择题

　　1. 已销商品进销差价计算偏低，那么_____。

　　　A. 期末库存商品价值偏低，毛利也偏低

　　　B. 期末库存商品价值偏低，毛利则偏高

　　　C. 期末库存商品价值偏高，毛利也偏高

　　　D. 期末库存商品价值偏高，毛利则偏低

2. 借记"商品进销差价"账户和"应交税费"账户；贷记"应收账款"账户是_____业务的会计分录。

    A. 数量进价金额核算购进商品补价

    B. 数量进价金额核算购进商品退价

    C. 售价金额核算购进商品补价

    D. 售价金额核算购进商品退价

五、多项选择题

1. 售价金额核算法的主要内容有_____。

    A. 建立实物负责制   B. 库存商品按售价记账

    C. 设置"商品进销差价"账户   D. 加强商品盘点

2. 商品盘缺根据所查明的不同的原因，经批准后转入_____等有关账户。

    A. 销售费用   B. 管理费用

    C. 营业外支出   D. 其他应收款

3. 采用售价金额核算，月末需要调整的账户有_____。

    A. 库存商品   B. 商品进销差价

    C. 主营业务收入   D. 主营业务成本

六、实务题

习题一

一、**目的**　练习数量进价金额核算。

二、**资料**

（一）银河宾馆所属商场6月份发生下列有关的经济业务。

1. 1日，向恒丰玉器厂购进玉雕白兔50只，收到专用发票，列明单价400元，计货款20 000元，增值税额3 400元。经审核无误，款项当即签发转账支票付讫。

2. 2日，商场转来收货单，1日从恒丰玉器厂购进的50只玉雕白兔，单价400元，已全部验收入库。

3. 4日，今复验玉雕白兔，发现其中5只质量不符合要求，经联系后同意退货，收到恒丰玉器厂退货的红字专用发票，开列退货款2 000元，退增值税额340元，款项尚未收到。玉雕白兔已退还对方。

4. 5日，根据商品委托代销合同，接受静安玉器厂翡翠挂件40只，供应单价为610元，增值税率为17%，合同规定每个月月末结算一次。翡翠挂件已验收入库。该业务作商品购销业务处理。

5. 6日，根据商品委托代销合同，接受顺昌工艺品厂檀香扇60把，每把供应单价为290元，增值税率为17%，合同规定每个月月末结算一次，檀香扇已验收入库。该业务作结算代销手续费业务处理。

6. 8日，向锦云玉器厂购进玉手镯30只，收到专用发票，列明每只560元，计货款16 800元，增值税额2 856元，款项当即签发转账支票支付，商场也转来收货单，30只玉手镯也验收入库。

7. 10日，收到锦云玉器厂更正发票，列明玉手镯每只单价应为650元，应补收货款2 700元，补收增值税额459元，经审核无误，账款当即签发转账支票付讫。

8. 12日，向山海珠宝厂购进珍珠项链100条，收到专用发票，列明单价180元，计货款18 000元，增值税额3 060元，当即签发转账支票付讫，商场也转来收货单，100条珍珠项链已验收入库。

9. 15日，收到商场交来的"销货日报表"和"收款日报表"，列明售出玉雕白兔25只，每只540元；售出玉手镯15只，每只880元；售出珍珠项链60条，每条250元。货款中转账支票结算为2 500元，信用卡结算为10 000元，其余部分为现金结算，信用卡结算的手续费率为9‰，该宾馆为信用卡特约结算单位，各种结算凭证和现金均已解存银行。

10. 16日，根据销售商品的进价，结转其销售成本。

11. 18日，向神光化妆品厂购入化妆品60盒，收到专用发票，列明单价680元，计货款40 800元，增值税额 6 936 元。款项以商业汇票付讫，商场也转来收货单，60 盒化妆品也已验收入库。

12. 20 日，收到神光化妆品厂红字更正发票一张，列明化妆品单价为 660 元，应退货款 1 200 元，应退增值税额 204 元，应退账款尚未收到。

13. 22 日，向锦云玉器厂购进玉手镯 50 只，单价 650 元，计货款 32 500 元，增值税额 5 525 元。款项当即签发转账支票付讫，商场也转来收货单，50 只玉手镯也已验收入库，收到现金，解存银行。

14. 25 日，销售代销的翡翠挂件 20 只，每只售价 840 元，计货款 16 800 元，收到现金，解存银行。

15. 27 日，销售代销的檀香扇 30 把，每把售价 350 元，计货款 10 500 元，增值税额 1 785 元，收到现金，解存银行。

16. 29 日，开出代销檀香扇清单及代销手续费发票，开列代销檀香扇 30 把，每把代销手续费为 60 元，予以转账。

17. 30 日，开出代销翡翠挂件清单后，收到静安玉器厂的专用发票，开列翡翠挂件 20 只，每只 610 元，计货款 12 200 元，增值税额 2 074 元，当即签发转账支票付讫。

18. 30 日，收到商场转来"销货日报表"和"收款日报表"，列明售出玉雕白兔 15 只，每只 540 元；售出玉手镯 25 只，每只 880 元；售出珍珠项链 30 条，每条 250 元；售出化妆品 30 盒，每盒 900 元。货款中转账支票结算为 2 700 元，信用卡结算为 12 000 元，其余部分为现金结算，信用卡结算的手续费率为 9‰，各种结算凭证和现金均已解存银行。

19. 30 日，根据销售商品的进价，结转其销售成本。

20. 30 日，收到顺昌工艺品厂专用发票，开列檀香扇 30 把，每把 290 元，计货款 8 700 元，增值税额 1 479 元，扣除代销手续费 1 800 元后，签发转账支票支付已售代销商品全部账款。

21. 30 日，该企业销售商品的增值税税率为 17%，调整本月份的商品销售收入。

（二）海达宾馆附设商场发生下列有关的经济业务。

1. 5 月 27 日，收到"商品盘点短缺溢余报告单"如图表 8-12 所示，予以转账。

图表 8-12

商品盘点短缺溢余报告单
2013 年 5 月 27 日

品　名	计量单位	单价	账存数量	实存数量	短　缺		溢　余		原因
					数量	金额	数量	金额	
玉雕熊猫	只	550.00	16	15	1	550.00			
龙井绿茶	听	100.00	90	88	2	200.00			待查
福建红茶	听	60.00	76	78			2	120.00	
檀香扇	把	290.00	25	35			10	2 900.00	
合　计						750.00		3 020.00	

2. 5 月 28 日，在清查盘点中发现真丝围巾 90 条因陈旧过时，每条售价经批准削价为 58.50 元，内含增值税 8.50 元，而其成本为 66 元，估计销售费用为 1 元，计提其存货跌价准备。

3. 5 月 29 日，查明溢余 10 把檀香扇系开利工艺品厂多发商品，开利工艺品厂现补来专用发票，开列货款 2 900 元，增值税额 493 元，款项尚未支付。

4. 5 月 30 日，查明短缺玉雕熊猫 1 只，是由于保管人员失职造成的。经批准，其中 60% 由责任人赔偿，40% 作为企业损失处理。

5. 5 月 31 日，查明龙井绿茶短缺 2 听、福建红茶溢余 2 听是由于销售过程中的差错所造成的，经批准分别作为企业损失、收益处理。

6. 6 月 6 日，销售削价的真丝围巾 60 条，收到现金 3 510 元，存入银行，结转其销售成本，并结转已计提的存货跌价准备。

　　三、要求　编制会计分录。

习题二

　　一、目的　练习售价金额核算。

　　二、资料

　　（一）虹桥饭店所属商场有关账户12月份期初余额如下：

　　库存商品——百货柜151 000元　商品进销差价——百货柜41 120元

　　库存商品——食品柜145 000元　商品进销差价——食品柜39 310元

　　（二）12月份发生下列有关的经济业务。

　　1. 2日，向上海百货公司购进商品一批，计进价金额34 600元，增值税额5 882元，经审核无误，款项当即签发转账支票付讫。

　　2. 4日，2日购进的商品已由商场百货柜验收，转来收货单如图表8-13所示。

　　图表8-13

收 货 单

收货部门：百货柜　　　　　　　　　　　　　　　2013年12月4日

商品名称	购 进 价 格				销 售 价 格			
	单位	数量	单价	金额	单位	数量	单价	金额
力士香皂	10块	100	34.00	3 400.00	块	1 000	4.80	4 800.00
水果刀	10把	75	88.00	6 600.00	把	750	12.00	9 000.00
香水	10瓶	30	440.00	13 200.00	瓶	300	60.00	18 000.00
护肤霜	10盒	50	228.00	11 400.00	瓶	500	32.00	16 000.00

　　3. 6日，收到上海百货公司更正发票，力士香皂每10块应为35元，应补收货款100元，增值税额17元。

　　4. 8日，向光明玩具厂购进长毛绒海宝1 000只，每只33元，计货款33 000元，增值税额5 610元。款项以商业汇票付讫，长毛绒海宝已由百货柜验收，其销售单价为45元。

　　5. 12日，复验长毛绒海宝发现其中50只质量不符要求，经联系，对方已同意退货。今收到厂方开来的红字专用发票，商品已退还对方，应退货款及增值税额尚未收到。

　　6. 15日，百货柜销货收入为72 200元，食品柜销售收入为66 800元。货款结算中现金为119 200元，转账支票为4 800元，信用卡为15 000元，信用卡的结算手续费率为9‰，该饭店为信用卡特约结算单位，现金及各种结算单据均已送存银行。

　　7. 18日，向上海食品公司购进商品一批，计进价金额67 900元，增值税额11 543元，款项当即签发转账支票付讫，商品由食品柜验收后，转来收货单如图表8-14所示。

　　图表8-14

收 货 单

收货部门：食品柜　　　　　　　　　　　　　　　2013年12月18日

商品名称	购 进 价 格				销 售 价 格			
	单位	数量	单价	金额	单位	数量	单价	金额
可口可乐	24听	250	42.00	10 500.00	听	6 000	2.40	14 400.00
橙汁	24听	150	43.20	6 480.00	听	3 600	2.50	9 000.00
牛肉干	10袋	140	218.00	30 520.00	袋	1 400	30.00	42 000.00
猪肉脯	10袋	120	170.00	20 400.00	袋	1 200	22.00	26 400.00

　　8. 21日，收到上海食品公司红字更正发票，猪肉脯每10袋应为160元，应退货款1 200元，退增值税额204元。

9. 24 日，向光明玩具厂购进长毛绒熊猫 1 000 只，每只 30 元，计货款 30 000 元，增值税额 5 100 元。款项尚未支付，百货柜转来收货单，长毛绒熊猫已验收入库，其销售单价为 42 元。

10. 26 日，收到光明玩具厂更正发票，长毛绒熊猫每只应为 30.50 元，应补收货款 500 元，补收增值税额 85 元。

11. 27 日，签发转账支票支付前欠光明玩具厂账款。

12. 29 日，向新丰食品厂购进夹心巧克力 900 盒，每盒 33 元，计货款 29 700 元，增值税额 5 049 元。款项签发转账支票付讫，食品柜转来收货单，夹心巧克力已验收入库，其销售单价为 45 元。

13. 31 日，销货收入百货柜为 69 800 元，食品柜为 64 200 元，货款结算中现金为 116 500 元，转账支票为 5 500 元，信用卡为 12 000 元，信用卡的结算手续费率为 9‰，现金及各种结算凭证均已送存银行。

14. 31 日，根据"资料（一）"和本月份发生的商品进销业务，用分柜组差价率法调整商品销售成本。

15. 31 日，根据 17% 的增值税税率，调整本月份商品销售收入。

16. 31 日，如果通过盘点，百货柜商品进价金额为 103 272 元，食品柜商品进价金额为 106 532 元，用实际进销差价计算法调整主营业务成本。

（三）长宁饭店发生下列有关的经济业务。

1. 4 月 26 日，根据市场状况，百货柜决定将护肤液的售价从 28 元调整到 24 元；食品柜决定将青岛啤酒的售价从 3 元调整到 3.20 元。护肤液的盘存数量为 120 瓶，青岛啤酒的盘存数量为 480 听。

2. 4 月 27 日，百货柜送来"商品盘点短缺报告单"，短缺商品 200 元。上月该柜组差价率为 27.10%，短缺原因待查。

3. 4 月 27 日，食品柜送来"商品盘点溢余报告单"，溢余商品 120 元。上月该柜组差价率为 26.90%，溢余原因待查。

4. 4 月 28 日，百货柜清查盘点商品时发现有 50 件编结衫因式样陈旧而滞销，经批准每件削价为 46.80 元，增值税税率为 17%，其原售价为 93 元，成本为 68 元，估计销售费用为 1 元，计提其跌价准备。

5. 4 月 29 日，食品柜清查盘点商品时发现有 60 听果仁巧克力，因保管不善碰撞而成瘪听，经批准每听削价 23.40 元，增值税税率为 17%，其原售价为每听 35.10 元，成本为 26 元，估计销售费用为 0.50 元，计提其存货跌价准备。

6. 4 月 30 日，今查明本月 27 日百货柜盘缺商品和食品柜盘溢商品，均系收发商品中的差错，经批准分别作为企业损失和收益处理。

7. 5 月 12 日，销售削价的编结衫 25 件，收入现金 1 170 元。并结转已计提的存货跌价准备。

8. 5 月 15 日，销售削价的巧克力 30 听，收入现金 702 元。并结转已计提的存货跌价准备。

三、要求

（一）根据"资料（一）"，设置"库存商品"、"商品进销差价"明细账。

（二）根据"资料（二）"，编制会计分录。

（三）根据"资料（二）"编制的会计分录登记"库存商品"、"商品进销差价"和"主营业务收入"明细账。

（四）根据"资料（三）"，编制会计分录。

第九章　对外投资

第一节　对外投资概述

对外投资是指企业为了通过分配来增加财富，或为了谋求其他利益而将资产让渡给其他企业所获取的另一项资产。

一、对外投资的分类

按照对外投资流动性的强弱不同，可分为短期投资和长期投资两种。

（一）短期投资

短期投资是指能够随时变现并且持有时间不准备超过一年的投资，属于短期投资的只有交易性金融资产。

交易性金融资产是指企业持有的以公允价值计量且其变动计入当期损益的金融资产。它包括为交易目的所持有的债券投资、股票投资、基金投资等和直接指定为以公允价值计量且其变动计入当期损益的金融资产。

金融资产是指企业的现金；持有的其他单位的权益工具；从其他单位收取现金或其他金融资产的合同权利；在潜在有利条件下，与其他单位交换金融资产或金融负债的合同权利；将来须用或可用企业自身权益工具进行结算的衍生工具和非衍生工具的合同权利等资产。

权益工具是指能证明拥有某个企业在扣除所有负债后的资产中的剩余权益的合同。

衍生工具是指具有下列特征的金融工具或其他合同：① 其价值随特定利率、金融工具价格、商品价格、汇率、价格指数、费率指数、信用等级、信用指数或其他类似变量的变动而变动，变量为非金融变量的，该变量与合同的任一方不存在特定关系；② 不要求初始净投资，或与对市场情况变化有类似反应的其他类型合同相比，要求很少的初始净投资；③ 在未来某一日期结算。

衍生工具包括远期合同、期货合同、互换和期权，以及具有远期合同、期货合同、互换和期权中一种或一种以上特征的工具。

金融工具是指形成一个企业的金融资产，并形成其他单位的金融负债或权益工具的合同。

（二）长期投资

长期投资是指短期投资以外的投资。长期投资按照投资的目的不同，主要可分为持有至到期投资、可供出售金融资产和长期股权投资。

1. 持有至到期投资

持有至到期投资是指到期日固定、回收金额固定或可确定，且企业有明确意图和能力持有至到期的非衍生金融资产。

2. 可供出售金融资产

可供出售金融资产是指初始确认时即被指定为可供出售的非衍生金融资产，以及除下列各类资产以外的金融资产：① 贷款和应收款项；② 持有至到期投资；③ 以公允价值计量且变动计入当期投资损益的金融资产。

3. 长期股权投资

长期股权投资是指企业持有的对子公司、联营企业及合营企业的投资及对被投资单位不具有共同控制或影响，在活跃市场中没有报价、公允价值不能可靠计量的权益性投资。

二、对外投资的目的和特点

（一）短期投资的目的和特点

企业在生产经营过程中，经常会出现暂时闲置的现金，为了充分发挥现金的利用效果，可以在金融市场上购买其他企业发行的股票、债券、基金等进行短期投资，以谋求更高的股利收入或利息收入。由于股票、债券、基金等的流动性强，一旦企业需要使用现金时，可以随时将这些股票、债券、基金等在金融市场上出售，收回现金。

因此短期投资具有投资收回快，风险小，变现能力强，机动而灵活的特点。

（二）长期投资的目的和特点

长期投资除了要获得投资收益外，更重要的目的有以下两个。其一是为了与被投资企业建立与保持一定的业务关系，影响或控制其财务和经营政策，以有利于自身业务的经营。例如，为了保持企业正常的原材料供应的来源，或扩大企业产品的销售渠道，可以购进有关企业一定份额的股票或者向有关企业进行直接投资，以取得一定的经营决策权。其二是企业为大规模更新生产经营设施或为将来扩展生产经营规模而筹集资金，企业可以有计划地将平时固定资产损耗的价值和企业短期内不准备使用的盈余公积等款项，用以购进股票和长期债券，以便将来大规模更新生产经营设施或扩展生产经营规模时，既增了值，又可以变现使用。为了这些目的而进行的投资，一般不会在短期内出售，从而形成了长期投资。

因此长期投资具有投资额大，投资回收期长，投资收益大，风险也大的特点。

第二节　交易性金融资产

一、交易性金融资产取得的核算

企业取得交易性金融资产时，应当按照公允价值计量入账。相关的交易费用应当直接计入当期损益。

交易费用是指可直接归属于购买、发行或处置金融工具新增的外部费用。它包括支付的手续费和佣金及其他必要支出。

企业取得交易性金融资产时，按交易性金融资产的公允价值借记"交易性金融资产"账户，按发生的交易费用借记"投资收益"账户；按实际支付的金额贷记"银行存款"账户。

【例9-1】　滨海饭店2月16日购进安泰公司股票25 000股，每股9.60元，另以交易金额的3‰支付佣金，1‰交纳印花税，款项一并签发转账支票付讫，该股票为交易目的而持有，作分录如下：

借：交易性金融资产——成本——安泰公司股票　　　　　　　　　　240 000.00
借：投资收益　　　　　　　　　　　　　　　　　　　　　　　　　　960.00
　贷：银行存款　　　　　　　　　　　　　　　　　　　　　　　240 960.00

企业取得的交易性金融资产中，若包含已宣告发放的现金股利或已到付息期但尚未领取的债券利息，应从成本中予以扣除，将其作为应收股利或应收利息处理。在这种情况下，购入的交易性金融资产的成本，应以公允价值减去应收股利或应收利息入账。

【例9-2】　天华宾馆4月5日购进平安公司股票20 000股，每股7.50元，另以交易金额的3‰支付佣金，1‰交纳印花税，款项一并签发转账支票付讫。该股票为交易目的而持有。平安公司已于4月1日宣告将于4月15日分派现金股利，每股0.12元。

（1）4月5日，购进股票时，作分录如下：

借：交易性金融资产——成本——平安公司股票　　　　　147 600.00
借：应收股利——平安公司　　　　　2 400.00
借：投资收益　　　　　600.00
　贷：银行存款　　　　　150 600.00

（2）4月15日，收到平安公司派发的现金股利2 400元，存入银行时，作分录如下：

借：银行存款　　　　　2 400.00
　贷：应收股利——平安公司　　　　　2 400.00

二、交易性金融资产持有期间股利和利息的核算

交易性金融资产在持有期间，被投资单位宣告发放的现金股利或在期末按分期付息、一次还本债券投资的票面利率计提利息时，借记"应收股利"或"应收利息"账户，贷记"投资收益"账户。

【例9-3】　6月30日，虹桥旅行社为交易目的而持有泰化公司上月末发行的债券120张，计面值120 000元，该债券系分期付息，到期一次还本，年利率为8%，计提其本月份应收利息，作分录如下：

借：应收利息——泰化公司　　　　　800.00
　贷：投资收益　　　　　800.00

等收到应收股利或应收利息时，再借记"银行存款"账户；贷记"应收股利"或"应收利息"账户。

三、交易性金融资产的期末计量

交易性金融资产的期末计量是指期末交易性金融资产在资产负债表上反映的价值。

交易性金融资产在取得时按公允价值计量，然而在交易市场上的价格会不断地发生变化。期末当交易性金融资产的公允价值高于其账面余额时，将两者之间的差额借记"交易性金融资产——公允价值变动"账户，贷记"公允价值变动损益"账户；期末当公允价值低于其账面余额时，将两者之间的差额借记"公允价值变动损益"账户，贷记"交易性金融资产——公允价值变动"账户。

【例9-4】　长江旅行社为交易目的持有大众公司股票15 000股，账面余额165 000元，4月30日，该股票每股公允价值为11.50元，予以转账，作分录如下：

借：交易性金融资产——公允价值变动——大众公司股票　　　　　7 500.00
　贷：公允价值变动损益——交易性金融资产　　　　　7 500.00

"交易性金融资产"是资产类账户，用以核算企业为交易目的所持有的债券投资、股票投资、基金投资等交易性金融资产的公允价值。企业在取得交易性金融资产和期末交易性金融资产增值时，记入借方；企业交易性金融资产出售和期末减值时，记入贷方；期末余额在借方，表示企业交易性金融资产的公允价值。该账户应当按交易性金融资产的类别和品种，分别以"成本"、"公允价值变动"进行明细核算。

"公允价值变动损益"是损益类账户，用以核算企业交易性金融资产、金融负债及采用公允价值模式计量的投资性房地产、衍生工具、套期保值业务等公允价值变动形成的应计入当期损益的利得或损失。企业取得公允价值变动收益或将公允价值变动损失结转"本年利润"账户时，记入贷方；企业发生公允价值变动损失或将公允价值变动收益结转"本年利润"账户时，记入借方。

四、交易性金融资产出售的核算

企业出售交易性金融资产时，也会发生交易费用，届时应按交易性金融资产的出售价格减去其交易费用的出售净收入，借记"银行存款"账户；按其账面余额，贷记"交易性金融资产——成本"账户；借记或贷记"交易性金融资产——公允价值变动"账户；将实际收到的金额与账面余额的差额，列入"投资收益"账户。

【例9-5】 5月15日，长江旅行社出售其为交易目的而持有的大众公司股票15 000股。出售价格每股11.80元，按交易金额的3‰支付佣金，1‰交纳印花税，收到出售净收入，存入银行。查该股票明细账户余额成本为165 000元；公允价值变动为借方余额7 500元，作分录如下：

借：银行存款 176 292.00
　贷：交易性金融资产——成本——大众公司股票 165 000.00
　贷：交易性金融资产——公允价值变动——大众公司股票 7 500.00
　贷：投资收益 3 792.00

"投资收益"是损益类账户，用以核算企业确认的投资收益或投资损失。企业确认投资收益或将投资损失结转"本年利润"账户时，记入贷方；企业确认投资损失或将投资收益结转"本年利润"账户时，记入借方。

第三节　持有至到期投资

一、持有至到期投资取得的核算

持有至到期投资主要是购买到期日在一年以上的长期债券进行投资。企业购买新发行的长期债券进行持有至到期投资时，支付的债券价格，有时与债券的面值相等，有时却与面值不一致。当购进债券的价格与面值相等时，称为按面值购进；如果购进债券的价格高于面值，称为溢价购进；如果购进债券的价格低于面值，则称为折价购进。

持有至到期债券应按取得时的公允价值与交易费用之和作为初始确认金额，如支付的价款中包含已到付息期但尚未领取的债券利息，应当单独确认为应收利息入账。

（一）按面值购进债券的核算

企业按面值购进债券时，按债券的面值和交易费用之和借记"持有至到期投资——成本"账户；贷记"银行存款"账户。

持有至到期投资应当按期计提利息，计提的利息按债券面值乘以票面利率计算。对于分期付息，到期还本的持有至到期投资，在计提利息时，借记"应收利息"账户；贷记"投资收益"账户。对于到期一次还本付息的持有至到期投资，则借记"持有至到期投资——应计利息"账户；贷记"投资收益"账户。

（二）溢价购进债券的核算

企业溢价购进债券，是因为债券的票面利率高于市场利率，那么投资企业按票面利率收到的利息将要高于按市场利率所能得到的利息。因此，溢价是为以后各期多得利息而预先付出的款项，也就是说，在投资企业以后各期收到的利息中，还包括溢价购进时预先付出的款项，这部分多付的款项在发生时应列入"持有至到期投资——利息调整"账户的借方，在确定各期利息收入时再进行摊销，以冲抵投资收益。

利息调整额摊销的方法有直线法和实际利率法两种。直线法是指将债券的利息调整额按债券的期限平均摊销的方法。

【例9-6】 中兴宾馆6月30日购进新发行的三峡公司3年期债券150张，每张面值1 000元，购进价格为1 025.74元，该债券票面年利率为9%，每年6月30日支付利息，该债券准备持有至到期。

（1）6月30日，签发转账支票154 014.86元，支付150张债券的价款153 681元，并按交易金额的1‰支付佣金，作分录如下：

借：持有至到期投资——成本——三峡公司债券　　　　　　　　　150 153.86
借：持有至到期投资——利息调整——三峡公司债券　　　　　　　　3 861.00
　贷：银行存款　　　　　　　　　　　　　　　　　　　　　　　154 014.86

（2）7月31日，预计本月份该债券应收利息入账，并用直线法摊销利息调整额，作分录如下：

借：应收利息——三峡公司　　　　　　　　　　　　　　　　　　1 125.00
　贷：持有至到期投资——利息调整——三峡公司债券　　　　　　　　107.25
　贷：投资收益　　　　　　　　　　　　　　　　　　　　　　　1 017.75

（3）次年6月30日，收到三峡公司一年期债券利息入账，作分录如下：

借：银行存款　　　　　　　　　　　　　　　　　　　　　　　13 500.00
　贷：应收利息——三峡公司　　　　　　　　　　　　　　　　　12 375.00
　贷：持有至到期投资——利息调整——三峡公司债券　　　　　　　　107.25
　贷：投资收益　　　　　　　　　　　　　　　　　　　　　　　1 017.75

"应收利息"是资产类账户，用以核算企业除长期债券投资到期一次还本付息的债券以外的各种债券投资的应收利息。企业发生应收利息时，记入借方；企业收到应收利息时，记入贷方；期末金额在借方，表示企业尚未收回的应收利息。

采用直线法摊销利息调整额简便易行，然而随着各期借方利息调整额的摊销，企业的投资额有了减少，而各期的投资收益却始终保持不变，因此反映的投资收益不够准确。为了准确地反映各期的投资收益，可以采用实际利率法。实际利率法是指根据债券期初账面价值（不含交易费用）乘以实际利率确定各期的利息收入，然后将其与按票面利率计算的应计利息收入相比较，将其差额作为各期的利息调整额的方法。

采用实际利率计算法摊销借方利息调整额，溢价购进债券的实际利息收入会随着债券账面价值的逐期减少而减少，从而却使其利息调整额随之逐期增加。其计算方法如图表 9-1 所示。

【例 9-7】 金融市场实际利率为 8%，根据前例购进三峡公司溢价发行的债券，用实际利率法计算债券各期利息调整额如图表 9-1 所示。

图表 9-1

利息调整额计算表（借方余额）

单位：元

付息期数	应计利息收入	实际利息收入	本期利息调整额	利息调整借方余额	债券账面价值（不含交易费用）
（1）	（2） ＝面值×票面利率	（3） ＝上期（6）×实际利率	（4）＝（2）-（3）	（5） ＝上期利息调整余额-（4）	（6） ＝面值+（5）
购进时				3 861.00	153 861.00
1	13 500.00	12 308.88	1 191.12	2 669.88	152 669.88
2	13 500.00	12 213.59	1 286.41	1 383.47	151 383.47
3	13 500.00	12 116.53①	1 383.47	0	150 000.00

以上计算的是各年的应计利息收入、实际利息收入和利息调整额。7 月 31 日预计本月份应收利息和利息调整额时，可以将第一期计算的数据除以 12 取得，并据以入账，作分录如下：

借：应收利息——三峡公司　　　　　　　　　　　　　　　　　　　　1 125.00
　贷：持有至到期投资——利息调整——三峡公司　　　　　　　　　　　　99.26
　贷：投资收益　　　　　　　　　　　　　　　　　　　　　　　　　1 025.74

（三）折价购进债券的核算

企业折价购进债券，是因为债券的票面利率低于市场利率，那么，投资企业按票面利率收到的利息将低于市场实际利率所能得到的利息，因此，折价是为了补偿投资企业以后各期少收利息而预先少付的款项。这部分少付的款项应在发生时列入"持有至到期投资——利息调整"账户的贷方，在确定各期利息收入时，再进行摊销，以作为投资收益的一部分。

【例 9-8】 东海宾馆 4 月 30 日购进新发行的上海钢厂 3 年期的债券 105 张，每张面值 1 000 元，购进价格为 974.20 元，该债券票面年利率为 7%，每年 4 月 30 日支付利息，该债券准备持有至到期。

（1）4 月 30 日，签发转账支票 102 393.29 元，支付 105 张债券的价款 102 291 元，并按价款的 1‰ 支付佣金，作分录如下：

借：持有至到期投资——成本——上海钢厂债券　　　　　　　　　　　105 102.29
　贷：持有至到期投资——利息调整——上海钢厂债券　　　　　　　　　2 709.00
　贷：银行存款　　　　　　　　　　　　　　　　　　　　　　　102 393.29

（2）5 月 31 日，预计该债券本月份的应收利息入账，并且直线法摊销利息调整额，作分录如下：

---

① 由于在计算上存在尾差，因此 12 116.53 元是近似值。

借：应收利息——上海钢厂 612.50

借：持有至到期投资——利息调整——上海钢厂债券 75.25

　　贷：投资收益 687.75

（3）次年 4 月 30 日，收到上海钢厂一年期债券利息，作分录如下：

借：银行存款 7 350.00

借：持有至到期投资——利息调整——上海钢厂债券 75.25

　　贷：应收利息——上海钢厂 6 737.75

　　贷：投资收益 687.75

以上是采用直线法摊销利息调整额，若采用实际利率法摊销利息调整额，折价购进债券的实际利息收入会随着债券账面价值逐期增加而增加，从而使利息调整额也随之逐期增加。其计算方法如图表 9-2 所示。

【例 9-9】 金融市场实际利率为 8%，根据前例购进上海钢厂折价发行的债券，用实际利率法计算债券各期摊销的利息调整额如图表 9-2 所示。

图表 9-2

利息调整额计算表（贷方余额）

单位：元

付息期数	应计利息收入	实际利息收入	本期利息调整额	利息调整贷方余额	债券账面价值（不含交易费用）
（1）	（2）＝面值×票面利率	（3）＝上期（6）×实际利率	（4）＝（3）－（2）	（5）＝上期利息调整余额－（4）	（6）＝面值－（5）
购进时				2 709.00	102 291.00
1	7 350.00	8 183.28	833.28	1 875.72	103 124.28
2	7 350.00	8 249.94	899.94	975.78	104 024.22
3	7 350.00	8 325.78[①]	975.78	0	105 000.00

"持有至到期投资"是资产类账户，用以核算企业持有至到期投资的价值。企业取得各种持有至到期投资、计提到期一次还本付息债券利息和摊销利息调整贷方余额时，记入借方；企业出售、收回持有至到期投资、将持有至到期投资重分类和摊销利息调整借方余额时，记入贷方；期末余额在借方，表示企业持有至到期投资的摊余成本。

二、持有至到期投资减值的核算

企业在期末应当对持有至到期投资的账面价值进行检查；如有发行方发生严重财务困难等客观证据表明该持有至到期投资发生减值的，应当计提减值准备。届时将持有至到期投资的账面价值与预计未来现金流量现值之间的差额计算确认减值损失，借记"资产减值损失"账户；贷记"持有至到期投资减值准备"账户。

【例 9-10】 3 月 31 日，武宁宾馆持有东新公司去年 3 月 15 日溢价发行的 3 年期债券 120 张，每张面值 1 000 元，每年 3 月 15 日支付利息，其账面价值成本为 120 123.09 元；利息调整为借方余额 3 088.80 元。因东新公司发生严重的财务困难，现 1 000 元面值的债券市价仅 1 005 元，其交易费用为 1‰，计提其减值准备，作分录如下：

持有至到期投资可收回金额 ＝ 1 005 × 120 × （1 － 1‰） ＝ 120 479.40（元）

---

① 由于计算上存在尾差，因此 8 325.78 元是近似值。

借：资产减值损失——持有至到期投资减值损失 2 732.49
  贷：持有至到期投资减值准备——东新公司债券 2 732.49

已计提减值准备的持有至到期投资价值以后又得以恢复时，应在原已计提的减值准备金额内，按恢复增加的金额借记"持有至到期投资减值准备"账户；贷记"资产减值损失"账户。

"持有至到期投资减值准备"账户是资产类账户，也是"持有至到期投资"账户的抵减账户，用以核算企业持有至到期投资发生减值时计提的减值准备。企业计提持有至到期投资减值准备时，记入贷方；企业减值的持有至到期投资出售、重分类和减值的金额恢复时，记入借方，期末余额在贷方，表示企业已计提但尚未转销的持有至到期投资减值准备。

三、持有至到期投资出售和重分类的核算

持有至到期投资出售时，应按实际收到的金额借记"银行存款"账户，按已计提的减值准备，借记"持有至到期投资减值准备"账户；按其账面余额，贷记"持有至到期投资"账户，将其差额列入"投资收益"账户。

【例9-11】 续前例，4月8日，武宁宾馆出售东新公司发行的3年期债券120张，每张面值1 000元，现按1 004.90元出售，按交易金额的1‰支付佣金，收到出售净收入，存入银行，作分录如下：

借：银行存款 120 467.41
借：持有至到期投资减值准备 2 732.49
借：投资收益 11.99
  贷：持有至到期投资——成本——东新公司债券 120 123.09
  贷：持有至到期投资——利息调整——东新公司债券 3 088.80

企业因持有意图或能力发生改变，使某项投资不再适合划分为持有至到期投资的，应当将其重分类为可供出售金融资产，并以公允价值进行后续计量。重分类日，该投资的账面价值与公允价值之间的差额计入"资本公积"账户。

【例9-12】 6月27日，上海旅行社持有泰安公司按面值发行的3年期债券100 000元，年利率8%、到期一次还本付息，已按持有至到期投资入账，现决定将其重分类为可供出售金融资产，该债券的账面价值成本为100 100元，应计利息为8 000元，现公允价值为109 780元，予以转账。作分录如下：

借：可供出售金融资产——成本——泰安公司债券 109 780.00
  贷：持有至到期投资——成本——泰安公司债券 100 100.00
  贷：持有至到期投资——应计利息——泰安公司债券 8 000.00
  贷：资本公积——其他资本公积 1 680.00

第四节　可供出售金额资产

一、可供出售金额资产取得的核算

可供出售金额资产包括划分为可供出售的股票投资、债券投资等金融资产。
企业取得可供出售金融资产时，应按可供出售金融资产的公允价值与交易费用之和，借

记"可供出售金融资产"账户；贷记"银行存款"账户。

【例9-13】　9月5日，徐汇宾馆购进安凯公司股票16 000股，每股10元，另以交易金额3‰支付佣金，1‰交纳印花税，款项一并签发转账支票付讫，该股票准备日后出售，作分录如下：

　　　　借：可供出售金融资产——成本——安凯公司股票　　　　　　　　　　　　160 640.00
　　　　　　贷：银行存款　　　　　　　　　　　　　　　　　　　　　　　　　　　160 640.00

当企业取得可供出售金融资产支付价款中包含已到付息期但尚未领取的债券利息或已宣告但尚未发放的现金股利时，将其列入"应收利息"或"应收股利"账户的借方。

当可供出售金融资产在持有期间取得被投资单位的债券利息或现金股利时，借记"银行存款"账户；贷记"投资收益"账户。

【例9-14】　续上例，9月25日，徐汇宾馆收到安凯公司发放的现金股利，每股0.18元，计2 880元，存入银行，作分录如下：

　　　　借：银行存款　　　　　　　　　　　　　　　　　　　　　　　　　　　　2 880.00
　　　　　　贷：投资收益　　　　　　　　　　　　　　　　　　　　　　　　　　　2 880.00

二、可供出售金融资产期末计量的核算

期末对可供出售金融资产应按公允价值进行调整，如公允价值高于账面余额的，按其差额借记"可供出售金融资产——公允价值变动"账户，贷记"资本公积——其他资本公积"账户；如公允价值低于账面余额的，按其差额借记"资本公积——其他资本公积"账户，贷记"可供出售金融资产——公允价值变动"账户。

【例9-15】　续上例，9月30日，徐汇宾馆持有安凯公司的16 000股股票，今日公允价值每股为10.10元，调整其账面价值，作分录如下：

　　　　借：可供出售金融资产——公允价值变动——安凯公司股票　　　　　　　　1 600.00
　　　　　　贷：资本公积——其他资本公积　　　　　　　　　　　　　　　　　　　1 600.00

期末如发现可供出售金融资产的公允价值发生较大幅度的下降，或在综合考虑各种相关因素后，预期这种下降趋势属于非暂时性的，可以认定该可供出售金融资产发生减值的，应当将其可收回金额低于账面价值的差额确认为减值损失。届时按减值的金额，借记"资产减值损失"账户；按应从所有者权益中转出原记入资本公积的累计损失金额，贷记"资本公积——其他资本公积"账户；将两者之间的差额记入"可供出售金融资产——公允价值变动"账户的贷方。

【例9-16】　10月31日，景顺旅行社持有列入可供出售金融资产的新海公司去年10月8日按面值发行的2年期债券100张，每张面值1 000元，每年10月8日支付利息，因该债券公允价值发生较大幅度下降，每1 000元债券市价下跌为996元，该债券交易费用为1‰，查该债券成本为100 100元，计提其减值损失，作分录如下：

$$可供出售金融资产可收回金额 = 996 \times 100 \times (1 - 1‰) = 99\ 500.40(元)$$

　　　　借：资产减值损失——投资减值损失　　　　　　　　　　　　　　　　　　599.60
　　　　　　贷：可供出售金融资产——公允价值变动——新海公司股票　　　　　　　599.60

"资产减值损失"是损益类账户，用以核算企业计提各项资产减值准备所形成的损失。企业计提各项资产减值准备时，记入借方，企业已计提减值准备相关资产的价值又得以恢

复，或者出售、耗用予以转销，以及期末结转"本年利润"账户时，记入贷方。

已确认减值损失的可供出售金融资产，在随后的会计期间公允价值上升的，应在原已计提的减值准备金额内，按恢复增加的金额，借记"可供出售金融资产——公允价值变动"账户，贷记"资产减值损失"账户；但可供出售金融资产为股票等权益工具投资的，则借记"可供出售金融资产——公允价值变动"账户；贷记"资本公积——其他资本公积"账户。

三、可供出售金融资产出售的核算

可供出售金融资产出售时，应按实际收到的金额，借记"银行存款"账户；按可供出售金融资产的账面余额，贷记"可供出售金融资产"账户，将应从所有者权益中转出的公允价值累计变动额（即原记入"资本公积——其他资本公积"账户的金额）予以转销，将其差额列入"投资收益"账户。

【例9-17】　4月15日，静安宾馆出售持有的大丰公司股票18 000股，每股10元，另按交易金额的3‰支付佣金，1‰交纳印花税，收到出售净收入，存入银行。查该股票成本为163 972元，公允价值变动为借方余额6 563元，因公允价值高于账面余额已列入"资本公积——其他资本公积"账户的贷方余额为6 563元。

（1）将出售净收入存入银行，作分录如下：

借：银行存款　　　　　　　　　　　　　　　　　　　　　　　179 280.00
　　贷：可供出售金融资产——成本——大丰公司股票　　　　　　163 972.00
　　贷：可供出售金融资产——公允价值变动——大丰公司股票　　　6 563.00
　　贷：投资收益　　　　　　　　　　　　　　　　　　　　　　　8 745.00

（2）转销该资产列入"资本公积"账户的金额，作分录如下：

借：资本公积——其他资本公积　　　　　　　　　　　　　　　　6 563.00
　　贷：投资收益　　　　　　　　　　　　　　　　　　　　　　　6 563.00

"可供出售金融资产"是资产类账户，用以核算企业持有的可供出售金融资产的公允价值。企业取得可供出售金融资产、期末可供出售金融资产的公允价值高于账面余额的差额，以及持有至到期投资转入时，记入借方；企业在持有期间收到债券利息或现金股利、期末可供出售金融资产的公允价值低于账面价值的差额，计提可供出售金融资产减值损失和可供出售金融资产出售时，记入贷方；期末余额在借方，表示企业可供出售金融资产的公允价值。

第五节　长期股权投资

一、长期股权投资初始成本的确定和核算

长期股权投资有企业合并形成和以支付现金、非现金资产等其他方式取得两种情况。企业合并又分为同一控制下的企业合并和非同一控制下的企业合并两种方式。

同一控制下的企业合并是指参与合并的企业在合并前后均受同一方或相同的多方最终控制且该控制并非暂时的。非同一控制下的企业合并是指参与合并的企业各方在合并前后不受同一方或相同的多方最终控制的。

同一方是指对参与合并的企业在合并前后均实施最终控制的投资者。相同的多方是指根

据投资者之间的协议约定，在对被投资单位的生产经营决策行使表决权时发表一致意见的两个或两个以上的投资者。控制并非暂时性是指参与合并的各方在合并前后较长的时间内受同一方或相同的多方最终控制。较长的时间通常是指一年以上（含一年）。

（一）同一控制下企业合并形成的长期股权投资

同一控制下的企业合并具有两个特点：一是不属于交易事项，而是资产和负债的重新组合；二是合并作价往往不公允，因此合并方应当在合并日按取得被合并方所有者权益账面价值的份额作为初始投资成本。合并日是指合并方实际取得对被合并方控制权的日期。

同一控制下企业合并形成的长期股权投资，应在合并日按取得的被合并方所有者权益账面价值的份额，借记"长期股权投资"账户，按享有被投资单位已宣告但尚未发放的现金股利或利润，借记"应收股利"账户；按支付的合并对价的账面价值，贷记有关资产或借记有关负债账户，按其差额，贷记"资本公积——资本溢价"账户；为借方差额的，借记"资本公积——资本溢价"账户，若资本公积中的资本溢价不足冲减的，则借记"盈余公积"、"利润分配——未分配利润"账户。

【例9-18】　神州旅游总公司内的长江旅行社"资本公积——资本溢价"账户余额为50 000元，"盈余公积"账户余额为100 000元。现合并总公司内的华声旅行社，取得该社60%的股权，华声旅行社所有者权益账面价值为3 000 000元，长江旅行社支付合并对价资产的账面价值为1 800 000元，其中固定资产960 000元，已提折旧150 000元，其余1 050 000元签发转账支票付讫。6月30日合并日，作分录如下：

借：长期股权投资——成本	1 800 000.00
借：累计折旧	150 000.00
借：资本公积——资本溢价	50 000.00
借：盈余公积	10 000.00
贷：固定资产	960 000.00
贷：银行存款	1 050 000.00

（二）非同一控制下企业合并形成的长期股权投资

非同一控制下企业合并具有两个特点：一是它们是非关联企业的合并；二是合并以市价为基础，交易作价相对公平合理。因此合并方应当在购买日按企业合并成本作为初始投资成本。购买日是指购买方实际取得对被购买方控制权的日期。

非同一控制下企业合并形成的长期股权投资，购买方在购买日应当按照合并中取得的被购买方可辨认净资产公允价值确定其入账价值，据以借记"长期股权投资"账户，确定的企业合并成本若大于取得被购买方可辨认净资产公允价值，其差额应确认为商誉，借记"商誉"账户；若小于被购买方可辨认净资产公允价值，其差额则应计入当期损益，贷记"营业外收入"账户，按支付合并对价的账面价值，贷记有关资产账户或借记有关负债账户；按发生的直接相关费用，贷记"银行存款"账户；将借贷方账户相抵的差额列入"营业外收入"或"营业外支出"账户。非同一控制下企业合并涉及库存商品等作为合并对价的，应按库存商品的公允价值作商品销售处理，并同时结转其销售成本，发生的增值税销项税额也作为企业合并成本的组成部分。

【例9-19】　复兴宾馆以2 355 000元合并成本从祥云宾馆的股东中购入该宾馆40%的

股权，祥云宾馆可辨认净资产的公允价值为 5 750 000 元，而对价付出资产的账面价值为 2 335 000 元，其中：固定资产 1 800 000 元，已提折旧 220 000 元，其公允价值为 1 600 000 元，其余 755 000 元签发转账支票付讫，作分录如下：

```
借：长期股权投资——成本（5 750 000×40%）          2 300 000.00
借：商誉（2 355 000—2 300 000）                       55 000.00
借：累计折旧                                          220 000.00
    贷：固定资产                                                 1 800 000.00
    贷：银行存款                                                   755 000.00
    贷：营业外收入——非流动资产处置利得                              20 000.00
```

"商誉"是资产类账户，用以核算非同一控制下企业合并中确定的商誉价值。企业合并中确定商誉价值时，记入借方，期末余额在借方，表示企业商誉的价值。

（三）以支付现金取得的长期股权投资

企业以支付现金取得的长期股权投资，应当按照实际支付购买价款作为初始投资成本。它包括与取得长期股权投资直接相关的费用、税金及其他必要支出。

企业应在购买日按实际支付的价款及相关税费，扣除已宣告但尚未发放的现金股利，借记"长期股权投资"账户，按已宣告但尚未发放的现金股利，借记"应收股利"账户；按实际支付的价款及相关税费，贷记"银行存款"账户。

【例9-20】 8月8日，湖滨饭店从证券市场购买泰康公司股票 200 000 股，准备长期持有，该股票每股 11 元，占该公司股份的 6%，另按交易金额的 3‰支付佣金，1‰缴纳印花税，款项签发转账支票付讫。该公司已宣告将于 8 月 15 日发放现金股利，每股 0.20 元，作分录如下：

```
借：长期股权投资——成本                           2 168 800.00
借：应收股利——泰康公司                              40 000.00
    贷：银行存款                                                 2 208 800.00
```

（四）以发行权益性证券取得的长期股权投资的核算

企业以发行权益性证券取得的长期股权投资，应当按照发行权益性证券的公允价值作为初始投资成本。

企业应在证券发行日，按证券的公允价值（包括相关税费），借记"长期股权投资"账户，按发行证券的面值，借记"股本"账户；按公允价值与面值的差额，贷记"资本公积"账户，按支付的相关税费，贷记"银行存款"账户。

【例9-21】 光华宾馆股份有限公司以发行股票 1 500 000 股的方式取得沪光饭店 15% 的股权，股票每股面值 1 元，发行价为 5 元，另需支付相关税费 45 000 元。当即签发转账支票付讫。作分录如下：

```
借：长期股权投资——成本                           7 545 000.00
    贷：股本                                                     1 500 000.00
    贷：资本公积——资本溢价                                        6 000 000.00
    贷：银行存款                                                     45 000.00
```

二、长期股权投资后续计量的核算

企业取得长期股权投资后的核算方法，按投资企业对被投资单位的控制和影响的程度不同，有成本法和权益法两种。若投资企业能够对被投资单位实施控制的长期股权投资，或者投资企业对被投资单位不具有共同控制或重大影响，并且在活跃市场中没有报价、公允价值不能可靠计量的长期股权投资，应采用成本法核算；若投资企业对被投资单位具有共同控制或者重大影响的长期股权投资，应采用权益法核算。

控制是指有权决定一个企业的财务和经营政策，并能据以从该企业的经营活动中获取利益。投资企业能够对被投资单位实施控制的，被投资单位为其子公司。

共同控制是指按照合同约定对某项经济活动所共有的控制，仅在与该项经济活动相关的重要财务和经营决策需要分享控制权的投资方一致同意时存在。投资企业与其他方对被投资单位实施共同控制的，被投资单位为其合营企业。

重大影响是指对一个企业的财务和经营政策有参与决策的权力，但并不能够控制或者与其他方一起共同控制这些政策的制定。投资企业能够对被投资单位施加重大影响的，被投资单位为其联营企业。

（一）成本法的核算

成本法是指长期股权投资按投资成本计价的方法。采用成本法进行核算时，长期股权投资应当按照初始投资成本计价，其后，除了投资企业追加投资或收回投资等情形外，长期股权投资的账面价值保持不变。

长期股权投资采用成本法核算的一般程序如下。

1. 初始投资

应按照初始投资时的投资成本增加长期股权投资的账面价值。

2. 被投资单位宣告分派的现金股利或利润

投资企业按其应享有的部分，确认为当期投资收益。

【例 9-22】　百乐门宾馆于 9 月 30 日购进新欣公司发行的股票 900 000 股，每股 6.60 元，占该公司全部股份 10%，并准备长期持有。年末该公司实现净利润 3 270 000 元。

（1）9 月 30 日，签发转账支票 5 963 760 元，支付 900 000 股股票价款，并按股票交易金额的 3‰支付佣金，1‰交纳印花税，作分录如下：

借：长期股权投资——成本　　　　　　　　　　　　　　　　5 963 760.00
　　贷：银行存款　　　　　　　　　　　　　　　　　　　　　　5 963 760.00

（2）次年 4 月 8 日，新欣公司宣告将于 4 月 18 日发放现金股利，每股 0.20 元，作分录如下：

借：应收股利——新欣公司（900 000 × 0.20）　　　　　　　180 000.00
　　贷：投资收益——股权投资收益　　　　　　　　　　　　　　180 000.00

"应收股利"是资产类账户，用以核算企业应收取的现金股利和应收其他单位分配的利润。企业发生应收取的现金股利或利润时，记入借方；企业实际收到现金股利或利润时，记入贷方；期末余额在借方，表示企业尚未收回的现金股利或利润。

（二）权益法的核算

权益法是指长期股权投资最初以投资成本入账，以后根据投资企业享有被投资单位所有者权益份额的变动对投资的账面价值进行调整的方法。采用权益法进行核算时，长期股权投资的账面价值要随着被投资单位所有者权益的增减变动而相应地进行调整。

长期股权投资采用权益法核算的一般程序如下。

1. 初始投资

应当按照初始投资时的初始投资成本增加长期股权投资的账面价值。

2. 计算初始投资成本与应享有被投资单位可辨认净资产公允价值的份额

如果初始投资成本大于投资，应享有被投资单位可辨认净资产公允价值的份额的，不调整长期股权投资的初始投资成本；如果初始投资成本小于投资时应享有被投资单位可辨认净资产公允价值份额的，其差额应列入"营业外收入"账户，同时调整"长期股权投资"账户。

3. 被投资单位实现的净利润或发生的净亏损

投资企业应当按照应享有或应分担的被投资单位实现的净损益的份额，确认投资损益，并调整长期股权投资的账面价值。

4. 被投资单位宣告分派现金股利或利润

投资企业应当按其应分得的现金股利或利润，相应减少长期股权投资的账面价值。

5. 被投资单位除净损益以外所有者权益的其他变动

在持股比例不变的情况下，被投资单位发生除净损益以外所有者权益的其他变动，投资企业应按持股比例计算应享有的份额，增加长期股权投资的账面价值。其他变动有被投资单位的资本溢价、可供出售金融资产公允价值变动差额等。

投资企业确认被投资单位发生的净亏损，应当以长期股权投资的账面价值及其他实质上构成对被投资单位净投资的长期权益减记至零为限，投资企业负有承担额外损失义务的除外。被投资单位以后实现净利润的，投资企业在其收益分享额弥补未确认的亏损分担额后，恢复确认收益分享额。

【例9-23】 登云宾馆从安信宾馆的股东中购入该宾馆50%的股权，取得了对安信宾馆的共同控制权，而对价付出资产的账面价值为3 600 000元，其中：固定资产2 500 000元，已提折旧250 000元，而固定资产的公允价值为2 270 000元，其余1 350 000元签发转账支票付讫。

（1）1月2日，购买日，作分录如下：

借：长期股权投资——成本		3 620 000.00
借：累计折旧		250 000.00
贷：固定资产		2 500 000.00
贷：银行存款		1 350 000.00
贷：营业外收入——非流动资产处置利得		20 000.00

（2）1月3日，安信宾馆接受本宾馆投资后，可辨认净资产公允价值为7 300 000元，按本宾馆享有50%的份额，调整长期股权投资，作分录如下：

借：长期股权投资——成本	30 000.00
贷：营业外收入	30 000.00

（3）12月31日，安信宾馆利润表上的净利润为660 000元，按照应享有的50%的份额调整"长期股权投资"账户，作分录如下：

借：长期股权投资——损益调整	330 000.00
贷：投资收益	330 000.00

（4）次年4月10日，安信宾馆宣告将于4月25日按净利润的70%分配利润，作分录如

下：

借：应收股利　　　　　　　　　　　　　　　　　　　　　　　　231 000.00
　　贷：长期股权投资——损益调整　　　　　　　　　　　　　　　　231 000.00

当由于被投资单位发生资本溢价，可供出售金融资产公允价值变动等因素而增加所有者权益时，投资企业应按持股比例计算应享有的份额，并据以借记"长期股权投资——其他权益变动"账户；贷记"资本公积——其他资本公积"账户。

三、长期股权投资减值的核算

企业在期末应当对长期股权投资的账面价值进行检查，如发生被投资单位的市价持续2年低于账面价值或者被投资单位经营所处的经济、技术或者法律等环境发生重大变化等情况，则表明长期股权投资的可收回金额低于账面价值，由此而发生减值的，应当计提减值准备。

企业在计提减值准备时，借记"资产减值损失"账户；贷记"长期股权投资减值准备"账户。

【例9-24】　7月31日，天成宾馆长期持有吉顺旅游公司股票150 000股，占该公司股份的4%。因该公司发生严重财务困难，每股市价下跌至5.50元，交易费用为4‰。查该股票账面价值：成本为903 600元，损益调整为借方余额15 000元，计提其减值准备，作分录如下：

长期股权投资可收回金额 = 5.50 × 150 000(1 - 4‰) = 821 700(元)

借：资产减值损失——长期股权投资减值损失　　　　　　　　　　96 900
　　贷：长期股权投资减值准备　　　　　　　　　　　　　　　　　　96 900

长期股权投资减值损失一经确认，在以后会计期间不得转回。

"长期股权投资减值准备"是资产类账户，它是"长期股权投资"账户的抵减账户，用以核算企业长期股权投资发生减值时计提的减值准备。企业计提长期股权投资减值准备时，记入贷方；企业出售长期股权投资予以转销时，记入借方；期末余额在贷方，表示企业已计提但尚未转销的长期股权投资减值准备。

四、长期股权投资出售的核算

企业出售长期股权投资时，应按实际收到的金额，借记"银行存款"账户，原已计提减值准备的，借记"长期股权投资减值准备"账户；按其账面余额，贷记"长期股权投资"账户；按尚未领取的现金股利或利润贷记"应收股利"账户；将这些账户之间的差额列入"投资收益"账户。

【例9-25】　续上例，8月6日，天成宾馆出售吉顺旅游公司股票150 000股，每股5.48元，另按交易金额的3‰支付佣金，1‰交纳印花税，收到出售净收入，存入银行。作分录如下：

借：银行存款　　　　　　　　　　　　　　　　　　　　　　　　818 712.00
借：长期股权投资减值准备　　　　　　　　　　　　　　　　　　96 900.00
借：投资收益　　　　　　　　　　　　　　　　　　　　　　　　2 988.00
　　贷：长期股权投资——成本　　　　　　　　　　　　　　　　　903 600.00

  贷：长期股权投资——损益调整 15 000. 00

  如果采用权益法核算的长期股权投资在出售时，有除净损益以外的所有者权益的其他变动，还应将原已记入"资本公积——其他资本公积"账户的金额转入"投资收益"账户。

  【例9-26】 申江宾馆持有达丰公司股票 1 200 000 股，并对该公司有重大影响。6 月 30 日，申江宾馆出售达丰公司股票 120 000 股，每股 8 元；另按交易金额 3‰支付佣金，1‰交纳印花税，出售净收入已收到转账支票，存入银行。查长期股权投资明细账户的余额，其中：成本为 7 142 000 元，损益调整为 960 000 元，其他权益变动为 94 600 元，因其他权益变动形成的"资本公积——其他资本公积"账户余额为 94 600 元。

  （1）将出售收入入账，作分录如下：

借：银行存款 956 160. 00
 贷：长期股权投资——成本 714 200. 00
 贷：长期股权投资——损益调整 96 000. 00
 贷：长期股权投资——其他权益变动 9 460. 00
 贷：投资收益 46 500. 00

  （2）结转因其他权益变动形成的资本公积，作分录如下：

借：资本公积——其他资本公积 9 460. 00
 贷：投资收益 9 460. 00

练 习 题

一、简答题

  1. 什么是交易性金融资产？它包括哪些内容？

  2. 试述交易性金融资产取得时的计量和期末的计量。

  3. 持有至到期投资的初始投资成本是如何确定的？

  4. 为什么会出现溢价购进债券和折价购进债券的情况？

  5. 利息调整额有哪两种摊销方法？分述它们的优缺点。

  6. 企业合并有哪两种方式？分述这两种方式的定义。

  7. 各种长期股权投资的初始成本是怎样确定的？

  8. 长期股权投资后续计量有哪些核算方法？它们各在什么情况下采用？

  9. 试述成本法的核算程序。

  10. 试述权益法的核算程序。

二、名词解释题

  短期投资 金融资产 持有至到期投资 可供出售金融资产 长期股权投资 交易费用 控制 共同控制 成本法 权益法

三、是非题

  1. 交易性金融资产包括企业持有的债券投资、股票投资、权证投资等和直接指定以公允价值计量且其变动计入当期损益的金融资产。 （ ）

  2. 交易性金融资产出售净收入高于其成本的差额应贷记"投资收益"账户。 （ ）

  3. 企业溢价购进债券，是因为债券的票面利率小于市场利率。 （ ）

  4. 债券折价款是被投资单位为了补偿投资企业以后各期少收利息而预先少付的款项。 （ ）

  5. 期末可供出售金融资产的公允价值高于账面余额时，应按其差额贷记"公允价值变动损益"账户。 （ ）

  6. 非同一控制下企业合并，若合并成本小于取得被购买方可辨认净资产的公允价值，其差额应列入

"资本公积"账户。　　　　　　　　　　　　　　　　　　　　　　　　　（　　）

7. 投资企业对被投资单位具有共同控制或者重大影响的长期股权投资，应采用权益法核算。（　　）

8. 重大影响是指对一个企业的财务和经营政策有参与决策的权力，但并不能够控制或者与其他方一起共同控制这些政策的制定。　　　　　　　　　　　　　　　　（　　）

9. 企业长期股权投资采用权益法核算，收到被投资单位发放的现金股利时，其"长期股权投资"账户的数额应保持不变。　　　　　　　　　　　　　　　　　　　　（　　）

四、单项选择题

1. 交易性金融资产在持有期间收到被投资单位宣告发放的现金股利时，应贷记"_____"账户。
　　A. 交易性金融资产——成本　B. 投资收益　　　C. 应收股利　　　　　D. 公允价值变动损益

2. 持有至到期投资重分类为可供出售金融资产时，其账面价值与公允价值之间的差额列入"_____"账户。
　　A. 公允价值变动损益　　　　　　　　　B. 资本公积
　　C. 投资收益　　　　　　　　　　　　　D. 可供出售金融资产——公允价值变动

3. 企业为进行长期股权投资购进股票，采用成本法核算时，次年初被投资单位宣告分派现金股利时，应_____。
　　A. 作为投资收益　　　　　　　　　　　B. 作为投资成本的收回
　　C. 作为投资损益的调整　　　　　　　　D. 部分作为投资收益，部分作为投资成本的收回

4. 企业为进行长期股权投资购进股票，采用权益法核算时，次年初被投资单位宣告分派现金股利时，应_____。
　　A. 作为投资收益　　　　　　　　　　　B. 作为投资成本的收回
　　C. 作为投资损益的调整　　　　　　　　D. 部分作为投资收益，部分作为投资成本的收回

5. _____期末的公允价值与账面价值不同时，其差额列入"资本公积"账户。
　　A. 持有至到期投资　　B. 长期股权投资　　C. 交易性金融资产　　D. 可供出售金融资产

6. 已确认的减值损失的_____，在随后的会计期内，其公允价值上升的应在原已计提的减值准备金额内予以转回。
　　A. 持有至到期投资　　　　　　　　　　B. 可供出售金融资产
　　C. 交易性金融资产　　　　　　　　　　D. 长期股权投资

7. _____期末的公允价值与账面余额不同时，其差额应列入"公允价值变动损益"账户。
　　A. 可供出售金融资产　　B. 交易性金融资产　　C. 长期股权投资　　D. 持有至到期投资

五、多项选择题

1. 长期投资按照投资的目的不同，可分为_____。
　　A. 可供出售金融资产　　　B. 交易性金融资产　　C. 持有至到期投资　　D. 长期股权投资

2. 短期投资具有投资回收快、_____的特点。
　　A. 风险小　　　　　　B. 变现能力强　　　　C. 机动灵活　　　　D. 投资收益大

3. 长期投资的目的是_____。
　　A. 为扩展生产经营规模筹集资金　　　　B. 获取高额利润
　　C. 为大规模更新生产经营设施筹集资金　　D. 影响与控制被投资单位的经营业务

4. 企业采用权益法核算时，当被投资单位_____时，应增加长期股权投资。
　　A. 实现了净利润　　　B. 资本溢价　　　C. 宣告分派现金股利　　D. 收到现金股利

5. _____期末发生减值时应计提资产减值准备。
　　A. 可供出售金融资产　　　B. 交易性金融资产　　C. 长期股权投资　　D. 持有至到期投资

六、实务题

习题一

一、**目的**　练习交易性金融资产的核算。

二、**资料**

（一）中原旅游公司 3 月份发生下列有关经济业务。

1. 8 月，购进浦江公司股票 10 000 股，每股 8 元，共计价款 80 000 元，另以交易金额的 3‰支付佣金，1‰交纳印花税，款项一并签发转账支票支付。该股票为交易目的而持有。

2. 12 日，购进长江公司股票 20 000 股，每股 6 元，另以交易金额的 3‰支付佣金，1‰交纳印花税，款项一并签发转账支票支付。长江公司已于 3 月 3 日宣告将于 3 月 18 日分派现金股利，每股 0.20 元。该股票为交易目的而持有。

3. 18 日，收到本公司持有 3 月 12 日购进长江公司股票 20 000 股的现金股利 4 000 元，存入银行。

4. 25 日，收到本公司持有 3 月 8 日购进浦江公司股票 10 000 股的现金股利 4 200 元，存入银行。

5. 31 日，按面值购进振兴公司债券 120 张，每张面值 1 000 元，计价款 120 000 元，年利率 6%，另以交易金额 1‰支付佣金，款项一并签发转账支票支付，该债券每年 3 月 31 日支付利息，到期一次还本。该债券为交易目的而持有。

6. 31 日，以 1 013 元购进捷利公司 3 个月前发行的债券 100 张，每张面值 1 000 元，另以交易金额 1‰支付佣金，款项一并签发转账支票支付。该债券年利率为 6%，每年 12 月 31 日支付利息，到期一次还本。该债券为交易目的而持有。

7. 31 日，浦江公司股票每股公允价值为 7.90 元，长江公司股票每股公允价值为 6.06 元，予以转账。

8. 31 日，将公允价值变动损益结转"本年利润"账户。

（二）该公司 4 月份又发生下列有关的经济业务。

1. 10 日，出售 3 月 8 日购进的浦江公司股票 10 000 股，每股出售价格 8.20 元，另按交易金额 3‰支付佣金，1‰交纳印花税，交易费用已从出售收入中扣除，出售净收入已收到存入银行。

2. 20 日，出售 3 月 12 日购进的长江公司股票 20 000 股，每股出售价格为 6.30 元，另按交易金额的 3‰支付佣金，1‰交纳印花税，交易费用已从出售收入中扣除，出售净收入已收到存入银行。

3. 29 日，出售 3 月 31 日购进振兴公司债券 120 张，每张面值 1 000 元，现按 1 005 元成交，另按交易金额 1‰支付佣金。交易费用已从出售收入中扣除，出售净收入已收到存入银行。

4. 30 日，本公司持有的捷利公司债券公允价值为 101 900 元，予以转账。

5. 30 日，将公允价值变动损益结转"本年利润"账户。

三、**要求**　编制会计分录。

习题二

一、**目的**　练习持有至到期投资的核算

二、**资料**

（一）泰山宾馆发生下列有关的经济业务。

1. 3 月 31 日，购进科维公司新发行的 3 年期债券 100 张，每张面值 1 000 元，按面值购进，并按价款的 1‰支付佣金，当即签发转账支票支付全部款项。该债券票面年利率为 8%，每年 3 月 31 日支付利息。该债券准备持有至到期。

2. 3 月 31 日，购进阳光公司新发行的 3 年期债券 180 张，每张面值 1 000 元，购进价格为 1 025.74 元，并按价款的 1‰支付佣金，当即签发转账支票支付全部款项。该债券票面年利率为 9%，而市场年利率为 8%，每年 3 月 31 日支付利息。该债券准备持有至到期。

3. 3 月 31 日，购进通海公司发行的 4 年期债券 15 张，每张面值 10 000 元，购进价格为 9 668.47 元，并按价款的 1‰支付佣金，当即签发转账支票支付全部款项。该债券票面年利率为 7%，而市场年利率为

8%，每年 3 月 31 日支付利息。该债券准备持有至到期。

4. 4 月 30 日，分别预计购进的三种债券本月份的应收利息并入账。

5. 6 月 30 日，持有的科维公司 100 张 3 年期债券，现决定将其重分类为可供出售的金融资产，该债券公允价值为 102 500 元，予以转账。

（二）该宾馆次年接着又发生下列有关经济业务。

1. 3 月 31 日，收到阳光公司付来 1 年的债券利息，存入银行。

2. 3 月 31 日，收到通海公司付来 1 年的债券利息，存入银行。

3. 4 月 15 日，出售去年购进阳光公司的债券 180 张，每张面值 1 000 元，出售价格为 1 031 元，另按交易金额的 1‰支付佣金，佣金已从出售收入中扣除。出售净收入已收到转账支票，存入银行。

4. 6 月 30 日，通海公司因发生财务困难，现面值 10 000 元的债券市价仅 9 700 元，计提其减值准备。

5. 7 月 10 日，出售去年购进通海公司发行的债券 15 张，每张面值为 10 000 元，出售价格为 9 699 元，另按交易金额的 1‰支付佣金，佣金已从出售收入中扣除，出售的净收入已收到转账支票，存入银行。

三、要求

（一）编制会计分录（用直线法摊销利息调整额）。

（二）用实际利率法计算各年应摊销的利息调整额。

（三）根据实际利率法计算的结果编制计提第一个月计提利息和摊销利息调整额的会计分录。

习题三

一、目的　练习可供出售金融资产的核算。

二、资料　沪光饭店发生下列有关的经济业务。

1. 3 月 1 日，购进新兴公司股票 10 000 股，每股 7.80 元，另以交易金融的 3‰支付佣金，1‰交纳印花税，款项一并签发转账支票付讫，该股票准备日后出售。

2. 3 月 5 日，购进安泰公司股票 15 000 股，每股 6.60 元，另以交易金额 3‰支付佣金，1‰交纳印花税，款项一并签发转账支票付讫，安泰公司已于 3 月 5 日宣告分派现金股利，每股 0.10 元，定于 3 月 18 日起按 3 月 17 日的股东名册支付。

3. 3 月 15 日，收到新兴公司发放的现金股利，每股 0.15 元，计 1 500 元，存入银行。

4. 3 月 18 日，收到安泰公司发放的现金股利，每股 0.10 元，计 1 500 元，存入银行。

5. 3 月 31 日，按面值购进开瑞公司发行的 3 年期债券 120 000 元，以交易金额的 1‰支付佣金。该债券准备日后出售。

6. 3 月 31 日，新兴公司股票每股公允价值 7.70 元，安泰公司股票每股公允价值 6.80 元，调整其账面价值。

7. 4 月 25 日，出售安泰公司股票 15 000 股，每股 7.10 元，另按交易金额 3‰交付佣金，1‰交纳印花税，收到出售净收入，存入银行。

8. 4 月 30 日，新兴公司因发生严重财务困难，每股市价下跌为 7.20 元，计提其减值准备。

三、要求　编制会计分录。

习题四

一、目的　练习长期股权投资初始成本的核算。

二、资料　广州宾馆集团公司内的珠江宾馆"资本公积——资本溢价"账户余额为 78 000 元，"盈余公积"账户余额为 136 000 元，现发生下列有关的经济业务。

1. 1 月 8 日，现合并广州宾馆集团公司内的羊城宾馆，取得该公司 55%的股权。羊城宾馆所有者权益的账面价值为 5 000 000 元，支付合并对价资产的账面价值为 2 880 000 元，其中：固定资产 1 800 000 元，已提折旧 180 000 元，其余 1 260 000 元签发转账支票付讫。

2. 3 月 20 日，今以 2 281 000 元合并成本从金门饭店的股东中购入 50%的股权，金门饭店可辨认净资产的公允价值为 4 500 000 元，而对价付出资产的账面价值为 2 286 000 元，其中：固定资产 1 550 000 元，已提折旧 180 000 元，其公允价值为 1 378 000 元，其余 916 000 元签发转账支票付讫。

3. 5 月 25 日，从证券市场购买大众公司股票 200 000 股，准备长期持有，该股票每股 7 元，占该公司股份的 4%，另按交易金额的 3‰支付佣金，1‰交纳印花税，款项一并签发转账支票支付，该公司已宣告将于 5 月 31 日发放现金股利，每股 0.16 元。

4. 5 月 30 日，以发行股票 1 600 000 股的方式取得三洋公司 8% 的股权，股票每股面值 1 元，发行价为 6 元，另需支付相关税费 43 200 元，款项一并签发转账支票支付。

三、**要求**　编制会计分录。

习题五

一、**目的**　练习长期股权投资后续计量的核算。

二、**资料**

（一）远东饭店发生下列有关的经济业务。

1. 6 月 30 日，购进中原公司的股票 980 000 股，占该公司有表决权股份的 10%，并准备长期持有。该股票每股 6 元，另按交易金额的 3‰支付佣金，1‰交纳印花税，款项一并签发转账支票支付。

2. 次年 3 月 15 日，中原公司宣告将于 3 月 25 日发放现金股利，每股 0.15 元。查上年末该公司的净利润为 2 588 000 元。

3. 次年 3 月 25 日，收到中原公司发放的现金股利 147 000 元，存入银行。

4. 次年 9 月 30 日，中原公司发生严重财务困难，每股市价下跌至 5.50 元，计提其减值准备。

5. 次年 10 月 8 日，出售中原公司股票 98 000 股，每股 5.46 元，另按交易金额的 1‰支付佣金，1‰交纳印花税，收到出售股票净收入，存入银行。

（二）沪光宾馆发生下列有关的经济业务。

1. 1 月 2 日，从方圆宾馆的股东中购入该公司 40% 的股权，取得了对方圆宾馆的共同控制权，而对价付出资产的账面价值为 3 150 000 元，其中：固定资产 2 500 000 元，已提折旧 400 000 元，其公允价值为 2 120 000 元，其余 1 050 000 元签发转账支票付讫。

2. 1 月 3 日，方圆宾馆接受本宾馆投资后，可辨认净资产的公允价值为 8 000 000 元。按本宾馆享有 40% 的份额调整长期股权投资。

3. 12 月 31 日，方圆宾馆的利润表上反映的净利润为 880 000 元，按照应享有的 40% 的份额予以转账。

4. 12 月 31 日，方圆宾馆资产负债表上因资本溢价因素而增加了所有者权益 180 000 元，按持股比例确认应享有的份额入账。

5. 次年 3 月 15 日，方圆宾馆宣告将于 3 月 28 日按净利润的 66% 分配利润。

6. 次年 3 月 28 日，收到方圆宾馆分配的利润，存入银行。

7. 次年 7 月 31 日，以 375 000 元出售本公司持有方圆宾馆 4% 股权，扣除交易费用 2 700 元后，收到出售股权净收入，存入银行。

三、**要求**　编制会计分录。

第十章 负 债

第一节 负债概述

一、负债的意义和特征

负债是指企业过去的交易或事项形成的，预期会导致经济利益流出企业的现时义务。它通常具有以下四个特征。

（一）负债是基于过去的交易或事项而产生的现时义务

负债是企业由过去的某种交易或事项所产生的，并在未来一定时期内必须偿付的经济义务。这种经济义务一般是企业取得其所需要的资产或使用劳务的结果。例如，企业赊购原材料，就负有清偿账款的经济义务。但负债与将来的经济业务无关，如企业与供货单位签订了一项采购合同，条文规定对方在订立合同之日起1个月内发货，企业将在收到原材料后支付账款。由于这个合同尚未实现，因此并不构成企业的负债。

（二）负债的清偿会导致企业未来经济利益的流出

负债必须在将来的某个时候，通过交付资产或提供劳务来清偿，届时负债才能消失，如用客房服务抵偿预收账款。也可以通过增加所有者权益来了结负债，如将所欠债权人的债务转换为资本。这两种方式都表明了现时的负债会导致企业将来经济利益的流出。

（三）负债必须有确切的偿付金额

负债是能够用货币计量的、有确切的或合理预计的偿付金额。如向银行借款，有确切的借款金额和借款利率，企业对银行承担的未来的经济义务是偿还借款的本金和利息，届时可以根据本金和借款利率计算出确切的利息。有些负债虽没有确切的金额，但可以根据情况合理预计，如未决诉讼形成的或有负债，就是根据企业诉讼案可能败诉，以及败诉后可能损失的金额，将其确认为预计负债。

（四）负债的债权人和偿付日期确切

企业发生负债，通常有明确的债权人和偿付债务的日期，有时即使没有确切的债权人和偿付债务的日期，但能作出合理的估计。例如，企业赊购付款期限为1个月的原材料，在确立这笔负债时，债权人为供货单位，偿付债务的日期为1个月，这是非常明确的。

总之，企业为了开展生产经营活动，通过承担现时义务以取得其所需要的各种资产和劳务，从而形成了企业的负债。同时企业又以付出将来的经济利益作为代价，届时将以债权人所能接受的资产或劳务来清偿所形成的负债。因此，正确合理地计量和反映负债，是正确反映企业财务状况和正确预测企业未来现金流量及偿债能力的基础。

二、负债的分类

旅游餐饮服务企业的负债多种多样，其形成的原因、偿还的方式和期限各不相同，都有着其自身的特点。根据管理和核算的需要，负债按以下两种标准进行分类。

（一）按照负债形成的原因分类

1. 经营性负债

经营性负债是指企业因经营活动而发生的负债，如应付账款、应付票据、预收账款等。

2. 融资性负债

融资性负债是指企业因融通资金而发生的负债，如短期借款、长期借款、应付债券、长期应付款等。

3. 其他负债

其他负债是指不属于以上两种的由于其他原因而发生的负债，如应付利息、其他应付款、预计负债等。

（二）按照负债偿还的期限分类

1. 流动负债

流动负债是指企业预计在一个正常营业周期中清偿或者主要为交易目的而持有的，或者自资产负债表日起一年内到期应予以清偿的，或者企业无权自主地将清偿推迟至资产负债表日后一年以上的负债。

2. 非流动负债

非流动负债是指流动负债以外的负债。

第二节　流动负债

流动负债包括短期借款、应付票据、应付账款、预收账款、受托代销商品款、应付职工薪酬、应交税费、应付利息、应付股利和其他应付款等内容，其中有不少内容已在前面有关章节中作了阐述。本节主要阐述短期借款和应付职工薪酬，其他流动负债的内容将在以后有关章节中介绍。

一、短期借款的核算

短期借款是指企业向银行或其他金融机构借入的、期限在1年以下（含1年）的各种款项。

短期借款一般是企业为维持正常的生产经营所需的资金而借入的或者为抵偿某项债务而借入的。它具有以下三个特征：一是企业的债权人不仅包括银行，还包括其他非银行金融机构，如金融性公司等；二是借款期限较短，一般为1年以下（含1年）；三是除了到期要归还借款本金外，还应根据货币时间价值，按期支付相应的利息。

旅游餐饮服务企业取得短期借款时，必须转入"银行存款"账户后才能支用，届时借记"银行存款"账户；贷记"短期借款"账户。

【例10-1】　明珠广告公司发生下列有关的短期借款的业务。

（1）2月20日，经银行批准借入3个月期限的借款180 000元，转入银行存款户。作分录如下：

借：银行存款　　　　　　　　　　　　　　　　　　　　　　180 000
　贷：短期借款　　　　　　　　　　　　　　　　　　　　　　　180 000

（2）5月20日，签发转账支票归还向银行借入的180 000元。作分录如下：

借：短期借款　　　　　　　　　　　　　　　　　　　　　　　　　　180 000
　　贷：银行存款　　　　　　　　　　　　　　　　　　　　　　　　　180 000

关于短期借款利息的核算将在第十二章第二节期间费用的核算中阐述。

"短期借款"是负债类账户，用以核算企业向银行等金融机构借入的期限在1年以下（含1年）的各种借款。企业取得短期借款时，记入贷方；企业归还短期借款时，记入借方；期末余额在贷方，表示企业尚未归还的短期借款数额。

二、应付职工薪酬的核算

（一）职工薪酬概述

职工薪酬是指企业为获得职工提供服务而给予各种形式的报酬及其他相关支出。

职工薪酬包括的内容如下。

（1）职工工资、奖金、津贴和补贴。

（2）职工福利费。

（3）医疗保险费、养老保险费、失业保险费等社会保险费。

（4）住房公积金。

（5）工会经费和职工教育费。

（6）非货币性福利。

（7）因解除与职工劳动关系给予的补偿。

（8）其他与获得职工提供服务相关的支出。

（二）职工工资、奖金、津贴和补贴的核算

职工工资是指按照职工工作能力、劳动熟练程度、技术复杂程度和劳动繁简轻重程度，以及所负责任大小等所规定的工资标准支付给职工的劳动报酬。按照其计算的方法不同分为计时工资和计件工资。计时工资是指按计时工资标准和工作时间支付给个人的劳动报酬，计件工资是指对已完成的工作量按计件单价支付的劳动报酬。

奖金是指支付给职工的超额劳动报酬和增收节支的劳动报酬。主要有生产奖、节约奖等，但不包括发明创造和技术改造奖。

津贴和补贴是指为了补偿职工特殊或额外的劳动消耗和因其他特殊原因支付给职工的津贴，以及为了职工工资水平不受物价影响支付给职工的物价补贴。主要有中、夜班津贴，岗位津贴，特殊工种津贴和副食品补贴等。

我国主要采用计时工资。企业一般按月计算并发放工资，在计算职工应发工资时，应根据劳动工资部门转来的考勤记录及其他有关资料，按职工出、缺勤情况，计算职工应发工资。其计算公式如下：

$$应发工资 = 工资 - 缺勤应扣工资$$

缺勤应扣工资是指病、事假应扣工资。在计算病、事假应扣工资时，先要将职工的月工资标准计算成日工资标准。日工资标准有两种计算方法。

一种是按法定工作日计算，其计算依据是：全年共365天，每周法定休息2天，全年休息日104天，法定假日11天，除去休假日115天，年法定工作日为250天，则月法定工作日为20.83天，其计算公式如下：

$$日工资标准 = \frac{月工资标准}{20.83\ 天}$$

另一种是按日历日数计算，每月按 30 天计算，其计算公式如下：

$$日工资标准 = \frac{月工资标准}{30\ 天}$$

$$事假应扣工资 = 日工资标准 \times 事假天数$$

$$病假应扣工资 = 日工资标准 \times 病假天数 \times 病假扣款率$$

【例 10-2】 新光旅游公司职工工资按日历天数计算，职工王琳月工资标准为 2 100 元，1 月份病假 3 天，工龄 4 年，病假扣款率为 20%，计算其病假应扣工资如下：

$$王琳日标准工资 = \frac{2\ 100}{30} = 70（元）$$

$$王琳病假应扣工资 = 70 \times 3 \times 20\% = 42（元）$$

应发工资计算完毕后，再根据考勤记录及有关部门转来的奖金、津贴和补贴及代扣款项等有关资料，计算职工薪酬的实发金额。其计算公式如下：

$$实发金额 = 应发工资 + 奖金 + 津贴和补贴 - 代扣款项$$

在实际工作中，企业是通过编制工资结算单来结算工资的。工资结算单一般按部门人员编制，一式数联，其中一联经职工领款签收后，作为工资结算和发放的原始凭证；一联转交劳动工资部门；一联由财会部门留存。工资结算单格式如图表 10-1 所示。

财会部门根据工资结算单中的实发金额签发现金支票提取现金，届时借记"库存现金"账户；贷记"银行存款"账户。

企业发放工资、奖金、津贴和补贴时，借记"应付职工薪酬"账户；贷记"库存现金"、"其他应付款"等账户。期末将"应付职工薪酬"账户归集的各类人员的薪酬进行分配，属于业务经营人员的工资列入"销售费用"账户；属于企业行政管理人员的工资列入"管理费用"账户；属于建筑安装固定资产人员的工资列入"在建工程"账户；属于 6 个月以上长期病假人员的工资则应列入"管理费用"账户。

【例 10-3】 新光旅游公司编制的 5 月份工资结算单如图表 10-1 所示。

（1）18 日，根据工资结算单中的实发金额签发现金支票，提取现金 79 450 元，作分录如下：

借：库存现金　　　　　　　　　　　　　　　　　　　　　　　79 450.00
　贷：银行存款　　　　　　　　　　　　　　　　　　　　　　　　79 450.00

（2）18 日，发放职工薪酬后，根据工资结算单，作分录如下：

借：应付职工薪酬——工资　　　　　　　　　　　　　　　　　　97 000.00
　贷：库存现金　　　　　　　　　　　　　　　　　　　　　　　　79 450.00
　贷：其他应付款——住房公积金　　　　　　　　　　　　　　　　6 790.00
　贷：其他应付款——养老保险费　　　　　　　　　　　　　　　　7 760.00
　贷：其他应付款——医疗保险费　　　　　　　　　　　　　　　　1 940.00
　贷：其他应付款——失业保险费　　　　　　　　　　　　　　　　970.00
　贷：应交税费——应交个人所得税　　　　　　　　　　　　　　　90.00

（3）31 日，分配本月份发放的职工薪酬，作分录如下：

借：销售费用——职工薪酬　　　　　　　　　　　　　　　　　　82 000.00
借：管理费用——职工薪酬　　　　　　　　　　　　　　　　　　15 000.00
　贷：应付职工薪酬——工资　　　　　　　　　　　　　　　　　　97 000.00

图表 10-1

工资结算单

2013 年 5 月 18 日

单位：元

姓名	工资	缺勤应扣工资		应发工资	奖金	津贴和补贴		应发薪酬合计	代扣款项						实发金额	签章
		病假工资	事假工资			中、夜班津贴	副食品补贴		住房公积金	养老保险费	医疗保险费	失业保险费	个人所得税	合计		
周 平	2 400.00		80.00	2 320.00	250.00	80.00	50.00	2 700.00	189.00	216.80	54.20	27.00		486.00	2 214.00	
赵茹萍	2 800.00			2 800.00	280.00		50.00	3 130.00	219.10	250.40	62.60	31.30		563.40	2 566.60	
王 琳	3 300.00	66.00		3 234.00	206.00	70.00	50.00	3 560.00	249.20	284.80	71.20	35.60		640.80	2 919.20	
刘 华	3 900.00			3 900.00	300.00		50.00	4 250.00	297.50	340.00	85.00	42.50		765.00	3 485.00	
钱克明	4 500.00			4 500.00	350.00		50.00	4 900.00	343.00	392.00	98.00	49.00	15.54	897.54	4 002.46	
小计	16 900.00	66.00	80.00	16 754.00	1 386.00	150.00	250.00	18 540.00	1 297.80	1 483.20	370.80	185.40	15.54	3 352.74	15 187.26	
业务经营人员工资合计	75 000.00	400.00	600.00	74 000.00	6 100.00	650.00	1 250.00	82 000.00	5 740.00	6 560.00	1 640.00	820.00	30.00	14 790.00	67 210.00	
行政管理人员工资合计	13 600.00			13 600.00	1 250.00		150.00	15 000.00	1 050.00	1 200.00	300.00	150.00	60.00	2 760.00	12 240.00	
工资合计	88 600.00	400.00	600.00	87 600.00	7 350.00	650.00	1 400.00	97 000.00	6 790.00	7 760.00	1 940.00	970.00	90.00	17 550.00	79 450.00	

（三）职工福利费、工会经费和职工教育经费的核算

职工福利费是指用于职工医疗卫生、生活困难补助、集体福利设施等支出。根据规定职工福利费按工资总额的一定比例提取。工资总额是指各企业在一定时期内直接支付给本企业全部职工的劳动报酬总额。它包括职工工资、奖金、津贴和补贴。

工会经费是指工会组织的活动经费。根据规定工会经费按工资总额的 2% 提取。

职工教育经费是指企业用于职工学习先进技术和科学文化的经费。根据规定职工教育经费按工资总额的 1.5% 提取。

企业在提取职工福利费、工会经费和职工教育经费时，按业务经营人员工资总额提取的，列入"销售费用"账户；按行政管理人员和长期病假人员工资总额提取的，列入"管理费用"账户；按建筑安装人员工资总额提取的，列入"在建工程"账户。

【例 10-4】　新光旅行社 5 月份发放职工的工资总额为 97 000 元，其中：业务经营人员为 82 000 元；行政管理人员为 15 000 元；按本月份工资额的 14%、2% 和 1.5% 分别计提职工福利费、工会经费和职工教育经费，作分录如下：

借：销售费用——职工薪酬（82 000×17.5%）　　　　　　　　　　14 350.00
借：管理费用——职工薪酬（15 000×17.5%）　　　　　　　　　　 2 625.00
　　贷：应付职工薪酬——职工福利（97 000×14%）　　　　　　　　13 580.00
　　贷：应付职工薪酬——工会经费（97 000×2%）　　　　　　　　 1 940.00
　　贷：应付职工薪酬——职工教育经费（97 000×1.5%）　　　　　 1 455.00

职工福利费主要用途有：职工及其供养的直系亲属的医药费，企业内医务人员的工资、医务经费及职工因公负伤就医路费；职工生活困难补助费；企业福利机构如浴室、托儿所等工作人员工资，以及这些项目支出与收入相抵后的差额；集体福利设施和文化体育设施；独生子女补助费及其他福利支出。

企业在支用职工福利费、职工教育经费和拨交工会组织工会经费时，再借记"应付职工薪酬"账户，贷记"银行存款"或"库存现金"账户。

（四）医疗保险费、养老保险费、失业保险费等社会保险费和住房公积金的核算

医疗保险费是指由企业负担的用于职工医疗保险的费用。企业按工资总额的 12% 交纳，职工按工资总额的 2% 交纳。

养老保险费是指由企业负担的用于职工退休后支付职工退休金的费用。企业按工资总额的 3% 交纳，职工按工资总额的 8% 交纳。

失业保险费是指由企业负担的用于职工失业的保险费用。企业按工资总额的 2% 交纳，职工按工资总额的 1% 交纳。

住房公积金是指企业为其在职职工缴存的长期住房储金。企业按工资总额的 7% 交纳，职工也按工资总额的 7% 交纳。

企业负担的医疗保险费已包含在职工福利费内，因此在计提时只需在"应付职工薪酬"的二级明细账户内进行划转。

企业负担的养老保险费、失业保险费等社会保险费和住房公积金在按月计提时，借记"销售费用"、"其他业务成本"、"管理费用"、"在建工程"、"研发支出"等账户；贷记"应付职工薪酬"账户。

职工负担的医疗保险费、养老保险费、失业保险费和住房公积金在发放职工薪酬予以代

扣时，已经列入"其他应付款"账户。

企业按规定将医疗保险费、养老保险费、失业保险费等社会保险费交纳给社会保险事业基金结算管理中心；将住房公积金交纳给公积金管理中心时，应借记"应付职工薪酬"、"其他应付款"账户；贷记"银行存款"账户。

【例10-5】 根据前例的资料对社会保险费和住房公积金进行计提和交纳的核算。

（1）按工资总额的12%计提医疗保险费，作分录如下：

借：应付职工薪酬——职工福利	11 640.00
贷：应付职工薪酬——社会保险费	11 640.00

（2）按工资总额的3%、2%和7%分别计提养老保险费、失业保险费和住房公积金，作分录如下：

借：销售费用——职工薪酬（82 000×12%）	9 840.00
借：管理费用——职工薪酬（15 000×12%）	1 800.00
贷：应付职工薪酬——社会保险费（97 000×5%）	4 850.00
贷：应付职工薪酬——住房公积金（97 000×7%）	6 790.00

（3）将本月应交的医疗保险费、养老保险费、失业保险费和住房公积金（含为职工代扣的部分）分别交纳给社会保险事业基金结算管理中心和公积金管理中心时，作分录如下：

借：应付职工薪酬——社会保险费	12 206.00
借：应付职工薪酬——住房公积金	6 790.00
借：其他应付款——住房公积金	6 790.00
借：其他应付款——养老保险费	5 744.00
借：其他应付款——医疗保险费	1 436.00
借：其他应付款——失业保险费	718.00
贷：银行存款	30 156.00

"应付职工薪酬"是负债类账户，用以核算企业根据规定应付给职工的各种薪酬。企业发生职工各种薪酬时，记入贷方；企业支付职工各种薪酬时，记入借方；期末余额在贷方，表示企业应付未付的职工薪酬。

"其他应付款"账户是负债类账户，用以核算企业除应付票据、应付账款、预收账款、应付职工薪酬、应付利息、应付股利、应交税费等以外的其他各种应付、暂收款项。企业发生各种应付、暂收款项时，记入贷方；企业支付或归还其他各种应付、暂收款项时，记入借方；期末余额在贷方，表示企业应付未付的其他应付、暂收款项。

第三节 非流动负债

一、非流动负债概述

（一）非流动负债的意义

非流动负债的偿还期限较长，它包括长期借款、应付债券、长期应付款、专项应付款和预计负债等。

企业在开业阶段，通过非流动负债可以弥补投资者投入资金的不足，以保证生产经营业务的顺利进行。企业在经营过程中，当需要扩展经营规模，开拓新的市场，需要大量固定资产投资时，如果等待企业内部形成足够的留存收益后，再进行投资，将会丧失有利的时机，因此通过非流动负债来筹集资金是一种有效的方法。

非流动负债的特点是负债数额大，偿还期限长。

（二）借款费用

非流动负债通常是企业向外部借入的款项，向外部借款必然会发生借款费用。

借款费用是指企业因借款而发生的利息及其他相关成本。它包括借款利息、利息调整额的摊销、辅助费用，以及因外币借款而发生的汇兑差额等。辅助费用是指向银行借款的手续费、发行债券的发行费用等。

借款分为专门借款和一般借款两类。专门借款是指为购建或者生产符合资本化条件的资产而专门借入的款项。一般借款是指除专门借款以外的其他借款。

企业发生的借款费用，可直接归属于符合资本化条件的资产的购建或者生产的，应当予以资本化，计入相关资产成本；其他借款费用，应当在发生时根据其发生额确认为费用，计入当期损益。

符合资本化条件的资产，是指需要经过相当长时间的购建或者生产活动才能达到预定可使用或者可销售状态的固定资产、投资性房地产和存货等资产。

（三）借款费用予以资本化的条件

借款费用同时满足下列三个条件的，才能开始予以资本化。

1. 资产支出已经发生

这里所指的资产支出有其特定的含义，它只包括企业为购建符合资本化条件的资产而以支付现金、转移非现金资产或者承担带息债务形式发生的支出。

2. 借款费用已经发生

这一条件是指企业已经发生了因购建符合资本化条件的资产而借入款项的利息、利息调整额的摊销、辅助费用和汇兑差额等借款费用。

3. 为使资产达到预定可使用或者可销售状态所必要的购建活动已经开始

为使资产达到预定可使用状态所必要的购建活动主要是指资产的实体建造活动，如主体设备的安装、房屋的实际建造等。但不包括仅仅持有资产，却没有发生为改变资产形态而进行实质上的建造活动，如只购置建筑用地，但是尚未发生有关房屋实体建造活动就不包括在内。

（四）资本化期间借款利息资本化金额的确定

资本化期间是指从借款费用开始资本化时点到停业资本化时点的期间，借款费用暂停资本化的期间不包括在内。

在资本化期间内，每一会计期间的利息（包括债券利息调整的摊销）资本化的金额，应当按照下列规定确定。

为购建或者生产符合资本化条件的资产而借入专门借款的，应当以专门借款当期实际发生的利息费用，减去将尚未动用的借款资金存入银行取得的利息收入或进行暂时性投资取得的投资收益后的金额确定。

为购建或者生产符合资本化条件的资产而占用了一般借款的，企业应当根据累计资产支出超过专门借款部分的资产支出加权平均数，乘以所占用一般借款的资产化率，计算确定一般借款应予以资本化的利息金额。资本化率应当根据一般借款加权平均利率计算确定。

（五）辅助费用的处理

专门借款发生的辅助费用，在所购建或者生产的符合资本化条件的资产达到预定可使用或者可销售状态之前发生的，应当在发生时根据其发生额予以资本化，计入符合资本化条件的资产的成本；在所购建或者生产的符合资本化条件的资产达到预定可使用或者可销售状态之后发生的，应当在发生时根据其发生额确认为费用，计入当期损益。

一般借款发生的辅助费用，应当在发生时根据其发生额确认为费用，计入当期损益。

二、长期借款的核算

长期借款是指企业向银行或其他金融机构借入的期限在 1 年以上（不含 1 年）的各种借款。它包括专门借款和一般借款。

企业向银行申请长期借款等，必须与银行签订贷款合同，并要提供不同形式的担保，然后在合同规定的期限内还本付息。

企业按照贷款合同取得购建固定资产的长期借款时，借记"银行存款"账户，贷记"长期借款——专门借款"账户。专门借款的利息不论是分期支付，还是一次性支付，均应按照权责发生制的要求分期列支。专门借款当期实际发生的利息费用，减去将尚未动用的借款资金投入银行取得的利息收入或者进行暂时投资取得投资收益后的金额，确定为专门借款利息费用的资本化金额，并应当在资本化期间内（即从借入购建固定资产专门借款起至固定资产达到预定可使用状态止），将其计入固定资产的购建成本，作为固定资产原始价值的组成部分；在固定资产购建完成达到预定可使用状态后发生的利息费用，则应直接计入当期损益，列入"财务费用"账户。

在借款费用资本化期间内，为购建或者生产符合资本化条件的资产占用了一般借款的，这部分借款利息也应予以资本化。一般借款应予以资本化的利息的计算公式如下：

$$\frac{\text{一般借款利息}}{\text{费用资本化金额}} = \frac{\text{累计资产支出超过专门借款}}{\text{部分的资产支出加权平均数}} \times \frac{\text{所占用一般借}}{\text{款的资本化率}}$$

所占用一般借款的资本化率就是所占用一般借款加权平均利率，其计算公式如下：

$$\frac{\text{所占用一般借}}{\text{款的资本化率}} = \frac{\text{所占用一般借款当期实际发生的利息之和}}{\text{所占用一般借款本金加权平均数}} \times 100\%$$

$$\frac{\text{所占用一般借款}}{\text{本金加权平均数}} = \Sigma \left(\frac{\text{所占用每笔}}{\text{一般借款本金}} \times \frac{\text{每一笔借款在当期所占用的天数}}{\text{当期天数}} \right)$$

【例 10-6】 武昌宾馆为建造客房向银行借入专门借款 540 000 元，合同规定 2 年到期，年利率为 8%，单利计息，到期一次还本付息。

（1）2012 年 2 月 28 日，企业取得专门借款时，作分录如下：

借：银行存款　　　　　　　　　　　　　　　　　　　　　　　540 000.00
　　贷：长期借款——专门借款——本金　　　　　　　　　　　　　　540 000.00

（2）2012 年 2 月 28 日，以银行存款支付第一期工程款 400 000 元，作分录如下：

借：在建工程——建筑工程——建造客房　　　　　　　　　　　　400 000.00
　　贷：银行存款　　　　　　　　　　　　　　　　　　　　　　　400 000.00

（3）2012年3月31日，计提本月份专门借款利息费用，作分录如下：

借：在建工程——建筑工程——建造客房　　3 600.00
　贷：长期借款——专门借款——利息（540 000×8%÷12）　　3 600.00

（4）2013年2月28日，收到尚未动用专门借款存入银行的利息收入1 134元，作分录如下：

借：银行存款　　1 134.00
　贷：在建工程——建筑工程——建造客房　　1 134.00

（5）2013年2月28日，以银行存款支付第二期工程款200 000元，作分录如下：

借：在建工程——建筑工程——建造客房　　200 000.00
　贷：银行存款　　200 000.00

（6）2013年3月31日，计提本月份专门借款的利息费用和建造客房占用60 000元一般借款的利息费用，一般借款的资本化率为7.5%，作分录如下：

借：在建工程——建筑工程——建造客房　　3 975.00
　贷：长期借款——专门借款——利息（540 000×8%÷12）　　3 600.00
　贷：长期借款——一般借款——利息（60 000×7.5%÷12）　　375.00

（7）2013年5月31日，建造客房竣工，支付剩余工程款30 000元，作分录如下：

借：在建工程——建筑工程——建造客房　　30 000.00
　贷：银行存款　　30 000.00

（8）2013年5月31日，建造的客房已达到预定可使用状态，交付使用，工程款连同15个月预提的专门借款利息54 000元和一般借款利息1 125元，减去尚未动用借款资金存入银行取得的利息收入1 134元，工程总决算为683 991元，予以转账，作分录如下：

借：固定资产　　683 991.00
　贷：在建工程——建筑工程——建造客房　　683 991.00

（9）2013年6月30日，预提本月份专门借款利息费用，作分录如下：

借：财务费用——利息支出　　3 600.00
　贷：长期借款——专门借款——利息　　3 600.00

等到借款到期，支付借款本金和利息时，再借记“长期借款”账户，贷记“银行存款”账户。

如果某项固定资产的购建发生非正常中断，并且中断时间连续有3个月时，应当暂停借款费用的资本化，将其中断期间所发生的借款费用直接计入当期的财务费用，直至购建重新开始，再将其后至固定资产达到预定可使用状态前发生的借款费用，计入所购建固定资产的成本。

“长期借款”是负债类账户，用以核算企业向银行等金融机构借入的期限在1年以上的各种借款及应计利息。企业发生长期借款及应计利息时，记入贷方；企业归还长期借款及应计利息时，记入借方；期末余额在贷方，表示企业尚未偿还的长期借款本金及应计利息。

三、应付债券的核算

（一）债券的概述

债券是指企业向社会上公开筹借资金而发行的，约定在一定期限内还本付息的有价证券。它是企业负债的另一种形式，由于企业将所需借入的资金划分为许多较小的计价单位，如100元、500元、1 000元等不同票面价值的债券，这样就为社会上不同阶层就其愿意投入的投资额进行投资提供了方便。因此，债券是企业筹集资金的重要方式。与长期借款相比较，它具有筹资范围广、流动性大的特点。

企业因资金不足而发行债券，必须经中国人民银行批准，企业也可以委托银行或其他金融机构代理发行债券。根据规定，企业发行债券的总面额，不得大于该企业自有资产净值；债券的票面利率不得高于银行相同期限居民定期存款利率的40%。企业发行债券必须具备的内容有：① 债券面值，即本金，是指举债企业在债券到期日应偿还给持票人的金额；② 票面利率，是指计算债券利息的利率；③ 付息日期；④ 债券的发行日期、编号和还本日期。

债券按照其偿还期限的不同，可分为短期债券和长期债券两种。偿还期限不超过1年的债券，称为短期债券，其属于流动负债，通过"交易性金融负债"账户核算。偿还期超过1年的债券，称为长期债券，以下阐述的是长期债券。

（二）债券发行价格的确定

企业是根据市场利率确定债券发行价格的，因此从理论上讲债券应该按面值发行。但实际上，由于发生债券需要先经过设计、印制等一系列筹备工作，到实际发行要相隔一段时间，届时债券的票面利率与市场利率可能会不一致。公司为了维护自身的利益和投资者的利益，就需要确定债券的发行价格。所以，在发行债券时，当票面利率高于市场利率时，债券要溢价发行，当票面利率低于市场利率时，债券要折价发行。

债券的发行价格从资金时间价值的观念来理解，应由两部分构成：一部分是债券面值偿还时按市场利率折算的现值；另一部分是债券各期所支付利息按市场利率折算的现值，其计算公式如下：

债券发行价格 = 债券面值偿还时的现值 + 各期债券利息之和的现值

债券面值偿还时的现值 = 债券面值 × 复利现值系数

各期债券利息之和的现值 = 支付一期的利息额 × 年金现值系数

公式中的复利现值系数可以通过查阅复利现值系数表取得，年金现值系数可以通过查阅年金现值系数表取得。复利现值系数表和年金现值系数表分别见本书附录A和附录B。

【例10-7】 东方饭店发行面值为1 000元的债券，票面利率为9%，期限为3年，每满1年付息一次，而市场利率为8%，计算其债券发行价格如下：

按8%利率查得3年期的复利现值系数为0.793 8；年金现值系数为2.557 1

债券发行价格 = $1\,000 \times 0.793\,8 + 1\,000 \times 9\% \times 2.577\,1$

$= 1\,025.74$（元）

计算结果表明，债券的发行价格为1 025.74元，溢价25.74元。

（三）按面值发行债券的核算

当企业按面值发行债券，收到发行债券款时，借记"银行存款"账户，贷记"应付债券——债券面值"账户。

企业举债是为了购建固定资产的，发生的利息、利息调整摊销和辅助费用，在固定资产达到预定可使用状态前，应予以资本化；在固定资产达到预定可使用状态后，应予以费用化。企业举债的目的是用于流动资产，上列的借款费用也应予以费用化。

债券的利息一般是一年支付一次，或到期一次支付。为了使企业利息负担均衡合理，应按月预提债券的利息费用。届时借记"在建工程"或"财务费用"账户，对于一年支付一次利息的，贷记"应付利息"账户；对于到期一次支付利息的，则贷记"应付债券"账户。

企业按期支付债券利息时，借记"应付利息"或"应付债券"账户，贷记"银行存款"账户。

【例 10-8】 金光旅行社为建造营业厅，于 2009 年 6 月 30 日按面值 420 000 元发行债券，债券票面利率为 8%，期限为 2 年，于 2011 年 6 月 30 日还本付息。

（1）2012 年 6 月 27 日，签发转账支票 6 300 元支付债券发行费用，作分录如下：

借：在建工程——建筑工程——建造营业厅   6 300.00
  贷：银行存款   6 300.00

（2）2012 年 6 月 30 日，发行债券，收到款项 420 000 元，存入银行，作分录如下：

借：银行存款   420 000.00
  贷：应付债券——债券面值   420 000.00

（3）2012 年 7 月 1 日，签发转账支票支付建造营业厅第一期工程款 240 000 元，作分录如下：

借：在建工程——建筑工程——建造营业厅   240 000.00
  贷：银行存款   240 000.00

（4）2012 年 7 月 31 日，按 8% 年利率计提本月份债券利息，作分录如下：

借：在建工程——建筑工程——建造营业厅   2 800.00
  贷：应付债券——应计利息（420 000×8%÷12）   2 800.00

（5）2013 年 6 月 30 日，收到发行债券尚未动用的 180 000 元资金存入银行的利息收入 1 296 元，作分录如下：

借：银行存款   1 296.00
  贷：在建工程——建筑工程——建造营业厅   1 296.00

（6）2013 年 6 月 30 日，建造的营业厅已竣工，签发转账支票支付建造营业厅剩余工程款 180 000 元，作分录如下：

借：在建工程——建筑工程——建造营业厅   180 000.00
  贷：银行存款   180 000.00

（7）2013 年 6 月 30 日，营业厅已达到预定可使用状态，验收使用。全部工程款为 420 000 元，债券发行费用为 6 300 元，工程应负担债券利息为 33 600 元，扣除尚未动用发行债券资金存入银行取得的利息收入 1 296 元，全部工程决算为 458 604 元，作分录如下：

借：固定资产   458 604.00
  贷：在建工程——建筑工程——建造营业厅   458 604.00

（四）溢价和折价发行债券的核算

1. 溢价发行债券的核算

溢价发行债券是指企业发行债券的价格高于债券面值，其高于面值的差额称为债券溢价。当企业发行债券的票面利率高于市场实际利率时，这意味着企业将要以高于市场实际利率支付利息，届时需要溢价发行。因此债券溢价实质上是企业在发行债券时，预收投资者一笔款项，以补偿以后多付给投资者的利息。

企业溢价发行债券后，按实际取得的款项借记"银行存款"账户；按债券面值贷记"应付债券——债券面值"账户；实际发行额与面值的差额，贷记"应付债券——利息调整"账户。

【例10-9】 沪光宾馆为建造客房于2012年6月30日发行面值为810 000元的债券，票面利率为9%，期限为3年，每年6月30日付息，于2015年6月30日归还本金，而市场实际利率为8%。

（1）2012年6月27日，以银行存款12 150元支付债券发行费用，作分录如下：

借：在建工程——建筑工程——建造客房　　　　　　　　　　　　　　12 150.00
　　贷：银行存款　　　　　　　　　　　　　　　　　　　　　　　　12 150.00

（2）2012年6月30日，将每1 000元面值的债券按1 025.74元发行。今收到溢价发行款830 849.40元，存入银行，作分录如下：

借：银行存款　　　　　　　　　　　　　　　　　　　　　　　　　830 849.40
　　贷：应付债券——债券面值　　　　　　　　　　　　　　　　　　810 000.00
　　贷：应付债券——利息调整　　　　　　　　　　　　　　　　　　 20 849.40

2. 折价发行债券的核算

折价发行债券是指企业发行债券的价格低于债券面值。其低于面值的差额称为债券折价。当企业发行债券的票面利率低于市场实际利率时，这意味着企业将要以低于市场实际利率支付利息，就需要折价发行。因此债券折价实质上是企业在发行债券时，预先少收投资者一笔款项，以补偿投资者以后少得利息的损失。

企业折价发行债券后，按实际发行债券取得的款项，借记"银行存款"账户；按债券面值，贷记"应付债券——债券面值"账户；债券面值与实际发行额的差额，记入"应付债券——利息调整"账户的借方。

【例10-10】 天华广告公司为补充流动资金的需要，发行面值为360 000元的债券，债券票面利率为7%，期限为2年，于每年1月31日付息，而市场实际利率为8%。

（1）2012年1月28日，以银行存款5 400元支付债券发行费用，作分录如下：

借：财务费用　　　　　　　　　　　　　　　　　　　　　　　　　 5 400.00
　　贷：银行存款　　　　　　　　　　　　　　　　　　　　　　　　 5 400.00

（2）2012年1月31日，将每1 000元面值的债券按982.13元发行。今收到折价发行款353 566.80元，存入银行，作分录如下：

借：银行存款　　　　　　　　　　　　　　　　　　　　　　　　　353 566.80
借：应付债券——利息调整　　　　　　　　　　　　　　　　　　　 6 433.20
　　贷：应付债款——债券面值　　　　　　　　　　　　　　　　　　360 000.00

（五）利息调整额摊销的核算

企业溢价发行债券，意味着要按高于市场实际利率的票面利率支付利息；企业折价发行债券，意味着要按低于市场实际利率的票面利率支付利息，从而产生了利息调整额。因此，在按月预提债券利息时，还要摊销利息调整额，通过摊销后，使企业实际负担的利息费用与按市场实际利率计算的结果相一致。利息调整额摊销的方法有直线法和实际利率法两种。

1. 直线法摊销利息调整额的核算

直线法是指将利息调整额在债券到期前分期平均摊销的方法。

在摊销利息调整额贷方余额时,借记"应付债券——利息调整"账户,贷记"在建工程"或"财务费用"账户。

【例10-11】 前例沪光宾馆为建造客房溢价20 849.40元,发行3年期的债券810 000元。

(1)2012年7月2日,以银行存款支付建造客房第一期工程款450 000元,作分录如下:

借:在建工程——建筑工程——建造客房 450 000.00
　　贷:银行存款 450 000.00

(2)2012年7月31日,按9%票面利率计提本月份债券利息,作分录如下:

借:在建工程——建筑工程——建造客房 6 075.00
　　贷:应付利息 6 075.00

同时摊销本月份的利息调整额,作分录如下:

借:应付债券——利息调整(20 849.40÷36) 579.15
　　贷:在建工程——建筑工程——建造客房 579.15

(3)2013年6月30日,将本月份债券利息入账,并支付投资者一年期债券利息72 900元,作分录如下:

借:应付利息 66 825.00
借:在建工程——建筑工程——建造客房 6 075.00
　　贷:银行存款 72 900.00

同时,摊销本月份的利息调整额,作分录如下:

借:应付债券——利息调整(20 849.40÷36) 579.15
　　贷:在建工程——建筑工程——建造客房 579.15

(4)2013年6月30日,收到发行债券尚未动用的380 849.40元存款的利息收入3 084.80元,作分录如下:

借:银行存款 3 084.80
　　贷:在建工程——建筑工程——建造客房 3 084.80

(5)2013年6月30日,建造客房竣工,支付建造客房剩余工程款360 000元,作分录如下:

借:在建工程——建筑工程——建造客房 360 000.00
　　贷:银行存款 360 000.00

(6)2013年6月30日,建造客房竣工,达到预定可使用状态,验收使用,全部工程款810 000元,债券发行费用12 150元,应付利息72 900元,扣除利息调整额摊销6 949.80元和利息收入3 084.20元,全部决算为885 016元,作分录如下:

借:固定资产 885 016.00
　　贷:在建工程——建造客房 885 016.00

通过3年的摊销,利息调整额全部摊销完毕。债券到期时,还本付息的核算方法与按面值发行债券的方法相同。

在摊销利息调整借方余额时,借记"在建工程"或"财务费用"账户,贷记"应付债券——利息调整"账户。

【例10-12】 前例天华广告公司为筹集流动资金折价6 433.20元,发行2年期的债券

360 000 元。

(1) 2012 年 2 月 28 日，按 7% 票面利率计提本月份债券利息，作分录如下：

借：财务费用——利息支出 2 100.00
　　贷：应付利息 2 100.00

同时摊销本月份利息调整额，作分录如下：

借：财务费用——利息支出（6 433.20÷24） 268.05
　　贷：应付债券——利息调整 268.05

(2) 2013 年 1 月 31 日，支付投资者一年期债券利息 21 000 元，作分录如下：

借：应付利息 23 100.00
借：财务费用——利息支出 2 100.00
　　贷：银行存款 25 200.00

同时，摊销本月份利息调整额，作分录如下：

借：财务费用——利息支出（6 433.20÷24） 268.05
　　贷：应付债券——利息调整 268.05

2. 实际利率法摊销利息调整额的核算

实际利率法是指将按债券面值和票面利率计算的票面利息，与按每付息期期初债券现值和实际利率计算的实际利息之间的差额，作为每付息期利息调整额摊销数的方法。

采用实际利率法摊销"利息调整"明细账户的贷方余额，实际利息将会随着表示负债数额的应付债券现值的逐期减少而减少，而利息调整摊销额却随之逐期增加，其计算方法如图表 10-2 所示。

【例 10-13】　根据前例沪光宾馆溢价 20 849.40 元发行的 810 000 元债券等资料，债券票面利率为 9%，实际利率为 8%。用实际利率法计算债券各期利息调整摊销额如图表 10-2 所示。

图表 10-2

利息调整贷方余额摊销计算表　　　　　　　　　　　　单位：元

付息期数	票面利息	实际利息	利息调整摊销额	利息调整贷方余额	应付债券现值
(1)	(2)＝面值×票面利率	(3)＝上期(6)×实际利率	(4)＝(2)－(3)	(5)＝上期利息调整额－(4)	(6)＝面值＋(5)
发行时				20 849.40	830 849.40
1	72 900.00	66 467.95	6 432.05	14 417.35	824 417.35
2	72 900.00	65 953.39	6 946.61	7 470.74	817 470.74
3	72 900.00	65 429.26①	7 470.74	0	810 000.00

以上计算的是各年的票面利息、实际利息和利息调整摊销额，各月的票面利息、实际利息和利息调整摊销额还要分别除以 12 取得。

第一年各月应负担的票面利息＝72 900÷12＝6 075.00（元）
第一年各月应负担的实际利息＝66 467.95÷12＝5 539.00（元）
第一年各月的利息调整摊销额＝6 432.05÷12＝536.00（元）

---

① 由于计算上存在尾差，因此 65 429.26 元是近似数。

2012 年 7 月 31 日，根据计算的结果，计提本月份债券利息，作分录如下：

借：在建工程——建筑工程——建造客房　　　　　　　　　　　　　5 539.00
借：应付债券——利息调整　　　　　　　　　　　　　　　　　　　536.00
　　贷：应付利息　　　　　　　　　　　　　　　　　　　　　　　　　6 075.00

"应付利息"是负债类账户，用以核算分期付息到期还本的长期借款、长期债券等应支付的利息，企业发生应付利息时，记入贷方；企业支付应付利息时，记入借方；期末余额在贷方，表示企业应付未付的利息。

采用实际利率法摊销"利息调整"明细账户借方余额，实际利息将会随着表示负债数额的应付债券现值的逐期增加而增加，而利息调整摊销额也随之逐期增加，其计算方法如图表 10-3 所示。

【例 10-14】　根据前例天华广告公司折价 6 433.20 元发行的 360 000 元债券等资料，债券票面利率为 7%，实际利率为 8%，用实际利率法计算债券各期利息调整摊销额如图表 10-3 所示。

图表 10-3

利息调整借方余额摊销计算表　　　　　　　　　　　　　　　　　　单位：元

付息期数 (1)	票面利息 (2) ＝面值× 票面利率	实际利息 (3) ＝上期 (6) ×实际利率	利息调整摊销额 (4) ＝ (3) － (2)	利息调整借方余额 (5) ＝上期利息调整额－ (4)	应付债券现值 (6) ＝面值－ (5)
发行时				6 433.20	353 566.80
1	25 200	28 285.34	3 085.34	3 347.86	356 652.14
2	25 200	28 547.86[①]	3 347.86	0	360 000.00

采用实际利率法摊销利息调整借方余额的核算方法与直线法相同，不再重述。

从上列两种摊销的方法来看，按直线法摊销利息调整额简便易行。然而，随着各期利息调整额的摊销，企业的负债有了变动，而企业各期负担的债券利息却始终保持不变，因此，采用这种方法，各期负担的利息费用不够合理。而按实际利率法摊销利息调整额，企业各期负担的利息费用会随着各期负债的增减变动而相应变动，从而使各期的利息费用负担合理，但采用这种方法，计算工作较为复杂。

"应付债券"是负债类账户，用以核算企业为筹集长期资金而发生债券的本金和利息。企业发行债券的面值、因溢价而发生的利息调整额、债券的应计利息和摊销债券因折价而发生的利息调整额时，记入贷方；企业发行债券因折价而发生的利息调整额、支付债券的应计利息、摊销债券因溢价而发生的利息调整额和偿还投资者的本金时，记入借方；期末余额在贷方，表示企业尚未偿还投资者的债券本金和利息。"应付债券"账户下设"面值"、"利息调整"和"应计利息"明细账户，分别进行明细核算。

四、长期应付款的核算

长期应付款是指除长期借款和应付债券以外的其他各种长期应付款。旅游餐饮服务企业主要有应付融资租入固定资产的租赁费等。

---

① 由于计算上存在尾差，因此 28 547.86 元是近似数。

　　融资租赁是指实质上转移了与资产所有权有关的全部风险和报酬的租赁。所有权最终可能转移，也可能不转移。

　　符合以下一项或数项标准的，应当认定为融资租赁。

　　（1）在租赁期届满时，租赁资产的所有权转移给承租人。

　　（2）承租人有购买租赁资产的选择权，所订立的购买价款预计将远低于行使选择权时租赁资产的公允价值，因而在租赁开始日就可以合理确定承租人将会行使这种选择权。

　　（3）即使资产的所有权不转移，但租赁期占租赁资产使用寿命的大部分。

　　（4）承租人在租赁开始日的最低租赁付款额现值，几乎相当于租赁开始日租赁资产公允价值。

　　（5）租赁资产性质特殊，如果不作较大改造，只有承租人才能使用。

　　租赁期是指租赁合同规定的不可撤销的租赁期间。

　　最低租赁付款额是指在租赁期内，承租人应支付或可能被要求支付的款项（不包括或有租金和履约成本），加上由承租人或与其有关的第三方担保的资产余值。资产余值是指在租赁开始日估计的租赁期届满时租赁资产的公允价值。但是，如果承租人有购买租赁资产的选择权，所订立的购买价款预计将远低于行使选择权时租赁资产的公允价值，因而在租赁开始日就可以合理确定承租人将会行使这种选择权的，购买价款也应当计入最低租赁付款额。或有租金是指金额不固定、以时间长短以外的其他因素（如销售量、使用量、物价指数等）为依据计算的租金。履约成本是指在租赁期内为租赁资产支付的各种使用费用，如技术咨询和服务费、人员培训费、维修费、保险费等。

　　承租人在计算最低租赁付款额的现值时，可以采用租赁合同规定的利率作为折现率，当采取每期期末支付租金时，最低租赁付款额的现值计算公式如下：

$$\frac{\text{最低租赁付}}{\text{款额的现值}} = \text{每期租金} \times \text{年金现值系数} + \text{订立的购买价款} \times \text{复利现值系数}$$

　　承租人应当将租赁开始日租赁资产公允价值与最低租赁付款额现值两者中较低者作为租入资产的入账价值。当确定以最低租赁付款额的现值作为入账价值时，借记"固定资产"账户；按最低租赁付款额，贷记"长期应付款"账户；两者之间的差额，记入"未确认融资费用"账户的借方。未确认融资费用在租赁期内各个期间可以采用直线法、实际利率法等方法进行摊销，届时借记"财务费用"账户；贷记"未确认融资费用"账户。

　　在租赁谈判和签订租赁合同过程中承租人发生的可直接归属于租赁项目的手续费、律师费、差旅费、印花税等初始直接费用，应当计入租入资产价值。

　　【例 10-15】　太湖度假村年初以融资租赁方式租入游艇 1 艘，租赁期为 4 年，租金为 180 000 元，其公允价值为 151 000 元。租赁合同规定年折现率为 8%，租金于每年年末支付 45 000 元，租赁期届满时再支付购买价款 1 800 元，即取得游艇的所有权。届时该游艇的公允价值为 12 000 元，计算其最低租赁付款额的现值如下：

　　游艇最低租赁付款额现值 = 45 000 × 3.312 1 + 1 800 × 0.735 0 = 150 367.50（元）

　　（1）签发转账支票支付租赁游艇发生的手续费、律师费、印花税等初始直接费用 2 000 元，作分录如下：

借：固定资产——融资租入固定资产　　　　　　　　　　　　　　　2 000.00
　　贷：银行存款　　　　　　　　　　　　　　　　　　　　　　　　　　2 000.00

（2）企业取得租入游艇达到预定可使用状态，验收使用时，因游艇的最低租赁付款额现值小于其公允价值，作分录如下：

借：固定资产——融资租入固定资产 150 367.50
借：未确认融资费用 31 632.50
　贷：长期应付款——应付融资租赁款 182 000.00

（3）按月用直线法摊销未确认的融资费用时，作分录如下：

借：财务费用——利息支出（31 632.50÷48） 659.01
　贷：未确认融资费用 659.01

（4）年末签发转账支票支付游艇本年度租金时，作分录如下：

借：长期应付期——应付融资租赁款 45 000.00
　贷：银行存款 45 000.00

（5）4年租赁期满，按合同规定，企业签发转账支票1 800元，支付游艇购买价款，作分录如下：

借：长期应付款——应付融资租赁款 1 800.00
　贷：银行存款 1 800.00

同时企业取得了游艇的所有权，作分录如下：

借：固定资产——生产经营用固定资产 152 367.50
　贷：固定资产——融资租入固定资产 152 367.50

如果融资租入固定资产在租赁开始日需要经过安装的，应先通过"在建工程"账户核算，等安装完毕，达到预定可使用状态时，再由"在建工程"账户转入"固定资产——融资租入固定资产"账户

"长期应付款"是负债类账户，用以核算企业除长期借款和应付债券以外的各种其他长期应付款。企业发生长期应付款时，记入贷方；企业偿还长期应付款时，记入借方；期末余额在贷方，表示企业应付未付的各种其他长期应付款。

"未确认融资费用"是负债类账户，它是"长期应付款"账户的抵减账户，用以核算企业应当分期计入利息支出的未确认的融资费用。企业融资租入固定资产发生未确认的融资费用时，记入借方；企业摊销融资费用时，记入贷方；期末余额在借方，表示企业未确认融资费用的摊余数额。

五、或有事项和预计负债

（一）或有事项的定义和特征

或有事项是指过去的交易或事项形成的，其结果须由某些未来事项的发生或不发生才能决定的不确定事项。或有事项有未决诉讼、未决仲裁、债务担保、重组义务和商品质量保证等。或有事项具有以下三个特征。

1. 或有事项是过去的交易或事项形成的

这是指或有事项的现存状况，是企业过去的交易或事项引起的客观存在。例如，未决诉讼虽然是正在进行中的诉讼，但它是企业因过去的经济行为导致起诉其他单位或被其他单位起诉。这是现存的一种状况，而不是未来将要发生的事项。未来可能发生的自然灾害、交通事故、经营亏损等事项都不属于或有事项。

2. 或有事项的结果具有不确定性

这是指或有事项的结果是否发生具有不确定性，或者或有事项的结果预计将会发生，但发生的具体时间或金额具有不确定性。例如，为其他企业提供债务担保事项，担保方到期是否承担和履行连带责任，需要根据债务到期时被担保方能否按时还款加以确定。这一事项的结果在担保协议达成时具有不确定性。又如，某企业因侵权而被起诉，如无特殊情况，该企业很可能败诉，但是，在诉讼成立时，该企业因败诉将支出多少金额，或支出发生在何时，是难以确知的。或有事项的这种不确定性是其区别于其他不确定性会计事项的重要特征。

3. 或有事项的结果须由未来事项决定

这是指或有事项的结果只能由未来不确定事项的发生或不发生决定。例如，未决诉讼，其最终结果只能随案情的发展，由判决结果来决定。因此，或有事项具有时效性，其随着影响或有事项结果的因素发生变化，或有事项最终会转化为确定事项。

（二）或有事项相关义务确认为预计负债的条件

企业只有在与或有事项相关的义务同时符合下列三个条件时，才能将其确认为预计负债。

1. 该义务是企业承担的现时义务

这是指与或有事项有关的义务是在企业当前条件下已承担的义务，而非潜在义务。例如，天马旅游公司的司机因违反交通规则造成严重的交通事故，该公司将要承担赔偿义务。因此，违规事项发生后，该公司随即承担的是一项现时义务。

2. 履行该义务很可能导致经济利益流出企业

这是指履行由或有事项产生的现时义务时，导致经济利益流出企业的可能性超过50%，但尚未达到基本确定的程度。"基本确定"是指这种可能性大于95%，但小于100%。例如，2009年3月25日，国际饭店与大陆饭店签订协议，承诺为大陆饭店两年期长期借款提供全额担保。从而国际饭店因担保事项而承担了一项现时义务。倘若2009年末，大陆饭店财务状况良好，通常认定其不会违约，从而国际饭店履行承担的现时义务不是很可能会导致经济利益的流出；倘若2009年末大陆饭店的财务状况恶化，且并没有迹象表明其财务状况可能会发生好转，也就是说该饭店可能违约，那么国际饭店履行承担的现时义务将很可能导致经济利益流出企业。

3. 该义务的金额能够可靠地计量

这是指与或有事项相关的现时义务的金额能够合理地估计。由于或有事项具有不确定性，因此，因或有事项产生的现时义务也具有不确定性，需要预计。要将或有事项确认为一项负债，其相关现时义务的金额应能够可靠地预计，例如，光明宾馆因涉及一项诉讼案而成为被告，根据以往的审判案例推断，光明宾馆很可能要败诉，相关的赔偿金额也可以估算出一个范围，因此可以认为光明宾馆未决诉讼承担的现时义务的金额能够可靠地估计，如果同时满足其他两个条件，就可以将所形成的义务确认为一项负债。

（三）预计负债的计量

由于预计负债应承担的现时义务的金额往往具有不确定性，因此现时需要对预计负债进行计量。企业预计负债的金额应当按照履行相关义务所需支出的最佳估计数进行初始计量。

旅游餐饮服务企业预计负债的最佳估计数的确定有两种情况，一种情况是所需支出的金额存在一个连续范围，其最佳估计数应当按该范围的上、下限金额的平均数确定；另一种情况是所需支出的金额不存在一个连续的范围，其最佳估计数应当按最可能发生的金额确定。

【例10-16】 2013年3月15日，光明宾馆因合同违约而涉及一项诉讼案，根据宾馆的法律顾问判断，最终的判决很可能对该宾馆不利。至月末该宾馆尚未接到法院的判决，因此诉讼须承担的赔偿金额也无法准确地确定。不过，据专业人士估计，赔偿金额可能在90 000元至110 000元之间，则确认光明宾馆预计负债的金额如下：

$$光明宾馆预计负债的金额 = \frac{90\,000 + 110\,000}{2} = 100\,000（元）$$

（四）预计负债预期可获得的补偿的处理

当企业因清偿预计负债所需支出的全部或部分金额，预期由第三方补偿的，则补偿金额只有在基本确定能收到时，才能作为资产单独确认，且确认的补偿金额不应当超过预计负债的账面价值。补偿金额"基本确定能收到"，是指预期从保险公司、索赔人、被担保企业等获得补偿的可能性大于95%但小于100%的情形。

可能获得补偿的情况通常有发生交通事故等情况时，企业通常可以从保险公司获得合理的赔偿；在某些索赔诉讼中，企业可以通过反诉的方式对索赔人或第三方另行提出赔偿要求，以及在债务担保业务中，企业在履行担保义务的同时通常可以向被担保企业提出额外追偿要求。

（五）预计负债的核算

企业在确认预计负债的同时，应确认一项支出或费用入账。倘若企业基本确定能获得补偿，那么应将这些补偿先抵减已入账的支出或费用。

企业由对外担保、未决诉讼或未决仲裁、重组义务产生的预计负债，应当按照确定的金额借记"营业外支出"账户；贷记"预计负债"账户。

【例10-17】 2013年3月15日，光明宾馆因合同违约而涉及一项诉讼案。根据企业法律顾问判断，最终的判决很可能对该宾馆不利。至月末，尚未接到法院的判决。据专业人士估计，赔偿金额可能在90 000元至110 000元之间，作分录如下：

借：营业外支出——赔偿支出   100 000.00
   贷：预计负债——未决诉讼   100 000.00

等未决诉讼或未决仲裁在判决或裁决后，再借记"预计负债"等有关账户；贷记"其他应付款"或"银行存款"等有关账户。

【例10-18】 2013年9月25日，光明宾馆合同违约诉讼案经法院判决，应赔偿原告102 000元，并承担诉讼费13 680元。款项于判决生效后10日内支付。

（1）签发转账支票13 680元支付诉讼费，作分录如下：

借：管理费用——诉讼费   13 680.00
   贷：银行存款   13 680.00

（2）将应付赔款入账，作分录如下：

借：营业外支出——赔偿支出   2 000.00
借：预计负债——未决诉讼   100 000.00
   贷：其他应付款   102 000.00

企业应当在期末对预计负债的账面价值进行复核。有确凿证据表明该账面价值不能真实反映当前最佳估计数的，应当按照当前最佳估计数对该账面价值进行调整。

"预计负债"是负债类账户，用以核算企业确认的预计负债。企业发生或调整增加预计负债时，记入贷方；企业实际清偿或调整减少预计负债时，记入借方；期末余额在贷方，表示企业已确认而尚未支付的预计负债。

练 习 题

一、简答题

1. 什么是负债？它有哪些特征？
2. 负债可以按哪些标准分类？具体如何分类？
3. 试述职工薪酬包括哪些内容。
4. 分述职工工资、奖金、津贴和补贴的定义。
5. 试述资本化期间借款利息资本化金额的确定。
6. 什么是债券？它的发行价格是怎样确定的？
7. 利息调整额有哪两种摊销方法？它们各有何优缺点？
8. 什么是融资租赁？试述认定融资租赁的标准。
9. 预计负债应如何计量？

二、名词解释题

流动负债　借款费用　符合资本化条件的资产　债券　最低租赁付款额　或有事项

三、是非题

1. 负债必须通过交付资产或提供劳务来清偿。　　　　　　　　　　　　　（　　）
2. 职工薪酬是指企业为获得职工提供服务而给予各种形式的报酬及其他相关支出。（　　）
3. 工资总额包括职工工资、奖金、津贴和补贴。　　　　　　　　　　　　（　　）
4. 长期负债具有负债数额大、风险大、偿还期限长的特点。　　　　　　　（　　）
5. 辅助费用是指向银行借款的手续费、发行债券的发行费用。　　　　　　（　　）
6. 专门借款是指为购建符合资本化条件的资产而专门借入的款项。　　　　（　　）
7. 债券与长期借款相比较，它具有筹资范围广、流动性大，并可以溢价或折价发行的特点。（　　）
8. 债券溢价发行，其溢价部分实质上是企业发行债券时预收投资者的一笔款项，以弥补以后多付给投资者的利息。　　　　　　　　　　　　　　　　　　　　　（　　）
9. 企业折价发行债券，是由于市场实际利率低于票面利率。　　　　　　　（　　）

四、单项选择题

1. 企业溢价发行债券的原因是_____。
   A. 票面利率高于市场实际利率　　　　B. 票面利率低于市场实际利率
   C. 企业经营业绩和财务状况好　　　　D. 企业经营业绩好，财务状况差
2. 企业折价发行债券，随着每期利息调整额的摊销，债券的账面价值会_____。
   A. 不变　　　　　　　　　　　　　　B. 增加
   C. 减少　　　　　　　　　　　　　　D. 可能增加，也可能减少
3. 企业确认预计负债的金额应当按照履行相关义务所需支出的_____。
   A. 最可能发生的金额
   B. 最佳估计数
   C. 一个连续范围的中间值
   D. 各种可能结果的相关概率计算确定数

五、多项选择题

1. 经营性负债是指企业因经营活动而发生的负债，有_____等。
   A. 应付票据　　　　　　　　　　　　B. 应付账款
   C. 长期应付款　　　　　　　　　　　D. 预收账款
2. _____能在应付福利费账户列支。

A. 职工及其供养直系亲属的医药费

B. 集体福利设施和文化体育设施

C. 退休职工的生活困难补助

D. 独生子女补助费

3. 借款费用必须同时具备下列＿＿＿＿＿＿＿＿条件的，才能开始予以资本化。

A. 借款的辅助费用已经发生

B. 为使资产达到预定可使用或者可销售状态所必要的购建或者生产活动已经开始

C. 资产支出已经发生

D. 借款费用已经发生

4. 债券票面上必须列明债券的面值、发行日期、编号、＿＿＿＿＿＿＿＿等内容。

A. 票面利率　　　　　　　　　　B. 实际利率

C. 付息日期　　　　　　　　　　D. 还本日期

5. 债券发行价格除了要考虑票面利率和市场实际利率外，还要考虑的因素有＿＿＿＿＿＿＿＿。

A. 到期偿还的债券面值以市场实际利率换算的现值

B. 到期偿还的债券面值以票面利率换算的现值

C. 债券按市场实际利率计算各期所支付利息的现值

D. 债券按票面利率计算各期所支付利息的现值

六、实务题

习题一

一、**目的**　练习流动负债的核算。

二、**资料**　金桥饭店 6 月份发生下列有关的经济业务。

1. 1 日，因流动资金不足，向银行借入 6 个月期限的借款 180 000 元，存入银行。

2. 10 日，签发转账支票 160 000 元，归还 6 个月前向银行借入已到期的款项。

3. 15 日，根据工资结算单（见下表）提取现金，备发职工薪酬。

图表 10-4

工资结算单（简化格式）

2013 年 6 月 15 日　　　　　　　　　　　　　　　　　　　　　单位：元

姓　名	工　资	病、事假应扣工资	应发工资	奖　金	津贴和补贴		应发薪酬合计	代扣款项						实发金额	签章
					中、夜班津贴	副食品补贴		住房公积金	养老保险费	医疗保险费	失业保险费	个人所得税	合　计		
略															
业务经营人员工资	82 500.00	1 100.00	81 400.00	6 700.00	700.00	1 400.00	90 200.00	6 314.00	7 216.00	1 804.00	902.00	32.00	16 268.00	73 932.00	
行政管理人员工资	17 680.00	100.00	17 580.00	1 620.00		200.00	19 400.00	1 358.00	1 552.00	388.00	194.00	68.00	3 560.00	15 840.00	
长期病假人员工资	3 000.00	1 200.00	1 800.00			50.00	1 850.00	129.50	148.00	37.00	18.50		333.00	1 517.00	
合　计	10 3180.00	2 400.00	100 780.00	8 320.00	700.00	1 650.00	111 450.00	7 801.50	8 916.00	2 229.00	1 114.50	100.00	20 161.00	91 289.00	

4. 15 日，根据下列工资结算单发放本月份职工薪酬。

5. 25 日，分配本月份发放的各类人员薪酬。

6. 26 日，按本月份工资总额的 14%、2% 和 1.5% 分别计提职工福利费、工会经费和职工教育经费。

7. 27 日，按本月份工资总额的 12% 计提医疗保险费。

8. 27 日，按本月份工资总额的 3%、2% 和 7% 分别计提养老保险费、失业保险费和住房公积金。

9. 28 日，将本月份应交的医疗保险费、养老保险费、失业保险费和住房公积金（含为职工代扣的部分）分别交纳给社会保险事业基金结算中心和公积金管理中心。

10. 29 日，职工报销学习科学文化学费 900 元和家属医药费 750 元，发生职工生活困难补助费 300 元，一并以现金支付。

三、**要求** 编制会计分录。

习题二

一、**目的** 练习长期借款的核算。

二、**资料** 国泰宾馆发生下列有关的经济业务。

1. 2012 年 5 月 31 日，为建造餐厅向建设银行借入专门借款 480 000 元，转入银行存款户；借款合同规定 2 年到期，年利率为 8%，单利计息，到期一次还本付息。

2. 2012 年 6 月 1 日，餐厅由民生建筑公司承建，当即签发转账支票支付第一期工程款 350 000 元。

3. 2012 年 6 月 30 日，计提本月份专门借款利息。

4. 2013 年 3 月 31 日，收到尚未动用的专门借款存入银行的利息收入 878 元。

5. 2013 年 3 月 31 日，签发转账支票支付建造餐厅第二期工程款 178 000 元。

6. 2013 年 4 月 30 日，计预提本月份专门借款利息费用和在建工程占用 48 000 元一般借款的利息费用，一般借款的资本化率为 7.8%。

7. 2013 年 5 月 31 日，建造餐厅工程竣工验收合格，签发转账支票 22 000 元，付清民生建筑公司建造餐厅的全部款项。

8. 2013 年 5 月 31 日，餐厅已达到预定可使用状态，验收使用，建造餐厅工程决算为造价和建造期间的利息费用，减去尚未动用专门借款存入银行的利息收入，予以转账。

9. 2013 年 6 月 30 日，计提本月份专门借款利息。

三、**要求** 编制会计分录。

习题三

一、**目的** 练习应付债券的核算。

二、**资料**

（一）康达旅游公司为建造营业厅，决定按面值 540 000 元发行债券。债券票面利率为 8%，期限为 2 年，到期还本付息。现发生下列有关的经济业务。

1. 2011 年 5 月 28 日，以银行存款支付债券发行费用 8 100 元。

2. 2011 年 5 月 31 日，按面值发行 540 000 元的债券发行完毕，收到债券发行款，存入银行。

3. 2011 年 6 月 1 日，以银行存款支付建造营业厅第一期工程款 300 000 元。

4. 2011 年 6 月 30 日，按 8% 年利率计提本月份债券利息。

5. 2012 年 8 月 31 日，收到发行债券尚未动用的 240 000 元资金的利息收入 2 430 元。

6. 2012 年 8 月 31 日，建造营业厅已竣工，以银行存款支付建造营业厅剩余工程款 240 000 元。

7. 2012 年 8 月 31 日，建造的营业厅已达到预定可使用状态，并验收使用，根据工程的全部决算转账。

8. 2013 年 5 月 31 日，债券到期，签发转账支票偿还本金并支付利息。

（二）上海宾馆为建造客房，发行面值 900 000 元债券，债券票面利率为 9%，期限 3 年，每年付息一次，而金融市场实际利率为 8%。现发生下列有关的经济业务。

1. 2012 年 6 月 28 日，以银行存款支付债券发行费用 13 500 元。

2. 2012 年 6 月 30 日，面值 900 000 元债券发行完毕，收到溢价发行债券的全部款项，存入银行。

3. 2012 年 7 月 8 日，以银行存款支付建造客房第一期工程款 500 000 元。

4. 2012 年 7 月 31 日，按 8% 年利率计提本月份债券利息，并摊销本月份利息调整额。

5. 2013 年 6 月 30 日，签发转账支票支付投资者一年期债券利息。

6. 2013 年 6 月 30 日，收到发行债券尚未动用的款项的利息收入 3 428 元。

7. 2013 年 6 月 30 日，建造的客房竣工，以银行存款支付建造客房剩余工程款400 000元。

8. 2013 年 6 月 30 日，建造的客房已达到预定可使用状态，并验收使用，根据工程决算转账。

（三）凯达广告公司补充流动资金的需要，发行面值 300 000 元的债券，债券票面利率为 7%，期限 3 年，每年付息一次，而金融市场实际利率为 8%。现发生下列有关的经济业务。

1. 2012 年 6 月 28 日，以银行存款支付债券发行费 4 500 元。

2. 2012 年 6 月 30 日，面值 300 000 元的债券发行完毕，收到折价发行债券的全部款项，存入银行。

3. 2012 年 7 月 31 日，按 7% 年利率计提本月债券利息，并摊销本月份利息调整额。

4. 2013 年 6 月 30 日，支付投资者一年期债券利息。

三、**要求**

（一）根据"资料（一）"，编制会计分录。

（二）根据"资料（二）"、"资料（三）"，分别计算债券的发行价、债券的溢价额和折价额。

（三）根据"资料（二）"和"资料（三）"和"要求（二）"计算的结果，编制会计分录。利息调整额的摊销分别用直线法和实际利率法核算。

习题四

一、**目的** 练习长期应付款的核算。

二、**资料** 洞庭湖度假村发生下列有关的经济业务。

1. 1 月 2 日，签发转账支票支付融资租赁游艇发生的手续费、律师费、印花税等初始直接费用 2 200 元。

2. 1 月 2 日，以融资方式租入游艇一台，租赁期为 6 年，租金为 240 000 元，其公允价值为 186 000 元，租赁合同规定年折现率为 8%，租金于每年年末支付 40 000 元。租赁期届满时，再支付购买价款 1 000 元，即取得游艇的所有权，届时该游艇的公允价值为 20 000 元，游艇已达到预定可使用状态，验收使用。

3. 1 月 31 日，用直线法摊销本月份未确认的融资费用。

4. 12 月 31 日，签发转账支票支付本年度游艇的租金。

5. 5 年后，12 月 31 日租赁期满，按合同规定签发转账支票支付游艇购买价款 1 000 元，取得了游艇的所有权，予以转账。

三、**要求** 编制会计分录。

习题五

一、**目的** 练习预计负债的核算。

二、**资料** 长江旅游公司发生下列有关的经济业务。

1. 2013 年 4 月 27 日，本月初因合同违约而涉及一项诉讼案，根据法律顾问判断，最终的判决很可能对本公司不利。至今尚未收到法院的判决书，据专业人士估计，赔偿金额可能在 100 000 元至 110 000 元之间。

2. 2013 年 4 月 30 日，本月中旬因与泰安公司签订了互相担保协议而成为相关诉讼的第二被告，但至今尚未判决。由于泰安公司经营困难，本公司很可能要承担还款连带责任。据预计，本公司胜诉的可能性为 35%，败诉的可能性为 65%，届时将承担还款金额 99 600 元。

3. 2013 年 9 月 15 日，本公司因合同违约诉讼案经法院判决应赔偿原告 104 000 元，并承担诉讼费 14 100 元，款项于判决生效后 10 日内支付，诉讼费当即签发转账支票付讫。

4. 2013 年 9 月 25 日，签发转账支票 104 000 元，支付合同违约诉讼案的赔偿款。

5. 2013 年 9 月 30 日，本公司因担保协议诉讼案，经法院判决本公司应承担泰安公司的还款连带责任，还款金额为 99 800 元，款项于判决生效后 10 日内支付，并承担诉讼费 12 500 元，诉讼费当即签发转账支票付讫。

三、**要求** 编制会计分录。

第十一章　所有者权益

第一节　所有者权益概述

一、所有者权益的性质

所有者权益是指企业资产扣除负债后，由所有者享有的剩余权益。在股份有限公司中，所有者权益又称为股东权益。

旅游餐饮服务企业要开展生产经营活动，必须拥有一定数量的资产，而其取得资产的途径只有两个——一个是由投资者投资，另一个是由债权人提供，两者都向企业投入了资产，这样，投资者和债权人一起构成了对企业全部资源的要求权。

虽然所有者权益和债权人权益均对企业的全部资源享有要求权，然而两者在性质上有着根本的区别，其主要表现在以下四个方面。

（一）投资的期限不同

所有者权益是投资者对企业的一项无期限的投资，这种投资在企业的整个续存期间除了可以依法被转让外，不得任意抽回；而债权人权益仅是债权人对企业的一项有期限的投资，表现为企业的负债，企业必须按照约定的期限和条件向债权人归还本金并支付利息。

（二）投资者对企业享有的权利不同

所有者权益是投资者的所有权，它赋予投资者直接经营管理企业或委托他人经营管理企业的权利；而债权人权益仅对企业所欠的债务有索偿权，债权人与企业只有债权债务关系，而没有参与企业经营管理的权利。

（三）与企业经营业绩的联系程度不同

投资者拥有的所有者权益与企业的经营业绩息息相关，在企业经营良好时，可以从其盈利中获取丰厚的投资收益；在企业经营失利发生亏损时，要承担投资损失。而债权人拥有的权益与企业的经营业绩无关，除企业破产清算外，债权人有权按事先约定的日期和利率收取利息。

（四）对企业资产的要求权在顺序上的不同

所有者权益对企业资产的要求权在顺序上置于债权人权益对企业资产的要求权之后。当企业终止或破产清算时，企业的资产在支付了清算费用后，必须先偿付企业所欠债权人的债务，在付清全部债务后，如有剩余资产才能还给投资者。

二、所有者权益的分类

所有者权益按其形成的来源不同，可分为投入资本和留存收益两类。

（一）投入资本

投入资本是指投资者投入企业的资本和投入企业资本本身的增值。它是企业开展生产经营活动的启动资金，是企业生存与发展的前提条件。因此，投入资本是所有者权益的主体。投入资本按其形成的渠道不同，又可以分为实收资本和资本公积。

（二）留存收益

留存收益是指企业从历年实现的净利润中提取或形成的留存于企业的内部积累。它属于所有者权益，可以安排分配给所有者。但是，国家为了约束企业过量的分配，要求企业留有一定的积累。这样，一方面可以满足企业维持或扩大再生产经营活动的资金需要，保持或提高企业的盈利能力；另一方面可以保证企业有足够的资金弥补以后年度可能出现的亏损，也保证企业有足够的资金用于偿还债务，保护债权人的权益。留存收益按其用途不同，又可分为盈余公积和未分配利润。

第二节　实 收 资 本

一、实收资本与注册资本

实收资本是指投资者按照企业章程或合同、协议的约定，实际投入企业的资本。

注册资本是指在公司登记机关登记的全体股东认缴的出资额或者认购的股本总额。根据《中华人民共和国公司法》的规定，企业申请开业，必须具备符合国家规定并具有与其生产经营和服务规模相适应的资金。有限责任公司注册资本最低限额为人民币 3 万元，股份有限公司注册资本最低限额为 500 万元。法律、行政法规对公司最低限额有较高规定的，从其规定。

注册资本可以一次或分次交纳。有限责任公司和股份有限公司全体股东的首次出资额不得低于注册资本的 20%，也不得低于法定注册资本的最低限额，其余部分由股东自公司成立之日起 2 年内缴足。

股东缴足了资本时，其实收资本的金额将等于注册资本的金额。公司成立后，股东不得抽逃出资和擅自改变注册资本。

二、企业的组织形式

我国企业的组织形式可分为独资企业、合伙企业和公司三类。

（一）独资企业

独资企业是指依法设立的、由一个自然人投资，财产为投资人个人所有，投资人以其个人财产对企业债务承担无限责任的经营实体。

（二）合伙企业

合伙企业是指依法设立的、由合伙人订立合伙协议，共同出资、合伙经营、共享收益、共担风险，并对本企业债务承担无限连带责任的营利组织。

（三）公司

公司是指依照公司法登记设立的、以其全部法人财产依法自主经营、自负盈亏的企业法人。我国的公司又可分为有限责任公司和股份有限公司两类。

1. 有限责任公司

它是指由 50 个以下股东出资设立的、每个股东以其所认缴的出资额为限对公司承担责任的企业法人。在我国可以设立国有独资公司，它是指国家单独出资，由国务院或者地方人民政府授权本级政府国有资产监督管理机构履行出资人职责的有限责任公司。

2. 股份有限公司

它是指由 2 人以上 200 人以下发起人依法设立的、每个股东以其认购的股份为限对公司承担责任的企业法人。

三、实收资本的核算

投资者对企业的投资方式主要有现金投资和非现金资产投资两种。

（一）接受现金投资的核算

旅游餐饮服务企业开业进行生产经营活动，需要一定数额的现金，它是投资者投入企业资本的重要组成部分。企业在新设立时收到投资者投入的现金存入银行时，借记"银行存款"账户；贷记"实收资本"账户。

企业在设立时，如收到国外投资者投入的外币，应当采用交易发生日即期汇率折算成人民币记账。

【例 11-1】 新设立的海南旅游公司收到国外投资者科尔公司投资的 300 000 美元，存入银行，当日美元的中间汇率为 6.15，作分录如下：

借：银行存款——外币存款（US ＄300 000×6.15）   1 845 000.00
    贷：实收资本   1 845 000.00

在公司设立以后，接受新投资者投资时，由于新投资者将与原投资者享有同等的经济利益，这就要求新投资者付出大于原投资者的出资额。届时，根据新投资者投入的现金，借记"银行存款"账户；根据新投资者投入的资金在企业注册资本中所占的份额，贷记"实收资本"账户，根据出资额与注册资本中所占份额的差额，贷记"资本公积"账户。

（二）接受非现金资产投资的核算

企业接受投资者房屋、建筑物、机器设备等固定资产的投资时，可按投资合同约定的价值，借记"固定资产"账户；按投资的固定资产在注册资本中所占的份额部分，贷记"实收资本"账户；两者之间的差额贷记"资本公积"账户。

【例 11-2】 长宁旅游公司收到新投资者东风公司投入大客车 4 辆，按投资合同约定的价值 500 000 元计量，投入的资金占企业注册资本 7 200 000 元的 6.6%。大客车已达到预定可使用状态并验收使用。作分录如下：

借：固定资产   500 000.00
    贷：实收资本   475 200.00
    贷：资本公积——资本溢价   24 800.00

"实收资本"是所有者权益类账户，用以核算投资者按照企业章程的规定投入企业的资本。企业收到投资者投入企业的资本时，记入贷方；企业按法定程序报经批准退出资本时，记入借方；期末余额在贷方，表示企业实有资本的数额。实收资本应按投资者进行明细分类核算。

采取有限责任公司、独资企业和合伙企业组织形式的企业，投资者投入的资本均是通过"实收资本"账户核算的。

四、股本的核算

采取股份有限公司组织形式的企业，投资者投入的资本是通过"股本"账户核算的。

股份有限公司的股份是指股份有限公司投资者的投资份额，是股东权利和义务的计量单位。股份是股票的实质内容，股票是股份的证券形式。

（一）股份的种类

股份按股东享有的权利不同，可分为普通股和优先股两种。

1. 普通股

普通股是指公司资本构成中最普通、最基本的、没有特别权利的股份。普通股的股东权利具体表现在四个方面。① 具有对公司的经营参与权。公司组织以股东会为最高权力机构，它由普通股股东或股东代表组成，股东或股东代表有权出席股东会，可按其持股比例行使表决权，并有被选举权，股东还有权查阅公司章程、股东会会议记录和财务报表，有权对公司的经营活动进行监督、提出建议或质询。② 具有分得股利权。当董事会宣布发放股利时，有按其所持股份领取股利的权利。③ 具有剩余财产分得权。当公司终止营业，清算解散时，在以资产偿付全部债务后，有按其所持股份的比例分得剩余财产的权利。④ 具有优先认股权。当公司增发普通股时，为了使原普通股股东对公司净资产的比例保持不变，原股东有按原来股份的比例，优先认购新股的权利。

普通股的股利收入是不稳定的，会随着公司的经营业绩的优劣而变动，公司的经营业绩优，股利就丰厚，公司的经营业绩劣，则股利微薄，甚至没有。因此，持有普通股的股东要承担较大的投资风险。

2. 优先股

优先股是指比普通股具有一定优先权的股份。优先股的优先权主要表现在三个方面。① 具有优先分配股利权。公司在发放给普通股股东股利之前，持优先股的股东有按约定的股利率优先分得股利的权利。② 具有优先分得公司剩余财产权。公司终止营业、清算解散时，在以资产清偿全部债务后，优先股具有比普通股优先求偿的权利。③ 持优先股的股东在特殊情况下可行使表决权。通常，持优先股的股东没有表决权，也无权过问公司的管理事务，但公司连续3年未支付优先股股利时，优先股股东即可出席股东会，并行使表决权。

优先股的股利是按约定的股利率支取的，收入稳定，因此投资风险小，但优先股的股东不享有公司盈余公积权益，通常也不享有对公司的经营参与权。

（二）股票发行的核算

股票是指股份有限公司签发的证明股东按其所持股份享有权利和承担义务的书面凭证。公司发行股票应载明的主要事项如下。

（1）公司的名称。

（2）公司成立日期。

（3）股票种类、票面金额及代表的股份。

（4）股票的编号。

此外，股票应由法定代表人签名，公司盖章。

股票的发行价格并不一定是面值，它直接取决于公司的经营状况和预期获利水平。因此，经营状况、预期获利水平普通的，一般按面值发行；经营状况好、预期获利水平高的，可以溢价发行。在我国，为了维护投资者的利益，不允许经营状况差的公司发行股票，因此不存在股票折价发行。

股份有限公司在发行股票时，会发生发行费用。股票发行费用是指与股票发行直接相关的费用，它通常包括股票承销费用、注册会计师费用、评估费用、律师费用、公关及广告费用和印刷费用等。

股份有限公司通常是委托证券公司发行股票的，证券公司发行股票完毕后，将发行金额扣除发行费用后的数额交付股份有限公司。

股份有限公司按面值发行的股票，其发行费用可以作为当期的管理费用入账，倘若数额较大时，应列入"长期待摊费用"账户，等发行工作完毕的次月起分期摊销，摊销期限不得超过2年，摊销时再转入"管理费用"账户。

股份有限公司按面值发行股票时，根据证券公司付来的扣除发行费用后的发行款借记"银行存款"账户；根据发行费用借记"管理费用"账户或"长期待摊费用"账户；根据股票面值贷记"股本"账户。

【例11-3】 2010年6月1日，国光宾馆股份有限公司设立，委托证券公司按面值发行普通股9 000 000股，每股面值1元，发行费用135 000元，证券公司发行完毕后，扣除发行费用，付来发行款8 865 000元。存入银行，发行费用分2年摊销，作分录如下：

借：银行存款   8 865 000.00

借：长期待摊费用   135 000.00

   贷：股本——普通股   9 000 000.000

股份有限公司溢价发行股票时，其发行费用应从本次股票发行的溢价中扣除。届时，根据证券公司付来的扣除发行费用后的发行款借记"银行存款"账户；按股票面值贷记"股本"账户；两者之间的差额应列入"资本公积"账户。

【例11-4】 卢浦饭店股份有限公司2010年3月15日增发普通股1 000 000股，每股面值1元，委托证券公司溢价发行，每股8元，发行费用120 000元，发行完毕后证券公司扣除发行费用后，付来发行款7 880 000元，存入银行。作分录如下：

借：银行存款   7 880 000.00

   贷：股本——普通股   1 000 000.00

   贷：资本公积   6 880 000.00

"股本"账户的用途和结构与"实收资本"账户相同，不再重述。该账户应按"普通股"和"优先股"进行明细分类核算。

第三节 资本公积

资本公积是指企业收到投资者出资额超出其在注册资本中所占份额的部分和直接计入所有者权益的利得和损失。它由资本溢价和其他资本公积两个部分组成。

一、资本溢价

资本溢价是指企业收到投资者出资额超出其在注册资本中所占份额部分的金额。

有限责任公司和合伙企业在初创阶段，通常收益较低，经过一个阶段的生产经营后，会产生一定数额的留存收益，且随着生产经营的日趋成熟，其盈利能力也会逐渐提高。当投资者中的一方要增加投资，或者新的投资者要参与投资，由于新投入的资本要分享企业开创至今所取得的成果，因此新追加的投资或新的投资者要付出大于原有投资者的出资额，才能取得与原有投资者相同的投资比例。所以，大于原有投资者出资额的部分即为资本溢价额。股份有限公司的资本溢价是发行股票的溢价净收入。这两类企业发生的资本溢价均列入"资本公积"账户。其具体核算方法在上一节中已作了阐述，不再重复。

同一控制下企业合并形成的长期股权投资中产生的资本溢价，其核算方法在第九章第五节中已作了阐述，也不再重复。

企业的资本溢价是一种资本储备形式，它实际上参与了企业的资金周转，支持着企业生产经营活动的正常运转。当企业积累的资本公积较多时，可以根据需要按法定程序转增资本，届时借记"资本公积——资本溢价"账户；贷记"实收资本"账户。

【例11-5】 6月15日，中海饭店经批准将275 000元资本公积转增资本，作分录如下：

借：资本公积——资本溢价   275 000.00
    贷：实收资本   275 000.00

二、其他资本公积

其他资本公积是指直接计入所有者权益的利得和损失。

企业的长期股权投资采用权益法核算的，在持股比例不变的情况下，被投资单位除净损益以外所有者权益的其他变动，企业应按持股比例计算应享有的份额，借记或贷记"长期股权投资——其他权益变动"账户，贷记或借记"资本公积——其他资本公积"账户；等处置该项长期股权投资时，应将记入"资本公积——其他资本公积"账户的余额结转"投资收益"账户。

企业持有的可供出售金融资产期末的公允价值，若高于其账面余额的，借记"可供出售金额资产——公允价值变动"账户，贷记"资本公积——其他资本公积"；反之，若低于其账面余额的，则借记"资本公积——其他资本公积"账户，贷记"可供出售金融资产——公允价值变动"账户。

企业将持有至到期投资重分类为可供出售的金融资产时，应按其公允价值借记"可供出售金融资产"账户；按其账面价值贷记"持有至到期投资"账户；将两者之间的差额列入"资本公积——其他资本公积"账户。

企业收购本公司股份，以股份支付方式奖励职工和注销股份减少注册资本，从而引起其他资本公积的增减变动，其核算方法将在下一节中阐述。

"资本公积"是所有者权益类账户，用以核算企业收到投资者出资额超出其在注册资本中所占份额的部分和直接计入所有者权益的利得和损失。当企业发生资本溢价和直接计入所有者权益的利得及转销直接计入所有者权益损失时，记入贷方；当企业发生直接计入所有者权益损失、将资本溢价转增资本和转销直接计入所有者权益利得时，记入借方；期末余额在贷方，表示企业资本公积的结存数额。

第四节 库 存 股

库存股是指股份有限公司收回本公司已发行的股份。库存股主要用于以股份支付方式奖励职工和减少注册资本等。

一、库存股以股份支付方式奖励职工的核算

股份有限公司可以在证券市场上收购本公司的普通股，以股份支付方式奖励给本公司的职工，以调动他们工作的积极性。

股份支付是指企业为获得职工和其他方提供服务而授予权益工具或者承担以权益工具为基础确定的负债的交易。

股份支付分为以权益结算的股份支付和以现金结算的股份支付。以权益结算的股份支付是指企业为获取服务以股份或其他权益工具作为对价进行结算的交易。以现金结算的股份支付是指企

业为获取服务承担以股份或其他权益工具为基础计算确定的支付现金或其他资产义务的交易。

股份支付的确认的计量，应当以真实、完整、有效的股份支付协议为基础。

股份支付在授予日，企业都不作会计处理。授予日是指股份支付协议获得批准的日期。获得批准是指企业与职工或其他方就股份支付的协议和条件已达成一致，该协议获得股东大会或类似机构的批准。

股份支付在授予后，通常需要职工或其他方履行一定期限的服务或在企业达到一定业绩条件以后，才可以行权。

业绩条件分为市场条件和非市场条件。市场条件是指行权价格、可行权条件及行权可能性与权益工具的市场价格相关的业绩条件，如股份支付协议中关于股价至少上升至何种水平才可行权的规定。非市场条件是指除市场条件之外的其他业绩条件，如股份支付协议中关于达到最低盈利目标或销售目标才可行权的规定。

公司在等待期内每个会计期末应将取得职工提供的服务计入成本费用，计入成本费用的金额应当按照权益工具的公允价值计量。对于权益工具结算的涉及职工的股份支付，应当按照授予日权益工具的公允价值计量。届时借记"销售费用"、"管理费用"等账户；贷记"资本公积——其他资本公积"账户。

公司按照奖励的目标，购进本公司已发放的股份时，按实际支付的金额，借记"库存股"账户；贷记"银行存款"账户。

公司在行权日根据实际行权权益工具数量计算确定其金额，据以借记"资本公积——其他资本公积"账户；贷记"库存股"账户，将两者之间的差额转入"资本公积——股本溢价"账户，如股本溢价不足冲减的，应借记"盈余公积"、"利润分配——未分配利润"账户。

行权日是指职工和其他方行使权力，获取现金或权益工具的日期。

【例11-6】　2012年初，浦江宾馆股份有限公司根据股份支付协议收购本公司36 000股普通股奖励职工，年末行政管理人员使净利润比上年增长16%以上的奖励12 000股，业务经营人员使营业收入比上年增长15%以上的奖励24 000股，授予日该公司普通股公允价值为每股8元。

（1）1月31日，根据本月经营情况，预计能够达到增收增利奖励的目标，将本月份职工提供服务应奖励的金额计入费用，作分录如下：

借：销售费用　　　　　　　　　　　　　　　　　　　　　　　　　　16 000.00
借：管理费用　　　　　　　　　　　　　　　　　　　　　　　　　　 8 000.00
　贷：资本公积——其他资本公积　　　　　　　　　　　　　　　　　24 000.00

在预计能够达到增收增利奖励目标的前提下，从2月至12月每个月末都作以上相同的会计分录。

（2）2月25日，购进本公司普通股36 000股，每股7.95元，另以交易金额的3‰支付佣金，1‰交纳印花税，款项一并签发转账支票支付，作分录如下：

借：库存股　　　　　　　　　　　　　　　　　　　　　　　　　　287 344.80
　贷：银行存款　　　　　　　　　　　　　　　　　　　　　　　　287 344.80

（3）2013年1月31日，去年本公司达到增收增利的奖励目标，予以行权，将36 000股库存股奖励给职工，按授予日普通股公允价值确认的金额转账，作分录如下：

借：资本公积——其他资本公积　　　　　　　　　　　　　　　　　288 000.00

贷：库存股	287 344.80
贷：资本公积——股本溢价	655.20

二、注销库存股减少注册资本的核算

股份有限公司可以通过收购本公司普通股，予以注销，来减少注册资本，公司收购本公司普通股时，借记"库存股"账户；贷记"银行存款"账户。在确定减少注册资本时，应注销库存股，按注销库存股的面值，借记"股本"账户；按库存股的账面价值，贷记"库存股"账户；两者之间的差额，记入"资本公积——股本溢价"账户的借方；如股本溢价不足冲减的，应借记"盈余公积"、"利润分配——未分配利润"账户。

【例11-7】　凯旋旅游股份有限公司已陆续收购本公司普通股200 000股，全部收购成本为1 207 500元。该股份每股面值为1元，现决定全部予以注销，以减少注册资本。该公司"资本公积——股本溢价"账户余额970 400元，"盈余公积"账户余额为418 120元，予以转账。作分录如下：

借：股本	200 000.00
借：资本公积——股本溢价	970 400.00
借：盈余公积	37 100.00
贷：库存股	1 207 500.00

"库存股"是所有者权益类账户，也是"股本"和"资本公积——股本溢价"的抵减账户，用以核算企业收购、转让或注销的本公司股份的金额。企业收购本公司股份时，记入借方；企业将股份奖励职工或予以注销减少注册资本时，记入贷方；期末余额在借方，表示企业持有尚未转让或注销的本公司股份的金额。

第五节　留存收益

一、盈余公积的核算

盈余公积是指企业按照规定从净利润中提取的积累资金。它包括法定盈余公积和任意盈余公积。

法定盈余公积是指企业按照法律规定的比例从净利润中提取，以备需要时动用的资金。我国规定法定盈余公积按净利润的10%提取。当提取的法定盈余公积超过注册资本的50%时，可以不再提取。

任意盈余公积是指企业经股东大会或类似机构批准，按规定的比例从净利润中提取，以备需要时动用的资金。任意盈余公积必须在公司发放了优先股股利后才能提取。

企业在提取法定盈余公积和任意盈余公积时，借记"利润分配"账户；贷记"盈余公积"账户。

【例11-8】　东方国际旅行社全年实现净利润500 000元，按10%的比例提取法定盈余公积，按6%的比例提取任意盈余公积，作分录如下：

借：利润分配——提取法定盈余公积	50 000.00
借：利润分配——提取任意盈余公积	30 000.00
贷：盈余公积——法定盈余公积	50 000.00
贷：盈余公积——任意盈余公积	30 000.00

法定盈余公积和任意盈余公积的用途主要有以下三项。①用于弥补企业亏损。由于在市场经济的条件下，企业面临着激烈的竞争，其生产经营活动随着市场的波动而出现反复，一旦发生亏损时，可以用法定盈余公积或任意盈余公积予以弥补，这样就为企业克服困境、渡过难关创造了条件。②用于转增资本。当企业法定盈余公积或任意盈余公积留存较多，而企业需要拓展经营规模时，可以将这两项盈余公积转增资本。③用于发放现金股利或利润。当企业累积的盈余公积较多，而未分配利润较少时，为了维护企业的形象，给投资者以合理的回报，经股东大会决议批准，也可以用盈余公积分派现金股利或利润。

企业在以法定盈余公积或任意盈余公积弥补亏损时，借记"盈余公积"账户；贷记"利润分配——盈余公积补亏"账户。

【例11-9】 广宁饭店年末亏损23 400元，经批准以任意盈余公积弥补亏损，作分录如下：

借：盈余公积——任意盈余公积　　　　　　　　　　　　　　　　23 400.00
　　贷：利润分配——盈余公积补亏　　　　　　　　　　　　　　　23 400.00

企业以法定盈余公积和任意盈余公积转增资本时，借记"盈余公积"账户；贷记"实收资本"账户。在法定盈余公积转增资本后，留存企业的部分不得少于注册资本的25%。

"盈余公积"是所有者权益类账户，用以核算企业按规定从净利润中提取的法定盈余公积和任意盈余公积。企业提取盈余公积时，记入贷方；企业以盈余公积弥补亏损，转增资本和用于发放现金股利或利润时，记入借方；期末余额在贷方，表示企业盈余公积的结存数额。

二、未分配利润的核算

未分配利润是指企业的净利润尚未分配的数额，它是企业实现的净利润经过弥补亏损、提取盈余公积和向投资者分配利润后留存在企业的、历年结存的利润。

企业为了平衡各会计年度的投资回报水平，以丰补歉，留有余地等原因，可以留有一部分净利润不予分配，从而形成了未分配利润。

未分配利润有两层含义，一是留存以后年度分配的利润，二是尚未指定用途的利润。未分配利润可以参与以后年度的利润分配。未分配利润是通过设置"利润分配——未分配利润"账户核算的，该账户的贷方余额表示未分配利润，若该账户出现借方余额，则表示企业未弥补亏损。

练 习 题

一、简答题

1. 所有者权益与债权人权益在性质上有哪些区别？
2. 所有者权益如何分类？
3. 试述注册资本和实收资本之间的区别与联系。
4. 股份按股东享有的权利可分为哪两种？分别说明这两种股份股东的权利具体表现在哪些方面。
5. 资本公积由哪两个部分组成？并分述其定义。

二、名词解释题

实收资本　注册资本　有限责任公司　股份有限公司　普通股　资本公积　库存股　盈余公积

三、是非题

1. 所有者权益是投资者对企业的一项无期限的投资，而债权人权益仅是投资者一项暂时性的投资。（　　）
2. 所有者权益与投资者的投资收益与企业经营的好坏密切相关，而债权人的投资收益与企业经营好坏

无关。（ ）

3. 注册资本可以一次或分次交纳，采取分次交纳的，全体股东的首次出资额不得低于注册资本的20%。（ ）

4. 优先股比普通股有一定的优先权，因此获得的股利丰厚，投资风险也小。（ ）

5. 股份支付的确认和计量，应当以真实、有效的股份支付协议为基础。（ ）

6. 资本公积和盈余公积与企业的净利润均有一定的关系。（ ）

四、单项选择题

1. 投资者按照企业章程或合同、协议的约定，实际投入企业的资本是_____。
   A. 投入资本　　　　B. 注册资本　　　　C. 实收资本　　　　D. 资本公积

2. 股份有限公司溢价发行股票时，其超过面值的溢价金额应列入"_____"账户。
   A. 股本——股本溢价　B. 投资收益　　　　C. 营业外收入　　　D. 资本公积

3. 股份支付在授予后，公司在等待期内每个会计期末应将取得职工提供的服务计入成本、费用，计入成本、费用的金额应当按照_____的公允价值计量。
   A. 金融工具　　　　B. 权益工具　　　　C. 金融资产　　　　D. 衍生工具

4. 企业以法定盈余公积转增资本后，按规定保留的余额不应少于注册资本的_____。
   A. 10%　　　　　　B. 15%　　　　　　C. 25%　　　　　　D. 50%

五、多项选择题

1. 所有者权益包括实收资本、_____。
   A. 资本公积　　　　B. 盈余公积　　　　C. 应付股利　　　　D. 未分配利润

2. 库存股主要用于_____。
   A. 以股份支付奖励职工　B. 增加注册资本　C. 减少注册资本　D. 减少实收资本

3. 盈余公积可以用于_____。
   A. 弥补亏损　　　　B. 转增企业资本　　C. 发放现金股利或利润　D. 发放职工奖金

4. _____可以转作资本。
   A. 资本公积　　　　B. 法定盈余公积　　C. 任意盈余公积　　D. 未分配利润

六、实务题

习题一

一、**目的**　练习投资者投入资本的核算。

二、**资料**

（一）2012 年 1 月份安顺旅行社新设立，发生下列有关的经济业务。

1. 5 日，鼎新公司投资拨入流动资金 316 000 元，存入银行。

2. 10 日，收到鼎新公司投入的房屋 1 幢，已达到预定可使用状态，验收使用。该房屋按投资合同约定的 745 000 元计量。

3. 12 日，收到国外投资者爱斯公司投资的 277 200 美元，存入银行，当日美元的中间汇率为 6.15。

4. 20 日，收到鼎新公司投入的游艇 1 艘，已达到预定可使用状态，验收使用，该游艇按投资合同约定的 234 220 元计量。

（二）2013 年安顺旅行社决定扩大经营规模，经批准将注册资本扩充到 4 000 000 元。6 月份发生下列有关的经济业务。

1. 15 日，收到国外投资者爱斯公司增加的投资额 100 000 美元，存入银行。当日美元的中间汇率为 6.15，投入资金占企业注册资本的 12.30%。

2. 18 日，鼎新公司以其某项非专利技术进行投资，按投资合同约定的 160 000 元计量，并收到其投入现金 475 000 元，存入银行，投入资金共占企业注册资本的 12.70%。

（三）光华宾馆股份有限公司发生下列有关的经济业务。

本公司增发普通股 960 000 股，每股面值 1 元，委托证券公司溢价发行。每股 8.50 元，发行费用 97 920 元，证券公司发行完毕后，扣除发行费用，付来发行款 8 062 080 元，存入银行。

三、**要求** 编制会计分录。

习题二

一、**目的** 练习库存股的核算。

二、**资料**

（一）荣欣宾馆股份有限公司 2012 年初决定根据股份支付协议，收购本公司 50 000 股普通股奖励本公司职工。年末，对该公司行政管理人员使净利润比上年增长 18% 以上的，奖励 18 000 股；对业务经营人员使营业收入比上年增长 16% 以上的，奖励 32 000 股，授予日该公司普通股每股的公允价值为 7.50 元，现发生下列有关的经济业务。

1. 2012 年 1 月 31 日，根据本月份的经营情况，预计能够达到增收增利奖励的目标，将本月份职工提供服务应奖励的金额计入费用。

2. 2012 年 3 月 5 日，购进本公司普通股 50 000 股，每股 7.42 元，另以交易金额的 3‰ 支付佣金，1‰ 交纳印花锐，款项一并签发转账支票支付。

3. 2013 年 2 月 21 日，去年公司达到增销增收的奖励目标，予以行权，将 50 000 股库存股奖励给职工，按授予日普通股公允价值确认的金额转账。（查去年 2 月至 12 月均按职工应奖励的金额入账。）

（二）新江旅游股份有限公司"资本公积——股本溢价"账户余额为 1 545 000 元，"盈余公积"账户余额为 712 500 元，现发生下列有关的经济业务。

1. 1 月 8 日，购进本公司普通股 120 000 股，每股 6 元，另以交易金额的 3‰ 支付佣金，1‰ 交纳印花税，款项一并签发转账支票支付。

2. 3 月 5 日，购进本公司普通股 180 000 股，每股 6.05 元，另以交易金额的 3‰ 支付佣金，1‰ 交纳印花税，款项一并签发转账支票支付。

3. 3 月 10 日，今决定将收购本公司的 300 000 股普通股全部予以注销，以减少注册资本，该股份每股面值 1 元，予以转账。

三、**要求** 编制会计分录。

习题三

一、**目的** 练习资本公积和盈余公积的核算。

二、**资料** 飞鸿广告公司原有注册资本 3 800 000 元，留存收益 380 000 元，经批准将注册资本增至 5 000 000 元，12 月份发生下列有关的经济业务。

1. 5 日，今收到淮海公司出资的支票 577 500 元，存入银行。其投入资金占企业注册资本的 9.24%。

2. 8 日，收到国外投资者迪克公司投资的 150 000 美元，存入银行，而当日美元的中间汇率为 6.15。投入的资金占企业注册资本的 14.76%。

3. 31 日，本公司持有的安宝公司按面值发行的 3 年期债券 145 000 元，年利率为 8%，到期一次还本付息，已按持有至到期投资入账，现决定将其重分类为可供出售金融资产，该债券账面价值：成本为 145 145 元，应计利息为 7 750 元，现公允价值为 152 998 元，予以转账。

4. 31 日，本公司持有的以可供出售金融资产入账的天平公司股票 18 000 股，其账面价值成本为 86 013 元，公允价值变动为借方余额 3 026 元，今日该股票每股公允价值为 5.10 元，予以转账。

5. 31 日，本公司持有兴安公司 40% 的股权，采用权益法核算，年末兴安公司除净损益外，所有者权益增加了 35 000 元，持股比例未变，予以转账。

6. 31 日，按本公司净利润 475 000 元的 10% 计提法定盈余公积，6% 计提任意盈余公积。

7. 31 日，经上级批准，分别用资本公积 180 000 元、法定盈余公积 100 000 元和任意盈余公积 50 000 元转增资本。

三、**要求** 编制会计分录。

第十二章　期间费用和政府补助

第一节　期间费用概述

一、期间费用的分类

期间费用是指旅游餐饮服务企业为开展、管理和组织经营活动而发生的直接计入损益的费用。它是保证旅游餐饮服务企业经营业务顺利进行必须开支的各项费用，是旅游餐饮服务企业当期发生的费用中的重要组成部分。

期间费用按其发生的环节和经济性质的不同可分为销售费用、管理费用和财务费用三类。

（一）销售费用

销售费用是指企业各经营部门在经营环节所发生的各项费用。它包括下列各明细项目。

（1）运输费。它是指企业不能直接认定的购入原材料和低值易耗品所发生的运输费用及购入商品的运输费用，也包括内部不独立核算的车队发生的燃料费、养路费等。

（2）装卸费。它是指企业不能直接认定的购入原材料、低值易耗品的装卸搬运费和购入商品发生的装卸搬运费。

（3）包装费。它是指企业为客户提供包装服务时，所消耗的包装用品费。

（4）保管费。它是指企业的原材料和商品在储存过程中所支付的保管费用，包括倒库、晾晒、冷藏或保暖、消防、护仓、照明和挑选整理等发生的费用。

（5）保险费。它是指企业向保险公司投保的经营部门的固定资产等各种财产所支付的保险费用。

（6）燃料费。它是指饭店经营部门耗用的燃料费用。浴池的燃料费用计入主营业务成本。

（7）水电费。它是指企业经营部门耗用的水费、电费。

（8）广告宣传费。它是指企业为扩大经营成果，对企业的产品和经营项目进行宣传而设置的宣传栏、橱窗、板报，印刷宣传资料和购置适量宣传品，在报刊、电台、电视台刊登、广播业务广告等所支付的费用。

（9）邮电费。它是指因业务需要而邮寄函件、样品及联系业务等发生的邮寄费和电信费。

（10）差旅费。它是指企业按规定支付给经营人员因业务、工作需要出差人员的住宿费、交通费、伙食补助等费用。

（11）洗涤费。它是指企业经营部门洗涤工作服而发生的洗涤费。

（12）清洁卫生费。它是指企业经营部门为加强清洁卫生对床上用品、台布和餐具进行清洗，对经营场所进行打扫所发生的费用。

（13）折旧费。它是指企业为经营部门提供服务的房屋、设备、交通运输工具等固定资产计提的折旧费。

（14）低值易耗品摊销。它是指企业经营部门领用低值易耗品的摊销费用。

（15）修理费。它是指企业为经营部门提供服务的固定资产和低值易耗品发生的修理费。

（16）租赁费。它是指企业租赁房屋、设备、交通运输工具等经营业务用固定资产和低值易耗品发生的费用。

（17）物料消耗。它是指企业经营部门领用物料用品而发生的费用。物料用品主要包括日常用品、办公用品、包装物品、日常维修用材料、零配件等。

（18）经营人员薪酬。它是指企业发生的直接从事经营业务人员的工资、奖金、津贴和补贴，以及按规定标准计提的职工福利费、工会经费、职工教育经费、社会保险费和住房公积金等职工薪酬。

（19）工作餐费。它是指企业按规定为职工提供工作餐而支付的费用。

（20）服装费。它是指企业按规定为职工制作工作服装而发生的费用。

（21）其他销售费用。它是指不能列入上述子目的各项销售费用。

（二）管理费用

管理费用是指企业行政管理部门为组织和管理企业经营活动而发生的各项费用。它包括下列各明细项目。

（1）公司经费。它是指企业行政管理部门行政人员的工作餐费、服装费、办公费、差旅费、会议费、物料消耗及其他行政经费。

（2）管理人员薪酬。它是指企业发生的行政管理人员的工资、奖金、津贴、补贴，以及按规定标准计提的职工福利费、工会经费、职工教育经费、社会保险费和住房公积金等职工薪酬。

（3）劳动保险费。它是指企业支付的离退休人员的退职金、退休金及其他有关各项费用和 6 个月以上的病假人员工资。

（4）董事会费。它是指企业最高权力机构及其成员为执行其职能而发生的各项费用。

（5）涉外费。它是指企业按国家规定支付的因业务需要必须开支的有关费用，包括人员出国费用、接待外宾费用和驻外代表及驻外机构办公费用等开支。

（6）租赁费。它是指企业租赁行政管理部门办公用房、办公设备和低值易耗品发生的租赁费用。

（7）咨询费。它是指企业向有关咨询机构进行科学技术、经营管理等咨询时按有关规定所支付的费用。

（8）聘请中介机构费。它是指企业聘请中介机构进行查账验资，以及进行资产评估等发生的各项费用。

（9）诉讼费。它是指企业因经济纠纷起诉或应诉而发生的各项费用。

（10）排污费。它是指企业按规定交纳的排污费用。

（11）绿化费。它是指对企业的内外环境进行绿化而发生的绿化费。

（12）土地使用费。它是指企业使用土地（海域）时按规定支付的费用。

（13）土地损失补偿费。它是指企业生产经营过程中由于破坏国家不征用的土地而支付的土地损失补偿费。

（14）技术转让费。它是指企业使用非专利技术时支付的费用。包括以技术转让为前提的技术咨询、技术服务、技术培训过程中发生的有关开支等。

（15）研究开发费。它是指企业研究开发新产品、新技术、新工艺所发生的新产品设计费、技术图书资料费与新产品试制、技术研究有关的其他经费及试制新产品失败的损失等。

（16）税金。它是指企业按国家规定交纳的房产税、土地使用税、车船税和印花税。

（17）燃料费。它是指企业行政管理部门支付的燃料及动力费用。

（18）水电费。它是指企业行政管理部门耗用的水费、电费。

（19）折旧费。它是指企业为行政管理部门提供服务的固定资产按照规定的折旧办法计算提取的折旧额。

（20）修理费。它是指为行政管理部门提供服务的固定资产和低值易耗品所发生的修理费用。

（21）无形资产摊销。它是指企业按规定的期限摊销列支无形资产的价值。

（22）低值易耗品摊销。它是指为行政管理部门提供服务的低值易耗品按规定标准和摊销的办法摊销的低值易耗品费用。

（23）开办费。它是指因企业设立及其设立的分支机构在筹建期间所发生的筹建人员工资、办公费、差旅费、印刷费、培训费、律师费、注册登记费、业务招待费等费用。

（24）业务招待费。它是指因企业在业务交往过程中的合理需要而支付的有关业务交际费用。

（25）保险费。它是指企业向保险公司投保的为行政管理部门提供服务的固定资产和流动资产所支付的保险费用。

（26）上交上级管理费。它是指企业支付的经财政机关批准的上级管理机构经费。

（27）其他管理费用。它是指不能列入上列各明细项目的各项管理费用，如办公费、文具纸张费、书报费等。

（三）财务费用

财务费用是指企业为筹集业务经营所需资金等而发生的各项费用。它包括下列明细项目。

（1）利息支出。它是指企业支付的短期借款利息、应付票据利息、商业汇票贴现利息，以及长期借款利息和应付债券利息中非资本化的利息。

（2）手续费。它是指企业因办理国内结算和国际结算而支付给金融机构的手续费等。

（3）汇兑损失。它是指企业的外币货币性资产和外币货币性负债因汇率变动所造成的损失。若发生汇兑收益，则记入贷方。

（4）其他财务费用。它是指企业发生的不能列入上列各项目的筹资费用。

以上销售费用、管理费用和财务费用各明细项目中应冲减各项费用的收入，如保险费赔偿收入、向职工收取的宿舍租金和水电费收入、银行存款的利息收入等，凡能分清项目的，直接冲减有关明细项目，不能分清项目的均冲减其他费用明细项目。

二、期间费用的列支方式

旅游餐饮服务企业支付的期间费用一般是由当期负担的。但是，有些期间费用企业虽已支付，却应由以后各受益期负担；有些期间费用应由本期负担，而本期尚未支付。为了正确地反映本期所应负担的期间费用，期间费用的核算必须按照权责发生制的要求进行核算。凡属于本期负担的期间费用，不论其款项是否已经支付，均作为本期的期间费用处理；凡不属于本期负担的期间费用，即使款项已经支付，也不能作为本期期间费用入账。这样企业列支的期间费用就出现了以下四种方式。

（1）直接支付。它是指企业日常支付的属于本期负担的费用。它是根据费用凭证以货币资金支付的，如支付本月的运杂费、装卸费、保管费、工资、业务招待费、咨询费、聘请中介机构费、修理费和其他各项费用等。

（2）转账摊销。它是指不通过货币结算而采用转账形式摊销应由本期负担的费用。如低值易耗品摊销费、固定资产折旧费、无形资产摊销、长期待摊费用摊销及日常耗用原材料的转销等。

（3）预付待摊。它是指过去已预先支付，应由本期摊销负担的费用。如预付的财产保险费和租赁费的摊销等。

（4）预提待付。它是指应由本期负担而在以后各期支付的费用。如预提的职工福利费、职工教育经费、短期借款利息和应付票据利息等。

第二节　期间费用的核算

一、期间费用的总分类核算

期间费用核算的内容很广泛，它分为 3 个科目 50 多个子目，其中有不少子目在核算上具有共性。期间费用的四种列支方式中，直接支付和转账摊销的核算，在前面各有关章节中已作了详细的阐述，不再重复。

（一）待摊费用的核算

待摊费用是指企业已经支付受益期不超过一年的费用。旅游餐饮服务企业拥有大量的实物资产，为了增强遭受水灾、火灾等灾害和意外事故损失的应变能力，企业一般向保险公司投保，以便在遭受意外损失时，可以从保险公司取得补偿，以减少对企业的影响。

企业投保时的财产保险费一般是按年度支付的，为了使期间费用负担合理，正确反映企业各期的利润，在支付全年保险费时，不能一次全额地列入期间费用，应根据受益期，采取分期摊销的方法，先列入"待摊费用"账户，然后按受益期根据不同的受益对象摊入"销售费用"和"管理费用"账户。

【例 12-1】　1 月 2 日，东方宾馆签发转账支票支付太平洋保险公司本年度的财产保险费 36 000 元，作分录如下：

借：待摊费用——保险费　　　　　　　　　　　　　　　　　　　36 000.00
　　贷：银行存款　　　　　　　　　　　　　　　　　　　　　　　　36 000.00

1 月 31 日，摊销应由本月份负担的财产保险费 3 000 元，其中：业务部门负担 2 100 元，行政管理部门负担 900 元，作分录如下：

借：销售费用——保险费　　　　　　　　　　　　　　　　　　　　2 100.00
借：管理费用——保险费　　　　　　　　　　　　　　　　　　　　　900.00
　　贷：待摊费用——保险费　　　　　　　　　　　　　　　　　　　3 000.00

此外，房屋、建筑物等固定资产租赁费也是采用预付的方式，也可以按受益期进行摊销。

待摊费用的摊销期限，不得超过 12 个月，但可以跨年。

"待摊费用"是资产类账户，用以核算企业已经支付但应由本期和以后各期分别负担的分摊期限在一年以内（含一年）的各项费用。企业支付待摊费用时，记入借方；企业摊销待摊费用时，记入贷方；期末余额在借方，表示企业已经支付尚待摊销的费用。

"销售费用"是损益类账户,用以核算企业在生产经营过程中所发生的各项费用。企业发生销售费用时,记入借方;企业期末将该账户余额结转"本年利润"账户时,记入贷方。

"管理费用"是损益类账户,用以核算企业行政管理部门为组织和管理企业经营活动而发生的各项费用。企业发生管理费用时,记入借方;企业期末将该账户余额结转"本年利润"账户时,记入贷方。

(二)预提费用的核算

预提费用是指本期已经发生但尚未支付的各项费用。旅游餐饮服务企业向银行借入的短期借款,银行一般在季末结算利息。为了使企业费用负担合理,就应在每个季度的前两个月计算它们当月应发生的短期借款利息,予以预提列支。其计算方式如下:

本月短期借款利息 = 本月短期借款平均余额 × 月利率

$$本月短期借款平均余额 = \frac{本月短期借款账户余额累计数}{30 \text{ 天}}$$

【例 12-2】　端安广告公司第一季度短期借款情况如下。

(1)1 月份短期借款账户平均余额为 220 000 元,月利率为 6‰,计算该月份应负担的利息如下:

1 月份短期借款利息 = 220 000 × 6‰ = 1 320(元)

根据计算的结果,预提本月份应列支的短期借款利息,作分录如下:

借:财务费用——利息支出	1 320.00	
贷:应付利息		1 320.00

(2)2 月份预提短期借款利息 1 380 元,3 月末接到"短期借款计息单",本季度共支付短期借款利息 4 260 元,计算本月份应负担利息如下:

3 月份短期借款利息 = 4 260 - (1 320 + 1 380) = 1 560(元)

根据计算的结果,作分录如下:

借:应付利息	2 700.00	
借:财务费用——利息支出	1 560.00	
贷:银行存款		4 260.00

"财务费用"是损益类账户,用以核算企业为筹集资金而发生的各项费用。企业在经营期间发生利息支出(予以资本化的利息除外)、支付给金融机构手续费和其他筹资费用时,记入借方;企业冲转利息支出或期末将该账户余额转入"本年利润"账户时,记入贷方。

二、期间费用的明细分类核算

旅游餐饮服务企业的期间费用是通过"销售费用"、"管理费用"和"财务费用"账户进行总分类核算的,通过核算反映了销售费用、管理费用和财务费用的总括情况。为了反映和监督期间费用开支的详细情况,并为分析检查销售费用、管理费用和财务费用预算的执行情况,为改善经营管理提供资料,必须对销售费用、管理费用和财务费用进行明细分类核算。

销售费用、管理费用和财务费用按子目设置明细分类账户,可以采用"三栏式"账页。为了在账页上集中反映销售费用、管理费用和财务费用各项目开支的情况,便于记账,也可以采用"多栏式"账页,现将管理费用多栏式明细分类账的格式列示如图表 12-1 所示。

图表 12-1

管理费用明细分类账

单位：元

2013 年		凭证号数	摘　　要	公司经费	管理人员薪酬	绿化费	排污费	业务招待费	合　　计
月	日								
6	1		董事长报销差旅费	1 250					1 250
	3		支付绿化费和排污费			850	1 060		1 910
	5		分配行政管理人员工资		12 000				12 000
	6		支付招待客户费用					480	480
	8		支付会议费	600					600

由于销售费用、管理费用和财务费用账户明细项目较多，平时发生的主要是借方金额，因此采用多栏式账页时，每个子目只设一个金额栏，登记借方发生额，若发生贷方发生额时，则可以在金额栏内用红字登记。

第三节　政府补助

一、政府补助概述

政府补助是指企业从政府无偿取得货币性资产或非货币性资产，但不包括政府作为所有者投入的资本。政府包括各级政府及其所属机构，国际类似组织也在此范围内。

（一）政府补助的特征

1. 政府补助是无偿的

政府向企业提供补助，并不因此而享有企业的所有权，企业未来也不需要以提供服务、转让资产等方式偿还。

2. 政府补助是有条件的

政府补助通常附有一定的条件，主要包括政策条件和使用条件，政策条件是指企业只有符合政府补助政策的规定，才有资格申请政府补助。符合政策规定的，不一定都能够取得政府补助；不符合政策规定、不具备申请补助资格的，不能取得政府补助。使用条件是指已获批准取得政府补助的，应当按照政府规定的用途使用。

3. 政府资本性投入不属于政府补助

政府以投资者身份向企业投入资本，享有企业相应的所有权，两者之间是投资者与被投资者的关系。政府拨入的投资补助等专项拨款中，有相关文件规定作为"资本公积"处理的，也属于资本性投入的性质。这些均不属于政府补助。

（二）政府补助的主要形式

政府补助的形式主要有：财政拨款、财政贴息和税收返还等。

财政拨款是指政府无偿拨付给企业的资金，通常在拨款时明确规定了资金的用途。比如，财政部门拨付给企业用于购建固定资产或进行技术改造的专项资金，鼓励企业安置职工就业而给予的奖励款项，拨付企业的粮食定额补贴，拨付企业开展研究活动的研发经费等。

财政贴息是指政府为支持特定领域或区域的发展，根据国家宏观经济形势和政策目标，对承贷企业的银行贷款利息给予补贴。

税收返还是指政府按照国家有关规定采取先征后返（退）、即征即退等办法向企业返还的税款。

（三）政府补助的分类

政府补助分为与资产相关的政府补助和与收益相关的政府补助两类。

与资产相关的政府补助是指企业取得的、由于购建或以其他方式形成的长期资产的政府补助。

与收益相关的政府补助是指除与资产相关的政府补助之外的政府补助。

（四）政府补助的计量

1. 货币性资产形式的政府补助

企业取得的各种政府补助为货币性资产的，如通过银行转账等方式拨付的补助，通常按照实际收到的金额计量，存在确凿证据表明该项补助是按照固定的定额标准拨付的，如按照实际销售量或储备量与单位补贴定额计算的补助等，可以按照应收的金额计量。

2. 非货币性资产形式的政府补助

政府补助为非货币性资产的，应当按照公允价值计量；公允价值不能可靠取得的，按照名义金额计量，名义金额为 1 元。

二、政府补助的核算

（一）与资产相关的政府补助的核算

企业取得政府补助的长期资产时，不能直接计入当期的损益，而应当确认为递延收益。届时借记"固定资产"、"无形资产"等账户；贷记"递延收益"账户。

【例 12-3】　3 月 20 日，嘉华宾馆收到当地政府作为补助拨付的环保设备 1 台，该设备的公允价值为 90 000 元，已达到预定可使用状态，由业务部门验收使用，作分录如下：

借：固定资产　　　　　　　　　　　　　　　　　　　90 000.00
　　贷：递延收益　　　　　　　　　　　　　　　　　　　90 000.00

当企业取得政府补助的长期资产投入使用后，在该资产的使用寿命内计提折旧或者进行摊销时，先借记"销售费用"、"管理费用"等账户；贷记"累计折旧"或"累计摊销"账户，然后再确认当期的收益，借记"递延收益"账户；贷记"营业外收入"账户。

【例 12-4】　续上例，4 月 30 日，政府补助的环保设备预计使用寿命为 6 年，预计净残值率为 4%。

（1）计提本月份固定资产折旧费，作分录如下：

借：销售费用——折旧费　　　　　　　　　　　　　　1 200.00
　　贷：累计折旧　　　　　　　　　　　　　　　　　　　1 200.00

（2）确认本期收益，作分录如下：

借：递延收益　　　　　　　　　　　　　　　　　　　1 200.00
　　贷：营业外收入——政府补助　　　　　　　　　　　　1 200.00

相关资产在使用寿命结束前被出售、转让、报废或发生毁损的，应将尚未分配的递延收益余额一次性转入资产处置当期的"营业外收入"账户。

（二）与收益相关的政府补助的核算

企业取得与收益相关的政府补助，用于补偿其已发生的相关费用或损失的，应当直接计入当期损益。

【例 12-5】　6 月 25 日，安顺饭店因执行政府指令安置受灾民众，发生相关费用 9 200

元，今收到地方政府划拨的补助 9 200 元，存入银行，作分录如下：

借：银行存款　　　　　　　　　　　　　　　　　　　　　9 200.00
　贷：营业外收入——政府补助　　　　　　　　　　　　　　　　9 200.00

企业取得与收益相关的政府补助，用于补偿企业以后期间的相关费用或损失的，在取得政府补助时，借记"银行存款"账户；贷记"递延收益"账户，在确认相关费用的期间计入当期损益时，再借记"递延收益"账户；贷记"营业外收入"账户。

【例 12-6】　凯达广告公司吸收 3 位中年残疾人员就业，将取得地方政府的补助。

（1）3 月 10 日，收到地方政府划拨的政府补助 96 000 元，存入银行，作分录如下：

借：银行存款　　　　　　　　　　　　　　　　　　　　　96 000
　贷：递延收益　　　　　　　　　　　　　　　　　　　　　96 000

（2）3 月 31 日，该批残疾人员预计工作 8 年，确认本月份的收入，作分录如下：

借：递延收益　　　　　　　　　　　　　　　　　　　　　1 000
　贷：营业外收入——政府补助　　　　　　　　　　　　　　　1 000

"递延收益"是负债类账户，因以核算企业确认的应在以后期间计入当期损益的政府补助。企业收到应在以后期间计入当期损益的政府补助时，记入贷方；企业在确认政府补助的当期收益时，记入借方；期末余额在贷方，表示企业应在以后期间计入当期损益的政府补助。

练　习　题

一、简答题

1. 什么是期间费用？它有哪几种分类？
2. 分述销售费用、管理费用和财务费用的定义及其明细项目。
3. 试述保险费和利息在核算上的特点。
4. 试述政府补助的计量。

二、名词解释题

直接支付　转账摊销　预付待摊　预提待付　政府补助

三、是非题

1. 管理费用中的燃料费指企业支付的燃料及动力费用，包括饭店的餐饮部门耗用的燃料费用。　（　　）
2. 固定资产折旧费应根据固定资产的使用部门不同分别列入"销售费用"和"管理费用"账户。　（　　）
3. 政府补助具有无偿的和有条件的特征。　（　　）
4. 政府补助为非货币性资产的，可以按照公允价值计量，也可以按照名义金额计量。　（　　）

四、单项选择题

1. 计提固定资产折旧费属于_____方式。
　A. 直接支付　　　B. 转账摊销　　　C. 预付待摊　　　D. 预提待付
2. 支付全年保险费属于_____方式。
　A. 直接支付　　　B. 转账摊销　　　C. 预付待摊　　　D. 预提待付
3. 业务经营部门长期病假人员的工资应列入"_____"账户。
　A. 销售费用　　　B. 管理费用　　　C. 营业外支出　　　D. 应付福利费

五、多项选择题

1. 财务费用由利息支出、_____等组成。
　A. 筹资费用　　　B. 汇兑损失　　　C. 手续费　　　D. 其他财务费用

2. 费用按支付方式不同，可分为_____。

    A. 直接支付   B. 转账摊销   C. 预付待摊   D. 预提待付

3. _____是属于转账摊销的支付方式。

    A. 固定资产折旧   B. 低值易耗品摊销   C. 待摊费用摊销   D. 无形资产摊销

4. 政府补助的主要形式有_____。

    A. 财政拨款   B. 财政拨物   C. 财政贴息   D. 税收返还

5. 政府补助分为_____。

    A. 与资产相关的政府补助   B. 与负债相关的政府补助

    C. 与费用损失相关的政府补助   D. 与收益相关的政府补助

六、实务题

习题一

一、**目的**　练习期间费用科目及其子目的划分。

二、**资料**　新城宾馆 12 月份发生下列经济业务。

图表 12-2

划分期间费用表

经济业务	属于期间费用	不属于期间费用
	应列入的科目、子目	应列入的科目
1. 支付接待外宾费用		
2. 分配本月份发放的业务经营业务人员薪酬		
3. 分配本月份发放的行政管理人员薪酬		
4. 支付业务部门照明电费		
5. 摊销业务部门领用行李车的费用		
6. 董事长预支差旅费		
7. 预提本月份短期借款利息		
8. 支付财会部门保险箱修理费		
9. 计提的固定资产减值准备		
10. 餐厅领用酒杯、盘子等餐具		
11. 因业务需要而发生的快递费		
12. 支付明年的财产保险费		
13. 支付企业因应诉发生的费用		
14. 行政管理部门领用办公用品费用		
15. 支付招待客户而发生的费用		
16. 支付为绿化而购买树木的账款		
17. 业务员出差回来报销差旅费		
18. 职工报销家属医药费		
19. 计提由企业行政管理部门负担的失业保险费		
20. 摊销行政管理部门领用办公桌的费用		
21. 支付电视台宣传经营项目的广告费		
22. 支付业务部门大客车的修理费		
23. 企业因办理结算支付给金融机构的手续费		
24. 向咨询机构进行经营管理咨询的费用		
25. 支付经营账簿上使用的印花税款		
26. 支付为职工提供工作餐的费用		
27. 支付排污费用		

三、**要求**　指出上列经济业务是否属于期间费用开支范围。若属于期间费用开支范围，应填明科目及子目；若不属于期间费用开支范围，应填明列支的会计科目。

习题二

一、**目的**　练习期间费用的核算。

二、**资料**　天马服装公司 1 月份发生下列有关的经济业务。

1. 2 日，签发转账支票支付今年的财产保险费 27 000 元。

2. 3 日，业务员刘欢去海南联系工作，预支差旅费 2 200 元，以现金付讫。

3. 5 日，签发转账支票支付本月份电视台广告费 1 520 元。

4. 8 日，业务员刘欢出差回来报销差旅费 2 080 元，退回多余现金 120 元，以结清其预支款。

5. 10 日，工资结算单中列明本月应发职工薪酬合计 74 400 元，其中：业务经营人员 63 000 元，行政管理人员 10 000 元，长期病假人员 1 400 元。代扣款项合计 13 710 元，其中：住房公积金 5 208 元，养老保险费 5 952 元，医疗保险费 1 488 元，失业保险费 744 元，个人所得税 318 元。实发金额 60 690 元。据以提取现金备发职工薪酬。

6. 10 日，发放本月份职工薪酬。

7. 12 日，提取本月份固定资产折旧费 9 935 元，其中：业务部门 8 890 元，行政管理部门 1 045 元。

8. 16 日，摊销本月份负担的保险费 2 250 元，其中：业务部门 1 650 元，行政管理部门 600 元。

9. 18 日，行政管理部门领用文件柜 1 只，金额 900 元，按五五摊销法摊销。

10. 20 日，收到电力公司的发票，开列电费 2 550 元，签发转账支票支付。电费中：业务部门耗用 1 800 元，行政管理部门耗用 750 元。

11. 21 日，签发转账支票支付给会计师事务所查账验资费用 1 720 元。

12. 23 日，业务部门报废行李车 1 辆，其账面原值 1 250 元，已摊销了 50%，残值出售，收到现金 80 元。

13. 24 日，签发转账支票支付本月份联系业务的快递费 270 元。

14. 24 日，签发转账支票支付本月份业务经营所发生的电信费 720 元。

15. 25 日，提取本月份坏账准备 305 元。

16. 28 日，分配本月份各类人员发放的职工薪酬。

17. 29 日，按本月份工资总额的 14%、2% 和 1.5% 分别计提职工福利费、工会经费和职工教育经费。

18. 29 日，按本月份工资总额的 12% 计提医疗保险费。

19. 29 日，按本月份工资总额的 3%、2% 和 7% 分别计提养老保险费、失业保险费和住房公积金。

20. 30 日，将本月份应交纳的医疗保险费、养老保险费、失业保险费和住房公积金（含为职工代扣的部分）分别交纳给社会保险事业基金结算管理中心和公积金管理中心。

21. 30 日，本月份客房部领用客人使用的洗发液、沐浴露等用品一批，共计金额 1 275 元，行政管理部门领用复印纸、水笔、文件夹等用品一批，共计金额 270 元，予以转账。

22. 31 日，签发转账支票支付为绿化环境购入的树木款 1 160 元。

23. 31 日，本月份短期借款平均余额为 280 000 元，月利率为 6‰，计提本月份应负担的利息。

24. 2 个月后，31 日，银行开来短期借款计息单，系支付第一季度短期借款利息 4 980 元，查 2 月份预提短期借款利息 1 590 元，予以转账。

三、要求

（一）编制会计分录。

（二）根据编制的会计分录分别登记"销售费用"和"管理费用"明细账。

习题三

一、**目的**　练习政府补助的核算。

二、**资料**　嘉博宾馆发生下列有关的经济业务。

1. 4 月 1 日，收到当地政府作为补助拨付的环保设备 1 台，该设备的公允价值为 84 000 元，已达到预定可使用状态，由业务部门验收使用。

2. 4 月 2 日，吸收 2 位中年残疾人员就业，收到地方政府补助 86 400 元，存入银行。

3. 4 月 30 日，吸收的 2 位残疾人员，预计工作 9 年，确认本月份收入。

4. 5 月 31 日，政府补助拨付的环保设备预计使用寿命为 5 年，计提其本月份折旧，并确认本月份收益。

三、**要求**　编制会计分录。

第十三章　税金和利润

第一节　税金和教育费附加

一、税金的意义

税金是指企业和个人按照国家税法规定的税率向税务部门交纳的税款。它是国家财政收入的一个重要组成部分。

（一）税收的特征

税收是指国家为了行使其职能取得的财政收入的一种方式。它实质上也就是企业和个人交纳的税金。税收主要有以下三个特征。

（1）具有强制性。税收是国家以社会管理者的身份，用法律、法规等形式对征收税款加以规定，并依照法律强制征税。

（2）具有无偿性。国家征税后，税款即成为财政收入，不再归还纳税人（法律、法规规定可以退税的除外），也不支付其任何报酬。

（3）具有固定性。国家在征税之前，以法的形式预先规定了课税对象、课税额度和课税方法等。

（二）税收的作用

税收对保证完成财政收入，为经济建设积累资金；对宏观调控生产和消费，调节社会成员的收入水平；对开展企业之间的竞争，促进社会主义市场经济的发展，促进企业加强经济核算，改善经营管理，提高经济效益；对推动国民经济协调发展等均具有重要的作用。

二、税金的分类

税金的种类较多，按其性质不同，可以分为流转税、收益税和其他税三类。

（一）流转税

流转税是指以流转额和劳务收入额为纳税对象征收的税款。它主要有营业税、增值税和城市维护建设税等。

1. 营业税

营业税是指在我国境内销售应税劳务、不动产和出售出租无形资产的单位和个人，按其取得的销售额计算征收的税款。

对于不同的经营业务，营业税的计税依据是各不相同的。饭店、宾馆、旅店、酒楼、餐馆、美容、沐浴、照相、洗染、娱乐等企业应按主营业务收入的一定比例计算交纳营业税；旅行社应按主营业务收入净额，即主营业务收入扣除替旅游者支付的房费、餐费、交通费、门票和其他代付费用后计算应交纳的营业税。

营业税税率根据不同的行业有所不同，旅游业、餐饮业、旅店业、广告业、代理业和其他服务企业（如美容、浴池、照相、洗染、制图、复印等）的营业税税率为5%；娱乐业中的夜总会、歌厅、舞厅、射击、狩猎、跑马、游戏、高尔夫球、游艺和电子游戏厅等娱乐行为的营业税税率为5%～20%；其他娱乐行为的营业税税率也为5%。

2. 增值税

增值税是指对在我国境内销售货物或者提供加工、修理、修配劳务，以及进口货物的单位和个人，在其经营加工服务过程中新增加的价值额计算征收的税款。

增值税的税率有基本税率、低税率和零税率三种。基本税率为17%，适用于一般商品和应税劳务；低税率为13%，适用于粮食、食用植物油、自来水、煤气、图书、报纸、杂志、饲料、化肥、农药、农机等；零税率适用于报关出口的商品。

3. 城市维护建设税

城市维护建设税是指国家对交纳增值税和营业税的单位和个人就其实际交纳的增值税和营业税税额为计税依据而征收的税款。

城市维护建设税税率根据企业的所在地确定，市区的税率为7%，县城或者镇的税率为5%，不在市区、县城或者镇的税率为1%。

（二）收益税

收益税是指以收益额为纳税对象征收的税款。它主要有企业所得税和个人所得税两种。

1. 企业所得税

企业所得税是指在我国境内的各种企业和其他组织，就其生产经营所得和其他所得征收的税款。

2. 个人所得税

个人所得税是指对中国公民、外籍人员和个体工商户在我国境内的个人所得征收的税款。

（三）其他税

其他税是指除流转额、收益额外，以其他方面为纳税对象征收的税款。它主要有房产税、车船税、城镇土地使用税和印花税等，这些税金都列入"管理费用"账户。

1. 房产税

房产税是指以房产为征税对象，依据房产价格或房产租金收入向房产所有人或经营人征收的税款。房产是指有屋面和围护结构，能够遮风避雨，可供人们在其中生产、学习、工作、娱乐、居住或储藏物资的场所。企业自有房产以房产余值为计税依据，所谓房产的余值是按照房产原值一次减除其10%～30%后计算求得。以房产余值为依据采用比例税率，即依房产余值计算交纳的税率为1.2%，按年计算、分季交纳。以房产出租的租金收入为计税依据，比例税率为12%，一般按月交纳。

2. 车船税

车船税是指在我国境内的车辆、船舶的所有人或者管理人按照我国税法征收的税款。车船税依据车船的不同情况分别规定，载货汽车和机动船舶以净吨位为计税依据；乘人汽车、摩托车和非机动车辆以辆为计税依据；各种非机动船以载重吨位为计税依据，按年征收。

3. 城镇土地使用税

城镇土地使用税是指以城镇土地为征税对象，对拥有土地使用权的单位和个人征收的税款。大城市的标准为1.5～30元/（平方米·年）；中等城市的标准为1.2～24元/（平方米·年）；

小城市的标准为 0.9 ~ 18 元；县城、建制镇和工矿区的标准为 0.6 ~ 12 元，具体应按不同地区、地段的档次计算征收，按年计算分期交纳。

4. 印花税

印花税是指对经济活动和经济交往中书立、使用、领受的具有法律效力的凭证的单位和个人征收的税款。它是一种具有行为性质的凭证税，以在签订的合同、产权转移书、营业账簿等凭证上粘贴印花税票的办法进行征税。印花税的税率分比例税率和定额税率两种。比例税率适用于购销、财产租赁、货物运输、借款合同、财产保险合同、产权转移书、营业账簿中记载的资金账簿等，税率为 0.5，3，5，1 四个档次；定额税率适用于权利许可证照和除资金外其他账簿，均为按件贴花，税额为 5 元。

三、税金的核算

（一）营业税的核算

营业税是旅游餐饮服务企业最主要的税种。营业税的纳税期限分别为 5 日、10 日、15 日或者 1 个月。企业具体的纳税期限由税务机关根据其应纳税额的大小分别核定。企业以一个月为纳税期限的，自期满之日起 10 日内申报纳税。为了正确反映各月的应交税费和实现的利润，可在月末提取当月应交的营业税额。企业提取营业税时，借记"营业税金及附加"账户；贷记"应交税费"账户。

【例 13-1】 广州宾馆 6 月份的客房和餐饮收入为 360 000 元，营业税税率为 5%；舞厅收入为 35 000 元，营业税税率为 20%，提取本月份应交纳的营业税额，其计算结果如下：

客房和餐饮收入应交营业税额 = 360 000 × 5% = 18 000（元）

舞厅收入应交营业税额 = 35 000 × 20% = 7 000（元）

合　计　　　　　　　　　　25 000（元）

（1）6 月 30 日，提取应交营业税额时，作分录如下：

借：营业税金及附加	25 000.00
贷：应交税费——应交营业税	25 000.00

（2）6 月 30 日，将营业税金结转"本年利润"账户，作分录如下：

借：本年利润	25 000.00
贷：营业税金及附加	25 000.00

（3）7 月 10 日，交纳上月份营业税额，作分录如下：

借：应交税费——应交营业税	25 000.00
贷：银行存款	25 000.00

"营业税金及附加"是损益类账户，用以核算企业经营活动发生的营业税、城市维护建设税和教育费附加等相关税费。企业按规定的税率计提营业税金及附加时，记入借方；企业期末将该账户余额结转"本年利润"账户时，记入贷方。

"应交税费"是负债类账户，用以核算企业按照税法规定计提应交纳的各种税费和代扣代交的个人所得税。企业按规定计提应交纳的各种税费时，记入贷方；企业交纳各种税费时，记入借方；期末余额在贷方，表示企业应交未交的税费。

（二）增值税的核算

增值税的纳税人分为一般纳税人和小规模纳税人两种。一般纳税人是指年应纳增值税销售额超过税法规定的小规模纳税人标准的纳税人。小规模纳税人是指应纳增值税销售额在税法规定的标准以下，并且会计核算不健全，不能按规定报送有关税务资料的纳税人。这两种纳税人的核算方法是不同的，分别予以阐述。

1. 一般纳税人增值税的核算

增值税是价外税，我国计算增值税采用扣税法。扣税法是指先按销售货物或应税劳务的销售额计算增值税额（简称销项税额），然后再按税法规定抵扣购进货物或者应税劳务时已交纳的增值税额（简称进项税额），计算其应交增值税额的方法。

企业从销项税额中抵扣的进项税额，有下列三项内容：①纳税人购进货物或者应税劳务，从销售方取得的增值税专用发票上注明的增值税额；②纳税人进口货物，从海关取得完税凭证上注明的增值税额；③纳税人购进免税农业产品的进项税额，按买价的10%扣除计算。

增值税是价外税，它的核算比较复杂，先在"应交税费"账户下设置"应交增值税"和"未交增值税"两个二级明细账户。

在"应交增值税"二级明细账户下再设置"销项税额"、"进项税额转出"、"进项税额"、"已交税金"、"减免税款"、"转出未交增值税"和"转出多交增值税"等三级明细账户。现将这些三级明细账户的核算内容说明如下。

"销项税额"明细账户：企业销售货物或提供应税劳务应收取销项税额时，记入贷方；退回销售货物，应冲销销项税额时，则用红字记入贷方。

"进项税额转出"明细账户：企业购入的货物发生非正常损失，以及改变用途等原因时，其已入账的进项税额应转入本账户的贷方，而不能从销项税额中抵扣。

"进项税额"明细账户：企业购入货物或接受应税劳务，支付符合从销项税额中抵扣的进项税额时，记入借方；退出所购货物冲销进项税额时，则用红字记入借方。

"已交税金"明细账户：企业交纳当月发生的增值税额时，记入借方；收到退回当月多交增值税额时，则用红字记入借方。

"减免税款"明细账户：企业按规定获准减免增值税款时，记入借方。

"转出未交增值税"明细账户：企业在月末发生当月应交未交增值税额时，记入借方。

"转出多交增值税"明细账户：企业在月末发生当月多交纳的增值税额尚未退回时，记入贷方。

在"未交增值税"二级明细账户下再设置"转入未交增值税"和"转入多交增值税"两个三级明细账户。现将这两个三级明细账户的核算内容说明如下。

"转入未交增值税"明细账户：企业在月末发生当月应交未交的增值税额转入时，记入贷方；在以后交纳时，记入借方。

"转入多交增值税"明细账户：企业在月末发生当月多交纳的增值税额尚未退回时，记入借方；在以后退回时，记入贷方。

增值税额的纳税期限由主管税务机关根据纳税人应纳税额的多少分别核定。旅游餐饮服务企业只有商场的商品销售收入和修理修配业务的劳务收入要交纳增值税，数额较小，因此纳税期限通常为1个月。

旅游餐饮服务企业一般纳税人应交增值税额的计算公式如下：

$$应交增值税额 = 销项税额 + 进项税额转出 + 转出多交增值税 - 进项税额 - 已交税金 - 减免税款 - 转出未交增值税$$

【例 13-2】 端金宾馆纳税期限为 1 个月，3 月 31 日应交增值税二级账户的三级明细账户的余额如下：

销项税额	61 200 元	进项税额	31 552 元
进项税额转出	102 元	转出未交增值税	19 890 元

（1）3 月 31 日，根据上列资料计算本月应交增值税额如下：

$$应交增值税额 = 61\ 200 + 102 - 31\ 552 - 19\ 890 = 9\ 860（元）$$

根据计算的结果，作分录如下：

借：应交税费——应交增值税——转出未交增值税　　　　　　　　　　　9 860.00
　贷：应交税费——未交增值税——转入未交增值税　　　　　　　　　　　　9 860.00

（2）4 月 10 日，填制增值税交款书，交纳 3 月份增值税额，作分录如下：

借：应交税费——未交增值税——转入未交增值税　　　　　　　　　　　9 860.00
　贷：银行存款　　　　　　　　　　　　　　　　　　　　　　　　　　　　9 860.00

2. 小规模纳税人增值税的核算

小规模纳税人销售货物或者应税劳务所得的销售额，按 3% 的征收率计算应交税额，不得抵扣进项税额。因此，小规模纳税人购进商品时，应将支付的货款和进项税额全部作为商品的进价，记入"在途物资"账户，将价税合计数作为库存商品的采购成本。销售商品时，不得填制专用发票，只能采用普通发票，将取得的收入全部记入"主营业务收入"账户，这样"主营业务收入"账户反映的是含税收入，因而，月末要将其调整为真正的销售额，将增值税额从含税收入中分离出来，其调整的公式如下：

$$销售额 = \frac{含税收入}{1 + 征收率}$$

$$应交增值税额 = 销售额 \times 征收率$$

【例 13-3】 长安饭店小卖部 3 月 31 日"主营业务收入——商品销售"账户余额为 43 260 元，增值税征收率为 3%，调整商品销售额，其计算的结果如下：

$$销售额 = \frac{43\ 260}{1 + 3\%} = 42\ 000（元）$$

$$应交增值税额 = 42\ 000 \times 3\% = 1\ 260（元）$$

（1）根据计算的结果，作分录如下：

借：主营业务收入——商品销售　　　　　　　　　　　　　　　　　　　1 260.00
　贷：应交税费——应交增值税　　　　　　　　　　　　　　　　　　　　　1 260.00

（2）下月初交纳增值税时，作分录如下：

借：应交税费——应交增值税　　　　　　　　　　　　　　　　　　　　1 260.00
　贷：银行存款　　　　　　　　　　　　　　　　　　　　　　　　　　　　1 260.00

从事修理修配业务的服务企业通常是小规模纳税人，在购进修理用零件和配件时，应将零配件的货款和进项税额全部列入"原材料"账户。服务企业取得的修理修配收入和应交增值税额的计算和核算方法与商品销售业务相同，不再重述。

（三）城市维护建设税的核算

城市维护建设税以应缴纳的增值税和营业税为计税依据，分别乘以适用的税率来计算。其计算公式如下：

$$城市维护建设税 = 增值税、营业税 \times 适用税率$$

【例 13-4】 蓝天宾馆 5 月份应交营业税额为 22 080 元，应交增值税额为 9 520 元，城市维护建设税税率为 7% ，作会计分录如下：

借：营业税金及附加　　　　　　　　　　　　　　　　　　　　2 212.00
　　贷：应交税费——应交城市维护建设税　　　　　　　　　　　　2 212.00

城市维护建设税结转"本年利润"账户的核算方法与营业税相同，不再重述。

（四）房产税、车船税和城镇土地使用税的核算

房产税有从价计征和从租计征两种，企业自用的房产采用从价计征。根据房产的余值，按 1.2% 的税率交纳，其计算公式如下：

$$应交房产税额 = 房产余值 \times 1.2\%$$

$$房产余值 = 房产原值 \times [1 - (10\% \sim 30\%)]$$

企业出租的房产，根据房产的租金收入，按 12% 的税率交纳，其计算公式如下：

$$应交房产税额 = 房产租金收入 \times 12\%$$

车船税以辆、净吨位和载重吨位从量计征。乘人汽（电）车、摩托车、非机动车以辆为计税标准，机动船舶和载重汽车以净吨位为计税标准，非机动船按载重吨位为计税标准。

城镇土地使用税根据实际使用土地的面积，按税法规定的单位税额交纳。其计算公式如下：

$$应交城镇土地使用税额 = 应税土地的实际占用面积 \times 适用单位税额$$

房产税、车船税和城镇土地使用税均采取按年征收，分期交纳的方法。

【例 13-5】　星月宾馆拥有自用房产原值 810 000 元，允许减除 20% 计税，房产税年税率为 1.2% ；小汽车 1 辆，每年税额 420 元；大客车 1 辆，每年税额 600 元；占用土地面积为 1 500 平方米，每平方米年税额为 16 元；税务部门规定对房产税、车船税和城镇土地使用税在季末后 10 日内交纳，1 月 31 日计算本月份应交各项税额如下：

$$月应交房产税额 = \frac{810\,000 \times (1 - 20\%) \times 1.2\%}{12} = \frac{7\,776}{12} = 648(元)$$

$$月应交车船税额 = \frac{420 + 600}{12} = \frac{1\,020}{12} = 85(元)$$

$$月应交城镇土地使用税额 = \frac{1\,500 \times 16}{12} = \frac{24\,000}{12} = 2\,000(元)$$

根据计算的结果，提取应交房产税、车船税和城镇土地使用税。作分录如下：

借：管理费用——税金　　　　　　　　　　　　　　　　　　　2 733.00
　　贷：应交税费——应交房产税　　　　　　　　　　　　　　　　648.00
　　贷：应交税费——应交车船税　　　　　　　　　　　　　　　　　85.00
　　贷：应交税费——应交城镇土地使用税　　　　　　　　　　　2 000.00

（五）印花税的核算

印花税根据各种合同、产权转移书据和股份转让书据的金额，按税法规定的税率交纳；营业账簿中记载资金的账簿，根据"实收资本"加"资本公积"两项的合计金额 5‰ 的税率交纳，其他账簿每件交纳 5 元；权利、许可证照每件交纳 5 元。

印花税由纳税人自行计算自行购买印花税票，自行贴花，并由纳税人在每枚税票的骑缝处盖戳注销。企业根据业务需要购买印花税票时，借记"管理费用"账户；贷记"库存现金"或"银行存款"账户。

四、教育费附加

教育费附加是国家为了加快教育事业的发展，扩大中小学教育经费的来源，而向单位和个人征收的附加费用。以用于改善中小学基础教育设施和办学条件。

教育费附加以各单位和个人实际交纳的增值税和营业税的税额为计征依据，教育费附加率为3%，一般月末提取，次月初交纳。其计算和核算口径与城市维护建设税相同。

【例13-6】　蓝天宾馆1月份应交营业税额为22 080元，应交增值税额为9 520元，按税额的3%计提教育费附加，作分录如下：

借：营业税金及附加　　　　　　　　　　　　　　　　　　　　　　948.00
　　贷：应交税费——教育费附加　　　　　　　　　　　　　　　　948.00

在下月初交纳教育费附加时，借记"应交税费——教育费附加"账户；贷记"银行存款"账户。

为了便于教学，本节仅阐述流转税，其他税和教育费附加的核算，关于企业所得税将在本章第三节中阐述。

第二节　利　　润

一、利润的意义

利润是指企业在一定会计期间内所实现的全部收入，抵补全部费用后的净额。如果企业在一定会计期间内所实现的全部收入抵补不了全部费用，其差额则为亏损。

利润是综合反映企业会计期间经营成果的重要指标。旅游餐饮服务企业劳务收入和商品销售的多少、劳务成本和商品成本的升降、期间费用的省费、经济效益的高低、经营管理水平的好差等，都会通过利润指标综合地反映出来。因此企业必须准确地核算利润，以便通过利润指标的分析，不断地改善经营管理，提高经济效益。

二、利润总额的构成

企业的利润总额由营业利润和营业外收支净额两个部分组成。

（一）营业利润

营业利润是指企业从各种经营活动中所取得的利润。它由营业收入、营业成本、营业税金及附加、期间费用、资产减值损失、公允价值变动收益和投资收益七小部分组成。

1. 营业收入

营业收入是指企业经营主要业务和其他业务所确认的收入总额。

2. 营业成本

营业成本是指企业经营主要业务和其他业务发生的实际成本总额。

3. 营业税金及附加

营业税金及附加是指企业经营业务应负担的营业税、城市维护建设税等税金和教育费附加。

4. 期间费用

期间费用是指企业在经营活动中发生的应当由本期负担的销售费用、管理费用和财务费用。

5. 资产减值损失

资产减值损失是指企业各项资产发生的减值损失。

6. 公允价值变动收益

公允价值变动收益是指企业按照规定应当计入当期损益的交易性金融资产及其他相关资产的公允价值变动净收益。

7. 投资收益

投资收益是指以各种方式对外投资所取得的净收益。

上述内容均在有关章节作了充分的阐述，不再重复。

（二）营业外收支净额

营业外收支净额是指企业发生的与经营业务无直接关系的其他各项收入与支出的差额，由营业外收入与营业外支出两部分组成。

1. 营业外收入

营业外收入是指企业发生的与经营业务无直接关系的各项收入。它主要包括下列内容。

（1）非流动资产处置利得。它是指企业处置固定资产、无形资产等非流动资产所取得的收入大于其账面价值和处置费用的差额。

（2）债务重组利得。它是指企业在进行债务重组时按规定应确认的利得。

（3）政府补助。它是指企业按规定实际取得的各项政府的补助。

（4）盘盈利得。它是指企业在财产清查中盘盈存货、固定资产等资产产生的利得。

（5）捐赠利得。它是指企业接受各种捐赠而产生的利得。

（6）罚款收入。它是指企业因供货单位不履行合同或协议而向其收取的赔款，因购货单位不履行合同、协议支付货款而向其收取的赔偿金、违约金等各种形式的罚款收入，在扣除了因对方违反合同或协议而造成的经济损失后的净收入。

2. 营业外支出

营业外支出是指企业发生的与企业经营业务无直接关系的各项支出。它主要包括下列内容。

（1）非流动资产处置损失。它是指企业处置固定资产、无形资产等非流动资产所取得的收入小于处置其账面价值和处置费用之间的差额。

（2）债务重组损失。它是指企业在进行债务重组时按规定应确认的损失。

（3）公益性捐赠支出。它是指企业对外公益性捐赠的现金及财产物资的价值。

（4）非常损失。它是指自然灾害造成的各项资产净损失，并包括由此造成的停工损失和善后清理费用。

（5）盘亏损失。它是指企业在财产清查中盘亏存货、固定资产等各种资产所造成的损失。

（6）罚款支出。它是指企业因为未履行经济合同、协议而向其他单位支付的赔偿金、违约金、罚息等。

三、利润核算前的准备工作

企业的利润总额是企业生产经营活动的总成果，为了正确地核算企业的利润总额，企业必须做好账目核对、清查财产和账项调整等准备工作。

（一）账目核对

账目核对是指企业将各种有关的账簿记录进行核对，通过核对做到账账相符。如果发现不符，应立即查明原因，予以更正。

账目核对的具体内容有：总分类账中各资产类及成本、费用类账户的余额之和应与各负债类、所有者权益类及收入类账户的余额之和核对相符；各总分类账户的期末余额应与其所统驭的明细分类账户的期末余额之和核对相符；银行存款日记账应与银行对账单核对相符；应收账款、应付账款、其他应收款和其他应付款各明细账户的余额应与其往来单位账或个人核对相符。

（二）清查财产

清查财产是指根据账簿记录对企业的现金和各项财产物资及有价证券进行清查盘点，通过清查盘点做到账实相符。

清查财产的具体内容包括库存现金、原材料、低值易耗品、库存商品、固定资产及股票、债券等。如果发现短缺或溢余，应及时查明原因，并进行账务处理，以保护企业财产的安全与完整，并保证核算资料的准确性和真实性。

（三）账项调整

账项调整是将属于本期已经发生而尚未入账的经济业务，包括本期应得的收入和应负担的支出，按照权责发生制的要求调整入账。

账项调整是在账账相符、账实相符的基础上进行的，其调整的具体内容有：本期已实现而尚未入账的主营业务收入及其相应的主营业务成本；本期已实现而尚未入账的其他业务收入及其相应的其他业务成本；将含税收入调整为销售收入；本期已领用的原材料、低值易耗品的转账和待摊费用的摊销；本期固定资产折旧的计提和无形资产、长期待摊费用的摊销；本期职工福利费、工会经费、职工教育经费、职工社会保险费和住房公积金的计提；本期已实现的公允价值变动损益、投资收益、利息收入、汇兑损益和已发生的短期负债、长期负债的利息支出的入账或计提，本期应负担而尚未支付的各种税金和教育费附加的计提；本期已批准核销的待处理财产损溢的转账。本期发生减值的资产减值准备的计提或转销。

四、利润总额的核算

期末企业通过账目核对、清查财产和账项调整等一系列利润核算前的准备工作后，在试算平衡的基础上，将企业损益类账户所归集的数额全部转入"本年利润"账户，其借贷方余额相抵后的差额，即为企业实现的利润总额。

【例13-7】　1月31日，太阳宾馆账项调整后，损益类账户的余额如下：

贷方余额账户	金额	借方余额账户	金额
主营业务收入	300 000	主营业务成本	49 800
其他业务收入	12 000	其他业务成本	7 200
公允价值变动损益	1 500	营业税金及附加	28 600
投资收益	2 800	销售费用	129 500
营业外收入	2 000	管理费用	38 760
		财务费用	3 960
		资产减值损失	1 980
		营业外支出	2 500

（1）将损益类贷方余额账户结转"本年利润"账户，作分录如下：

借：主营业务收入　　　　　　　　　　　　　　　　　　　300 000.00
借：其他业务收入　　　　　　　　　　　　　　　　　　　　12 000.00
借：公允价值变动损益　　　　　　　　　　　　　　　　　　 1 500.00
借：投资收益　　　　　　　　　　　　　　　　　　　　　　 2 800.00
借：营业外收入　　　　　　　　　　　　　　　　　　　　　 2 000.00
　贷：本年利润　　　　　　　　　　　　　　　　　　　　 318 300.00

（2）将损益类借方余额账户结转"本年利润"账户，作分录如下：

借：本年利润　　　　　　　　　　　　　　　　　　　　　262 300.00
　贷：主营业务成本　　　　　　　　　　　　　　　　　　　49 800.00
　贷：其他业务成本　　　　　　　　　　　　　　　　　　　 7 200.00
　贷：营业税金及附加　　　　　　　　　　　　　　　　　　28 600.00
　贷：销售费用　　　　　　　　　　　　　　　　　　　　 129 500.00
　贷：管理费用　　　　　　　　　　　　　　　　　　　　　38 760.00
　贷：财务费用　　　　　　　　　　　　　　　　　　　　　 3 960.00
　贷：资产减值损失　　　　　　　　　　　　　　　　　　　 1 980.00
　贷：营业外支出　　　　　　　　　　　　　　　　　　　　 2 500.00

通过结账分录，将损益类账户的余额全部转入"本年利润"账户，从而在"本年利润"账户内集中予以反映。现将上列两笔业务登记"本年利润"账户如图表13-1所示。

图表 13-1

本年利润

单位：元

2013年		凭证号数	摘　要	借　方	贷　方	借或贷	余　额
月	日						
1	31	（略）	主营业务收入转入		300 000		
			其他业务收入转入		12 000		
			公允价值变动损益转入		1 500		
			投资收益转入		2 800		
			营业外收入转入		2 000		
			主营业务成本转入	49 800			
			其他业务成本转入	7 200			
			营业税金及附加转入	28 600			
			销售费用转入	129 500			
			管理费用转入	38 760			
			财务费用转入	3 960			
			资产减值损失转入	1 980			
			营业外支出转入	2 500		贷	56 000

上列"本年利润"账户的贷方余额为56 000元，系太阳宾馆1月份实现的利润总额。

"营业外收入"是损益类账户，用以核算企业发生的与经营业务无直接关系的各项收入。企业取得各项营业外收入时，记入贷方；企业期末将该账户余额结转"本年利润"账户时，记入借方。

"营业外支出"是损益类账户，用以核算企业发生的与经营业务无直接关系的各项支出。企业发生各项营业外支出时，记入借方；企业期末将该账户余额结转"本年利润"账户时，记入贷方。

五、所得税的核算

（一）利润总额与应纳税所得额之间的差异

所得税是指企业就其全年的生产经营所得和其他所得征收的税款，它是以企业全年的所得额作为纳税依据，然而，在经济领域中，会计和税收是两个不同的分支，分别遵循不同的原则，规范不同的对象。因此，在企业会计准则和税收法规中，均体现了会计和税收各自相对的独立性和适当分离的原则。

从会计核算的角度来看，应以会计年度的利润总额作为企业全年的所得额。这样往往会与税法规定的一个时期的应纳税所得额有所不同，它们之间由于确认的范围和时间不同而产生差异，从而导致会计和税收上对应纳税所得额的计算也出现差异。

（二）利润总额与应纳税所得额之间差异的种类

利润总额与应纳税所得额之间产生的差异，就其原因和性质的不同，可分为永久性差异和暂时性差异两种。

1. 永久性差异

永久性差异是指根据会计核算要求和税法对收入、费用等会计项目的确认范围不同产生的差异。这种差异可能会在各个会计期间发生，并且一旦发生，在以后的会计期间不会再转回。永久性差异的主要内容如下。

（1）利息支出。企业会计准则规定，所有借款的利息（固定资产在建工程用借款除外），均按实际发生数通过财务费用计入利润总额，但税法规定，企业从非金融机构借款的利息支出，高于金融机构同类、同期贷款利率的部分，不得计入应纳税所得额。

（2）违法经营的罚款和被没收财物的损失。企业会计准则规定，企业将违法经营的罚款和被没收财物的损失，通过营业外支出而计入利润总额，但税法规定这部分支出不得计入应纳税所得额。

（3）支付各项税收的滞纳金。企业会计准则规定，企业将违反税法规定支付各项税收的滞纳金，通过营业外支出而计入利润总额，但税法规定，这部分支出不得计入应纳税所得额。

（4）公益性捐赠支出。企业会计准则规定，公益性捐赠均可通过营业外支出而计入利润总额，但税法规定企业用于公益的捐赠，在年度内超过利润总额12%的部分，以及用于非公益的捐赠和不通过规定的组织直接赠给受赠人的捐赠，均不得计入应纳税所得额。

（5）赞助支出。企业会计准则规定，各种赞助支出均可通过营业外支出而计入利润总额，但税法规定，只有广告性的赞助支出可以计入应纳税所得额，而非广告性的赞助支出不得计入应纳税所得额。

（6）业务招待费。企业会计准则规定，业务招待费按实际发生的数额通过管理费用计入利润总额，但税法规定企业发生的与生产经营活动有关的业务招待费支出按照发生额的60%计入应纳税所得税，但最高不得超出当年销售收入的5‰。其余40%或超出当年销售收入5‰的部分不得计入应纳税所得额。

（7）对外投资分回利润。企业会计准则规定，企业从其他单位分回已经交纳所得税额的利润，通过投资收益计入利润总额，但税法规定，企业从其他单位分回的已交纳所得税的利润，可从应纳税所得额中扣除，以避免重复纳税。

（8）国债利息收入。企业会计准则规定，国债利息收入，通过投资收益计入利润总额，但税法规定企业的国债利息收入可以免交所得税额，其数额应从应纳税所得额中扣除。

2. 暂时性差异

暂时性差异是指资产或负债的账面价值与其计税基础之间的差额。

资产的计税基础是指企业收回资产账面价值过程中，计算应纳税所得额时按照税法规定可以自应纳税经济利益中抵扣的金额。通常情况下，资产取得时其入账价值与计税基础是相同的，后续计量过程中因企业会计准则规定与税法规定不同，可能产生资产的账面价值与其计税基础的差异。例如，资产发生减值，提取减值准备。根据企业会计准则规定，资产的可变现净值或可收回金额低于其账面价值时，应当计提减值准备；而税法规定，企业提取的减值准备一般不能税前抵扣，只有在资产发生实质性损失时，才允许税前扣除，由此产生了资产的账面价值与计税基础之间的暂时性差异。又如，企业会计准则规定，企业自行开发的无形资产在满足资本化条件时应当资本化，将其开发阶段的支出确认为无形资产成本；而税法规定，企业无形资产开发阶段的支出可于发生当期扣除，由此产生了自行开发的无形资产在持有期间的暂时性差异。

负债的计税基础是指负债的账面价值减去未来期间计算应纳税所得额时按照税法规定可予抵扣的金额。通常，短期借款应付账款、应付职工薪酬等负债的确认和偿还，不会对当期损益和应纳税所得额产生影响，其计税基础即为账面价值。但在某些情况下，负债的确认可能会影响损益，进而影响不同期间的应纳所得税额，使得其计税基础与账面价值之间产生差额。例如，企业因或有事项确认的预计负债，企业会计准则规定，按照最佳估计数确认，计入当期损益；而税法规定，与确认预计负债相关的费用在实际发生时准予税前扣除，该负债的计税基础为零，因此形成了负债的账面价值与计税基础之间的暂时性差异。

按照暂时性差异对未来期间应税金额的影响不同，可分为应纳税暂时性差异和可抵扣暂时性差异两种。

应纳税暂时性差异是指在确定未来收回资产或清偿负债期间的应纳税所得额时，将导致产生应税金额的暂时性差异。资产的账面价值大于其计税基础或者负债的账面价值小于其计税基础时，产生应纳税暂时性差异。

可抵扣暂时性差异是指在确定未来收回资产或清偿负债期间的应纳税所得额时，将导致产生可抵扣金额的暂时性差异。资产的账面价值小于其计税基础或者负债的账面价值大于其计税基础时，产生可抵扣暂时性差异。

企业应当将当期和以前期间应交未交的所得税确认为负债，将已支付的所得税超过应支付的部分确认为资产。

对于存在应纳税暂时性差异的所得额，应当按照规定确认递延所得税负债，对于存在可抵扣暂时性差异的所得额，应当按照规定确认递延所得税资产。

（三）所得税费用的计算和核算

企业的所得税额是以全年的应纳税所得额为依据的，其计算公式如下：

$$所得税额 = 应纳税所得额 \times 适用税率$$

由于利润总额与应纳税所得额之间存在着永久性差异和暂时性差异。因此，在计算所得税额时，需要将利润总额调整为应纳税所得额，其调整的公式如下：

$$应纳税所得额 = 利润总额 \pm 永久性差异 \pm 暂时性差异$$

而所得税费用由本期所得税额和递延所得税费用两个部分组成，递延所得税费用又分为递延所得税负债和递延所得税资产，其计算公式公解如下：

本期所得税额 = 应纳税所得额 × 适用税率

递延所得税费用 = 递延所得税负债 − 递延所得税资产

递延所得税负债 = 应纳税暂时性差异 × 适用税率

递延所得税资产 = 可抵扣暂时性差异 × 适用税率

所得税费用 = 本期所得税额 + 递延所得税负债 − 递延所得税资产

初始会计年度可以按照上列公式确认所得税费用。

【例13-8】　华欣宾馆第一年利润总额为700 000元，所得税税率为25%，该宾馆发生业务招待费22 000元，从被投资单位分得股利15 000元，影响计税基础的有关账户余额为：坏账准备4 010元，存货跌价准备3 550元，预计负债90 000元，无形资产136 000元，为刚确认的自行开发的专利权，尚未摊销，计算其所得税费用如下：

本期所得税额 = (700 000 + 22 000 × 40% − 15 000 + 4 010 + 3 550 + 90 000 − 136 000) × 25% = 163 840(元)

递延所得税负债 = 136 000 × 25% = 34 000(元)

递延所得税资产 = (4 010 + 3 550 + 90 000) × 25% = 24 390(元)

所得税费用 = 163 840 + 34 000 − 24 390 = 173 450(元)

（1）根据计算的结果，将本年度所得税费用入账，作分录如下：

借：所得税费用　　　　　　　　　　　　　　　　　　　173 450.00

借：递延所得税资产　　　　　　　　　　　　　　　　　24 390.00

　　贷：应交税费——应交所得税　　　　　　　　　　　　　163 840.00

　　贷：递延所得税负债　　　　　　　　　　　　　　　　　　34 000.00

（2）将所得税费用结转"本年利润"账户，作分录如下：

借：本年利润　　　　　　　　　　　　　　　　　　　　163 840.00

　　贷：所得税费用　　　　　　　　　　　　　　　　　　　163 840.00

后续年度确认递延所得税费用时，还应考虑"递延所得税资产"账户和"递延所得税负债"账户原有的余额。

【例13-9】　华欣宾馆第二年利润总额为750 000元，所得税税率为25%，该宾馆发生业务招待费24 000元，从被投资单位分得股利16 660元。"递延所得税资产"账户余额24 390元，"递延所得税负债"账户余额34 000元，影响计税基础的有关账户余额为：坏账准备3 880元，存货跌价准备4 360元。"无形资产"账户中有自行开发的无形资产136 000元，已摊销13 600元。计算其所得税费用如下：

本期所得税额 = [750 000 + 24 000 × 40% − 16 660 + 3 880 + 4 360 − (136 000 − 13 600)] × 25% = 157 195(元)

递延所得税负债 = (136 000 − 13 600) × 25% = 30 600(元)

递延所得税资产 = (3 880 + 4 360) × 25% = 2 060(元)

上列计算的递延所得税负债和递延所得税资产的金额是这两个账户应保留的金额，在核算时应减去这两个账户原来的余额。

（1）根据计算的结果，将本年度所得税费用入账，作分录如下：

借：所得税费用（157 195 – 3 400 + 22 330）　　　　　　　　　　176 125.00
借：递延所得税负债（30 600 – 34 000）　　　　　　　　　　　　3 400.00
　贷：应交税费——应交所得税　　　　　　　　　　　　　　　　　　157 195.00
　贷：递延所得税资产（2 060 – 24 390）　　　　　　　　　　　　　　22 330.00

（2）将所得税费用结转"本年利润"账户，作分录如下：

借：本年利润　　　　　　　　　　　　　　　　　　　　　　　　176 125.00
　贷：所得税费用　　　　　　　　　　　　　　　　　　　　　　　　176 125.00

"所得税费用"是损益类账户，用以核算企业确认的应当从当期利润总额中扣除的所得税费用。企业确认所得税费用时，记入借方；企业期末将该账户余额结转"本年利润"账户时，记入贷方。

"递延所得税资产"是资产类账户，用以核算企业确认的可抵扣暂时性差异产生的所得税资产。企业确认递延所得税资产时，记入借方；企业转销递延所得税资产时，记入贷方；期末余额在借方，表示企业已确认的递延所得税资产。

"递延所得税负债"是负债类账户，用以核算企业确认的应纳税暂时性差异产生的所得税负债，企业确认递延所得税负债时，记入贷方；企业转销递延所得税负债时，记入借方；期末余额在贷方，表示企业已确认的递延所得税负债。

（四）所得税额提取和交纳的核算

所得税额虽然是以企业全年的所得额为纳税依据，然而为了保证国家财政收入的及时和均衡，并使企业能够有计划合理地安排经营资金，一般采取按月或按季预征，年终汇算清缴，多退少补的办法。企业应交纳的所得税额，一般应根据当地税务部门的规定，在月末或季末预提，次月初或次季初交纳，其计算公式如下：

本期累计应交所得税额 = 本期累计应纳税所得额 × 适用税率
本期应交所得税额 = 本期累计应交所得税额 – 上期累计已交所得税额

为了简化核算手续，企业平时可按利润总额作为计算应交所得税额的依据，在年终清算时，再将利润总额与应纳税所得额之间的永久性差异和暂时性差异进行调整。

【例 13–10】　静安宾馆 11 月 30 日止已确认并交纳了所得税额 111 500 元，11 月 30 日结算后利润总额为 500 000 元，所得税税率为 25%，计算本月份应交所得税额如下：

本期累计应交所得税额 = 500 000 × 25% = 125 000(元)
本期应交所得税额 = 125 000 – 111 500 = 13 500(元)

（1）根据计算的结果，作分录如下：

借：所得税费用　　　　　　　　　　　　　　　　　　　　　　　13 500.00
　贷：应交税费——应交所得税　　　　　　　　　　　　　　　　　　13 500.00

（2）将所得税费用结转"本年利润"账户，作分录如下：

借：本年利润　　　　　　　　　　　　　　　　　　　　　　　　13 500.00
　贷：所得税费用　　　　　　　　　　　　　　　　　　　　　　　　13 500.00

（3）次月初以银行存款交纳所得税额时，作分录如下：

借：应交税费——应交所得税　　　　　　　　　　　　　　　　　　13 500.00
　贷：银行存款　　　　　　　　　　　　　　　　　　　　　　　　13 500.00

税法规定 12 月份或第 4 季度的所得税应在年终前几天预交。预交的所得税额是根据当月或当季的收入情况测算的。预交时借记"应交税费"账户；贷记"银行存款"账户。预交的所得税额和年终决算的应交所得税额之间的差额通过汇算清交来解决。

【例13-11】　续前例，静安宾馆预计12月份实现利润总额为56 000元。

（1）12月26日，预交本月份所得税额，作分录如下：

借：应交税费——应交所得税　　　　　　　　　　　　　　　　14 000.00

　　贷：银行存款　　　　　　　　　　　　　　　　　　　　　　14 000.00

（2）12月31日，年终决算时，利润总额为580 000元，发生业务招待费18 000元，取得国债利息收入12 000元。"递延所得税负债"账户余额为10 500元。"递延所得税资产"账户余额为2 300元，影响计税基础的有关账户余额为：坏账准备2 780元，存货跌价准备3 820元，固定资产减值准备5 000元。"无形资产"账户中有自行开发的专利权120 000元，已摊销了90 000元，确认本年度所得税费用，并清算本年度应交所得税额如下：

本年所得税额 = [580 000 + 18 000 × 40% − 12 000 + 2 780 + 3 820 + 5 000 − (120 000 − 90 000)] × 25% = 139 200（元）

本月所得税额 = 139 200 − 125 000 = 14 200（元）

递延所得税负债 = (120 000 − 90 000) × 25% = 7 500（元）

递延所得税资产 = (2 780 + 3 820 + 5 000) × 25% = 2 900（元）

根据计算的结果，作分录如下：

借：所得税费用（14 200 − 3 000 − 600）　　　　　　　　　　10 600.00

借：递延所得税负债（7 500 − 10 500）　　　　　　　　　　　3 000.00

借：递延所得税资产（2 900 − 2 300）　　　　　　　　　　　　600.00

　　贷：应交税费——应交所得税　　　　　　　　　　　　　　14 200.00

（3）同时，将所得税费用结转"本年利润"账户，作分录如下：

借：本年利润　　　　　　　　　　　　　　　　　　　　　　10 600.00

　　贷：所得税费用　　　　　　　　　　　　　　　　　　　　10 600.00

（4）次月1月12日，清缴所得税额，计算结果如下：

应清缴所得税额 = 14 200 − 14 000 = 200（元）

根据计算的结果，清缴所得税额时，作分录如下：

借：应交税费——应交所得税　　　　　　　　　　　　　　　　200.00

　　贷：银行存款　　　　　　　　　　　　　　　　　　　　　200.00

"本年利润"是所有者权益类账户，用以核算企业在本年度内实现的净利润。在月末，企业将各收入类账户余额转入时，记入贷方；企业将各费用类账户余额转入时，记入借方。期末余额一般在贷方，表示企业当期实现的净利润；若期末余额在借方，则表示企业当期发生的净亏损。

第三节　利润分配

一、利润分配的意义和顺序

（一）利润分配的意义

利润分配是指企业按照国家规定的政策和企业章程的规定，对已实现的净利润在企业和投资者之间进行分配。首先，企业通过提取法定盈余公积和任意盈余公积，作为企业发展生产经营规模的后备资金。其次，通过将一部分利润分配给投资者，作为企业对投资者的回报。最后，企业为了平衡各会计年度的投资回报水平，以丰补歉，留有余地，还留存一部分未分配利润。因此企业要认真做好利润分配工作，处理好企业和投资者之间的经济关系。

（二）利润分配的顺序

利润分配的顺序基本上也是按照企业和投资者的顺序进行的，有限责任公司与股份有限公司有所不同，具体分配顺序分别列示如下：

有限责任公司	股份有限公司的企业
（1）以税前利润弥补亏损	（1）以税前利润弥补亏损
（2）以税后利润弥补亏损	（2）以税后利润弥补亏损
（3）提取法定盈余公积	（3）提取法定盈余公积
（4）提取任意盈余公积	（4）分派优先股股东股利
（5）向投资者分配利润	（5）提取任意盈余公积
	（6）分派普通股股东股利

二、利润分配的核算

企业对实现的利润进行分配，就意味着利润的减少。为了全面地反映整个会计年度利润的完成情况，以便与利润预算的执行情况进行对比分析，因此在利润分配时，不直接冲减"本年利润"账户，而是设置"利润分配"账户进行核算。以下将按照利润分配的顺序阐述其核算方法。

（一）弥补亏损的核算

根据我国财务制度规定，企业发生年度利润亏损后，可以用下一年度的税前利润弥补，若下一年度利润不足弥补的，可以在 5 年内延续弥补。若 5 年以内还没有以税前利润将亏损弥补足额，从第 6 年开始，则只能以税后利润弥补亏损。

由于以前年度的亏损反映为"利润分配"账户的借方余额，而本年度内实现的利润反映为"本年利润"账户的贷方余额，年终清算后，"本年利润"账户的余额转入"利润分配"账户贷方时，即对以前年度的亏损作了弥补。因此，无论以税前利润弥补亏损，还是以税后利润弥补亏损，均不必另行编制会计分录。

（二）提取盈余公积的核算

企业的利润总额交纳所得税后，剩余的部分称为税后利润，又称净利润，它应按规定的比例提取法定盈余公积和任意盈余公积。法定盈余公积按净利润 10% 的比例提取，任意盈余公积的提取比例由公司自行确定。

【例 13-12】　静安宾馆全年实现净利润 440 800 元，分别按净利润的 10% 和 8% 提取法定盈余公积和任意盈余公积，作分录如下：

借：利润分配——提取法定盈余公积　　　　　　　　　　　　　　　44 080.00
借：利润分配——提取任意盈余公积　　　　　　　　　　　　　　　35 264.00
　　贷：盈余公积——法定盈余公积　　　　　　　　　　　　　　　　44 080.00
　　贷：盈余公积——任意盈余公积　　　　　　　　　　　　　　　　35 264.00

（三）向投资者分配利润的核算

1. 有限责任公司向投资者分配利润的核算

有限责任公司的净利润在提取法定盈余公积和任意盈余公积后，剩余的部分可以作为投资者的收益，按投资的比例向投资者进行分配。在分配时，一般根据谨慎的要求而留有余地，以防将来可能遭受到意外损失。企业在确定分配给投资者利润时，借记"利润分配"账户；贷记"应付股利"账户。

【例13-13】 续前例。静安宾馆决定按净利润的70%分配给投资者，该企业黄浦公司投资60%，长宁公司投资40%，作分录如下：

借：利润分配——应付股利 308 560.00
　　贷：应付股利——黄浦公司 185 136.00
　　贷：应付股利——长宁公司 123 424.00

当以现金向投资者分配利润时，借记"应付股利"账户；贷记"银行存款"账户。

"利润分配"是所有者权益类账户，也是"本年利润"的抵减账户，用以核算企业利润的分配（或亏损的弥补）和历年分配（或弥补）后的余额。企业分配利润或年终亏损转入时，记入借方；企业将盈余公积弥补亏损，以及年终将"本年利润"账户余额转入时，记入贷方；平时期末余额一般在借方，表示企业年内利润分配累计数。年终"本年利润"账户余额转入后，若期末余额在贷方，表示未分配利润；若期末余额在借方，则表示未弥补亏损。

"应付股利"是负债类账户，用以核算企业应向投资者分配的现金股利或利润。企业计算出应向投资者分配的现金股利或利润时，记入贷方；企业向投资者分配现金股利或利润时，记入借方；期末余额在贷方，表示企业尚未向投资者支付的现金股利或利润。

企业年终清算，向投资者分配利润或股利时，也可以根据具体需要，将历年结余的未分配利润，并入本年度进行分配。

2. 股份有限公司向股东分派股利的核算

股份有限公司是以向股东分派股利的形式分配净利润的。股份有限公司的净利润在提取法定盈余公积后，首先是发放优先股股利，其次是提取任意盈余公积，最后才是发放普通股股利。

（1）发放优先股股利的核算。优先股股利是指股份有限公司从其净利润中分配给优先股股东的作为其对公司投资的报酬。股份有限公司一般以现金发放优先股股利。优先股的股利率通常是事先约定的，在宣告发放优先股股利日，按优先股的股数乘以优先股股利率，计算出优先股股利，据以借记"利润分配"账户；贷记"应付股利"账户。

等到发放优先股股利时，再借记"应付股利"账户；贷记"银行存款"账户。

（2）提取任意盈余公积的核算。股份有限公司在发放了优先股股利后，其净利润可以按公司章程或股东会规定的比例提取任意盈余公积。提取时，借记"利润分配"账户；贷记"盈余公积"账户。

（3）发放普通股股利的核算。普通股股利是指股份有限公司从其净利润中分配给普通股股东的作为其对公司投资的报酬。

股份有限公司发放普通股股利，可以根据具体情况，采取现金股利或股票股利的方式进行。

① 发放现金股利的核算。现金股利是指以现金方式发放给股东的股利，这是一种常见的方式。

股份有限公司在宣告发放普通股现金股利日，已形成了负债，届时借记"利润分配"账户，贷记"应付股利"账户；等到发放普通股现金股利时，再借记"应付股利"账户，贷记"银行存款"账户。

【例 13-14】 环球旅游股份有限公司有 8 000 000 股普通股。

3 月 18 日，该公司宣告将于 3 月 28 日分派普通股现金股利，每股 0.12 元，作分录如下：

借：利润分配——应付普通股股利 960 000.00

　　贷：应付股利 960 000.00

3 月 28 日，发放普通股现金股利时，作分录如下：

借：应付股利 960 000.00

　　贷：银行存款 960 000.00

② 发放股票股利的核算。股票股利是指以增发股票方式分发给股东的股利。作为股利发放股票又称送股。采取发放股票股利方式，实质上是将一部分净利润资本化。

股票股利一般按股东持有普通股份的比例，分发给普通股的股东，如每 10 股可分发 2 股股票股利，其送股比例为 10 送 2，这样通过送股后，并不会改变股东在股份有限公司中所拥有的股份比例。

股份有限公司经股东大会或类似机构决议分派给普通股股东股票股利，应在办理好增资手续后，借记"利润分配"账户；贷记"股本"账户。

【例 13-15】 续前例，环球旅游股份有限公司经股东大会决议，分派普通股东股票股利，每 10 股分派 1 股，每股面值 1 元，3 月 28 日已办妥增资手续，予以转账，作分录如下：

借：利润分配——转作股本的股利 800 000.00

　　贷：股本——普通股 800 000.00

三、"本年利润"账户和"利润分配"账户的转销

年终清算后，"本年利润"账户归集了全年实现的净利润，而"利润分配"账户则归集了全年已分配的利润和历年积存的未分配利润，这时必须结束旧账，开设新账。

企业在结束旧账前，应将"本年利润"账户余额和"利润分配"账户下各明细分类账户的余额全部转入"利润分配"账户下"未分配利润"明细分类账户。

【例 13-16】 静安宾馆 12 月 31 日有关账户余额如下：

贷方余额账户		借方余额账户	
本年利润	440 800	利润分配——提取法定盈余公积	44 080
利润分配——未分配利润	99 926	利润分配——提取任意盈余公积	35 264
		利润分配——应付股利	308 560

（1）将"本年利润"账户余额结转"利润分配——未分配利润"账户，作分录如下：

借：本年利润 440 800.00

　　贷：利润分配——未分配利润 440 800.00

（2）将"利润分配"各明细分类账户余额结转"利润分配——未分配利润"账户，作

分录如下：

借：利润分配——未分配利润 387 904.00
　贷：利润分配——提取法定盈余公积 44 080.00
　贷：利润分配——提取任意盈余公积 35 264.00
　贷：利润分配——应付现金股利或利润 308 560.00

根据上列两笔分录登记"利润分配——未分配利润"账户如图表 13-2 所示。

图表 13-2

利润分配——未分配利润

| 2013 年 | | 凭证号数 | 摘　要 | 借　方 | 贷　方 | 借或贷 | 余　额 |
月	日						
1	1	（略）	上年结转			贷	99 926
12	31		本年利润转入		440 800		
			提取法定盈余公积转入	44 080			
			提取任意盈余公积转入	35 264			
			应付现金股利或利润转入	308 560		贷	152 822
12	31		本期发生额及余额	387 904	440 800	贷	152 822

练 习 题

一、简答题

1. 什么是税金？谈谈税收的特征和作用。
2. 试述税金的分类。
3. 试述利润总额的构成及利润核算前应做好的准备工作。
4. 试述账目核对和清查财产的具体内容。
5. 试述账项调整的具体内容。
6. 永久性差异包括哪些内容？
7. 分述资产的计税基础和负债的计税基础。
8. 分述在什么情况下产生应纳税暂时性和可抵扣暂时性差异。
9. 什么是利润分配？试述利润分配的顺序。

二、名词解释题

流转税　营业税　增值税　企业所得税　利润　营业利润　账项调整　永久性差异　应纳税暂时性差异　可抵扣暂时性差异

三、是非题

1. 流转税有营业税、增值税、城市维护建设税和教育费附加。　　　　（　　）
2. 利润总额由营业利润和营业外收入净额组成。　　　　（　　）
3. 营业外收入主要包括非流动资产处置利得、债务重组利得、政府补助、盘盈利得、捐赠利得和罚款收入等。　　　　（　　）
4. 非流动资产处置损失、债务重组损失、公益性捐赠支出、非常损失、盘亏损失、罚款支出等均属于营业外支出。　　　　（　　）
5. 账目核对是指将企业各种有关账簿记录进行核对，通过核对做到账实相符。　　　　（　　）
6. 对于存在可抵扣暂时性差异的所得额应当按照规定确认递延所得税负债。　　　　（　　）
7. 企业以税前利润弥补 5 年以内的亏损，以税后利润弥补 5 年以上的亏损均不必编制会计分录。　　　　（　　）

8. 企业年终决算后，"利润分配——未分配利润"账户的余额，倘若在借方，表示未分配利润，倘若在贷方，则表示未弥补亏损。　　　　　　　　　　　　　　　　　　　（　　）

四、单项选择题

1. _____属于价外税。
   A. 增值税　　　　　　　　　　　　　B. 营业税
   C. 城市维护建设税　　　　　　　　　D. 城镇土地使用税

2. _____属于应纳税暂时性差异。
   A. 公益性捐赠　　　　　　　　　　　B. 计提坏账准备
   C. 自行开发的无形资产　　　　　　　D. 超过规定标准的业务招待费

3. _____属于可抵扣暂时性差异。
   A. 赞助支出　　　　　　　　　　　　B. 预计负债
   C. 自行开发的无形资产　　　　　　　D. 支付各项税收的滞纳金

五、多项选择题

1. 永久性差异有_____等内容。
   A. 对外投资分回的利润　　　　　　　B. 国债利息收入
   C. 职工薪酬超过计税薪酬　　　　　　D. 计提的资产减值准备

2. _____产生应纳税暂时性差异。
   A. 资产的账面价值大于其计税基础　　B. 负债的账面价值大于其计税基础
   C. 资产的账面价值小于其计税基础　　D. 负债的账面价值小于其计税基础

3. 利润分配的内容有_____。
   A. 提取法定盈余公积　　　　　　　　B. 向投资者分配利润
   C. 提取任意盈余分积　　　　　　　　D. 上年利润的调整

六、实务题

习题一

一、**目的**　练习税金和教育费附加的核算。

二、**资料**

（一）淮海宾馆"应交税费——应交增值税"的三级明细账户2月份的余额分别为：销项税额51 000元，进项税额转出170元，进项税额40 800元，转出未交增值税5 270元。

（二）该宾馆接着发生下列有关的经济业务。

1. 2月28日，该宾馆的客房、餐饮收入为420 000元，舞厅收入为48 000元，分别按5%和20%的税率计提应交营业税。

2. 2月28日，将本月份应交未交的增值税额入账。

3. 2月28日，按7%税率计提城市维护建设税。

4. 2月28日，按3%的教育费附加率计提教育费附加。

5. 2月28日，将本月份"营业税金及附加"结转"本年利润"账户。

6. 3月5日，以银行存款交纳上月的营业税、增值税、城市维护建设税和教育费附加。

（三）太行饭店为小规模纳税人，2月份"主营业务收入——商品销售收入"账户的余额为46 350元，按3%征收率计提本月份应交增值税额。

三、**要求**　编制会计分录。

习题二

一、**目的**　练习利润总额的核算。

二、**资料**

（一）天龙旅游公司1月31日损益类账户余额如下。

贷方余额账户		借方余额账户	
主营业务收入	450 000	主营业务成本	830 000
其他业务收入	18 000	其他业务成本	10 800
公允价值变动损益	1 200	销售费用	55 100
投资收益	2 500	管理费用	39 600
营业外收入	1 800	财务费用	510
		资产减值损失	1 320
		营业外支出	1 570

（二）该公司1月31日又发生下列经济业务。

1. 预提本月份短期借款利息1 920元。

2. 摊销应由本月份负担的广告费1 200元。

3. 分别按本月份主营业务收入和其他业务收入的5%计提营业税。

4. 按已提营业税的7%计提城市维护建设税，3%计提教育费附加。

5. 将损益类贷方余额的账户结转"本年利润"账户。

6. 将损益类借方余额的账户结转"本年利润"账户。

三、**要求**

（一）编制会计分录。

（二）登记"本年利润"账户。

习题三

一、**目的**　练习所得税费用的核算。

二、**资料**　长春饭店有关资料如下。

1. 第一年利润总额为540 000元，所得税税率为25%，该饭店发生业务招待费18 800元，从被投资单位分得股利12 500元，影响计税基础的有关账户余额为：坏账准备4 570元，固定资产减值准备8 080元，预计负债81 000元。"无形资产"账户余额为150 000元，为刚确认的自行开发的专利权，尚未摊销。

2. 第二年利润总额为600 000元，所得税税率为25%，该饭店发生业务招待费19 600元，从被投资单位分得股利16 000元，影响计税基础的有关账户余额为：坏账准备4 710元，固定资产减值准备9 690元，"无形资产"账户中有自行开发的无形资产150 000元，已摊销15 000元。

三、**要求**　计算确认所得税费用，并编制相应的会计分录。

习题四

一、**目的**　练习利润的核算。

二、**资料**

（一）沪光宾馆11月30日各有关账户的余额如下。

贷方余额账户		借方余额账户	
主营业务收入	830 000	主营业务成本	555 000
其他业务收入	15 000	其他业务成本	12 000
公允价值变动损益	1 800	营业税金及附加	30 800
投资收益	3 750	销售费用	135 200
营业外收入	1 920	管理费用	42 600
		财务费用	3 690
		资产减值损失	1 880
		营业外支出	2 500

（二）接着又发生下列经济业务。

1. 11 月 30 日，将损益类贷方余额的账户结转"本年利润"账户。

2. 11 月 30 日，将损益类借方余额的账户结转"本年利润"账户。

3. 11 月 30 日，按 25% 税率确认本月份所得税费用。

4. 11 月 30 日，将所得税费用结转"本年利润"账户。

5. 12 月 10 日，以银行存款交纳上月确认的所得税额。

6. 12 月 25 日，预计本月份实现利润总额 66 000 元，按 25% 税率预交本月份所得税额。

7. 12 月 31 日，年终决算利润总额为 736 000 元，已提取并交纳所得税额 161 250 元（不含预交数），发生业务招待费 22 500 元，取得国债利息收入 9 000 元，"递延所得税负债"账户余额为 11 800 元，"递延所得税资产"账户余额为 5 780 元。影响计税基础的有关账户余额为：坏账准备 2 760 元，固定资产减值准备 9 840 元，"无形资产"账户中有自行开发的专利权 118 000 元，已摊销了 82 600 元，清算本年度应交所得税额。

8. 12 月 31 日，将所得税费用结转"本年利润"账户。

9. 次年 1 月 12 日，以银行存款清缴上年度所得税额。

三、**要求**　编制会计分录。

习题五

一、**目的**　练习利润分配的核算。

二、**资料**

（一）华阳广告公司 2009 年共实现净利润 5 500 000 元，接着又发生下列经济业务。

1. 12 月 31 日，按净利润 10% 的比例计提法定盈余公积，按 8% 的比例计提任意盈余公积。

2. 12 月 31 日，按净利润 70% 的比例分配给投资者利润，其中沪江公司投资 70%，华生公司投资 30%。

3. 次年 1 月 18 日，以银行存款支付应付给投资者的利润。

（二）张江宾馆股份有限公司有普通股 10 000 000 股，2009 年实现净利润 3 660 000 元，接着又发生下列有关的经济业务。

1. 12 月 31 日，按净利润 10% 的比例计提法定盈余公积。

2. 12 月 31 日，按净利润 5% 的比例计提任意盈余公积。

3. 次年 3 月 10 日，公司宣告将于 3 月 24 日发放现金股利，每 10 股发放现金 0.50 元。

4. 次年 3 月 24 日，经股东大会决议，向普通股股东分派股票股利，每 10 股分派 1.5 股，每股面值 1 元，并已办好增资手续，予以转账。

5. 次年 3 月 24 日，以银行存款分派普通股现金股利完毕，予以入账。

三、**要求**　编制会计分录。

第十四章 财务报告

第一节 财务报告概述

一、财务报告的意义

财务报告是指企业对外提供的反映企业某一特定日期财务状况和某一会计期间经营成果、现金流量等会计信息的文件。财务报告包括财务报表和其他应当在财务报告中披露的相关信息和资料。

财务报表是指对企业财务状况、经营成果和现金流量的结构性表述。旅游餐饮服务企业在生产经营活动中，发生了大量的经济业务。财会部门根据反映经济业务的原始凭证编制记账凭证，并分门别类地登记入开设的账户中去。通过总分类核算，提供总括的信息；通过明细分类核算，提供详细的信息，以全面、系统、完整地反映企业经营活动的状况。然而通过核算在会计账簿中归集的信息是分散的，为了集中地向各有关方面提供企业的财务状况、经营成果和现金流量等会计信息，就必须将分散在账簿中的信息，进行归类、整理、分析后，定期地编制财务报表。

二、财务报表的作用

财务报表的编制是会计核算工作的组成部分，财务报表对考核企业的经营活动、经营成果和现金流量有着重要的作用，主要表现在以下四个方面。

（一）有利于企业管理层改善经营管理

企业管理层通过财务报表可以了解企业的财务状况、经营成果和现金流量，有利于企业进行分析对比，总结经验，找出差距及改进的措施，以改善企业的经营管理，增强竞争能力，并为企业制订预算及保证决策的科学性和准确性提供了重要的信息和依据。

（二）有利于投资者和债权人进行决策

企业的投资者、债权人通过财务报表可以分析企业的财务状况、经营成果和现金流量，从而判断企业的盈利能力和偿债能力，有助于投资者进行投资决策，债权人进行信贷决策或赊销决策。

（三）有利于国家有关部门的检查

国家财政、税务和审计部门通过财务报表可以检查企业是否严格遵守国家规定的财务制度和财经纪律，检查企业资金运用情况和利润形成情况及各种税费的交纳情况。

（四）有利于国家进行宏观调控

企业是国民经济的细胞，通过对企业提供的财务报表的会计信息进行汇总分析，国家有关部门可以考核国民经济各部门的运行情况，一旦发现问题，可以通过各种经济杠杆和政策倾斜，发挥政府在市场经济优化资源配置中的补充作用。

三、财务报表的组成和编制要求

（一）财务报表的组成

财务报表至少应当包括下列组成部分：①资产负债表；②利润表；③现金流量表；④所有者权益（或股东权益）变动表；⑤附注。

（二）财务报表的编制要求

由于财务报表有着重要的作用，而财务报表的质量决定了其发挥作用的程度。因此各企业必须根据企业会计准则的有关规定，按照以下四点要求，认真地编制财务报表。

1. 数字真实

财务报表是一个信息系统，要求各项数字真实，以客观地反映企业的财务状况、经营成果和现金流量，不得匡计数据，更不得弄虚作假，隐瞒谎报数据。

2. 计算准确

财务报表必须在账账相符、账实相符的基础上编制，并对报表中的各项指标要认真地计算，做到账表相符，以保证会计信息的准确性。

3. 内容完整

财务报表必须全面地反映企业的财务状况、经营成果和现金流量，各财务报表之间、财务报表的各项指标之间是相互联系、互为补充的。因此企业要按照企业会计准则规定的报表种类、格式和内容进行填报，不得漏编、漏报。

4. 报送及时

财务报表必须在规定的期限内及时报送。使投资者、债权人、财政、税务和上级主管部门及时了解企业的财务状况、经营成果和现金流量，以保证会计信息的使用者进行决策时的时效性。

四、财务报表的分类

企业的财务报表按照不同的标准，主要有以下三种分类。

（一）按照财务报表反映的经济内容分类

企业主要的财务报表可分为以下五种。

（1）资产负债表。它是反映企业财务状况的报表。

（2）利润表。它是反映企业经营成果的报表。

（3）现金流量表。它是反映企业的现金和现金等价物流入和流出的报表。

（4）所有者权益（或股东权益）变动表。它是反映企业所有者权益结构和变动情况的报表。

（5）利润分配表。它是反映企业利润分配情况的报表。

（二）按照财务报表的编制时期分类

（1）月度报表（月报）。它是指月度计算报告。

（2）季度报表（季报）。它是指季度计算报告。

（3）半年度报表（半年报）。它是指半年度计算报告。

（4）年度报表（年报）。它是指年度决算报告。

（三）按照财务报表母子公司的关系分类

（1）个别财务报表。它是指由母公司或子公司编制的、仅反映母公司或子公司自身财务状况、经营成果和现金流量的报表。

（2）合并财务报表。它是指由母公司编制的，反映母公司和其全部子公司形成的企业集团整体财务状况、经营成果和现金流量的报表。

第二节　资产负债表

一、资产负债表的意义和作用

资产负债表是指反映企业在某一特定日期财务状况的报表。它反映了企业所掌握的各种资产的分布和结构，企业所承担的各种债务，以及投资者在企业中所拥有的权益。

通过对资产负债表的分析，可以了解资产的分布是否得当；资产、负债和所有者权益之间的结构是否合理；企业的财务实力是否雄厚；短期偿债能力的强弱；所有者持有权益的多少；企业财务状况的发展趋势等。从而为企业管理层挖掘内部潜力和制定今后发展方向等进行预测和决策提供了重要的经济信息，并为投资者和债权人服务。

二、资产负债表的结构和内容

（一）资产负债表的结构

资产负债表的结构由表头和正表两个部分组成。

资产负债表的正表是根据资金运动的规律，即资产的总额与负债和所有者权益的总额必然相等的原理设计的。

资产负债表的正表采用账户式结构，将报表分为左右两方，左方反映企业拥有资产的分布状况；右方反映企业所负的债务和所有者拥有权益的状况，"金额栏"设有"期末余额"和"年初余额"两栏，以便于报表的使用者掌握和分析企业财务状况的变化及发展趋势。

（二）资产负债表的内容

资产负债表的表头由报表名称、编制单位、编制日期和金额单位等内容组成。

资产负债表的正表由资产、负债和所有者权益三部分组成。

1. 资产

资产按照其变现能力及耗用周期的不同，可分为流动资产和非流动资产两类。

（1）流动资产。它是指预计在一个正常营业周期中变现、出售或耗用，或者主要为交易目的而持有，或者预计在资产负债表日起一年内变现，或者自资产负债表日起一年内，交换其他资产或清偿负债能力不受限制的现金或现金等价物。它具有较强的流动性。

现金等价物是指企业持有的期限短、流动性强、易于转换为已知金额的现金、价值变动风险很小的投资。期限短，一般是从购买日起3个月以内到期。现金等价物通常是指在3个月内到期的短期债券投资。

流动资产由货币资金、交易性金融资产、应收票据、应收账款、预付款项、应收利息、应收股利、其他应收款、存货、一年内到期的非流动资产和其他流动资产等项目组成。流动资产表明了企业的短期偿债能力，又可为下一期经营时所运用。因此，它在企业的资产中占有重要的地位。

（2）非流动资产。它是指流动资产以外的资产。它的流动性是很弱的。

非流动资产主要由可供出售金融资产、持有至到期投资、长期应收款、长期股权投资、固定资产、在建工程、工程物资、固定资产清理、无形资产、开发支出、商誉、长期待摊费用、递延所得税资产和其他长期资产等项目组成。

2. 负债

负债按照其流动性的不同，可分为流动负债和非流动负债。

（1）流动负债。它是指企业预计一个正常营业周期中清偿的，或者主要为交易目的而持有的债务，或者自资产负债表日起一年内到期应予以清偿的债务，或者企业无权自主地将清偿推迟至资产负债表日后一年以上的债务。

流动负债由短期借款、交易性金融负债、应付票据、应付账款、预收款项、应付职工薪酬、应交税费、应付利息、应付股利、其他应付款、一年内到期的非流动负债和其他流动负债等项目组成。

（2）非流动负债。它是指流动负债以外的负债。非流动负债由长期借款、应付债券、长期应付款、专项应付款、预计负债、递延所得税负债和其他非流动负债等项目组成。

3. 所有者权益

所有者权益由实收资本、资本公积、库存股、盈余公积和未分配利润等项目组成。

资产负债表的格式及其具体内容如图表14-1所示。

图表 14-1

资产负债表

会企 01 表

编制单位：申江宾馆　　　　　　　　2013 年 12 月 31 日　　　　　　　　单位：元

资　产	行次	期末余额	年初余额	负债和所有者权益（或股东权益）	行次	期末余额	年初余额
流动资产：				**流动负债：**			
货币资金	1	195 000	180 000	短期借款	56	132 000	122 000
交易性金融资产	2	98 000	90 000	交易性金融负债	57		
应收票据	3	19 000	18 000	应付票据	58	19 100	18 600
应收账款	4	258 000	246 800	应付账款	59	99 360	72 330
预付款项	5	30 800	28 600	预收款项	60	9 000	8 000
应收利息	6	5 000	3 600	应付职工薪酬	61	21 500	20 980
应收股利	7			应交税费	62	20 840	19 820
其他应收款	8	12 500	11 800	应付利息	63		
存货	9	398 000	383 000	应付股利	64	296 850	273 000
一年内到期的非流动资产①	21	63 000	56 000	其他应付款	65	7 560	6 980
其他流动资产②	24	31 200	28 800	一年内到期的非流动负债	70	48 000	42 000
流动资产合计	31	1 110 500	1 046 600	其他流动负债	71		
非流动资产：				流动负债合计	75	654 210	583 710
可供出售金融资产	32			**非流动负债：**			
持有至到期投资	33	110 000	102 000	长期借款	81	160 000	160 000
长期应付款	34			应付债券	82	574 000	533 000
长期股权投资	35			长期应付款	83		
投资性房地产	36			专项应付款	84		

续表

资　产	行次	期末余额	年初余额	负债和所有者权益（或股东权益）	行次	期末余额	年初余额
固定资产	37	2 691 000	2 546 500	预计负债	85		
在建工程	38	152 900	142 800	递延所得税负债	95	13 560	17 310
工程物资	39			其他非流动负债	96		
固定资产清理	40			非流动负债合计	98	747 560	710 310
无形资产	43	72 000	81 000	负债合计	100	1 401 770	1 294 020
开发支出	44			所有者权益（或股东权益）			
商誉	45			实收资本（或股本）	101	2 520 000	2 300 000
长期待摊费用	46	56 000	64 000	资本公积	102	15 670	235 670
递延所得税资产	47	4 750	7 550	减：库存股	103		
其他非流动资产	48			盈余公积	104	158 148	94 820
非流动资产合计	50	3 086 650	2 943 850	未分配利润	105	101 562	65 940
				所有者权益（或股东权益）合计	106	2 795 380	2 696 430
资产总计	55	4 197 150	3 990 450	负债和所有者权益（或股东权益）总计	110	4 197 150	3 990 450

注：① 该项目的期末余额和期初余额中都有一年内到期的长期待摊费用 8 000 元，其余均为一年内到期的持有至到期投资。
　　② 该项目的期末余额和期初余额中均为"待摊费用"账户余额。

三、资产负债表的编制方法

（一）资产负债表"期末余额"栏内各个项目的填列

资产负债表"期末余额"栏内各个项目的填列可以分为以下两种情况。

1. 一般项目的填列

一般项目可以根据总分类账户的期末余额填列，如"应交税费"、"应付股利"等。

2. 需要分析计算调整项目的填列

有些项目则需要根据有关总分类账户和明细分类账户的资料，经过分析计算调整后填列。现将有关项目的分析计算调整填制方法说明如下。

（1）"货币资金"项目。该项目根据"库存现金"、"备用金"、"银行存款"和"其他货币资金"账户期末余额合计数填列。

（2）"应收账款"项目。该项目根据"应收账款"账户所属各明细分类账户的期末借方余额合计数，减去"坏账准备——应收账款"明细账户期末余额后的差额填列。如"预收账款"账户所属有关明细分类账户有借方余额的，也应包括在本项目内。

（3）"预付款项"项目。该项目根据"预付账款"账户所属明细分类账户的期末借方余额合计数填列。如"应付账款"账户所属有关明细分类账户有借方余额的，也应包括在本项目内。

（4）"其他应收款"项目。该项目根据"其他应收款"账户期末余额，减去"坏账准备——其他应收款"明细分类账户期末余额后的差额填列。

（5）"存货"项目。该项目根据"在途物资"、"原材料"、"库存商品"、"商品进销差价"、"受托代销商品"、"受托代销商品款"、"委托加工物资"、"低值易耗品"、"存货跌价准备"等账户的期末借贷方余额相抵后的差额填列。

（6）"一年内到期的非流动资产"项目。该项目根据"持有至到期投资"、"长期应收款"和"长期待摊费用"账户的期末余额分析填列。

（7）"其他流动资产"项目。该项目反映企业除以上流动资产项目外的其他流动资产，如可以根据"待摊费用"账户的期末余额及其他有关账户的期末余额填列。

（8）"可供出售金融资产"项目。该项目根据"可供出售金融资产"账户的期末余额，减去该账户中将于一年内到期的可供出售金融资产的数额后的差额填列。

（9）"持有至到期投资"项目。该项目根据"持有至到期投资"账户的期末余额，减去该账户中将于一年内到期的持有至到期投资的数额，再减去"持有至到期投资减值准备"账户期末余额后的差额填列。

（10）"长期应收款"项目。该项目根据"长期应收款"账户的期末余额，减去该账户将于一年内收回的款项后的差额填列。

（11）"长期股权投资"项目。该项目根据"长期股权投资"账户的期末余额，减去"长期股权投资减值准备"账户期末余额后的差额填列。

（12）"投资性房地产"项目。该项目根据"投资性房地产"账户的期末余额减去"投资性房地产累计折旧"和"投资性房地产减值准备"账户期末余额后的差额填列。

（13）"固定资产"项目。该项目根据"固定资产"账户的期末余额减去"累计折旧"和"固定资产减值准备"账户期末余额后的差额填列。

（14）"无形资产"项目。该项目根据"无形资产"账户的期末余额减去"累计摊销"和"无形资产减值准备"账户期末余额后的差额填列。

（15）"长期待摊费用"。该项目根据"长期待摊费用"账户的期末余额减去一年内（含一年）摊销的数额后的差额填列。

（16）"应付账款"项目。该项目根据"应付账款"账户所属各有关明细分类账户的期末贷方余额合计数填列。如"预付账款"账户所属明细分类账户有贷方余额的，也应包括在本项目内。

（17）"预收款项"项目。该项目根据"预收账款"账户所属有关明细分类账户的期末贷方余额合计数填列。如"应收账款"账户所属明细分类账户有贷方余额的，也应包括在本项目内。

（18）"一年内到期的非流动负债"项目。该项目根据"长期借款"、"应付债券"、"长期应付款"、"专项应付款"和"递延收益"等非流动负债账户的期末余额分析填列。

（19）"其他流动负债"项目。该项目反映企业除以上流动负债项目以外的其他流动负债。

（20）"长期借款"项目。该项目根据"长期借款"账户的期末余额减去一年内到期的长期借款数额后的差额填列。

（21）"应付债券"项目。该项目根据"应付债券"账户的期末余额减去一年内到期的应付债券数额后的差额填列。

（22）"长期应付款"项目。该项目根据"长期应付款"账户的期末余额，减去"未确认融资费用"账户期末余额，再减去一年内到期的长期应付款数据后的差额填列。

（23）"专项应付款"项目。该项目根据"专项应付款"账户的期末余额，减去一年内到期的专项应付款数额后的差额填列。

（24）"其他非流动负债"项目。该项目根据"递延收益"账户的期末余额，减去将在一年内实现的收入数额后的差额填列。

（25）"未分配利润"项目。该项目根据"本年利润"账户期末余额与"利润分配"账户期末余额计算填列。

（二）资产负债表"年初余额"栏内各个项目的填列

资产负债表"年初余额"栏内各个项目的金额根据上年年末资产负债表"期末余额"栏内所列的数据填列。

第三节 利 润 表

一、利润表的意义和作用

利润表是指反映企业在一定会计期间内利润（亏损）实现情况的报表。它反映了企业的各项收入和各项成本、费用及净利润或净亏损的构成。

通过对利润表的分析，可以检查利润预算的完成情况和营业收入、营业成本、销售费用、管理费用、财务费用预算的执行情况，了解企业的盈利能力，有利于经营者掌握企业在生产经营过程中存在的问题，以促使其提高经营管理水平和经济效益，也有利于投资者作出正确的决策。

二、利润表的结构和内容

利润表的结构由表头和正表两个部分组成。

利润表的表头由报表名称、编制单位、报表时期和金额单位等内容组成。

利润表的正表部分采用多步式结构，分为五个部分。第一部分是营业收入。第二部分是营业利润，它是以营业收入减去营业成本、营业税金及附加、销售费用、管理费用、财务费用和资产减值损失，加上公允价值变动收益和投资收益后的数额，用以反映企业的经营成果。第三部分是利润总额，它是以营业利润加上营业外收入，减去营业外支出后的数额，用以反映企业的税前利润。第四部分是净利润，它是以利润总额减去所得税费用后的数额，用以反映企业的税后利润，即反映企业的净收益。第五部分是每股收益。

"利润表"正表部分各项目均分设"本月金额"和"本年累计金额"两栏金额，"本月金额"栏内的金额主要反映当月利润实现的情况，"本年累计金额"栏内的金额主要反映自年度开始起，至报告期止的累计数额。

利润表的格式及其具体内容如图表14-2所示。

图表14-2

利润表

会企02表

编制单位：申江宾馆　　　　　　　　2013年12月　　　　　　　　　　　单位：元

项　目	行次	本月金额	本年累计金额
一、营业收入	1	268 000	3 150 000
减：营业成本	2	60 700	719 500
营业税金及附加	3	13 400	173 250
销售费用	4	82 000	965 200
管理费用	5	62 100	732 900
财务费用	6	2 900	34 500
资产减值损失	7	2 320	13 450

项　　　目	行次	本月金额	本年累计金额
加：公允价值变动收益（损失以"－"号填列）	9	250	1 800
投资收益（损失以"－"号填列）	10	2 040	13 700
其中：对联营企业和合营企业的投资收益	11		
二、营业利润（亏损"－"号填列）	15	46 870	526 700
加：营业外收入	16	2 730	9 800
减：营业外支出	17	3 900	10 500
其中：非流动资产处置损失	18		
三、利润总额（亏损总额以"－"号填列）	20	45 700	526 000
减：所得税费用	21	10 125	130 200
四、净利润（净亏损以"－"号填列）	22	35 575	395 800
五、每股收益：	23		
（一）基本每股收益	24		
（二）稀释每股收益	25		

三、利润表的编制方法

利润表各项目的"本月金额"主要根据损益类总分类账户的净发生额填列；"本年累计数"则根据各损益类总分类账户的累计净发生额填列，或者根据上月末本表的"本年累计数"金额加上本表的"本月数"金额后填列。

现将利润表具体项目的填列方法说明如下。

（1）"营业收入"项目。该项目根据"主营业务收入"和"其他业务收入"账户净发生额之和填列。

（2）"营业成本"项目。该项目根据"主营业务成本"和"其他业务成本"账户净发生额之和填列。

（3）"营业税金及附加"项目。该项目根据"营业税金及附加"账户净发生额填列。

（4）"销售费用"、"管理费用"、"财务费用"和"资产减值损失"项目。这些项目分别根据"销售费用"、"管理费用"、"财务费用"和"资产减值损失"账户的净发生额填列。

（5）"公允价值变动收益"和"投资收益"项目。这些项目分别根据"公允价值变动损益"和"投资收益"账户的净发生额填列。

（6）"营业利润"项目。该项目根据该表"营业收入"项目的金额减去"营业成本"、"营业税金及附加"、"销售费用"、"管理费用"、"财务费用"和"资产减值损失"项目的金额，加上"公允价值变动收益"和"投资收益"项目的金额后的数额填列。

（7）"营业外收入"和"营业外支出"项目。这些项目分别根据"营业外收入"和"营业外支出"账户的净发生额填列。

（8）"利润总额"项目。该项目根据该表"营业利润"项目加上"营业外收入"项目的金额，减去"营业外支出"项目的金额后的数额填列。

（9）"所得税费用"项目。该项目根据"所得税费用"账户的净发生额填列。

（10）"净利润"项目。该项目根据"利润总额"项目的金额减去"所得税费用"项目的金额后的差额填列。

（11）"基本每股收益"项目。该项目根据该表"净利润"项目的金额除以该公司普通股股票的股数的商填列。

（12）"稀释每股收益"项目。该项目根据该表"净利润"项目的金额除以该公司普通股与潜在普通股之和而取得的商填列。潜在普通股主要包括可转换公司债券、认购权证等。

四、利润分配表

（一）利润分配表的意义和作用

利润分配表是指反映企业一定会计期间对实现净利润及以前年度未分配利润的分配或者亏损弥补的报表。它是伴随着利润的产生而出现的，与利润表有着密切的关系，因此，它是利润表的一张附表。

通过利润分配表可以了解利润分配的详细情况，并可据以检查企业是否按规定提存盈余公积和应付股利或利润等。

（二）利润分配表的内容和结构

利润分配表的结构由表头和正表两部分组成。

利润分配表的正表部分与利润表相同，其采用多步式结构，分为四个部分。第一部分是净利润。第二部分是可供分配的利润，它是净利润加上年初未分配利润减去盈余公积补亏后的数额。第三部分是可供投资者分配的利润，它是可供分配的利润减去提取法定盈余公积、提取职工奖励及福利基金、提取储备基金、提取企业发展基金及利润归还投资后的数额。第四部分是未分配利润，它是可供投资者分配的利润减去应付优先股股利、减去所提取任意盈余公积、减去应付普通股股利、减去转作资本（或股本）的普通股股利后的数额。利润分配表的各项目均分设"本年实际金额"和"上年实际金额"两栏金额。

利润分配表的格式及其具体内容如图表14-3所示。

图表14-3

利润分配表

会企02表附表1

编制单位：申江宾馆　　　　　　　　2013年度　　　　　　　　单位：元

项　　目	行次	本年实际金额	上年实际金额
一、净利润	1	395 800	364 000
加：年初未分配利润	2	65 940	33 180
减：盈余公积补亏	4		
二、可供分配的利润	8	461 740	397 180
减：提取法定盈余公积	9	39 580	36 400
提取职工奖励及福利基金	11		
提取储备基金	12		
提取企业发展基金	13		
利润归还投资	14		
三、可供投资者分配的利润	16	422 160	360 780
减：应付优先股股利	17		
提取任意盈余公积	18	23 748	21 840

项　　目	行次	本年实际金额	上年实际金额
应付现金股利或利润	19	296 850	273 000
转作资本（或股本）的普通股股利	20		
四、未分配利润	25	101 562	65 940

（三）利润分配表的编制方法

1. "本年实际金额"栏的填列方法

该栏应根据当年"本年利润"账户和"利润分配"账户及其所属明细账户的净发生额或有关数据分析计算填列。其具体填列方法如下。

（1）"净利润"项目。该项目根据"本年利润"账户的净发生额填列，其应与利润表中的"净利润"项目的数额相一致。

（2）"年初未分配利润"项目。该项目根据"利润分配"账户所属"未分配利润"明细账户的期初余额填列。

（3）"盈余公积补亏"项目。该项目根据"利润分配"账户所属的"盈余公积补亏"明细账户的期末余额填列。

（4）"可供分配的利润"项目。该项目根据本表"净利润"项目的金额加上"年初未分配利润"项目的金额，减去"盈余公积补亏"项目金额后的数额填列。

（5）"提取法定盈余公积"项目。该项目根据"利润分配"账户所属的"提取法定盈余公积"明细账户的净发生额填列。

（6）"提取职工奖励及福利基金"、"提取储备基金"和"提取企业发展基金"项目。这些项目分别根据"利润分配"账户所属的"提取职工奖励及福利基金"、"提取储备基金"和"提取企业发展基金"明细账户的净发生额填列。这三个明细账户是外商投资企业采用的。

（7）"利润归还投资"项目。该项目根据"利润分配"账户的"利润归还投资"明细账户的净发生额填列。

（8）"可供投资者分配的利润"项目。该项目根据本表"可供分配的利润"项目的金额，减去"提取法定盈余公积"、"提取职工奖励及福利基金"、"提取储备基金"、"提取企业发展基金"和利润归还投资"项目金额后的数额填列。

（9）"应付优先股股利"、"提取任意盈余公积"、"应付现金股利或利润"和"转作资本（股本）的普通股股利"项目。这些项目分别根据"利润分配"账户所属的"应付优先股股利"、"提取任意盈余公积"、"应付现金股利或利润"和"转作资本（股本）的普通股股利"明细账户的净发生额填列。

（10）"未分配利润"项目。该项目根据本表"可供投资者分配的利润"项目的金额，减去"应付优先股股利"、"提取任意盈余公积"、"应付现金股利或利润"和"转作资本（股本）的普通股股利"项目金额后的差额填列。其数额应与"资产负债表"中"未分配利润"项目的数额相一致。

2. "上年实际金额"栏的填列方法

该栏各个项目的金额根据上年的"利润分配表"、"本年实际金额"栏内各个项目的金额填列。

此外，如果上年度利润分配表与本年度利润分配表的项目名称和内容不一致，应对上年度报表项目的名称和数字按本年度的规定进行调整以后，再填入该表的"上年实际金额"栏内。

第四节　现金流量表

一、现金流量表的意义和作用

现金流量表是指反映企业一定会计期间现金和现金等价物流入和流出的报表。该表是半年度的财务报表。现金有狭义和广义之分，狭义的现金通常是指库存现金。这里所讨论的是广义的现金，是指企业的库存现金以及可以随时用于支付的存款。现金流量是指企业在一定期间的现金和现金等价物的流入和流出。

现金流量表为财务报表使用者提供企业一定会计期间内现金和现金等价物流入和流出的信息，财务报表使用者通过对现金流量表的分析，可以评价企业在未来会计期间的现金流量，评估企业偿还债务及支付企业投资者投资报酬的能力，了解企业本期净利润与经营活动中现金流量发生差异的原因，掌握本期内影响或不影响现金流量的投资活动与筹资活动，并可据以预测企业未来的现金流量。

二、现金流量表的结构和内容

现金流量表的结构由表头、正表和补充资料三个部分组成。

现金流量表的表头部分由报表名称、编制单位、报表时期和金额单位等内容组成。

现金流量表的正表部分采用多步式结构。它由以下六个部分组成。

（一）经营活动产生的现金流量

经营活动是指企业投资活动和筹资活动以外的所有交易和事项。企业随着经营活动的开展将会产生经营活动的现金流入量和流出量。

1. 经营活动的现金流入量

这部分内容由销售商品、提供劳务收到的现金，收到的税费返还，收到其他与经营活动有关的现金等三个项目组成。

（1）"销售商品、提供劳务收到的现金"项目。该项目反映企业本期销售商品和提供劳务收到的现金，前期销售商品和提供劳务本期收到的现金、销售商品实际收到的增值税额，以及本期预收的账款，减去本期退回本期销售的商品和前期销售本期退回的商品支付的现金。

（2）"收到的税费返还"项目。该项目反映企业收到返还的各种税费，如收到的增值税、营业税、所得税和教育费附加返还等。

（3）"收到其他与经营活动有关的现金"项目。该项目反映企业除了上述各项目外，收到其他与经营活动有关的现金流入，如罚款现金收入、流动资产损失中获得赔偿的现金收入等。

2. 经营活动的现金流出量

这部分内容由购买商品、接受劳务支付的现金，支付给职工以及为职工支付的现金，支付的各项税费和支付的其他与经营活动有关的现金等四个项目组成。

（1）"购买商品、接受劳务支付的现金"项目。该项目反映企业本期购进商品、原材料、接受劳务支付的现金、本期支付前期购进商品、原材料、接受劳务的未付款项和本期预付款项，以及企业购进商品、原材料等实际支付的能够抵扣销项税额的进项税额。进货退出商品、原材料收到的现金应从本项目内减去。

（2）"支付给职工以及为职工支付的现金"项目。该项目反映企业实际支付给职工的薪酬，以及为职工支付的现金。它包括本期实际支付给职工的工资、奖金、各种津贴和补贴等，以及实际支付的医疗保险费等社会保险费、住房公积金、职工福利费、工会经费和职工教育经费等，但不包括支付的离退休人员的各项费用和支付的在建工程人员的职工薪酬等。

（3）"支付的各项税费"项目。该项目反映企业按规定支付的各种税费，包括本期发生并支付的税费，以及本期支付以前各期发生的税费和预交的税金，如支付的增值税、消费税、营业税、所得税、城市维护建设税、教育费附加、印花税、房产税、城镇土地使用税、车船税等。不包括计入固定资产价值实际支付的耕地占用税等。

（4）"支付其他与经营活动有关的现金"项目。该项目反映企业除上述各项目外，支付其他与经营活动有关的现金流出，如捐赠现金支出、罚款支出、支付的差旅费、业务招待费、保险费及企业支付的离退休人员的各项费用等。

（二）投资活动产生的现金流量

投资活动是指企业长期资产的购建和不包括在现金等价物范围内的投资及其处置活动。企业随着投资活动的开展将会产生投资活动的现金流入量和流出量。

1. 投资活动的现金流入量

这部分内容由收回投资收到的现金，取得投资收益收到的现金，处置固定资产、无形资产和其他长期资产收回的现金净额，处置子公司及其他营业单位收到的现金净额和收到其他与投资活动有关的现金等五个项目组成。

（1）"收回投资收到的现金"项目。该项目反映企业出售、转让或到期收回除现金等价物以外的交易性金融资产、可供出售金融资产、长期股权投资中除处置子公司、营业单位以外而收到的现金，以及收回持有至到期投资本金而收到的现金。

（2）"取得投资收益收到的现金"项目。该项目反映企业因持有交易性金融资产、可供出售金融资产、持有至到期投资和长期股权投资而取得的现金股利和利息，以及从子公司、联营企业和合资企业分回利润收到的现金，但不包括股票股利。

（3）"处置固定资产、无形资产和其他长期资产收回的现金净额"项目。该项目反映企业处置固定资产、无形资产和其他长期资产收回的现金，减去为处置这些资产而支付的有关费用后的净额。

（4）"处置子公司及其他营业单位收到的现金净额"项目。该项目反映企业处置子公司及其他营业单位收到的现金减去为处置这些资产而支付的有关费用后的净额。

（5）"收到其他与投资活动有关的现金"项目。该项目反映企业除了上述各项目外，收到其他与投资活动有关的现金流入。

2. 投资活动的现金流出量

这部分内容由购建固定资产、无形资产和其他长期资产支付的现金；投资支付的现金，取得子公司及其他营业单位支付的现金净额和支付其他与投资活动有关的现金等四个项目组成。

（1）"购建固定资产、无形资产和其他长期资产支付的现金"项目。该项目反映企业购买建造固定资产，取得无形资产和其他长期资产支付的现金。它不包括为购建固定资产而发生的借款利息资本化的部分，以及融资租入固定资产支付的租赁费。

（2）"投资支付的现金"项目。该项目反映企业取得的除现金等价物以外的交易性金融资产、可供出售金融资产、持有至到期投资、长期股权投资中除购买子公司及其他营业单位外支付的现金，以及支付的相关交易费用。

（3）"取得子公司及其他营业单位支付的现金净额"栏目。该项目反映企业购买子公司及其他营业单位成本中以现金支付的部分。

（4）"支付其他与投资活动有关的现金"项目。该项目反映企业除了上述各项目以外，支付其他与投资活动有关的现金流出。

（三）筹资活动产生的现金流量

筹资活动是指导致企业资本及债务规模和构成发生变化的活动。企业随着筹资活动的开展，将会产生筹资活动的现金流入量和流出量。

1. 筹资活动的现金流入量

这部分内容由吸收投资收到的现金、取得借款收到的现金和收到其他与筹资活动有关的现金等三个项目组成。

（1）"吸收投资收到的现金"项目。该项目反映企业收到的投资者投入的现金，包括以发行股票、债券等方式筹集的资金实际收到的款项净额（发行收入减去支付的佣金等发行费用后的净额）。

（2）"取得借款收到的现金"项目。该项目反映企业举借各种短期、长期借款所收到的现金。

（3）"收到其他与筹资活动有关的现金"项目。该项目反映企业除上述各项目外，收到其他与筹资活动有关的现金流入。

2. 筹资活动的现金流出量

这部分内容由偿还债务支付的现金，分配股利、利润或偿付利息支付的现金和支付其他与筹资活动有关的现金等三个项目组成。

（1）"偿还债务支付的现金"项目。该项目反映企业以现金偿还债务的本金，包括偿还金融企业的借款本金、偿还债券本金等。

（2）"分配股利、利润或偿付利息支付的现金"项目。该项目反映企业实际支付的现金股利，支付给其他投资单位的利润以及支付的借款利息、债券利息等。

（3）"支付其他与筹资活动有关的现金"项目。该项目反映企业除了上述各项目外，支付其他与筹资活动有关的现金流出。

（四）汇率变动对现金及现金等价物的影响

"汇率变动对现金及现金等价物的影响"项目。该项目反映企业外币现金流量及境外子公司的现金流量折算为人民币时，所采用的现金流量发生日的即期汇率折算的人民币金额与"现金及现金等价物净增加额"中外币现金净增加额按期末汇率折算的人民币金额之间的差额。

（五）现金及现金等价物净增加额

"现金及现金等价物净增加额"项目。该项目反映企业现金及现金等价物的流入量与流出量之间的差额。

（六）期末现金及现金等价物余额

"期末现金及现金等价物余额"项目。该项目反映企业期末现金余额和期末现金等价物余额的合计数。

补充资料是指未能列入现金流量表正表的而需要予以披露的内容。补充资料由将净利润调节为经营活动的现金流量、不涉及现金收支的投资和筹资活动和现金及现金等价物净增加额三个部分组成。

三、现金流量表的编制方法

现金流量表正表虽然分为六个部分，但最复杂的部分是经营活动产生的现金流量净额。因为经营活动产生的现金流量净额是根据收付实现制确认的净利润反映的，而企业会计准则要求会计核算按权责发生制确认净利润。因此，在编制现金流量表时，就需要将权责发生制确认的净利润转换为收付实现制下的净利润，转换的方法有直接法和间接法两种。

直接法是指以利润表中各主要经营收支项目为基础，并以实际的现金收入和现金支出进行调整，结算出现金流入量、现金流出量和现金流量净额的方法。间接法是指以净利润为基础，以非现金费用和债权债务以及存货的变动额加以调整，结算出现金流量净额的方法。在现金流量表中，经营活动产生的现金流量净额在正表部分采用的是直接法，在补充资料部分采用的是间接法。现将现金流量表各项目的填列方法说明如下。

（一）经营活动产生的现金流量各项目的填列方法

1. "销售商品、提供劳务收到的现金"项目

该项目根据利润表"营业收入"项目的金额，加上"应交税费——应交增值税"账户所属的"销项税额"等明细账贷方净发生额之和，再加上资产负债表"应收票据"、"应收账款"项目的年初余额和"预收款项"项目的期末余额，减去"应收票据"、"应收账款"项目的期末余额和"预收款项"项目的年初余额，减去"坏账准备——应收账款"账户贷方发生额填列。

2. "收到的税费返还"项目

该项目根据"其他应收款"和"营业外收入"账户的贷方发生额中收到返还的增值税、营业税和所得税填列。

3. "收到其他与经营活动有关的现金"项目

该项目根据"营业外收入"、"其他应付款"结合"库存现金"、"银行存款"等有关账户发生额分析填列。

4. "购买商品、接受劳务支付的现金"项目

该项目根据利润表"营业成本"项目的金额，加上"应交税费——应交增值税"账户所属的"进项税额"明细账户的净发生额，加上存货中未列入成本减少的金额，再加上资产负债表中"存货"项目的期末余额，减去"存货"项目的年初余额，加上"应付票据"、"应付账款"项目的年初余额和"预付款项"项目的期末余额，减去"应付票据"、"应付账款"项目的期末余额和"预付款项"项目的年初余额，加上"存货跌价准备"账户的贷

方发生额，减去已记入"其他业务成本"账户的职工薪酬、折旧费后的数额填列。

5."支付给职工以及为职工支付的现金"项目

该项目根据"应付职工薪酬"账户借方净发生额，扣除列入"在建工程"账户中的职工薪酬数额后的差额填列。

6."支付的各项税费"项目

该项目根据利润表"营业税金及附加"项目的金额，加上列入"管理费用"账户内的税金，加上"应交税费"账户的年初余额和"应交税费"账户所属"未交增值税"、"应交所得税"明细账户的期末余额，减去"应交税费"账户的期末余额和"应交税费"账户所属"未交增值税"、"应交所得税"明细账户的年初余额，加上"应交税费——应交增值税——已交税金"、"应交税费——未交增值税——转入未交增值税"和"应交税费——应交所得税"三个明细账户的借方发生额之和填列。

7."支付其他与经营活动有关的现金"项目

该项目根据利润表"销售费用"、"管理费用"、"财务费用"、"营业外支出"四个项目金额之和，减去这四个项目中不需要以现金支付的金额，再减去这四个项目中已经包含的、并且已列入本表的"支付给职工以及为职工支付的现金"项目中的职工薪酬等，以及"支付的各项税费"项目中的税金，还要减去已列入"财务费用"项目、但将列入本表的"分配股利、利润或偿付利息支付的现金"、"支付其他与筹资活动有关的现金"和"汇率变动对现金及现金等价物的影响"这三个项目的金额，加上"待摊费用"、"长期待摊费用"、"预提费用"账户借方发生额，再加上"其他应收款"账户借方发生额，减去"其他应收款"账户贷方发生额后的差额填列。

不需要以现金支付的数额是指提取的固定资产折旧费、待摊费用、无形资产和长期待摊费用的摊销数，预提费用的提取数（利息除外），固定资产盘亏（扣除盘盈）、固定资产清理净损失等。

（二）投资活动产生的现金流量各项目的填列方法

1."收回投资收到的现金"项目

该项目根据"交易性金融资产"账户贷方发生额，减去该账户所属"现金等价物"明细账户的贷方发生额，加上"可供出售金融资产"、"持有至到期投资"和"长期股权投资"账户的贷方发生额，减去"持有至到期投资——应计利息"明细账户的贷方发生额，再减去这些账户中收回的非现金数额和处置子公司及其他营业单位收到的现金数额后填列。

2."取得投资收益收到的现金"项目

该项目根据利润表"公允价值变动收益"和"投资收益"项目的金额之和，加上"应收股利"、"应收利息"和"持有至到期投资——应计利息"三个账户的年初余额，减去这三个账户的期末余额填列。

3."处置固定资产、无形资产和其他长期资产收回的现金净额"项目

该项目根据"固定资产清理"账户的借、贷方发生额、"投资性房地产"和"无形资产"账户的贷方发生额，并结合"银行存款"账户的发生额分析填列。

4."处置子公司及其他营业单位收到的现金净额"项目

该项目根据"长期股权投资"账户的贷方发生额中处置子公司及其他营业单位收到的现金及现金等价物的数额填列。

5. "购建固定资产、无形资产和其他长期资产支付的现金"项目

该项目根据"固定资产"、"在建工程"、"工程物资"、"无形资产"、"研发支出——开发支出"账户的借方发生额，加上"固定资产减值准备"、"无形资产减值准备"账户的贷方发生额，减去本期在建工程动用工程物资的金额、本期融资租入固定资产的价值和为购建固定资产而发生的借款利息资本化的金额，再减去因赊购、接受投资、接受捐赠或收回投资等各种原因未支付现金而取得的固定资产、在建工程、工程物资和无形资产金额后的数额填列。

6. "投资支付的现金"项目

该项目根据"交易性金融资产"、"可供出售金融资产"、"持有至到期投资"和"长期股权投资"账户的借方发生额合计数，减去这四个账户中未支付现金而增加的投资的金额，再减去"交易性金融资产——现金等价物"和"持有至到期投资——应计利息"账户的借方发生额，再减去"长期股权投资"账户中因购买子公司及其他营业单位支付的现金数额后的差额填列。

7. "取得子公司及其他营业单位支付的现金净额"项目

该项目根据"长期股权投资"账户的借方发生额中因购买子公司及其他营业单位支付的现金及现金等价物的数额填列。

（三）筹资活动产生的现金流量各项目的填列方法

1. "吸收投资收到的现金"项目

该项目有限责任公司根据"实收资本"账户贷方发生额中收到现金的金额；股份有限公司根据"股本"账户贷方发生额中收到现金的金额，然后这两种企业都要加上"资本公积"账户贷方发生额中收到现金的金额，再加上"应付债券——本金"账户贷方发生额，减去未收到现金而增加的应付债券本金的数额填列。

2. "取得借款收到的现金"项目

该项目根据"短期借款"、"长期借款——本金"账户贷方发生额的合计数填列。

3. "偿还债务支付的现金"项目

该项目根据"短期借款"、"长期借款——本金"、"应付债券——本金"账户的借方发生额合计数填列。

4. "分配股利、利润或偿付利息支付的现金"项目

该项目根据"应付利息"、"应付股利"账户借方发生额，加上"财务费用"、"在建工程"账户中所列支的银行借款利息和债券利息，加上"预提费用——利息"、"长期借款——利息"、"应付债券——应计利息"账户的借方发生额，减去上述三个账户的贷方发生额填列。

5. "支付其他与筹资活动有关的现金"项目

该项目根据"长期应付款"账户的借方发生额，加上"财务费用"账户中发行债券费用，再加上"实收资本"或"股本"、"资本公积"、"盈余公积"等账户借方发生额中以现金支付的金额后的数额填列。

（四）汇率变动对现金及现金等价物的影响额项目的填列方法

"汇率变动对现金及现金等价物的影响额"项目。该项目根据"财务费用——汇兑损失"账户净发生额填列。发生汇兑损失用负数表示；发生汇兑收益则用正数表示。

（五）现金及现金等价物净增加额项目的填列方法

"现金及现金等价物净增加额"项目。该项目根据资产负债表中"货币资金"项目的期末余额减去年初余额，再加上"交易性金融资产——现金等价物"账户的期末余额减去该账户的年初余额填列。其计算的结果应与前面四大部分之和相等。

（六）期末现金及现金等价物余额项目的填列方法

1. "期初现金及现金等价物余额"项目

该项目根据资产负债表中"货币资金"项目的期初余额，加上"交易性金融资产——现金等价物"账户的年初余额填列。

2. "期末现金及现金等价物余额"项目

该项目根据本表"现金及现金等价物增加额"项目与"期初现金及现金等价物余额"项目的金额之和填列。

（七）补充资料

1. 将净利润调节为经营活动的现金流量各项目的填列方法

具体表述如下。

（1）"净利润"项目。该项目根据利润表中"净利润"项目的数额填列。

（2）"资产减值准备"项目。该项目根据利润表中"资产减值损失"项目的数额填列。

（3）"固定资产折旧"项目。该项目根据"累计折旧"账户贷方发生额中提取固定资产折旧的数额填列。

（4）"无形资产摊销"项目。该项目根据"累计摊销"账户贷方发生额分析填列。

（5）"长期待摊费用摊销"项目。该项目根据"长期待摊费用"账户贷方发生额分析填列。

（6）"处置固定资产、无形资产和其他长期资产的损失（减收益）"项目。该项目根据"营业外支出——处置非流动资产损失"明细账户的净发生额，减去"营业外收入——处置非流动资产利得"明细账户的净发生额，再减去"其他业务收入"账户出租无形资产收入的金额，加上"其他业务成本"账户出租无形资产的成本（不含其中的职工薪酬）后的数额填列。

（7）"固定资产报废损失"项目。该项目根据"营业外支出"账户所属的"盘亏损失——固定资产盘亏"明细账户的净发生额，减去"营业外收入"账户所属的"盘盈利得——固定资产盘盈"明细账户的净发生额后的差额填列。

（8）"公允价值变动损失（减：收益）"项目。该项目根据利润表中"公允价值变动收益"项目的金额填列，收益用负数反映。

（9）"财务费用"项目。该项目根据"财务费用"账户发生的利息、筹资费用和汇兑损失的合计数填列。

（10）"投资损失（减：收益）"项目。该项目根据利润表"投资收益"项目的金额填列，收益用负数反映。

（11）"递延所得税资产减少"项目。该项目根据资产负债表"递延所得税资产"项目的年初余额减去期末余额后的差额填列。

（12）"递延所得税负债增加"项目。该项目根据资产负债表"递延所得税负债"项目的期末余额减去年初余额后的差额填列。

（13）"存货的减少（减：增加）"项目。该项目根据资产负债表"存货"项目的年初余额减去期末余额后的差额填列。

（14）"经营性应收项目的减少（减：增加）"项目。该项目根据资产负债表"应收票据"、"应收账款"、"预付款项"、"其他应收款"项目的年初余额之和，减去上列各项目的期末余额，减去列入本表的"资产减值准备"项目中的计提的坏账准备金额后的数额填列。

（15）"经营性应付项目的增加（减：减少）"项目。该项目根据资产负债表"应付票据"、"应付账款"、"预收款项"、"应付职工薪酬"、"应交税费"、"其他应付款"项目的期末余额之和，减去上述各项目的年初余额之和，再减去列入本表的"资产减值准备"项目中的计提的存货跌价准备金额后的数额填列。

（16）"其他"项目。该项目根据资产负债表"其他流动资产"项目的年初余额减去期末余额，再加上"其他流动负债"项目的期末余额减去年初余额后的数额填列。

（17）"经营活动产生的现金流量净额"项目。该项目根据前列16个项目之和填列。

2．不涉及现金收支的重大投资活动和筹资活动各项目的填列方法

（1）"债务转为资本"项目。该项目反映企业本期转为资本的债券金额。根据"应付票据"、"应付账款"、"短期借款"、"长期借款"、"长期应付款"等负债账户的借方发生额中转为资本的数额填列。

（2）"一年内到期的可转换公司债券"项目。该项目反映企业一年内到期的可转换公司债券的本息。根据"应付债券——可转换公司债券"明细账户的贷方发生额分析填列。

（3）"融资租入固定资产"项目。该项目反映企业本期融资租入固定资产计入"长期应付款"账户的金额。根据"长期应付款——融资租入固定资产价款"账户的贷方发生额填列。

3．现金及现金等价物净增加情况的各项目的填列方法

（1）"现金的期末余额"、"现金的期初余额"项目。这些项目分别根据资产负债表"货币资金"项目的期末余额和年初余额填列。

（2）"现金等价物的期末余额"、"现金等价物的期初余额"项目。该项目分别根据"交易性金融资产——现金等价物"账户的期末余额和年初余额填列。

【例14-1】　申江宾馆根据图表14-1资产负债表、图表14-2利润表、图表14-3利润分配表及下列有关资料编制的现金流量表如图表14-4所示。

① 有关明细账户的年末余额与年初余额如下：

账　户　名　称	年末余额	年初余额
交易性金融资产——现金等价物	58 000	50 000
持有至到期投资——应计利息	5 000	3 000
应交税费——未交增值税	255	340
应交税费——应交所得税	4 780	3 950

② 有关总分类账户和明细分类账户的借贷方发生额如下：

账　户　名　称	借方金额	贷方金额
交易性金融资产	100 000	92 000
其中：现金等价物	65 000	57 000
应收利息	5 000	3 600
其他应收款	15 000	14 300
坏账准备——应收账款	5 898	6 000

存货跌价准备	2 400	3 100
待摊费用	31 200	28 800
持有至到期投资	63 000	48 000
其中：应计利息	5 000	3 000
固定资产	492 700	142 000
累计折旧	118 600	324 800
在建工程	97 100	87 000
固定资产减值准备		4 350
累计摊销		9 000
长期待摊费用		8 000
短期借款	122 000	132 000
应付职工薪酬	381 080	381 600
应交税费——应交增值税——销项税额		10 370
应交税费——应交增值税——进项税额	8 415	
应交税费——未交增值税——转入未交增值税	2 040	
应交税费——应交所得税	130 320	131 150
应付股利	273 000	296 850
其他应付款	7 200	7 780
应付债券	42 000	89 000
其中：应计利息	9 000	11 000

③ 销售费用有关明细账户净发生额如下：

职工薪酬	294 000
保险费（待摊费用转入）	23 040
折旧费	275 000
修理费（长期待摊费用转入）	8 000
低值易耗品摊销	9 800
物料消耗	12 300

④ 管理费用有关明细账户净发生额如下：

职工薪酬	75 600
保险费（待摊费用转入）	5 760
折旧费	49 800
无形资产摊销	9 000
税金	6 120
低值易耗品摊销	3 800
其他费用——物料消耗	3 410

⑤ 财务费用有关明细账净发生额如下：

利息支出	30 060
发行债券费用	120
汇兑损失	1 600

⑥ 其他业务成本有关明细账户净发生额如下：

职工薪酬	12 000

⑦ 营业外收入有关明细账户净发生额如下：

| | 非流动资产处置利得——固定资产 | 5 510 |
| | 罚款收入现金 | 4 290 |

⑧ 营业外支出有关明细账户净发生额如下：

	非流动资产处置损失——固定资产	3 800
	罚款支出现金	1 200
	捐赠支出现金	5 500

⑨ 其他有关资料如下。

- 出售与报废固定资产以现金支付处置费用 1 720 元，出售固定资产与固定资产残料收入现金 26 830 元。
- 增加固定资产和在建工程的数额中除固定资产有 87 000 元系在建工程转入，在建工程有 11 000 元系应付债券的利息外，其余的均以现金支付。

图表 14-4

现金流量表

会企 03 表

编制单位：申江宾馆   2013 年度   单位：元

项　　目	行次	本 年 金 额
一、经营活动产生的现金流量：		
销售商品、提供劳务收到的现金	1	3 143 170
收到的税费返还	3	
收到其他与经营活动有关的现金	8	4 870
经营活动现金流入小计	9	3 148 040
购买商品、接受劳务支付的现金	10	737 995
支付给职工以及为职工支付的现金	12	381 080
支付的各项税费	13	311 455
支付其他与经营活动有关的现金	18	963 790
经营活动现金流出小计	20	2 394 320
经营活动产生的现金流量净额	21	753 720
二、投资活动产生的现金流量：		
收回投资收到的现金	22	80 000
取得投资收益收到的现金	23	12 100
处置固定资产、无形资产和其他长期资产收回的现金净额	25	25 110
处置子公司及其他营业单位收到的现金净额	26	
收到其他与投资活动有关的现金	28	
投资活动现金流入小计	29	117 210
购建固定资产、无形资产和其他长期资产支付的现金	30	496 150
投资支付的现金	31	93 000
取得子公司及其他营业单位支付的现金净额	32	
支付其他与投资活动有关的现金	35	
投资活动现金流出小计	36	589 150
投资活动产生的现金流量净额	37	-471 940

续表

项　目	行次	本年金额
三、筹资活动产生的现金流量：		
吸收投资收到的现金	38	78 000
取得借款收到的现金	40	132 000
收到其他与筹资活动有关的现金	43	
筹资活动现金流入小计	44	210 000
偿还债务支付的现金	45	155 000
分配股利、利润或偿付利息支付的现金	46	312 060
支付其他与筹资活动有关的现金	52	120
筹资活动现金流出小计	53	467 180
筹资活动产生的现金流量净额	54	− 257 180
四、汇率变动对现金及现金等价物的影响	55	− 1 600
五、现金及现金等价物净增加额	56	23 000
加：期初现金及现金等价物余额	57	230 000
六、期末现金及现金等价物余额	58	253 000
补　充　资　料	行次	本年金额
1. 将净利润调节为经营活动现金流量：		
净利润	59	395 800
加：资产减值准备	60	13 450
固定资产折旧	61	324 800
无形资产摊销	62	9 000
长期待摊费用摊销	63	8 000
处置固定资产、无形资产和其他长期资产的损失（收益以"－"号填列）	64	1 710
固定资产报废损失	65	
公允价值变动损失（收益以"－"号填列）	66	− 1 800
财务费用	67	31 780
投资损失（收益以"－"号填列）	68	− 13 700
递延所得税资产减少（增加以"－"号填列）	69	2 800
递延所得税负债增加（减少以"－"号填列）	70	− 3 750
存货的减少（增加以"－"号填列）	71	− 15 000
经营性应收项目的减少（增加以"－"号填列）	72	− 21 100
经营性应付项目的增加（减少以"－"号填列）	73	27 550
其他	74	− 2 400
经营活动产生的现金流量净额	75	753 720
2. 不涉及现金收支的投资和筹资活动：		
债务转为资本	76	
一年内到期的可转换公司债券	77	
融资租入固定资产	78	
3. 现金及现金等价物净增加情况：		
现金的期末余额	79	195 000
减：现金的期初余额	80	180 000
加：现金等价物的期末余额	81	58 000
减：现金等价物的期初余额	82	50 000
现金及现金等价物净增加额	83	23 000

编制现金流量表有关行次数据具体计算如下：

行次 $1 = 3\,150\,000 + 10\,370 + 18\,000 + 246\,800 + 9\,000 - 19\,000 - 258\,000 - 8\,000 - 6\,000 = 3\,143\,170(元)$

行次 $8 = 4\,290 + 7\,780 - 7\,200 = 4\,870(元)$

行次 $10 = 719\,500 + 8\,415 + 9\,800 + 12\,300 + 3\,800 + 3\,410 + 398\,000 - 383\,000 + 18\,600 + 72\,330 + 30\,800 - 19\,100 - 99\,360 - 28\,600 + 3\,100 - 12\,000 = 737\,995(元)$

行次 $13 = 173\,250 + 6\,120 + 19\,820 + 255 + 4\,780 - 20\,840 - 340 - 3\,950 + 2\,040 + 130\,320 = 311\,455(元)$

行次 $18 = 965\,200 + 732\,900 + 34\,500 + 10\,500 - 294\,000 - 23\,040 - 275\,000 - 8\,000 - 9\,800 - 12\,300 - 75\,600 - 5\,760 - 49\,800 - 9\,000 - 6\,120 - 3\,800 - 3\,410 - 30\,060 - 120 - 1\,600 - 3\,800 + 31\,200 + 15\,000 - 14\,300 = 963\,790(元)$

行次 $22 = 92\,000 - 57\,000 + 48\,000 - 3\,000 = 80\,000(元)$

行次 $23 = 1\,800 + 13\,700 + 3\,600 + 3\,000 - 5\,000 - 5\,000 = 12\,100(元)$

行次 $25 = 26\,830 - 1\,720 = 25\,110(元)$

行次 $30 = 492\,700 + 97\,100 + 4\,350 - 87\,000 - 11\,000 = 496\,150(元)$

行次 $31 = 100\,000 - 65\,000 + 63\,000 - 5\,000 = 93\,000(元)$

行次 $45 = 122\,000 + 42\,000 - 9\,000 = 155\,000(元)$

行次 $46 = 273\,000 + 30\,060 + 11\,000 + 9\,000 - 11\,000 = 312\,060(元)$

行次 $72 = 18\,000 + 246\,800 + 28\,600 + 11\,800 - 19\,000 - 258\,000 - 30\,800 - 12\,500 - 6\,000 = -21\,100(元)$

行次 $73 = 19\,100 + 99\,360 + 9\,000 + 21\,500 + 20\,840 + 7\,560 - 18\,600 - 72\,330 - 8\,000 - 20\,980 - 19\,820 - 6\,980 - 3\,100 = 27\,550(元)$

第五节　所有者权益变动表

一、所有者权益变动表的意义和作用

所有者权益变动表是指反映企业在一定会计期间构成所有者权益的各组成部分增减变动情况的报表。它反映了企业所有者权益的结构及其增减变动情况。

通过对所有者权益变动表的分析，可以了解企业实收资本[①]、资本公积、库存股、盈余公积和未分配利润增减变动的详细情况，了解企业增资扩股的能力及其资金的来源。

二、所有者权益变动内容和结构

所有者权益变动表的结构由表头和正表两个部分组成。

所有者权益变动表的正表分为四个部分，第一部分是上年年末余额。第二部分是本年年初余额，它是上年年末余额加上会计政策变更和前期差错更正后的数额。第三部分是本年增减变动金额，它由净利润、直接计入所有者权益的利得和损失、所有者投入和减少资本、利润分配和所有者权益内部结转五小部分组成。第四部分是本年年末余额，它是本年年初余额，加上或减去本年变动金额后的数额。

所有者权益变动表金额栏分为本年金额和上年金额两个部分，"本年金额"栏和"上年金额"栏均采用多栏式，分别划分为实收资本[②]、资本公积、库存股、盈余公积、未分配利

---

① 股份有限公司为股本。
② 股份有限公司为股本。

润和所有者权益合计六栏。

所有者权益变动表的格式及其具体内容如图表 14-5 所示。

三、所有者权益变动表的编制方法

（一）"本年金额"栏的填列方法

（1）"上年年末金额"项目。该项目分别根据"实收资本"、"资本公积"、"库存股"、"盈余公积"、"利润分配——未分配利润"账户上年的年末余额填列。

（2）"会计政策变更"、"前期差错更正"项目。这两个项目分别根据"盈余公积"、"利润分配——未分配利润"账户分析填列。

（3）"本年年初余额"项目。该项目根据本表"上年年末余额"项目的金额，加上"会计政策变更"、"前期差错更正"两个项目金额后的数额填列。

（4）"净利润"项目。该项目根据"本年利润"账户的净发生额填列，其应与利润分配表中的"净利润"项目的数额相符。

（5）"直接计入所有者权益的利得和损失"中的四个明细项目。这四个明细项目分别为"可供出售金融资产公允价值变动净额"、"权益法下被投资单位其他所有者权益变动的影响"、"与计入所有者权益项目相关的所得税影响"和"其他"，分别根据"资本公积"账户及其他相关账户的发生额分析填列。

（6）"所有者投入和减少资本"中的三个明细项目。这三个明细项目分别为"所有者投入资本"、"股份支付计入所有者权益的金额"和"其他"，分别根据"实收资本"、"资本公积"账户的发生额分析填列。

（7）"利润分配"中的三个明细项目。这三个明细项目分别为"提取盈余公积"、"对所有者（或股东）的分配"和"其他"，分别根据"利润分配"相关明细账户的净发生额填列。

（8）"所有者权益内部结转"中的四个明细项目。这四个明细项目分别为"资本公积转增资本（或股本）"、"盈余公积转增资本（或股本）"、"盈余公积弥补亏损"和"其他"，分别根据"实收资本"、"资本公积"、"盈余公积"和"利润分配——盈余公积补亏"账户的净发生额分析填列。

（9）"本年年末余额"项目。该项目根据本表的"本年年初余额"项目的金额，加上"净利润"项目的金额，加上或减去"直接计入所有者权益的利得和损失"中各明细项目的金额，再加上或减去"利润分配"中各明细项目和"所有者权益内部结转"中各明细项目的金额后的数额填列。

（二）"上年金额"栏的填列方法

"上年金额"栏各个项目的数额可以根据该表上一年度的"本年金额"栏各个项目的数额填列。

【例 14-2】　申江宾馆根据图表 14-1 资产负债表、图表 14-3 利润分配表及下列有关资料编制所有者权益变动表如图表 14-5 所示。

该宾馆本年和上年均未发生会计政策变更和前期差错更正业务，本年将 220 000 元资本公积转增资本，上年所有者追加投资 250 000 元，上年金额中的上年年末余额实收资本为 2 050 000 元，资本公积为 235 670 元，盈余公积为 36 580 元，未分配利润为 33 180 元。

图表 14-5

所有者权益变动表

编制单位：申江宾馆　　　　2013 年度

会企 04 表　单位：元

项　目	行次	本年金额							上年金额						
		实收资本（或股本）	资本公积	库存股（减项）	盈余公积	未分配利润	所有者权益合计		实收资本（或股本）	资本公积	库存股（减项）	盈余公积	未分配利润	所有者权益合计	
一、上年年末余额		2 300 000	235 670		94 820	65 940	2 696 430		2 050 000	235 670		36 580	33 180	2 355 430	
加：会计政策变更															
前期差错更正															
二、本年年初余额		2 300 000	235 670		94 820	65 940	2 696 430		2 050 000	235 670		36 580	33 180	2 355 430	
三、本年增减变动金额（减少以"－"号填列）							395 800							364 000	
（一）净利润															
（二）直接计入所有者权益的利得和损失															
1. 可供出售金融资产公允价值变动净额															
2. 权益法下被投资单位其他所有者权益变动的影响															
3. 与计入所有者权益项目相关的所得税影响															
4. 其他															
上述（一）和（二）小计							395 800							364 000	
（三）所有者投入和减少资本															
1. 所有者投入资本									250 000					250 000	
2. 股份支付计入所有者权益的金额															
3. 其他															
（四）利润分配															
1. 提取盈余公积					63 328							58 240			
2. 对所有者（或股东）的分配							296 850							273 000	
3. 其他						35 622							32 760		
（五）所有者权益内部结转															
1. 资本公积转增资本（或股本）		220 000	220 000												
2. 盈余公积转增资本（或股本）															
3. 盈余公积弥补亏损															
4. 其他															
四、本年年末余额		2 520 000	15 670		158 148	101 562	2 795 380		2 300 000	235 670		94 820	65 940	2 696 430	

第六节　附　注

附注是指对资产负债表、利润表、现金流量表和所有者权益变动表等报表中列示项目的文字描述或明细资料，以及对未能在这些报表中列示项目的说明等。附注是财务报表的重要组成部分。

企业应当按照规定披露附注信息，它主要包括下列内容。

一、企业基本情况

（1）企业注册地、组织形式和总部地址。
（2）企业的业务性质和主要经营活动。
（3）母公司以及集团最终母公司的名称。
（4）财务报表的批准报出者和财务报表批准报出日。

二、财务报表的编制基础

它包括会计年度、记账本位币、会计计量所运用的计量基础等。

三、遵循企业会计准则的声明

企业应当声明编制的财务报表符合企业会计准则的要求，真实、完整地反映了企业的财务状况、经营成果和现金流量等有关信息。

四、重要会计政策和会计估计

企业应当披露采用重要的会计政策和会计估计，不重要的会计政策和会计估计可以不披露。会计政策是指企业在会计确认、计量和报告中所采用的原则、基础和会计处理方法。会计估计是指企业对结果不确定的交易或者事项以其最近可利用的信息为基础所作的判断。

企业在披露重要会计政策和会计估计时，应当披露重要会计政策的确定依据和财务报表项目的计量基础，以及会计估计中所采用的关键假设和不确定因素。

五、会计政策和会计估计变更及差错更正的说明

企业应当按照《企业会计准则第 28 号——会计政策、会计估计变更和差错更正》及其应用指南的规定，披露会计政策和会计估计变更以及差错更正的有关情况。

会计估计变更是指由于资产和负债的当前状况及预期经济利益和义务发生了变化，从而对资产或负债的账面或者资产的定期消耗金额进行调整。

六、报表重要项目的说明

企业对报表重要项目的说明，应当按照资产负债表、利润表、现金流量表、所有者权益变动表及其项目列示的顺序，采用文字和数字描述相结合的方式进行披露。报表重要项目的明细金额合计，应当与报表项目金额相衔接。

第七节　财务报表的分析

旅游餐饮服务企业定期编制的各种财务报表，主要是向企业管理层、投资者、债权人等进行决策提供会计信息。然而财务报表只能粗略地反映企业的财务状况和经营成果，为了充分地发挥财务报表的作用，还必须将财务报表上相关的财务指标有机地联系起来，通过计算、比较和综合分析，借以全面正确地评价企业财务状况的优劣、经营管理水平的高低，以及企业发展前景的好坏，以便作出正确的决策。

财务报表按照其分析的目的不同，可以分为偿债能力分析、营运能力分析和盈利能力分析三类。

一、偿债能力分析

偿债能力分析分为短期偿债能力分析和长期偿债能力分析两种。

（一）短期偿债能力分析

短期偿债能力分析是指企业偿还流动负债的能力。反映企业短期偿债能力的指标主要有流动比率和速动比率两种。

1. 流动比率

流动比率是指企业流动资产与流动负债的比率。它用于衡量企业流动资产在短期债务到期前可以变为现金用于偿还流动负债的能力。

用流动比率来衡量资产流动性的大小，要求企业的流动资产在清偿流动负债以后，还有余力去应付日常经营活动中其他资金的需要。从债权人的角度来看，流动比率越高，债权越有保障；但从企业角度来看，过高的流动比率表明资金在生产经营过程中运转不畅，会影响企业的盈利能力。通常认为流动比率在 200% 左右较好，流动比率的计算公式如下：

$$流动比率 = \frac{流动资产}{流动负债} \times 100\%$$

【例 14-3】 根据本章图表 14-1 资产负债表的有关资料计算申江宾馆 2013 年的流动比率如下：

$$流动比率 = \frac{1\,110\,500}{654\,210} \times 100\% = 169.74\%$$

这一比率较接近 200%，表明该宾馆有一定的短期偿债能力，企业的流动资产在清偿流动负债后，剩余的部分仍能组织企业各项经营业务的正常进行。如果流动比率太大，就需要进一步分析，主要分析资产的结构是否合理，货币资金是否合理运用，应收账款的流动状况是否正常等。

2. 速动比率

速动比率是指企业速动资产与流动负债的比率。它用于衡量企业流动资产中可以立即用于偿还负债的能力。速动资产是指流动资产中变现能力较强的那部分资产。它是流动资产减去存货、预付款项、一年内到期的非流动资产和其他流动资产后的差额。

在流动资产中，交易性金融资产可以立刻在证券市场出售而转化为现金，应收票据和应收账款通常也能在较短时期内变为现金。而存货的流动性较差，变现时间长，不包括在速动资产内；预付款项和其他流动资产不能变现或不能直接用于偿还债务，一年内到期的非流动资产通常不会立即变现或者不能变现。因此流动资产剔除这些因素后就形成了速动资产。速动比率是流动比率的补充，通常认为速动比率在 100% 左右较好，但这个比率因不同行业的经营性质不同而有所区别，需参照同行业的资料和本企业的历史情况进行判断。速动比率的计算公式如下：

$$速动比率 = \frac{速动资产}{流动负债} \times 100\%$$

速动资产 = 流动资产 − 存货 − 预付款项 − 一年内到期的非流动资产 − 其他流动资产

【例 14−4】 根据本章图表 14−1 资产负债表的有关资料计算申江宾馆 2013 年的速动比率如下：

速动资产 = 1 110 500 − 398 000 − 30 800 − 63 000 − 31 200 = 587 500(元)

$$速动比率 = \frac{681\ 700}{654\ 210} \times 100\% = 104.20\%$$

这一比率已超过了 100%，表明该宾馆有一定的迅速偿还流动负债的能力。

（二）长期偿债能力分析

长期偿债能力分析是指企业偿还长期负债的能力。反映企业长期偿债能力的指标是资产负债率。资产负债率是指企业负债总额与资产总额的比率。负债总额由流动负债和长期负债两部分构成。资产负债率用来衡量企业利用债权人提供资金进行经营活动的能力，反映了债权人提供贷款的安全程度。

资产负债率从债权人的角度来看越小越好，因为债权人收回债务的安全保障程度较高，该项比率越大，债权人得到的安全保障程度越低。如果资产负债率大于 100%，则表明企业已资不抵债，即将破产。从投资者的角度来看，则希望资产负债率能高一些，以充分利用社会资金为企业生产经营服务。资产负债率的计算公式如下：

$$资产负债率 = \frac{负债总额}{资产总额} \times 100\%$$

【例 14−5】 根据本章图表 14−1 资产负债表的有关资料计算申江宾馆 2013 年的资产负债率如下：

$$资产负债率 = \frac{1\ 401\ 770}{4\ 197\ 150} \times 100\% = 33.40\%$$

这一比率表明该公司经营资金主要是投资者所有，财务状况良好，企业有足够的资产来偿还其全部债务，使债权人放心，但仅有 33.40% 的经营资金是从社会筹集的，表明企业的筹资能力一般。

二、营运能力分析

营运能力分析是指对企业的资产周转速度及其影响程度所进行的分析。反映企业营运能力的指标主要有应收账款周转率、存货周转率和流动资产周转率。

1. 应收账款周转率

应收账款周转率是指企业一定时期内的营业收入与应收账款平均余额的比率。它反映了企业应收账款的周转速度。

应收账款周转率用以估计应收账款变现的速度快慢和管理效率的高低，周转迅速既可以节约资金，又表明企业信用状况良好，不易发生坏账损失。因此应收账款周转率越高越好，其计算公式如下：

$$应收账款周转率 = \frac{营业收入}{平均应收账款余额}$$

$$应收账款平均余额 = \frac{1}{2} \times (应收账款期初余额 + 应收账款期末余额)$$

【例14-6】 根据本章图表14-1资产负债表和图表14-2利润表的有关资料，计算申江宾馆2013年应收账款周转率如下：

$$应收账款平均余额 = \frac{1}{2} \times (258\,000 + 246\,800) = 252\,400(元)$$

$$应收账款周转率 = \frac{3\,150\,000}{252\,400} = 12.48(次)$$

这一应收账款周转率表明该宾馆的应收账款变现速度较快。

2. 存货周转率

存货周转率是指企业一定时期内的营业成本与存货平均余额的比率。营业成本由主营业务成本与其他业务成本构成。存货周转率用来衡量企业存货的周转速度，其计算公式如下：

$$存货周转率 = \frac{营业成本}{存货平均余额}$$

$$存货平均余额 = \frac{1}{2} \times (存货期初余额 + 存货期末余额)$$

【例14-7】 根据图表14-1资产负债表和图表14-2利润表的有关资料，计算申江宾馆2013年存货周转率如下：

$$存货平均余额 = \frac{1}{2} \times (398\,000 + 383\,000) = 390\,500(元)$$

$$存货周转率 = \frac{719\,500}{390\,500} = 1.84(次)$$

这一存货周转率表明该宾馆的存货周转速度一般，存货周转的速度愈快，表明这部分资金运用愈好。

3. 流动资产周转率

流动资产周转率是指企业一定时期内的营业收入与流动资产平均余额的比率。流动资产周转率用来衡量企业流动资产的使用效率，其计算公式如下：

$$流动资产周转率 = \frac{营业收入}{流动资产平均余额}$$

$$流动资产平均余额 = \frac{1}{2} \times (流动资产期初余额 + 流动资产期末余额)$$

【例14-8】 根据图表14-1资产负债表和图表14-2利润表的有关资料，计算申江宾馆2013年的流动资产周转率如下：

$$流动资产平均余额 = \frac{1}{2} \times (1\,110\,500 + 1\,046\,600) = 1\,078\,550(元)$$

$$流动资产周转率 = \frac{3\,150\,000}{1\,078\,550} = 2.92(次)$$

这一流动资产周转率表明该宾馆流动资产的使用效率一般，流动资产营运能力也一般。

三、盈利能力分析

反映企业盈利能力的分析指标主要有营业利润率和营业净利率、净资产收益率和总资产报酬率。

1. 营业利润率和营业净利率

营业利润率是指企业一定时期内的营业利润与营业收入的比率。营业利润率用来衡量企业营业收入获取营业利润的能力。营业净利率是指企业一定时期内的净利润与营业收入的比率。营业净利率用来衡量企业营业收入获取净利润的能力。它们的计算公式如下：

$$营业利润率 = \frac{营业利润}{营业收入} \times 100\%$$

$$营业净利率 = \frac{净利润}{营业收入} \times 100\%$$

【例14-9】　根据图表14-2利润表的有关资料，计算申江宾馆2013年营业利润率和营业净利率如下：

$$营业利润率 = \frac{526\,700}{3\,150\,000} \times 100\% = 16.72\%$$

$$营业净利率 = \frac{395\,800}{3\,150\,000} \times 100\% = 12.57\%$$

这一指标反映了宾馆每100元的营业收入能获得营业利润16.72元、净利润12.57元，营业利润率和营业净利率越高表明企业盈利能力越强。

2. 净资产收益率

净资产收益率是指企业一定时期内的净利润与净资产平均余额的比率。净资产是总资产减去负债后的差额，属于投资者所有，其实质也就是所有者权益。

净资产收益率是用于衡量投资者投资的收益水平的指标。净资产收益率越高，表明投资者投资的收益水平越强。净资产收益率又是衡量企业负债资金成本高低的指标。从投资者的角度看，企业通过举债所筹集的资金与投资者在投资经营活动中发挥着同样的作用。如果净资产收益率高于同期的借款利率，表示企业负债资金成本低，企业举债经营增加了投资者的利益；反之，如果净资产收益率低于同期的借款利率，表示企业负债资金成本高，企业举债经营减少了投资者的利益，净资产收益率的计算公式如下：

$$净资产收益率 = \frac{净利润}{所有者权益平均余额(净资产平均余额)} \times 100\%$$

$$\begin{array}{c}所有者权益平均余额\\(净资产平均余额)\end{array} = \frac{1}{2} \times \left(\begin{array}{c}所有者权益\\期初余额\end{array} + \begin{array}{c}所有者权益\\期末余额\end{array} \right)$$

【例14-10】　根据本章图表14-1资产负债表和图表14-2利润表的有关资料，计算申江宾馆2013年净资产收益率如下：

$$所有者权益平均余额 = \frac{1}{2} \times (2\,795\,380 + 2\,696\,430) = 2\,745\,905(元)$$

$$净资产收益率 = \frac{395\,800}{2\,745\,905} \times 100\% = 14.41\%$$

这一指标反映了企业每100元净资产能获得净利润14.41元，净资产收益率越高表明企业净资产的盈利能力越强。该指标是投资者考虑对企业是否进行再投资的重要资料。

3. 总资产报酬率

总资产报酬率是指企业一定时期内获得的报酬总额与总资产的比率。它是反映企业资产综合利用效果的指标，也是衡量企业利用债权人资金和所有者权益总额所取得盈利的重要指标。总资产报酬率越高，表明企业对总资产的利用效益越好，整个企业的盈余能力越强，经营管理水平也越高。总资产报酬率的计算公式如下：

$$总资产报酬率 = \frac{利润总额 + 利息支出}{总资产平均余额} \times 100\%$$

$$总资产平均余额 = \frac{1}{2} \times (总资产期初余额 + 总资产期末余额)$$

【例 14-11】 申江宾馆 2013 年利息支出为 28 200 元，根据本章图表 14-1 资产负债表和图表 14-2 利润表的有关资料，计算其 2013 年总资产报酬率如下：

$$总资产平均余额 = \frac{1}{2} + (4\ 197\ 150 + 3\ 990\ 450) = 4\ 093\ 800(元)$$

$$总资产报酬率 = \frac{526\ 000 + 28\ 200}{4\ 093\ 800} \times 100\% = 13.54\%$$

这一指标反映了企业每 100 元总资产能获得报酬 13.54 元，总资产报酬率越高，表明企业总资产的盈利能力越强。

第八节　前期差错及其更正

一、前期差错概述

（一）前期差错的含义及包括的内容

前期差错是指由于没有运用或错误运用信息，而对前期财务报表造成省略或错报。上述的信息有两种：一是编报前期财务报表时预期能够取得并加以考虑的可靠信息；二是前期财务报表批准报出时能够取得的可靠信息。

前期差错通常包括计算错误、应用会计政策错误、疏忽或曲解事实、舞弊产生的影响，以及存货、固定资产盘盈等。

（二）前期差错的类型

前期差错按其对财务报表使用者的影响程度不同，可分为以下两类。

1. 不重要的前期差错

不重要的前期差错是指不足以影响财务报表使用者对企业财务状况、经营成果和现金流量作出正确判断的会计差错。

2. 重要的前期差错

重要的前期差错是指足以影响财务报表使用者对企业财务状况、经营成果和现金流量作出正确判断的前期差错。前期差错影响的财务报表的金额越大、性质越严重、其重要性就越大。

二、前期差错的更正方法

企业对于不同类型的前期差错，采用不同的更正方法，现分别予以阐述。

（一）不重要的前期差错的更正方法

企业对于不重要的前期差错，不需要调整财务报表相关项目的期初数，但应调整发现当期的相关项目，属于影响损益的，应直接计入当期相关的损益项目。

【例 14-12】 2013 年 1 月 31 日，卢湾宾馆经检查，发现 2013 年少计商场商品销售成本 1 200 元，予以更正。作分录如下。

| 借：主营业务成本 | 1 200.00 |
| 贷：库存商品 | 1 200.00 |

【例4-13】 2013年12月30日，长江宾馆盘盈计算机1台，经检查该计算机系2012年12月6日购进，价值5 000元，已列入当月的管理费用。该计算机预计使用5年，预计净残值率为4%，该宾馆固定资产折旧采用年限平均法，予以更正，作分录如下：

借：固定资产	5 000.00
贷：累计折旧	960.00
贷：管理费用	4 040.00

（二）重要的前期差错的更正方法

企业对于重要的前期差错，应当采用追溯重述法进行更正，但确定前期差错累积影响数不切实可行的除外。追溯重述法是指在发现前期差错时，视同该项前期差错从未发生过，从而对财务报表相关项目进行更正的方法。

企业应当在其发现重要的前期差错的当期财务报表中，调整前期比较数据。具体地说，通过下述处理对其进行追溯更正：①追溯重述差错发生期间列报的前期比较金额；②如果前期差错发生在列报的最早前期之前，则追溯重述列报的最早前期的资产、负债和所有者权益相关项目的期初余额。

对于发生的重要的前期差错，如果影响损益，应将其对损益的影响数调整发现差错当期的期初留存收益，财务报表其他相关项目的期初数也应一并调整；如果不影响损益，应调整财务报表相关项目的期初数。

【例14-14】 2013年3月22日，长安宾馆经检查发现2012年多计提营业部门固定资产折旧费100 000元，该宾馆的所得税税率为25%。宾馆分别按净利润的10%和6%计提法定盈余公积和任意盈余公积。

（1）分析前期差错的影响数。该宾馆多计提营业部门固定资产折旧费，将会少计利润总额，从而造成少计提应交所得税额和少计净利润，并造成少计提盈余公积。

（2）编制相关项目的调整分录。分述如下。

① 冲转多计提的固定资产折旧费，作分录如下。

| 借：累计折旧 | 100 000.00 |
| 贷：以前年度损益调整 | 100 000.00 |

② 补计提应交所得税额，作分录如下。

| 借：以前年度损益调整 | 25 000.00 |
| 贷：应交税费——应交所得税 | 25 000.00 |

③ 结转"以前年度损益调整"账户，作分录如下。

| 借：以前年度损益调整 | 75 000.00 |
| 贷：利润分配——未分配利润 | 75 000.00 |

④ 补提法定盈余公积和任意盈余公积，作分录如下。

借：利润分配——未分配利润	12 000.00
贷：盈余公积——法定盈余公积	7 500.00
贷：盈余公积——任意盈余公积	4 500.00

（3）财务报表的调整和重述。泸江建筑公司在列报2013年财务报表时，应调整2013年资产负债表有关项目的年初余额，利润表及所有者权益变动表的上年金额也应进行调整。

① 资产负债表相关项目金额的调整。调增"存货"项目年初余额 100 000 元，调增"应交税费"项目年初余额 25 000 元；分别调增"盈余公积"项目年初余额和"未分配利润"项目年初余额 12 000 元和 63 000 元。

② 利润表项目的调整。调减"营业成本"项目上年金额 100 000 元；分别调增"营业售利润"项目和"利润总额"项目上年金额各 100 000 元；分别调增"所得税费用"项目和"净利润"项目上年金额 25 000 元和 75 000 元。

③ 所有者权益变动表项目的调整。分别调增"前期差错更正"项目中"盈余公积"栏和"未分配利润"栏上年金额 12 000 元和 63 000 元，以及"所有者权益合计"栏上年金额 75 000 元。

"以前年度损益调整"是损益类账户，用以核算企业本年度发生的调整以前年度损益的事项以及本年发现的重要前期差错更正涉及调整以前年度损益的事项。企业调整增加的以前年度利润或调整减少的以前年度亏损，由于调整减少或增加以前年度利润或亏损而相应减少所得税费用，以及将以前年度多计的净利润结转"利润分配"账户时，记入该账户的贷方；企业调整减少的以前年度利润或调整增加的以前年度的亏损，由于调整增加或减少以前年度利润或亏损而相应增加的所得税费用，以及将以前年度少计的净利润结转"利润分配"账户时，记入该账户的借方。

三、前期差错更正的披露

企业应当在附注中披露与前期差错更正有关的信息：①前期差错的性质。②各个列报前财务报表中受影响的项目名称和更正金额。③无法进行追溯重述的，说明该事实和原因以及对前期差错开始进行更正的时点、具体更正情况等。

练 习 题

一、简答题

1. 什么是财务报表？为何要编制财务报表？它有哪些作用？
2. 试述财务报表的分类。
3. 什么是资产负债表？试述资产负债表的作用及其结构。
4. 什么是利润表？试述利润表的作用及其结构。
5. 试述现金流量表的作用及其结构。
6. 企业应如何进行偿债能力分析、营运能力分析和盈利能力分析？

二、名词解释题

现金等价物　现金流量表　现金流量　直接法　间接法　所有者权益变动表　会计政策
会计估计变更　净资产收益率

三、是非题

1. 编制财务报表要求数字真实、计算准确、内容完整和报送及时。（　　）
2. 资产负债表中一年内到期的非流动资产项目应根据"持有至到期投资"和"长期应收款"账户的期末余额分析填列。（　　）
3. 利润表的正表由营业收入、营业利润、利润总额、净利润和每股收益五个部分组成。（　　）
4. 利润分配表中"本年实际金额"栏，应根据"利润分配"账户及其所属明细分类账户的数据分析计算填列。（　　）

5. 现金流量表正表部分由经营活动产生的现金流量、投资活动产生的现金流量、筹资活动产生的现金流量和现金及现金等价物净增加额组成。（　）

6. 投资活动产生的现金流入量，应由收回投资收到的现金、取得投资收益收到的现金和收到其他与投资活动有关的现金等项目组成。（　）

7. 公允价值变动收益应作为投资活动产生的现金流量，列入取得投资收益收到的现金项目。（　）

8. 所有者权益变动表由上年年末余额、本年年初余额、本年增减变动金额和本年年末余额四个部分组成。（　）

9. 附注是指对资产负债表、利润表、现金流量表和所有者权益变动表等报表中列示的项目的文字描述或明细资料。（　）

10. 反映企业盈利能力的指标主要有营业净利率、净资产收益率和总资产报酬率。（　）

11. 前期差错是指由于错误运用信息，而对前期财务报表造成错误。（　）

四、单项选择题

1. 资产负债表中各项的数据应按企业本期总分类账户或明细分类账户中的_____直接填列或经过分析计算调整后填列。
A. 期初余额和发生额　　　　　　　B. 期末余额
C. 期末余额和发生额　　　　　　　D. 期初余额和期末余额

2. 资产负债表中"应收账款"项目内除了包括"应收账款"账户所属各明细分类账户借方余额合计数外，还应包括_____。
A. "应付账款"账户所属各明细分类账户借方余额合计数
B. "预收账款"账户所属各明细分类账户借方余额合计数
C. "预付账款"账户所属各明细分类账户借方余额合计数
D. "其他应收款"账户所属各明细分类账户借方余额合计数

3. 利润表各项项目的数据应按企业本期总分类账户的_____直接填列或经过计算后填列。
A. 发生额　　　　　　　　　　　　B. 期末余额
C. 发生额和期末余额　　　　　　　D. 期初余额和期末余额

4. 现金流量表中"借款收到的现金"项目根据_____账户贷方发生额的合计数填列。
A. 应付账款、短期借款、长期借款　　B. 短期借款、长期借款、应付债券
C. 短期借款、长期借款　　　　　　　D. 短期借款、长期借款——本金

5. 反映企业长期偿债能力的指标有_____。
A. 流动比率　　B. 存货周转率　　C. 速动比率　　D. 资产负债率

五、多项选择题

1. 财务报表分为_____。
A. 年度财务报表　B. 半年度财务报表　C. 季度财务报表　D. 月度财务报表

2. 通过对资产负债表的分析，可以了解企业资产的分布是否得当；资产、负债和所有者权益之间的结构是否合理；企业的财务实力是否雄厚；_____等。
A. 短期偿债能力的强弱　　　　　　B. 盈利能力的强弱
C. 所有者持有权益的多少　　　　　D. 财务状况的发展趋势

3. 资产负债表中"应付账款"项目内填列的内容应包括_____。
A. "应收账款"所属各明细分类账户的贷方发生额合计数
B. "应付账款"所属各明细分类账户的贷方发生额合计数
C. "预收账款"所属各明细分类账户的贷方发生额合计数
D. "预付账款"所属各明细分类账户的贷方发生额合计数

4. 现金流量表中"经营活动产生的现金流入量"应由_____等项目组成。

    A. 收到的税费返还

    B. 销售商品、提供劳务收到的现金

    C. 处置固定资产、无形资产和其他长期资产收到的现金

    D. 收到其他与经营活动有关的现金

5. 现金流量表中"经营活动产生的现金流入量"应由_____和收到其他与经营活动有关的现金等项目组成。

    A. 销售商品、提供劳务收到的现金

    B. 收到的税费返还

    C. 取得债券利息收入收到的现金

    D. 处置固定资产、无形资产和其他长期资产收到的现金

6. 现金流量表中"经营活动产生的现金流出量"应由_____和支付其他与经营活动有关的现金等项目组成。

    A. 支付给职工以及为职工支付的现金

    B. 购建固定资产支付的现金

    C. 支付的各项税费

    D. 购买商品、接受劳务支付的现金

7. 所有者权益变动表主要反映所有者权益中的实收资本、资本公积、_____等项目的增减变动情况。

    A. 盈余公积   B. 应付股利

    C. 未分配利润   D. 库存股

8. 反映企业营运能力的指标主要有_____。

    A. 流动资产周转率   B. 存货周转率

    C. 应收账款周转率   D. 总资产报酬率

9. 前期差错通常包括应用会计政策错误、_____等。

    A. 应用会计估计错误   B. 存货、固定资产盘盈

    C. 疏忽或曲解事实   D. 计算错误

六、实务题

习题一

一、**目的**   练习财务报表的编制。

二、**资料**   东南宾馆 12 月 31 日的有关资料如下。

(一)年终结账后总分类账户余额如下:

借方余额账户	年末余额	年初余额	贷方余额账户	年末余额	年初余额
库存现金	1 350	1 260	坏账准备	5 750	4 980
银行存款	166 450	158 040	商品进销差价	33 100	31 280
备用金	1 200	1 200			
其他货币资金	16 000	12 000	累计折旧	412 000	196 500
交易性金融资产	90 000	80 000	累计摊销	60 000	50 000
应收票据	18 000	16 000	固定资产减值准备	8 800	1 500
应收账款	243 750	235 480	短期借款	120 000	110 000
应收利息	6 000	4 000	应付票据	18 500	18 700
其他应收款	12 000	11 000	应付账款	46 000	48 100
在途物资	18 200	16 800	应付职工薪酬	20 750	19 900
原材料	174 800	164 240	应交税费	19 850	18 900

库存商品	136 300	130 310	应付股利	282 000	256 500
低值易耗品	82 800	85 930	其他应付款	8 000	9 000
待摊费用	30 000	27 900	长期借款	150 000	150 000
持有至到期投资	154 000	144 000	应付债券	605 000	540 000
固定资产	3 002 800	2 705 000	递延所得税负债	12 500	15 000
在建工程	145 600	72 200	实收资本	2 400 000	2 200 000
无形资产	120 000	120 000	资本公积	29 600	229 600
长期待摊费用	54 000	60 000	盈余公积	155 280	95 120
递延所得税资产	5 600	7 600	利润分配	91 720	57 880

（二）有关明细分类账户的余额如下：

	期末余额	年初余额
1. "应收账款"账户借方余额	251 750	242 980
"应收账款"账户贷方余额	8 000	7 500
2. "应付账款"账户借方余额	30 000	27 000
"应付账款"账户贷方余额	76 000	75 100
3. "持有至到期投资"账户中一年内到期的债券	54 000	49 000
4. "长期待摊费用"账户中一年内到期的待摊费用	6 000	6 000
5. "应付债券"账户中一年内到期的债券	45 000	40 000

（三）本年损益类账户净发生额如下：

账户名称	12 月数	1 ~ 11 月数
主营业务收入	255 200	2 688 000
其他业务收入	4 800	52 000
主营业务成本	56 900	602 300
其他业务成本	2 200	23 600
营业税金及附加	14 300	150 700
销售费用	78 100	841 100
管理费用	58 600	639 400
财务费用	2 800	30 000
资产减值损失	1 120	11 680
公允价值变动损益	135	1 465
投资收益	1 865	11 735
营业外收入	900	7 700
营业外支出	1 080	9 920
所得税费用	10 950	113 050

（四）利润分配明细分类账户净发生额如下：

账户名称	本年余额	上年余额
提取法定盈余公积	37 600	34 200
提取任意盈余公积	22 560	20 520
应付现金股利或利润	282 000	256 500

（五）上年净利润为 342 000 元，上年初未分配利润为 27 100 元。

（六）有关明细账户的年末余额和年初余额如下：

账户名称	年末余额	年初余额
交易性金融资产——现金等价物	50 000	45 000
应交税费——未交增值税	204	187
应交税费——应交所得税	4 550	3 800
持有至到期投资——应计利息	4 000	1 000

（七）有关总分类账户和明细分类账户的发生额如下：

账户名称	借方金额	贷方金额
交易性金融资产	90 000	80 000
其中：现金等价物	60 000	55 000
应收利息	6 000	4 000
其他应收款	7 200	6 200
坏账准备——应收账款	4 730	5 500
待摊费用	30 000	27 900
持有至到期投资	80 000	70 000
其中：应计利息	4 000	1 000
固定资产	490 500	192 700
累计折旧	132 000	347 500
在建工程	150 000	76 600
固定资产减值准备		7 300
累计摊销		10 000
长期待摊费用		6 000
短期借款	110 000	120 000
应付职工薪酬	361 150	362 000
应交税费——应交所得税——销项税额		10 200
应交税费——应交增值税——进项税额	8 160	
应交税费——未交增值税——转入未交增值税	2 023	
应交税费——应交所得税	123 750	124 500
应付股利	256 500	282 000
其他应付款	7 600	6 600
应付债券	40 000	105 000
其中：应计利息	8 000	10 000

（八）有关明细账户净发生额如下：

1. 销售费用有关明细账户净发生额如下：

职工薪酬	280 000
保险费（待摊费用转入）	22 320
折旧费	296 000
修理费（长期待摊费用转入）	6 000
低值易耗品摊销	4 700
物料消耗	10 100

2. 管理费用有关明细账户净发生额如下：

职工薪酬	72 000
保险费（待摊费用转入）	5 580
折旧费	51 500
无形资产摊销	10 000

税金	5 240
低值易耗品摊销	1 780
其他费用—物料消耗	820

3. 财务费用有关明细账户净发生额如下：

利息支出	29 780
发行债券费用	100
汇兑损失	1 500

4. 其他业务成本有关明细账户净发生额如下：

职工薪酬	10 000

5. 营业外收入有关明细账户净发生额如下：

非流动资产处置利得——固定资产	5 670
罚款收入现金	2 930

6. 营业外支出有关明细账户净发生额如下：

非流动资产处置损失——固定资产	3 300
罚款支出现金	1 700
捐赠支出现金	6 000

（九）其他有关资料如下：

1. 出售与报废固定资产以现金支付处置费用 1 630 元，出售固定资产与固定资产残料收入现金 72 000 元。

2. 增加固定资产和在建工程的数额中除固定资产有 76 600 元系在建工程转入，在建工程有 10 000 元系应付债券的利息外，其余的均以现金支付。

（十）该宾馆本年和上年均未发生会计政策变更和前期差错更正业务，本年将 200 000 元资本公积转增资本，上年所有者追加投资 200 000 元，上年金额中的上年年末金额实收资本为 2 000 000 元，资本公积为 229 600 元，盈余公积为 40 400 元，未分配利润为 27 100 元。

二、要求

（一）根据"资料（一）"、"资料（二）"，编制资产负债表。

（二）根据"资料（三）"，编制利润表。

（三）根据"资料（四）"、"资料（五）"和利润表，编制利润分配表。

（四）根据"资料（六）"、"资料（七）"、"资料（八）"、"资料（九）"和资产负债表等财务报表，编制现金流量表。

（五）根据"资料（十）"和资产负债表、利润分配表，编制所有者权益变动表。

习题二

一、目的　练习财务报表的分析。

二、资料　本章习题一编制的资产负债表和利润表。

三、要求　根据上列资料，进行偿债能力分析、营运能力分析和盈利能力分析。

习题三

一、目的　练习前期差错的更正。

二、资料　文华宾馆 2013 年发生下列有关的经济业务。

1. 2013 年 2 月 5 日，经检查，发现 2012 年少计商场商品销售成本 1 380 元，予以更正。

2. 2013 年 3 月 18 日，经检查，发现 2013 年多计提营业部门固定资产折旧费 120 000 元，该宾馆的所得税税率为 25%，宾馆分别按净利润的 10% 和 6% 计提法定盈余公积，予以更正。

3. 2013 年 12 月 30 日，盘盈摩托车 1 辆，经检查该车系 2012 年 12 月 12 日购进，价值 6 000 元，已列入管理账户，该摩托车预计可使用 6 年，预计净值率为 4%，该宾馆固定资产折旧采用年限平均法，予以更正。

三、要求

（一）编制会计分录。

（二）根据已编制的会计分录对财务报表进行调整和重述。

附录 A　复利现值系数表

计息期数 \ 利率	1%	2%	3%	4%	5%	6%	7%	8%	9%	10%
1	0.990 1	0.980 4	0.970 9	0.961 5	0.952 4	0.943 4	0.934 6	0.925 9	0.917 4	0.909 1
2	0.980 3	0.961 2	0.942 6	0.924 6	0.907 0	0.890 0	0.873 4	0.857 3	0.841 7	0.826 4
3	0.970 6	0.942 3	0.915 1	0.889 0	0.863 8	0.839 6	0.816 3	0.793 8	0.772 2	0.751 3
4	0.961 0	0.923 8	0.888 5	0.854 8	0.822 7	0.792 1	0.762 9	0.735 0	0.708 4	0.683 0
5	0.951 5	0.905 7	0.862 6	0.821 9	0.783 5	0.747 3	0.713 0	0.680 6	0.649 9	0.620 9
6	0.942 0	0.888 0	0.837 5	0.790 3	0.746 2	0.705 0	0.666 3	0.630 2	0.596 3	0.564 5
7	0.932 7	0.870 6	0.813 1	0.759 9	0.710 7	0.665 1	0.622 7	0.583 5	0.547 0	0.513 2
8	0.923 5	0.853 5	0.789 4	0.730 7	0.676 8	0.627 4	0.582 0	0.540 3	0.501 9	0.466 5
9	0.914 3	0.836 8	0.766 4	0.702 6	0.644 6	0.591 9	0.543 9	0.500 2	0.460 4	0.424 1
10	0.905 2	0.820 3	0.744 1	0.675 6	0.613 9	0.558 4	0.508 3	0.463 2	0.422 4	0.385 5
11	0.896 3	0.804 3	0.722 4	0.649 6	0.584 7	0.526 8	0.475 1	0.428 9	0.387 5	0.350 5
12	0.887 4	0.788 5	0.701 4	0.624 6	0.556 8	0.497 0	0.444 0	0.397 1	0.355 5	0.318 6
13	0.878 7	0.773 0	0.681 0	0.600 6	0.530 3	0.468 8	0.415 0	0.367 7	0.326 2	0.289 7
14	0.870 0	0.757 9	0.661 1	0.577 5	0.505 1	0.442 3	0.387 8	0.340 5	0.299 2	0.263 3
15	0.861 3	0.743 0	0.641 9	0.555 3	0.481 0	0.417 3	0.362 4	0.315 2	0.274 5	0.239 4
16	0.852 8	0.728 4	0.623 2	0.533 9	0.458 1	0.393 6	0.338 7	0.291 9	0.251 9	0.217 6
17	0.844 4	0.714 2	0.605 0	0.513 4	0.436 3	0.371 4	0.316 6	0.270 3	0.231 1	0.197 8
18	0.836 0	0.700 2	0.587 4	0.493 6	0.415 5	0.350 3	0.295 9	0.250 2	0.212 0	0.179 9
19	0.827 7	0.686 4	0.570 3	0.474 6	0.395 7	0.330 5	0.276 5	0.231 7	0.194 5	0.163 5
20	0.819 5	0.673 0	0.553 7	0.456 4	0.376 9	0.311 8	0.258 4	0.214 5	0.178 4	0.148 6

附录 B 年金现值系数表

计息期数 \ 利率	1%	2%	3%	4%	5%	6%	7%	8%	9%	10%
1	0.990 1	0.980 4	0.970 9	0.961 5	0.952 4	0.943 4	0.934 6	0.925 9	0.917 4	0.909 1
2	1.970 4	1.941 6	1.913 5	1.886 1	1.859 4	1.833 4	1.808 0	1.783 3	1.759 1	1.735 5
3	2.941 0	2.883 9	2.828 6	2.775 1	2.723 2	2.673 0	2.624 3	2.577 1	2.531 3	2.486 9
4	3.902 0	3.807 7	3.717 1	3.629 9	3.546 0	3.465 1	3.387 2	3.312 1	3.239 7	3.169 9
5	4.853 4	4.713 5	4.579 7	4.451 8	4.329 5	4.212 4	4.100 2	3.992 7	3.889 7	3.790 8
6	5.795 5	5.601 4	5.417 2	5.242 1	5.075 7	4.917 3	4.766 5	4.622 9	4.485 9	4.355 3
7	6.728 2	6.472 0	6.230 3	6.002 1	5.786 4	5.582 4	5.389 3	5.206 4	5.033 0	4.868 4
8	7.651 7	7.325 5	7.019 7	6.732 7	6.463 2	6.209 8	5.971 3	5.746 6	5.534 8	5.334 9
9	8.566 0	8.162 2	7.786 1	7.435 3	7.107 8	6.801 7	6.515 2	6.246 9	5.995 2	5.759 0
10	9.471 3	8.982 6	8.530 2	8.110 9	7.721 7	7.360 1	7.023 6	6.710 1	6.417 7	6.144 6
11	10.367 6	9.786 8	9.252 6	8.760 5	8.306 4	7.886 9	7.498 7	7.139 0	6.805 2	6.495 1
12	11.255 1	10.575 3	9.854 0	9.385 1	8.863 3	8.383 8	7.947 2	7.536 1	7.160 7	6.813 7
13	12.133 7	11.348 4	10.635 0	9.985 6	9.393 6	8.852 7	8.357 7	7.903 8	7.486 9	7.103 4
14	13.003 7	12.106 2	11.296 1	10.563 1	9.898 6	9.295 0	8.745 5	8.244 2	7.786 2	7.366 7
15	13.865 1	12.849 3	11.937 9	11.118 4	10.379 7	9.712 2	9.107 9	8.559 6	8.060 7	7.606 1
16	14.717 9	13.577 7	12.561 1	11.652 3	10.837 8	10.105 9	9.446 6	8.851 4	8.312 6	7.823 7
17	15.562 3	14.291 9	13.166 1	12.165 7	11.274 1	10.477 3	9.763 2	9.121 6	8.543 6	8.021 6
18	16.398 3	14.992 0	13.753 5	12.659 3	11.689 6	10.827 6	10.059 1	9.371 9	8.755 6	8.201 4
19	17.226 0	15.678 5	14.323 8	13.133 9	12.085 3	11.158 1	10.335 6	9.603 6	8.950 1	8.364 9
20	18.045 6	16.351 4	14.877 5	13.590 3	12.462 2	11.469 9	10.594 0	9.818 1	9.128 5	8.513 6